U0488837

纪晓岚全集

第四卷

刘金柱
杨　钧　主编

中原出版传媒集团
中原传媒股份公司
大象出版社
·郑州·

目 录

庚辰集

庚辰集

〔清〕纪昀 编

编校说明

本书以清乾隆二十五年山渊堂本为底本,以镜烟堂十种本为参校本。

序

余于庚辰七月，闭户养疴，惟以读书课儿辈。时科举方增律诗，既点定《唐试律说》，粗明程式；复即近人选本，日取数首，讲授之。阅半岁余，又得诗二三百首。儿辈以作者登科先后排纂成书。适起康熙庚辰，至今乾隆庚辰止，因名之曰《庚辰集》。

国家稽古右文，风雅日盛，六十年内佳篇讵止于此。此据坊刻之所录，未备征也；坊刻所录，佳篇亦不止于此。此余讲授之所及，非操选也。其初但有评点，既而儿辈考询字义，呶呶然不胜其烦。因与及门李子文藻、吴子钟侨、张子天植、孟子生蕙等，检阅诸书为之注。学殖荒落，深愧疏芜。然较之坊贾所刊，差为不苟矣。

辛巳十月十日，河间纪昀书

六十年馆阁之诗，益以试卷行卷，仅钞二百余首，不亦隘乎？二百余首之诗，注至十七万余言，不亦冗乎？夫论甘忌辛，是丹非素，江文通固尝讥之。然论一代之诗，则务集众长；成一家之书，则务各守其门径。彭阳《御览》，但取华赡；次山《箧中》，但取古朴。彼岂谓唐代佳篇尽括于是耶？我用我法，自成令狐、元氏之书尔。抑又闻之，尹铎之治晋阳也，垣以楛，柱以铜，皆可以不必者也，然卒收其用；陶侃之治荆州也，竹头木屑，皆谨贮之，尤可以不必者也，然卒亦收其用。此书虽训释太繁，可已不已，然使初学之士，一以知诗家一字一句必有依据，虽试帖小技，亦不可枵腹以成文。一以知兔园册子，事多舛误，当反而求其本源，不可挦扯以自给，则无用之文，安知不有收其用者耶？故此书之隘与冗，微人知之，吾固知之；知之而复为之，区区之见有在矣。如曰“矜别裁而炫博奥”，则仆虽庸妄不至是。

壬午闰五月二十四日，剞劂既竣，昀又书

凡　例十七则

一、选诗分类，始自昭明。沿及宋人，琐屑弥甚，殊乖编录之体。今惟以作者登科先后为序。

一、馆阁诸公，有登科馆选录可考。其试卷行卷，散见诸编，作者难以悉核。今随见随编，共为一卷，不复排比后先。

一、坊刻诸诗，姓名往往互异，今亦无从考定，各据所见书之。

一、迩来选本至夥，各以意见润饰，字句多有异同，甚有一篇仅同数句者。今惟酌其长者从之，不复注"某一作某"，以省简编。

一、芮挺章选《国秀集》，自录其诗二首；元结选《箧中集》，亦录其弟季川诗。近世选本，多沿此例，然亦微涉自炫之嫌。今悉不敢载。

一、殷璠《河岳英灵集》，评在诗前；方回《瀛奎律髓》，评列诗后；刘会孟评工部诗，散缀句中；罗椅评放翁诗，夹注篇尾。是编初用虚谷例。因加注之后，行款参差，改用涧谷之例。

一、李善注《选》，散附句下；近虞山钱氏笺《杜集》，注列诗后，较清整易观。考之于古，陆德明《经典释文》，司马贞《史记索隐》，即是此体，非钱氏臆创也。今从其例。

一、古籍今多轶亡，注家抄撮类书，舛讹相踵，因而影撰者有之。是编，必详检原书，方敢载入。有原书不存，不得已转引他书者，亦必详标"今载某书"，以便于稽核。

一、著书不易，校书更难。况屡经易稿，尤不免帝虎鲁鱼。故是编引书，必列篇目，引诗文必列全题。遇有讹脱，庶读者易于检改。

一、古人训诂简质，不尚繁词。故秦君颽曰若稽古，先儒以为深诮。然孔贾诸疏，已不免繁称而博引。盖文涉隐奥，义有异同，非反复引证不明也。是编为初学讲授，每事务穷端委，故所注较他本为详。

一、凡引用故事者，皆详具始末。其借用字句者，则但载所引一二语。

一、引证务与诗意印合。如"晚节"字，出《邹阳传》，然在《菊残犹有傲霜枝》诗，则当引韩稚圭语；又如《金柅》诗"微阴杜蘖芽"句，惟引《紫岩易传》著圣人防微杜渐之意，不复更注"蘖芽"字。凡此之类，皆不敢释事而忘义。

一、注有二说相足者，如"银烛"字，本《穆天子传》；然原文乃"烛银"非"银烛"，则当兼引鲍照诗。"凤沼"字，本《荀勖传》；然原文乃"凤池"非"凤沼"，则当兼引谢庄表。务使源委分明，非敢故为蔓衍。

一、文太繁者，不免删节，然皆不敢窜易字句。其有文势相承，不可割裂。如"聘义气如白虹"语，不连上文，则不知所指何物者，宁多载数言，亦不敢檃括其词，以己语为古语。

一、此编检点再三，重复差少。然有不得不两见者，如"五岁再闰"，已注于前，后注"挂扐"字，势不能独删此句；"宏璧琬琰"，别注于后，前注"房序"字，势亦不能先避此文。惟以详略为别，读者谅之。

一、四库之书，浩如烟海，管窥蠡测，安得尽穷？中有不能详考者，谨附阙疑，不敢如师古等之注杜诗，凿空伪撰。

一、故实皆略得出处，至雕绘之词转相引用，殊难遽溯其源。惟据耳目所及，时代最先者载之。疏漏之讥，知不能免，幸博雅君子匡所不逮焉。

卷　一

乾坤为天地

史贻直

《易·说卦传》:“乾为天。”又:“坤为地。”按:唐陆肱有《乾坤为天地赋》。

太极中含蕴,萌芽肇窈冥。一奇还一耦,成象更成形。动静根相互,阴阳户自扃。德原昭健顺,撰已体清宁。阖辟从兹起,周流未始停。潜龙占地位,牝马合天经。六子绵生化,三才聚秀灵。珍符归阐握,圣道契千龄。

起二句原题,三、四句点题。五句至八句言对待,十一句至十四句言流行。佳在九句、十句折转有力,使通篇气机灵活,脉络分明。结四句,从天地推到人,从人推到圣人,亦极有次第。

太极　《易·系辞传上》:“是故易有太极,是生两仪。”王湜《易学论·太极》:“‘极’,训‘中’,又训‘穷’。物理至中而极。阳穷于南之中而阴生焉,阴穷于北之中而阳生焉。太极则寂然不动,而会归于一。所谓阳极生阴,阴极生阳者,皆由是而后出焉,故能生两仪也。”

萌芽　扬雄《剧秦美新文》:“权舆天地未祛,睢睢盱盱,或玄而萌,或黄而芽。”李善注:“言天地方开,故玄黄异色,而生萌芽也。”

窈冥　《老子·第二十一章》:“窈兮冥兮,其中有精。”河上公注:“道惟窈冥无形,其中有精,实神明相薄,阴阳交会也。”

一奇　一耦　陶宗仪《说郛二·京氏易略》:"奇耦之数,取之于乾坤。"按:《系辞传》称"阳卦奇,阴卦耦",乃通诸卦言之,非乾坤之奇耦。坊注引之误。

成象　成形　《易·系辞传上》:"在天成象,在地成形,变化见矣。"韩伯注:"象况日月星辰,形况山川草木也。"

根相互　周子《太极图说》:"太极,动而生阳,动极而静,静而生阴,静极复动。一动一静,互为其根。分阴分阳,两仪立焉。"朱子注:"动极而静,静极复动,一动一静,互为其根,命之所以流行而不已也。动而生阳,静而生阴,分阴分阳,两仪立焉,分之所以一定而不移也。"

户自扃　元稹《纪异》诗:"吾闻阴阳户,启闭各有扃。"许慎《说文解字·第十二》:"'扃',外闭之,关也,从户同声。"

健顺　《易·说卦传》:"乾,健也。坤,顺也。"孔颖达疏:"乾象天,天体运转不息,故为健也。坤象地,地顺承于天,故为顺也。"

撰　《易·系辞传下》:"以体天地之撰。"韩伯注:"撰,数也。"

清宁　《老子·第三十九章》:"昔之得一者,天得一以清,地得一以宁。"河上公注:"一无为,道之子也。言天得一,故能垂象清明;地得一,故能安静不动摇。"

阖辟　《易·系辞传上》:"阖户谓之坤,辟户谓之乾,一阖一辟谓之变。"孔颖达疏:"凡物先藏而后出,故先言坤,而后言乾。阖户谓闭藏万物,若室之闭阖其户。辟户谓吐生万物,若室之开辟其户。一阖一辟谓之变者,开闭相循,阴阳递至。或阳变为阴,或开而更闭;或阴变为阳,或闭而还开,是谓之变也。"

周流　《易·系辞传下》:"周流六虚。"孔颖达疏:"言阴阳周遍流动,在六位之虚。"

潜龙　《易·上经·乾卦》:"初九,潜龙勿用。"李鼎祚《周易集解》:"马融曰:'物莫大于龙,故借龙以喻天之阳气也。初九,建子之月,阳气始动于黄泉,既未萌芽,犹是潜伏,故曰潜龙也。'"

牝马 《易·上经·坤卦》:"坤,元亨利牝马之贞。"朱震《汉上易传》:"乾为马,坤变之为牝马,牝马地类也。无疆者,乾之行也。坤依乾为行,以柔承刚,以顺承健,乃能行地无疆,故曰利牝马之贞。"

地位　天经 陆肱《乾坤为天地赋》:"乾为奇矣,以三而契彼天经。坤盖偶焉,以六而昭乎地位。"

六子 《易·说卦传》:"乾,天也,故称乎父;坤,地也,故称乎母。震一索而得男,故谓之长男。巽一索而得女,故谓之长女。坎再索而得男,故谓之中男。离再索而得女,故谓之中女。艮三索而得男,故谓之少男。兑三索而得女,故谓之少女。"孔颖达疏:"此一节说乾坤六子,明父子之道。"王氏云:"索,求也。以乾坤为父母,而求其子也。得父气者为男,得母气者为女。坤,初求得乾气为震,故曰长男。坤,二求得乾气为坎,故曰中男。坤,三求得乾气为艮,故曰少男。乾,初求得坤气为巽,故曰长女。乾,二求得坤气为离,故曰中女。乾,三求得坤气为兑,故曰少女。"

生化 《列子·天瑞篇》:"有生不生,有化不化。不生者能生生,不化者能化化。生者不能不生,化者不能不化,故常生常化。常生常化者,无时不生,无时不化,阴阳尔,四时尔。"

三才 《易·系辞传下》:"《易》之为书也,广大悉备,有天道焉,有人道焉,有地道焉,兼三才而两之,故六。"

秀灵 关朗《易传动静义·第九》:"人皆天地之灵,五行之秀也。灵全秀淳,则为君子。灵秀不具,则为小人。千人一灵,万人一秀。"

珍符 班固《东都赋》:"于是圣皇乃握乾符,阐坤珍。"吕延济注:"握,持也。乾符,赤伏符也。阐,开也。坤珍,《洛书》也。"

千龄 《晋书·礼志》:"创千龄之英范。"

菊残犹有傲霜枝

王式丹

苏轼《赠刘景文》诗:"荷尽已无擎雨盖,菊残犹有傲霜枝。"

园圃初冬日,櫹槮满眼看。入檐霜气重,匝野木声干。独有黄花好,无妨绿叶残。孤标非附热,晚节岂惊寒?缟缟方铺砌,鲜鲜自覆栏。留香三径冷,得气一枝单。蟋蟀藏应久,芙蓉伴亦难。满头还乱插,傍夕好供餐。天意迟清景,吾生爱古欢。和陶新得句,泛酒莫阑珊。

起四句先写秋之萧瑟,然后"菊残"二字说得有根,"独有"二字出得有力。此题前聚势之法。亦因篇幅稍长,故不妨如此展步。五句至十二句,正写题面,十三句至二十句,题后咏叹以足之,结还出处亦隐秀。通首一气相生,神完力聚。

"干"字颇险。然本岑嘉州"踏地叶声干"及李义山"霜野物声干"句。凡押险韵,须有根据方稳适。

櫹槮 《楚词·九辩》:"萷櫹槮之可哀兮,形销铄而瘀伤。"王逸注:"华叶已落,茎独立也。"

黄华 《礼·月令》:"季秋之月,鞠有黄华。"卫湜《礼记集说》:"严陵方氏曰:桃华于仲春,桐华于季春,皆不言'有'。独于鞠言'有'者,以万物皆华于阳,独鞠华于阴而已,故特言'有'。《春秋传》曰:'有者,不宜有也。'桃华之红,桐华之白,皆不言其色,独鞠言其色而曰黄者,以华于阴中,其色正应阴之盛故也。"

绿叶 钟会《菊花赋》:"缥干绿叶。"

孤标 韩琦《和崔象之紫菊》诗:"孤标只取当筵重,不似寻常泛酒花。"

附热 杜甫《去矣行》:"焉能作堂上燕,衔泥附炎热。"

晚节 韩琦《九日水阁》诗:"虽惭老圃秋容淡,且看黄花晚节香。"胡仔

《苕溪渔隐丛话》:"鲁直诗云:'黄花晚节尤可惜,青眼故人殊不来。'与魏公'且看黄花晚节香',皆于黄花用'晚节'二字。盖草木正摇落之时,惟黄花独秀,故可用此二字。"按:宋祁《重阳不见菊》诗已有"留取金英晚节看"句,而魏公语特传,诗以人重尔。

惊寒 阴铿《侍宴赋得夹池竹》诗:"垂翠不惊寒。"

缟缟 夏侯湛《秋可哀赋》:"阶缟缟以受霜。"

鲜鲜 韩愈《祖席前字》诗:"霜晓菊鲜鲜。"

三径 陶潜《归去来辞》:"三径就荒,松菊犹存。"

一枝 公乘亿《秋菊有佳色》诗:"金剪一枝花。"

蟋蟀 苏轼《和子由记园中草木诗·第十首》自注:"八月十一日夜宿府学,方和此诗。梦与弟游南山,出诗数十篇,梦中甚爱之。及觉,唯记一句云:'蟋蟀悲秋菊。'"

芙蓉 苏轼《芙蓉》诗:"溪边野芙蓉,花水相媚好。坐看池莲尽,独伴霜菊槁。"

满头 乱插 杜牧《九日齐安登高》诗:"菊花须插满头归。"

傍夕 供餐 《楚词·离骚经》:"朝饮木兰之坠露兮,夕餐秋菊之落英。"

清景 陆云《逸民赋》:"望灵岳之清景兮,思佳人于云端。"

古欢 汉无名氏《古诗·第十六首》:"良人惟古欢。"李善注:"良人,念昔之欢爱。"

和陶 苏轼《东坡和陶诗引》:"是时辙亦迁海康,书来告曰:'古之诗人,有拟古之作矣,未有追和古人者也。追和古人,则始于东坡。'吾于诗人无所甚好,独好渊明之诗。渊明作诗不多,然其诗质而实绮,癯而实腴。自曹、刘、鲍、谢、李、杜诸人,皆莫及也。吾前后和其诗,凡一百有九篇,至其得意,自谓不甚愧渊明。今将集而并录之,以遗后之君子,其为我志之。"按:《唐彦谦集》有《和渊明咏贫士韵七首》,则和陶不始于东坡,盖偶未考。

得句 左思《三都赋序》,李善注:"臧荣绪《晋书》曰:'左思,字太冲,齐国人。少博览文史，欲作《三都赋》，遂构思十稔，门庭藩溷，皆著纸笔，遇得一句，即疏之。’”李商隐《闲游》诗：“得句总堪夸。”

泛酒　陶潜《饮酒诗·第七首》：“秋菊有佳色，浥露掇其英。泛此忘忧物，远我遗世情。”

阑珊　白居易《咏怀》诗：“诗情酒兴渐阑珊。”黄公绍《古今韵会·平声上》：“阑珊，凋散貌。”

西王母献益地图

陈世倌

王应麟《玉海·地理部》：“《书·帝验期》：‘西王母于大荒之国得益地图，慕舜德，远来献之。’”张君房《云笈七签·墉城集仙录》：“昔黄帝讨蚩尤之暴，王母遣使白虎之神，乘白鹿集帝之庭，授以地图。其后，虞舜摄位，王母遣使授舜白玉环，又授益地图。遂广黄帝之九州为十有二州。”按：唐钱起有《盖地图赋》，然《初学记》引《帝王世纪》，已作益地图。《路史》称长胡献白狼之霜，西母进益疆之版，与《集仙录》合。钱赋亦阐发“益”字意。“盖”字，殆传刻误耳。

蒲坂垂裳治，瑶池纳贶趋。南风闻雅操，西母献神符。花说三千岁，人经五万途。来时青鸟报，贡处白环俱。形势金瓯拓，文章玉字殊。封山增舜典，括地补河图。契合群灵助，馨香一德孚。还如收月蜡，奕世仰神谟。

起四句点题，五句至八句写“西王母献”，九句至十二句写“益地图”，十三、十四句能抉题之所以然。

蒲坂　桑钦《水经·河水四》：“又南过蒲坂县西。”郦道元注：“皇甫谧曰：‘舜所都也。’或言蒲坂，或言平阳及潍者也。今城中有舜庙。”

垂裳　《易·系辞传下》：“黄帝、尧、舜，垂衣裳而天下治。”孔颖达疏：“垂衣裳者,以前衣皮,其制短小。今衣丝麻布帛,所作衣裳,其制长大,故云垂衣裳也。”

瑶池 《穆天子传》:“乙丑,天子觞西王母于瑶池之上。”

纳赆 颜延年《赭白马赋》:“暨明命之初基,罄九区而率顺。有肆险以禀朔,或逾远而纳赆。”李善注:“《苍颉篇》曰:‘赆,财货也。’《说文》曰:‘赆,会礼也。’”

南风 《礼·乐记》:“昔者,舜作五弦之琴,以歌《南风》。”郑玄注:“《南风》,长养之风也,以言父母之长养己。其辞未闻也。”孔颖达疏:“此《南风》歌辞未得闻也。如郑此言,则非《诗·凯风》之篇。熊氏以为《凯风》,非矣。”案,《圣证论》引《尸子》及《家语》难郑云:“昔者,舜弹五弦之琴。其辞曰:‘南风之薰兮,可以解吾民之愠兮。南风之时兮,可以阜吾民之财兮。’郑云‘其辞未闻’,失其义也。”今按,马昭云:“《家语》,王肃所增加,非郑所见。又《尸子》杂说,不可取证正经,故言未闻。”按,高诱注《淮南子》曰:“《南风》,凯乐之风。”曹植《灵芝篇》曰:“蓼莪谁所兴,念之令人老。退咏南风诗,洒泪满帏抱。”亦暗合郑注。盖汉魏间皆主此说。然《家语》虽王肃伪撰,而尸子乃商鞅之师,则“阜财解愠”之词,其来已久,故至今仍主王说。

雅操 刘向《琴赋》:“葳蕤心而自愬兮,伏雅操之循则。”

西母 《尔雅·释地》:“觚竹、北户、西王母、日下,谓之四荒。”郭璞注:“觚竹在北,北户在南,西王母在西,日下在东,皆四方昏荒之国,次四极者。”按:西王母,本国名。《大戴礼记》《竹书纪年》亦载之,不言灵异。《穆天子传》《山海经》,稍谈神怪。《汉武内传》之类,托名班固,乃辗转增加。然司马迁不信《山海经》。郭璞自注《山海经》《穆天子传》,而注《尔雅》此句,曾不一言。盖作史释经,谨严如是。陆氏《释文》,邢氏疏中乃引之,陋矣。文人引用,始于相如《大人赋》,今已沿为故实。词章藻绘,原所不拘,而不可不知源委。

神符 扬雄《剧秦美新文》:“与天剖神符,地合灵契。”李善注:“分天之符,合地之契,言应录而王也。”

三千岁　班固《汉武帝内传》:"又命侍女索桃,须臾,以盘盛桃七枚,大如鸭子,形色青,以呈王母。母以四枚与帝,自食三桃。桃之甘美,口有盈味。帝食辄录核。母曰:'何谓?'帝曰:'欲种之耳。'母曰:'此桃三千岁一生实耳。中夏地薄,种之不生,如何?'帝乃止。"

五万途　《山海经·大荒西经》:"西海之南,流沙之滨,赤水之后,黑水之前,有大山,名曰昆仑之丘。有人戴胜,虎齿,有豹尾,穴处,名曰西王母。"桑钦《水经·河水一》:"昆仑墟在西北,去嵩高五万里,地之中也。"

青鸟　徐坚《初学记·岁时部下》:"《汉武故事》曰:七月七日,上于承华殿斋正中,忽有一青鸟从西而来,集殿前。上问东方朔,朔曰:'此西王母来。'"

金瓯　《南史·朱异传》:"我国家犹若金瓯,无一伤缺。"

玉字　张君房《云笈七签·三洞经·教部·内音玉字经》云:"天真皇人曰:'诸天内音,自然玉字。字方一丈,自然而见空无之上。八角垂芒,精光乱眼。灵书八会,字无正形。其趣宛奥,难可寻详。'"

封山　《书·舜典》:"肇十有二州,封十有二山。"孔安国《传》:"肇,始也。禹治水之后,舜分冀州为幽州、并州;分青州为营州。始置十二州。封,大也。每州之名,山殊大者,以为其州之镇。"

括地　罗泌《路史·后纪·疏仡纪·夏后氏》:"始禹之治水七年矣。伤功未就,愁然沉思。于是上观于河,河精授图。"罗苹注:"《书·中候》云:伯禹曰:'臣观于河伯,人首鱼身,出曰:吾河精也。授臣河图,躉入渊。'伯禹拜辞。注:即《括地象》也。"张彦远《历代名画记》,述古之秘画珍图,《河图括地象十一》。《周礼·地官·大司徒》,孔颖达疏:"《河图括地象》曰:'天不足西北,地不足东南,西北为天门,东南为地户。'"又云:"极广长,南北二亿三万三千五百里,东西二亿三万三千里。"

契合　杜甫《投赠哥舒开府二十韵》诗:"契合动昭融。"

群灵　徐陵《司空徐州刺史侯安都德政碑》:"率土依风,群灵禀朔。"张九龄《奉和圣制烛龙斋祭》诗:“精意允溢,群灵鼓舞。”按:孝穆所云“群灵”,谓含生之属。曲江所谓“群灵”,则谓群神。此当用曲江义。

馨香 《书·君陈》:“至治馨香,感于神明。”孔安国《传》:“政治之至者,芬芳馨气,动于神明。”

一德 《书·咸有一德》:“眷求一德,俾作神主。”

月蜎 《汉书·扬雄传下》:“西厌月蜎。”注:服虔曰:“蜎,音窟,穴之窟。月蜎,月所生也。”

奕世 《国语·周语上》:“奕世载德。”按:“奕”字,韦昭无注。毛晃《增韵》曰:“奕叶,犹累叶也。”则“奕世”当训“累世”。

河源飞鸟外

阿克敦

郎士元《送杨中丞和蕃》诗:“河源飞鸟外,雪岭大荒西。”

赤阪新通道,黄河旧有源。朝宗归渤澥,疏派自昆仑。果否通银汉?依稀问火敦。飞时鸿不度,寻去马应烦。俊鹘排风势,盘雕没草痕。天低惟断影,地阔更荒原。投笔心仍壮,乘槎路尚存。当年持虎节,曾忆下西蕃。

三、四句立言有体。“俊鹘”四句,“飞鸟外”三字写得出。坊刻试帖,往往互易姓名,独此诗未遭移掇。文勤两使西域,不能假借他人也。

赤阪 《汉书·西域传》:“又历大头痛、小头痛之山,赤土身热之阪。”鲍照《代苦热行》:“赤阪横西阻。”

通道 《书·旅獒》:“惟克商,遂通道于九夷八蛮。”

朝宗 《书·禹贡·荆州》:“江汉朝宗于海。”孔安国《传》:“二水经此州而入海,有似于朝百川,以海为宗。‘宗’,尊也。”按:“朝宗”字,亦见《诗·小雅》,《郑笺》所解与孔不同。此诗以“朝宗”对“疏派”,盖用孔说。二卷《清济贯浊河》诗,以"朝宗"对"经纬",则从郑说也。

勃澥　《史记·司马相如列传》:"浮勃澥。"司马贞《索隐》:"案,《齐都赋》云:'海旁曰勃,断水曰澥也。'"《书·禹贡》:"导河积石,至于龙门。南至于华阴,东至于底柱,又东至于孟津,东过洛汭,至于大伾;北至洚水,至于大陆;又北播为九河,同为逆河,入于海。"

疏派　骆宾王《咏水》诗:"疏派合天津。"

昆仑　《尔雅·释水》:"河出昆仑虚,色白。所并渠千七百,一川色黄。百里一小曲,千里一曲一直。"

通银汉　罗隐《黄河》诗:"解通银汉应须曲。"按:河通银汉,古无是说,始于刘义庆《集林》。殆因《河图·括地象》有"河精上为天汉"之语而附会。详四卷《查客至斗牛》诗。

依稀　谢灵运《行田登海口盘屿山》诗:"依稀采菱歌。"王延寿《鲁灵光殿赋》李善注:"响像,犹依稀,非正形声也。"

问火敦　《元史·地理志·河源附录》:"按河源在土蕃朵甘思西鄙,有泉百余泓,沮洳散涣,弗可逼视。方可七八十里,履高山下瞰,灿若列星,以故名火敦脑儿。火敦,译言星宿也。"

鸿不度　李益《听晓角》诗:"无限塞鸿飞不度。"

马应烦　曹植《洛神赋》:"车殆马烦。"

俊鹘　杜甫《朝诗·第一首》:"俊鹘无声过。"

排风　鲍照《登大雷岸与妹书》:"浴雨排风。"

盘雕　许棠《成纪书事诗·第二首》:"天垂大野雕盘草。"

投笔　《后汉书·班超传》:"家贫,常为官佣书以供养。久劳苦,尝辍业投笔叹曰:'大丈夫无他志略,犹当效傅介子、张骞,立功异域,以取封侯。安能久事笔砚间乎?'"

乘槎　杜甫《有感诗·第一首》:"乘槎断消息,无处觅张骞。"按:张骞乘槎,《史记》《汉书》皆不载。始见宗懔《荆楚岁时记》,亦详四卷《查客至斗牛》诗。

虎节 《周礼·地官·掌节》:“凡邦国之使节,山国用虎节,土国用人节,泽国用龙节,皆金也,以英荡辅之。”郑玄注:“山多虎,平地多人,泽多龙。以金为节,铸象焉。必以其国所多者于以相别,为信明也。今汉有铜虎符。”

恭赋御制农事遍东皋

张廷璐

节序方初夏,郊原正麦秋。霓旌临绣陌,烟舍带新畴。柳色青如画,桑阴翠欲流。香风闻煮茧,晨露听驱牛。处处催秧马,村村候雨鸠。庙堂宵旰虑,编户稻粱谋。朱火行将满,黄云渐欲收。尧天皆乐土,击壤遍歌讴。

起二句序时令。“霓旌”二句,从巡省落到“东皋”。“柳色”二句写“东皋”,“香风”二句写农事,“处处”二句写“遍”字,“庙堂”二句即农事,足上文,即以起下文。

麦秋 《礼·月令》:“孟夏之月,麦秋至。”卫湜《礼记集说》:“严陵方氏曰:‘凡物生于春,长于夏,而成于秋。而麦独成于夏,故于是月言麦秋至。盖于时为夏,于麦为秋故也。’”

霓旌 宋玉《高唐赋》:“霓为旌。”

绣陌 陈暄《长安道》:“长安开绣陌。”

烟舍 李商隐《子初郊墅》诗:“亦拟城南买烟舍。”

新畴 陶潜《和刘柴桑》诗:“新畴复应畬。”

青如画 孙鲂《杨柳枝词·第一首》:“一行如画隔遥津。”

翠欲流 陆游《老学庵笔记》:“东坡《牡丹》诗云:‘一朵妖红翠欲流。’初不晓‘翠欲流’为何语。及游成都,过木行街,有大署市肆曰:‘郭家鲜翠红紫铺。’问土人,乃知蜀语‘鲜翠’,犹言鲜明也。东坡盖用乡语云。”

煮茧　李郢《暮春山行田家歇马》诗:“茅厨煮茧掉车声。”范成大《缫丝行》:“舍后煮茧门前香。”

驱牛　柳宗元《田家诗·第一首》:“驱牛向东阡。”

秧马　苏轼《秧马歌·引》:“予昔游武昌,见农夫皆骑秧马。以榆枣为腹,欲其滑;以楸桐为背,欲其轻。腹如小舟,昂其首尾,背如覆瓦,以便两髀雀跃于泥中。系束藁其首,以缚秧,日行千畦。较之伛偻而作者,劳佚相绝矣。《史记》:‘禹乘四载,泥行乘橇。’解者曰:‘橇形如箕,擿行泥上。’岂秧马之类乎?”

雨鸠　陆佃《埤雅·释鸟》:“鹁鸠,灰色,无绣项。阴则屏逐其匹,晴则呼之,语曰‘天将雨,鸠逐妇’者是也。”

庙堂　《淮南子·主术训》:“揄策于庙堂之上。”《楚词·九叹·逢纷》:“始结言于庙堂兮,信中途而叛之。”王逸注:“庙者,先祖所居也。言人君为政举事,必告于祖庙,议之于明堂。”

宵旰　徐陵《陈文帝哀策文》:“勤民听政,旰食宵衣。”杜甫《秋日夔府咏怀奉寄郑监李宾客一百韵》诗:“宵旰忧虞轸。”按:仇兆鳌《杜诗详注》引《左传》注“旰食”字,引《仪礼》注“宵衣”字。不知《仪礼》“宵衣”之“宵”,郑氏明注即“绡”字。盖古文假借,意义迥别,仇氏抄撮类书《韵府》成此注,多不检验本书,故讹谬往往类此。

编户　《汉书·高帝纪》:“吕后与审食其谋曰:‘诸将故与帝为编户民。’”注,师古曰:“编户者,言列次名籍也。”

朱火　陈子昂《感遇诗·第十三首》:“青春始萌达,朱火已满赢。”

黄云　孙奕《示儿编·诗说》:“诗人喜荆公‘缫成白雪桑重绿,割尽黄云稻正青’之句,而不知其有斧凿痕。窃谓雪不成缫,云不可割,请易‘缫’为‘卷’,易‘割’为‘收’,则丝麦自见。”

尧天　《史记·五帝本纪》:“帝尧者放勋,其仁如天。”司马贞《索隐》:“如天之涵养也。”杜审言《蓬莱三殿侍宴奉敕咏终南山应制》诗:“长此戴尧天。”

乐土 《诗·魏风·硕鼠》篇:“适彼乐土。”郑玄笺:“乐土,有德之国。”

击壤 谢灵运《初出郡》诗:“即是羲唐化,获我击壤声。”李善注:“周处《风土记》曰:‘击壤者,以木作之。前广后锐,长四尺三寸,其形如履。将戏,先侧一壤于地,遥于三四十步,以手中壤击之,中者为上。’”《论衡》曰:“尧时,百姓无事,有五十之民,击壤于涂。”按:四尺三寸,《困学纪闻》作“尺三寸”。

春从何处来

钱陈群

吴均《春日》诗:“春从何处来,拂水复惊梅。”

草意金钩屈,冰痕水镜开。温暾知气暖,倏忽已春回。谁遣如期到,端应有自来。偶然相问讯,转觉屡疑猜。烟暖莺微觉,风和柳暗催。寻踪空杳蔼,伫目但徘徊。万紫千红遍,三才一气该。雷从何处起?程邵试详推。

唐试帖亦有此道。痴写春光,下四字消归乌有。论者曲为之词,正如拙于女红,反嗤纂组为伤巧。此乃课虚叩寂,妙入希夷。

金钩 胡仔《苕溪渔隐丛话·桐江诗话》云:“曼卿一日春初,见阶砌初生之草,其屈如钩,而颜色未变,因得一句云‘草屈金钩绿未回’。”

水镜 白行简《春从何处来》诗:“消冰水镜开。”

温暾 陶宗仪《辍耕录》:“南人方言曰‘温暾’者,怀暖也。唐王建《宫词》‘新晴草色暖温暾’,又白乐天诗‘池水暖温暾’,则古已然矣。”

倏忽 《楚词·招魂》:“往来倏忽。”王逸注:“倏忽,疾急貌也。”

莺微觉 钱可复《莺出谷》诗:“拂柳宜烟暖,冲花觉路春。”

柳暗催 宋之问《奉和晦日幸昆明池应制》诗:“春迟柳暗催。”

杳蔼 陈琳《柳赋》:“蔚昙昙其杳蔼。”

徘徊 《汉书·高后纪》:“徘徊往来。”注,师古曰:“徘徊,犹彷徨不进之意也。”

万紫千红 朱子《春日》诗:“等闲识得东风面,万紫千红总是春。”

三才一气 潘岳《西征赋》:“古往今来,邈矣悠哉。寥廓惚恍,化一气而甄三才。”

雷从何处起 朱子《二程遗书·二十二·张绎师说》:“邵尧夫谓程子曰:‘子虽聪明,然天下之事亦众矣,子能尽知耶?’子曰:‘天下之事,某所不知者固多。然尧夫所谓不知者何事?’是时,适雷起,尧夫曰:‘子知雷起处乎?’子曰:‘某知之,尧夫不知也。’尧夫愕然曰:‘何谓也?’子曰:‘既知之,何用推数也。以其不知,故待推而后知。’尧夫曰:‘子以为起于何处?’子曰:‘起于起处。’尧夫瞿然称善。”

禁林闻晓莺

陈惪华

按:唐陆扆有《禁林闻晓莺》诗。

上林天欲曙,出谷有新莺。未许双柑听,先来五柞鸣。一枝宫树稳,百啭晓风清。细细催银箭,飞飞绕玉京。瀛洲吟草色,长乐闻钟声。待漏趋三殿,流音入九成。曲惟天上有,春到禁中生。载笔从容客,歌应次第赓。

首二句点“晓莺”,三、四拍醒“禁林”,措语警策。以下八句,“晓”字、“禁林”字,分配匀整。“待漏”二句,随手带入“闻”字作收,布置完密。

上林 扬雄《羽猎赋序》:“武帝广开上林,东南至宜春鼎湖,御宿昆吾,旁南山,西至长杨五柞,北绕黄山,滨渭而东,周袤数百里。穿昆明池,象滇河。营建章凤阙,神明驭娑,渐台泰液,象海水周流方丈、瀛洲、蓬莱。游观侈靡,穷妙极丽。”

出谷 李绰《尚书故实》:"今谓进士登第为迁莺者,久矣。盖自《伐木》诗:'伐木丁丁,鸟鸣嘤嘤。出自幽谷,迁于乔木。'又曰'嘤其鸣矣,求其友声',并无莺字。顷岁省试《早莺求友》诗,又《莺出谷》诗,别书固无证据,岂非误欤?"王楙《野客丛书》:"《东皋杂录》曰:《诗》'伐木丁丁,鸟鸣嘤嘤。出自幽谷,迁于乔木'。《郑笺》云:'嘤嘤,鸟声。'正文与注皆未尝及黄鸟。白乐天作《六帖》,始类莺门中,又作诗每用之。其后多祖述之也。洪驹父谓《禽经》称'莺鸣嘤嘤',要是后人附合。仆观张平子《东京赋》:'雎鸠丽黄,关关嘤嘤。'然则以嘤嘤为黄鹂用,自汉已然,不可谓自乐天始也。"按:《东京赋》亦概举鸟声,未必分属。梁昭明太子《锦带书·姑洗二月启》曰:"啼莺出谷,争传求友之声。"始明出"莺"字。唐人诸诗,盖沿此而误。

双柑 冯贽《云仙杂记》:"戴颙春日携双柑斗酒,人问何之?曰:'往听黄鹂声。此俗耳针砭,诗肠鼓吹,汝知之乎?'"原注:《高隐外书》。

五柞 葛洪《西京杂记》:"五柞宫有五柞树,皆连三抱,上枝荫数十亩。"

一枝 《全唐诗话》:"义府初遇,以李大亮、刘洎之荐。太宗召令咏乌,义府曰:'日里扬朝彩,琴中闻夜啼。上林如许树,不借一枝栖。'帝曰:'与卿全树,何止一枝?'"

百啭 贾至《早朝大明宫呈两省僚友》诗:"百啭流莺绕建章。"

银箭 《周礼·夏官·挈壶氏》郑玄注:"郑司农云:悬壶以为漏,漏之箭昼夜共百刻,冬夏之间有长短焉。太史立成法,有四十八箭。"贾公彦疏:"此据汉法而言,则以器盛四十八箭,各百刻。以壶盛水,悬于箭上节,而下之水,水淹一刻,则为一刻。四十八箭者,盖取倍二十四气也。"《诗·齐风·东方未明》篇,孔颖达疏:"刻,谓置箭壶内,刻以为节,而浮之水上,令水漏而刻下,以记昼夜昏明之度数也。"陈祥道《礼书》:"孔颖达谓:'浮箭壶内,以出刻为准。'贾公彦谓:'漏水壶内,以没刻为度。'盖各述其所闻而已。虽浮没不同,大概一也。《浑仪制》曰:'铸金铜人为胥徒,居壶之左右。以左手握箭,右手指刻,以别早晚。'则出刻之说,与此合欤。"徐陵《劝进梁元帝表》:"蓂荚伺晨,无劳银箭。"按:银箭,盖以银为漏箭之饰。李峤《咏银》诗亦用饰箭事,必有故实,今不可考。

玉京 葛洪《枕中书》:"《真书》曰:'元始天王,在天中心之上,名曰玉京山。山中宫殿,并金玉饰之。'又,《真记》曰:'元都玉京七宝山,周回九万里,在大罗之上。城上七宝宫,宫内七宝台,台有上中下,三宫如一宫。城一面二百四十门。方生八行宝林,绿叶朱实,五色芝英,上有万二千种芝。沼中莲花,径度十丈。上宫,是盘古真人、元始天王、太元圣母所治。中宫,太上真人、金阙老君所治。下宫,九天真皇、三天真王所治。'"

瀛洲 草色 李白《侍从宜春苑奉诏赋龙池柳色初青,听新莺百啭歌》:"东风已绿瀛洲草。"

长乐 钟声 《三辅黄图》:"钟室在长乐宫。"徐陵《玉台新咏·序》:"厌长乐之疏钟。"钱起《赠阙下裴舍人》诗:"二月黄鹂飞上林,春城紫禁晓阴阴。长乐钟声花外尽,龙池柳色雨中深。"

待漏 李昉《太平御览·天部二》:"《东观汉记》曰:'樊英每当直事,常晨驻车待漏。'"

三殿 王应麟《玉海·宫室部》:"三殿者,麟德殿也。一殿而有三面,故名,亦曰三院。结邻郁仪楼,即三殿之东西廊也。"程大昌《雍录》:"盖三殿也者,南北相重,先含元,次宣政,又次紫宸。"按:二说不同,以唐事考之,王伯厚所说为是。

九成 《书·益稷》:"箫韶九成,凤凰来仪。"孔安国《传》:"备乐九奏,而致凤凰。"孔颖达疏:"成,谓乐曲成也。郑云:成,犹终也。每曲一终,必变更奏。故《经》言'九成',《传》言'九奏',《周礼》谓之'九变',其实一也。"《周礼·春官·大司乐》贾公彦疏:"言六变、八变、九变者,谓在天地及庙庭而立四表,舞人从南表向第二表为一成,一成则一变。从第二至第三为二成,从第三至北头第四表为三成。舞人各转身南向于北表之北,还从第一至第二为四成,从第二至第三为五成,从第三至南头第一表为六成。若八变者,更从南头北向第二为七成,又从第二至第三为八成。若九变者,又从第三至北头第一为九成。”

天上 杜甫《赠花卿》诗:“此曲只应天上有。”

禁中 蔡邕《独断》:“禁中者,门户有禁,非侍御者不得入,故曰禁中。”元稹《生春诗·第五首》:“何处生春早? 春生晓禁中。”

载笔 《礼·曲礼上》:“史载笔,士载言。”孔颖达疏:“史,谓国史书录王事者。王若举动,史必书之;王若行往,则史载书具而从之也。不言简牍,而言笔者,笔是书之主,则余载可知。”

从容 《史记·留侯世家》:“所与上从容言天下事甚众。”《汉书·严朱吾丘主父徐严终王贾传》注:“师古曰:‘从容,闲语也。从,音千容反。’”

歌 赓 《书·益稷》:“乃赓载歌。”孔安国《传》:“赓,续;载,成也。帝歌归美股肱,义未足,故续歌。先君后臣,众事乃安,以成其义。”孔颖达疏“《诗》‘西有长赓’”,《毛传》亦以赓为续,是相传有此训也。

蚕月条桑

汪由敦

《诗·豳风·七月》篇:“蚕月条桑,取彼斧斨,以伐远扬。”郑玄笺:“条桑枝落之,采其叶也。”毛苌《传》:“远,枝远也;扬,条扬也。”孔颖达疏:“言‘远,枝远者’,谓长枝去人远也;‘扬,条扬者’,谓长条扬起者,皆手所不及,故枝落之而采取其叶也。”

月令占鸠羽,蚕家饲马头。闺中携伴侣,陌上竞筐钩。纤手虽频摘,高柯未尽收。正当枝叶茂,无惜斧斨求。翠折和烟堕,青肥带露柔。功期资黼黻,事偶似薪槱。稍觉清阴减,仍余老干留。丰年甘雨足,转眼绿云稠。

“条桑”与“猗彼女桑”有别,依据注疏,语最分明。起二句点“蚕月”,三、四句转到“桑”字,五、六句借“猗彼女桑”衬出“条”字。以下切定

"条"字发挥。末四句挽到颂扬,亦极有力。

鸠羽　《礼·月令》:"季春之月,鸣鸠拂其羽,戴胜降于桑。"郑玄注:"蚕将生之候也。"

马头　荀子《赋篇·第二十六》:"帝占之曰,此夫身女好而头马首者与?"杨倞注:"女好,柔婉也。其头又类马首。"《周礼》:"马质禁原蚕者。"郑玄云:"天文,辰为马。故《蚕书》曰:'蚕为龙精,月值大火,则浴其种。'是蚕与马同气也。"

筐钩　《晋书·礼志》:"蚕将生,择吉日,皇后著十二笄步摇,依汉魏故事,衣青衣,乘油画云母安车,驾六骢马,女尚书着貂蝉佩玺陪乘,载筐钩。"按:《韵府·因志》文有"汉魏故事"字,遂误以汉魏故事,标为书名,而载此文于下。考《隋志》《唐志》,古无此书。

纤手　《诗·魏风·葛屦》篇:"掺掺女手。"毛苌《传》:"掺掺,犹纤纤也。"孔颖达疏:"掺掺,为女手之状,则为纤细之貌,故云犹纤纤。"《说文》云:"纤手,好手。"《古诗》云"纤纤出素手"是也。

高柯　颜延之《秋胡诗·第五首》:"蚕月欢时暇,桑野多经过。佳人从所务,窈窕援高柯。"

枝叶茂　《庄子·外篇·山木》:"庄子行于山中,见大木枝叶盛茂。"

黼黻　《礼·祭义》:"夫人缫三盆手,遂布于三宫。"夫人,世妇之吉者。使缫,遂朱绿之,玄黄之,以为黼黻文章。《考工记》:"青与赤谓之文,赤与白谓之章,白与黑谓之黼,黑与青谓之黻,五采备谓之绣。"郑玄注:"此言刺绣采所用。"《书·益稷》:"黼黻绨绣,以五采彰施于五色,作服。"孔安国《传》:"黼为斧形,黻为两已相背。"孔颖达疏:"黼若斧形,盖半白半黑,似斧刃白而身黑。黻谓两已相背,刺绣为两已字,以青黑线绣也。"按:孔说"黼黻"与《考工记》不同,各据其事言之耳。郑玄注《周礼》"黼扆",杜预注《左传》"火龙黼黻",牵合为一。夫斧形用白黑,两已用青黑可也。黼必为斧形,黻必为两已,恐不必然。

薪槱 《诗·大雅·棫朴》篇:“芃芃棫朴,薪之槱之。”毛苌《传》:“槱,积也。山木茂盛,万民得而薪之。贤人众多,国家得用蕃兴。”郑玄笺:“白桵相朴属而生者,枝条芃芃。然豫斫以为薪,至祭皇天上帝及三辰,则聚积以燎之。”

清阴 陶潜《和郭主簿诗·第一首》:“蔼蔼堂前林,中夏贮清阴。”

老干 岳珂《桯史》:“张紫微《题万杉寺》诗云:‘老干参天一万株。’”

绿云 刘仲尹《琴调相思引》词:“蚕欲眠时日已曛,柔桑叶大绿团云。”按:《合璧事类·桑部》引杜甫“桑柘绿如云”句,杜集无此语。《群芳谱》又作李白句,李集亦无此语。

精卫衔石填海

赵大鲸

《山海经·北山经》:“发鸠之山,有鸟焉。其状如乌,文首,白喙,赤足,名曰精卫。其鸣自詨。是炎帝之少女,名曰女娃。女娃游于东海,溺而不返,故为精卫。常衔西山之木石,以堙于东海。”

《北山经》所志,精卫事相传。偶尔随湘女,还如化杜鹃。无情宁作蝶,有恨肯为蝉。奋翼凌双鹄,回澜障百川。直凭心匪石,拟待海成田。浪阔鳌空抃,河深鹊自填。从来天可补,不信水无边。清浅蓬莱畔,经今又几年?

句句精悍,驾昌黎旧作而上之。叠用故实,不觉堆排,笔有炉冶故也。

湘女 《楚词·九歌·湘夫人》:“帝子降兮北渚。”王逸注:“帝子,谓尧女也。降,下也。言尧二女娥皇、女英,随舜不返,堕于湘水之渚,因为湘夫人。”

杜鹃 许慎《说文解字·第四》:“巂周,燕也,从隹,屮象其冠也。冏声。一曰:蜀王望帝,淫其相妻,惭亡去,化为子巂鸟。故蜀人闻子巂鸣,皆起云‘望帝'。"陆佃《埤雅·释鸟》:"杜鹃,一名子规。苦啼,啼血不止。一名怨鸟,夜啼达旦,血渍草木。凡始鸣,皆北向。啼苦,则倒悬于树。《说文》所谓蜀王望帝化为子巂,今谓之子规是也。至今寄巢生子,百鸟为哺其雏,尚如君臣云。《尔雅》曰'巂周',即此鸟也。"

作蝶 周密《癸辛杂识》:"杨大芳娶谢氏,谢亡未殓。有蝶大如扇,其色紫褐,翩翩自帐中徘徊,飞集窗户,终日乃去。"按,李商隐《青陵台》诗:"莫遣韩凭为蛱蝶。"姚培谦注引《搜神记》曰:"宋大夫韩凭娶妻美,宋康王夺之。凭怨王,自杀。妻阴腐其衣,与王登台,自投台下。左右揽之,著手化为蝴蝶。"今《搜神记》无此语。

为蝉 崔豹《古今注·问答释义·第八》:"牛亨问曰:'蝉名"齐女"者何?'答曰:'齐王后忿而死,尸变为蝉,登庭树,嘒唳而鸣。王悔恨,故世名蝉曰"齐女"也。'"

双鹄 汉无名氏《古诗·第五首》:"愿为双鸣鹤,奋翅起高飞。"按:五臣《文选》注本作"双鸿鹄"。

百川 韩愈《进学解》:"障百川而东之,回狂澜于既倒。"

心匪石 《诗·邶风·柏舟》篇:"我心匪石,不可转也。"毛苌《传》:"石虽坚,尚可转。"

海成田 葛洪《神仙传》:"麻姑自说云:'接侍以来,已见东海三为桑田。向到蓬莱,水又浅于往日会时略半耳。岂将复为陵陆乎?'"

鳌 抃 《楚词·天问》:"鳌戴山抃,何以安之?"王逸注:"鳌,大龟也。击手曰抃。"《列仙传》曰:"有巨灵之鳌,背负蓬莱之山,而抃戏沧海之中,独何以安之乎?"

鹊 填 白居易《六帖·鹊部》:"《淮南子》:'乌鹊填河成桥,渡织女。'"韩鄂《岁华纪丽·七夕部》:"《风俗通》云:'织女七夕当渡河,使鹊为桥。'"按:《淮南子》《风俗通》皆无此语。又考梁以前咏牛女,无用填河事者。范云《望织女》诗始云:"不辞精卫苦,河流未可填。"尚未言鹊。惟《颜氏家训·勉学》篇称:"吾有一亲表,作《七夕》诗云:'今夜吴台鹊,亦共往填河。'"庾肩吾《七夕》诗云:"倩语雕陵鹊,填河未可飞。"其说似起于齐、梁间。马缟《中华古今注》曰:"鹊,一名神女,俗云七月填河成桥。"缟乃唐人,但称俗语,则鹊桥事无出,明矣。

天可补 《列子·汤问》篇:"然则,天地亦物也。物有不足,故昔者女娲氏练五色石,以补其阙。"

水无边 张籍《求仙行》:"蓬莱无路海无边。"

清浅 李白《拟古诗·第十首》:"海水三清浅。"

巨灵擘太华

刘统勋

张衡《西京赋》:"左有崤、函重险,桃林之塞。缀以二华,巨灵赑屃,高掌远跖,以流河曲,厥迹犹存。"薛综注:"华,山名也。巨灵,河神也。巨,大也。古语云:此本一山,当河水过之而曲行。河之神以手擘开其上,足踏离其下,中分为二,以通河流。手足之迹,于今尚在。"李善注:"《遁甲开山图》曰:'有巨灵胡者,遍得坤元之道。能造山川,出江河。'扬雄《河东赋》曰:'河灵矍踢,掌华蹈襄。'"按:《水经注》亦载此事,云出左丘明《国语》,疑传刻之误。

太华谁能擘?遗踪想巨灵。金天通户牖,玉女启窗棂。导水排双阙,开山胜五丁。耸原亏日月,劈忽走雷霆。一朵披莲蕊,三峰豁翠屏。云根惊坼裂,石骨破珑玲。练界中央白,螺分两道青。至今仙掌畔,五指尚真形。

句句切定"擘"字,又能切定"太华",虚实并到。

金天 杜佑《通典·礼六》:"先天二年,封华岳神为金天王。"唐玄宗《途经华岳》诗:"五位配金天。"

户牖 杜甫《九成宫》诗:“凿翠开户牖。”

玉女 张衡《思玄赋》载:“太华之玉女兮,占洛浦之宓妃。”李善注:“《列仙传》曰:‘毛女者,字玉姜,在华阴山中,体生毛。所止岩中有鼓琴声。’”李昉《太平广记·女仙四》:“明星玉女者,居华山,服玉浆,白日升天。山顶石龟,其广数亩,高三仞,其侧有梯磴。远皆见玉女祠,前有五石臼,号曰‘玉女洗头盆’。其中水色碧绿澄澈,雨不加增,旱不减耗。祠内有玉石马一匹焉。”原注:“出《集仙录》。”按:玉女、毛女,自是二人,诸书所载甚明。善注合为一人,误。

窗棂 王延寿《鲁灵光殿赋》:“玉女窥窗而下视。”按:此因“玉女”字而借用之。

双阙 郦道元《水经注·河水三》:“长城之际,连山刺天。其山中断,两峰双阙。善能云举,望若阙焉。”

五丁 常璩《华阳国志·蜀志》:“惠王知蜀王好色,许嫁五女于蜀。蜀遣五丁迎之。还到梓潼,见一大蛇入穴中,一人揽其尾掣之,不禁,至五人相助,大呼曳蛇。山崩,时压杀五人及秦五女并将,从而山分为五。”

亏日月 《史记·司马相如列传》:“岑岩参差,日月蔽亏。”裴骃《集解》按,《汉书音义》曰:“高山壅蔽,日月亏缺,半见。”

走雷霆 杜甫《送樊二十三侍御赴汉中判官》诗:“雷霆走精锐。”

一朵 刘得仁《监试莲花峰》诗:“青危一朵秾。”《一统志·陕西华州山川·华岳志》:“岳顶中峰,曰莲华峰。”

三峰 崔颢《行经华阴》诗:“岧峣太华俯咸京,天外三峰削不成。”

翠屏 孙绰《游天台山赋》:“挓壁立之翠屏。”

云根 谢灵运《山居赋》:“愒层台兮涉云根。”按:《公羊传》称“泰山之云,触石而生”,故相沿以石为云根。晋张协《杂诗·第十首》曰:“云根临八极。”又《世说新语》曰:“适见令史受杖,上拂云根。”乃言云脚下垂,如有根株然,又自为一意。注家引张诗,解杜甫“穿石忽云根”句,误也。

坼裂 韩愈《南山》诗:“勃然思坼裂。”

珑玲 《汉书·扬雄传上》:“前殿崔嵬兮,和氏珑玲。”注,孟康曰:“以和氏璧为梁,璧带其声,珑玲也。”晋灼曰:“以黄金为璧,带合蓝田璧。珑玲,明见貌。”师古曰:“珑玲,晋说是也。珑,音聋。玲,音零。”

练 白 徐凝《庐山瀑布》诗:“今古常如白练飞,一条界破青山色。”

螺 青 刘禹锡《君山》诗:“遥望洞庭山翠色,白银盘里一青螺。”

仙掌 王涯《太华仙掌辩》:“西岳太华华之首峰,有五岩。北壑破岩而列,自下远而望之,偶为掌形。旧俗土记之传者皆曰:昔河自积石出而西流,既越龙门,遂弭。南驰者千数百里,折波左旋,将走东溟,连山塞之,壅不得去。有巨灵于此,力擘而剖其中,跖而北者为首阳,绝而南者为太华。河自此泄,茫洋下驰,故其掌迹犹存巨灵之迹也。”

真形 班固《汉武帝内传》:“帝又见王母巾笈中有一卷书,盛以紫锦之囊。帝问:‘此书是仙灵方耶? 不审其目,可得瞻盼否?’王母出以示之曰:‘此五岳真形图也。’”

更达四门聪

张鹏翀

王维《三月三日勤政殿侍宴应制》诗:“仍临九衢宴,更达四门聪。”按:刻本此题一作“更辟四门聪”。乃孙逖《奉和御制登鸳鸯楼即目应制》诗句,语意相同,未审孰是。

黼幄咨群牧,云衢辟四门。圣聪能遍达,治道许深论。俊乂升三德,风谣纳五言。心惟人共见,身以相弥尊。启沃嘉谟裕,赓飏微意存。彤庭留直草,阿阁哕祥鹓。襄赞维臣志,明扬是国恩。共趋阊阖晓,端冕正临轩。

“辟四门”与“达四聪”,各自一事。右丞牵合为一句,殊嫌捏凑。然既以命题,不得不随题赋咏,故诗兼二意言之。

黼幄 刘禹锡《许州文宣王新庙碑》:“外饰觚棱,中设黼幄,向明当宁,用王礼也。”

咨群牧 《书·舜典》:“咨十有二牧。”孔安国《传》:“咨,亦谋也。”

云衢 《汉乐府古词·艳歌》:“相从步云衢。”《晋书·郤诜阮种华谭袁甫传论》:“郤诜等并韫价州里,裒然应召,对扬天问,高步云衢。”

辟四门 《书·舜典》:“询于四岳,辟四门。”孔安国《传》:“开辟四方之门未开者,广致众贤。”孔颖达疏:“门者,行之所由,故以门言仕路。以尧舜之圣,求贤久矣。今更言开门,是开其未开者,谓多设取士之科,以此广致众贤也。”

俊乂 《书·皋陶谟》:“俊乂在官。”孔颖达疏:“马、王、郑皆云:‘才德过千人为俊,百人为乂。’”

三德 《书·皋陶谟》:“日宣三德,夙夜浚明有家。”孔安国《传》:“三德,九德之中有其三,言能日日布行三德,早夜思之,须明行之,可以为卿大夫。”

风谣 《后汉书·羊续传》:“观历县邑,采问风谣。”

五言 《书·益稷》:“予欲闻六律、五声、八音,在治忽,以出纳五言。”孔颖达疏:“帝言:我欲以六律和彼五声、八音,以此乐之音声,察世之治否。又乐之感人,使和易调畅,若乐音合度,则言必得理。以此乐音,出纳仁、义、礼、智、信五德之言。乃君之发言,合彼五德,施之于人,可以成其教化,是出五言也;人之五言,合彼五德,归之于君,可以成讽谏,是纳五言也。”

人共见 《宋史·太祖纪》:“汴京新宫成,御正殿坐,令洞开诸门。谓左右曰:‘此如我心,少有邪曲,人皆见之。’”

相弥尊 杜甫《述古诗·第二首》:“舜举十六相,身尊道何高?”

启沃 《书·说命上》:“启乃心,沃朕心。”孔颖达疏:“当开汝心所有,以灌沃我心。欲令以彼所见,教己未知故也。”

嘉谟 《书·君陈》:“尔有嘉谟嘉猷,则入告汝后于内。”

赓飏 见前《禁林闻晓莺》诗。

微意 《后汉书·庞参传》:“参思其微意良久曰:‘棠是欲晓太守也。’”

彤庭 《后汉书·班固传》:“玉阶彤庭。”章怀太子注:“前书曰:‘昭阳殿,中庭彤朱,而殿上髤漆。’”

直草 《宋书·符瑞志》:“黄帝轩辕氏,天下既定,圣德光被,群瑞毕臻。有屈轶之草生于庭,佞人入朝,则草指之,是以佞人不敢进。”

阿阁 祥鹓 《宋书·符瑞志》:“黄帝黄服,斋于中宫,坐于元扈。洛水之上,有凤凰集,不食生虫,不履生草。或止帝之东园,或巢于阿阁。”

襄赞 《书·皋陶谟》:“皋陶曰:‘予未有知思。’曰:‘赞赞襄哉。’”孔颖达疏:“郑玄云:‘赞,明也。襄之言畅,言我未有所知所思,徒赞明帝德,畅我忠言而已。’”

明扬 《书·尧典》曰:“明明扬侧陋。”孔颖达疏:“帝又言曰:‘汝当明白,举其明德之人,于僻隐鄙陋之处。’”

阊阖 《楚词·离骚经》:“吾令帝阍开关兮,依阊阖而望予。”王逸注:“阊阖,天门也。”

端冕 《礼·乐记》:“魏文侯问子夏曰:‘吾端冕而听古乐。’”郑玄注:“端,玄衣也。”孔颖达疏:“端,玄衣也者,谓玄冕也。凡冕服,皆其制正幅,袂二尺二寸,祛尺二寸,故称端也。”按,《楚语》曰:“圣王正端冕。”韦昭注曰:“端,玄端之服也。冕,大冠也。”较疏文为明晓。

临轩 《晋书·舆服志》:“临轩大会,则陈乘舆车辇旌鼓于其殿庭。”按:“临轩”,始见于《晋书·武帝纪》。《玉海·礼仪部》引《晋起居注》曰:“武帝太康元年诏:‘江表初平,于东堂小会作乐。五月庚寅,临轩大会于太极殿。’”则临轩即在正殿。《晋书·礼志·元会仪》引《咸宁注》曰:“其陛卫者,如临轩仪。”则临轩别有仪注,然史无明文。《礼志》又称:“荀觊等所定新礼,遣将御临轩。”又称:“惠帝之为太子,将冠,武帝临轩。”又称:“咸宁二年,临轩,遣太尉贾充册立皇后杨氏。”又《宋书·礼志》:“大明元年,诏以前太子步兵校尉祗男歆绍南丰王朗。有司奏：朗先嗣营阳，告庙临轩，检继体为旧；不告庙临轩，下礼官议正。”则临轩乃举行大礼，不比常朝。又《通典》载：“开元礼，皇帝加玄服、纳后、册命皇后、册命太子、册命诸王大臣，皇太子加玄服、纳妃，皆有临轩仪注。”又《唐六典》载：“凡元日，大陈设于太极殿，皇帝衮冕临轩，展宫悬之乐，陈列代宝玉舆辂，备黄麾仗。”但皆不解何以名“临轩”。《康熙字典》曰：“殿堂前檐特起，曲椽无中梁者，亦曰轩。天子不御正殿而御平台，曰临轩。”亦不言所出。考《汉书·史丹传》曰：“天子自临轩槛上，隤铜丸以擿鼓。”师古注曰：“槛，栏版也。”既近栏版，当在前檐之下矣。

恭和御制赋得“山气日夕佳”元韵

梁诗正

陶潜《饮酒诗·第五首》：“山气日夕佳，飞鸟相与还。此中有真意，欲辨已忘言。”

山气罨将夕，清晖望转佳。苍茫传画本，丹翠入诗牌。霞彩峰峰别，烟光树树皆。淡添云迹迴，静与古心谐。伫月来萧寺，横琴坐瞑斋。悠然无尽意，俯仰惬秋怀。

不规规于点缀而生趣宛然，此为传神之笔。凡空旷萧瑟之题，最忌铺排饾饤。

清晖 谢灵运《石壁精舍还湖中》诗：“昏旦变气候，山水含清晖。”

苍茫 潘岳《哀永逝文》：“视天日兮苍茫。”何逊《行经范仆射故宅》诗：“苍茫落日晖。”

画本 陆游《舟中作》：“村村皆画本。”汤垕《画论》：“古人画稿谓之粉本，前辈多宝蓄之。盖其草草不经意处，有自然之妙。”

丹翠 杨慎《升庵外集·谢华启秀》：“瀑布飞流，丹翠交曜。”原注：谢灵运。按：今本谢集无此语。

诗牌 林逋《孤山寺》诗:“张祜诗牌妙入神。”按:唐人以木板题诗,谓之诗板。张祜《题灵彻上人旧房》诗曰:“满堂诗板旧知音。”郑谷《送进士吴延保及第后南游》诗曰“胜地昔年诗板在”是也。宋人始谓之诗牌。其牌或挂壁上,或揭梁间。王安石《平淮碑》诗曰:“当挂庙壁为诗牌。”陆游《老学庵笔记》曰:“至华之郑县亭,曰西溪。盖杜工部诗所谓‘郑县亭子涧之滨’者,有楠木板揭梁间,甚大,书杜诗。”

霞彩 江淹《翡翠赋》:“霞轻重而成彩。”

烟光 王勃《秋日登洪府滕王阁饯别序》:“烟光凝而暮山紫。”

云迹 于邵《玉版玄记颂》:“幽阴肃爽,处处云迹。”

古心 韩愈《孟生》诗:“孟生江海士,古貌又古心。”

伫月 详四卷《停琴伫凉月》诗。

萧寺 程大昌《续演繁露》:“《国史补》曰:‘梁武帝造寺,令萧子云飞白大书“萧”字。至今一“萧”字存焉。李约竭产自江南买归东洛,匾于小亭以玩之,号为萧斋。’”按:此则萧寺者,乃因萧字而名也。刘禹锡《送如智法师》曰“前日过萧寺,看师上法筵”,则是概以僧寺为萧寺,恐不然也。今人亦多误用。按:文人引譬之词,不必限于其地。故陶唐而后,凡阶皆曰尧阶。汉武以来,凡苑皆曰上苑。佛寺既盛于梁武,则萧寺即通用之佳名。程氏斯言固之甚矣。又按:王僧孺《中寺碑铭》曰:“萧宫改构,梵宇方壮。”其序称:“寺立于晋,太元五年重修。”于梁天监十五年,正当武帝之世,已称晋寺为萧宫,则萧寺盖茅庵之意。原不定指梁武帝姓,故此诗用以对“暝斋”。

横琴 陶弘景《解官表》:“横琴云际。”

暝斋 护国《题王班水亭》诗:“弹琴坐暝斋。”

悠然 本诗“采菊东篱下,悠然见南山”。

秋怀 按:谢惠连有《秋怀》诗。又元稹《解秋诗·第十首》:“秋怀方浩然。”

日浴咸池

蒋 溥

《淮南子·天文训》:"日出于旸谷,浴于咸池,拂于扶桑,是谓晨明。"

羲御上曈昽,天鸡唱晓风。潮来浮澒洞,日出破鸿蒙。巨壑茫茫白,圆规漾漾红。六螭凌泱漭,百宝动沖瀜。浪涌乌踆跃,云消蜃气空。一轮珠耀火,万里镜磨铜。朱燉何曾湿?黄人渐欲中。如升方献颂,翘首大瀛东。

"咸池"无典可征,不得不从"浴"字落墨。然刻画纤巧,又不称题。浑写大意,雄阔绝伦,此题须有此气象。

羲御 《山海经·大荒南经》:"东南海之谷,甘水之间,有羲和之国。有女子名曰羲和,方浴日于甘渊。"郭璞注:"羲和,盖天地始生,主日月者也。故《启筮》曰:'空桑之苍苍,八极之既张。乃有夫羲和,是主日月,职出入,以为晦明。'"《楚词·离骚经》:"吾令羲和弭节兮,望崦嵫而勿迫。"王逸注:"羲和,日御也。"

曈昽 许慎《说文解字·第七》:"曈昽,日欲明也。"

天鸡 任昉《述异记》:"东南有桃都山,上有大树,名曰桃都。枝相去三千里,上有天鸡。日初出,照此木,天鸡即鸣,天下鸡皆随之鸣。"

澒洞 贾谊《旱云赋》:"运清浊之澒洞兮,正重沓而并起。"独孤及《观海》诗:"澒洞吞百谷。"

鸿蒙 《庄子·外篇·在宥》:"云将东游,过扶摇之枝,而适遭鸿蒙。"陆德明《经典释文》:"鸿蒙如字。司马云:自然元气也。一云海上气也。"

巨壑 曹植《与吴季重书》:"食若填巨壑。"李善注:"《庄子》:浮芒谓苑风曰:'夫大壑之为物也,注焉而不满,取之而不竭。'"祖珽《望海》诗:"登高临巨壑,不知千万里。"

茫茫 木华《海赋》李善注:“班彪《览海赋》曰:‘余有事于淮浦,观沧海于茫茫。’”

圆规 张载《岁夕》诗:“白日随天回,暾暾圆如规。踊跃汤谷中,上登扶桑枝。”按:此诗见《艺文类聚·日部》,不题篇名。《文选》谢灵运《游南亭诗》注引前二句,题曰:“张载《岁夕》诗。”

漾漾 白居易《齐云楼晚望偶题十韵,兼呈冯侍御田殷二协律》诗:“水光红漾漾。”

六螭 徐坚《初学记·天部》:“《淮南子》云:‘顿于连石,是谓下春。爰止羲和,爰息六螭,是谓悬车。’”注:“日乘车驾以六龙,羲和御之,日至此而薄于虞泉,羲和至此而回六螭。”按:吴淑《事类赋》亦同。今本《淮南子》作“爰止其女,爰息其马”。

泱漭 《汉书·司马相如传》:“过乎泱漭之壄。”注,张揖曰:“《山海经》所谓‘大荒之野’也。”师古曰:“凡言此者,著水流之长远也。”

百宝 冯惟讷《诗纪前集·禹玉牒词》:“祝融司方发其英,沐日浴月,百宝生。”

沖瀜 木华《海赋》:“沖瀜沆瀁。”李善注:“沖瀜沆瀁,深广之貌。”

乌踆 《淮南子·精神训》:“日中有踆乌,而月中有蟾蜍。”高诱注:“踆,犹蹲也,谓三足乌。”

蜃气 《史记·天官书》:“海旁蜃气,象楼台。”

珠耀火 《旧唐书·礼仪志》:“则天寻令,依旧规制,重造明堂。凡高二百九十四尺,东西南北广三百尺,上施宝凤,俄以火珠代之。”刘肃《大唐新语·文章第十七》:“长寿三年,则天征天下铜五百余万斤,铁三百三十余万,钱二万七千贯,于定鼎门内铸八棱铜柱。高九十尺,径一丈二尺,题曰‘大周万国述德天枢’。天枢下置铁山,铜龙负载,狮子、麒麟围绕。上有云盖,盖上施盘龙以抱火珠,高一丈,围三丈,金彩荧煌,光侔日月。”

镜磨铜 苏轼《海市》诗:“斜阳万里孤鸟没,但见碧海磨青铜。”

朱燉　木华《海赋》:"朱燉绿烟,腰眇蝉蜎。"李善注:"'燉'与'焰'同。"

黄人　王应麟《困学纪闻》:"《符瑞图》:'日,二黄人守者,外国人来降。'"

如升　详后《日升月恒》诗。

大瀛　《史记·孟子荀卿列传》:"以为儒者所谓中国者,于天下乃八十一分,居其一分耳。中国名曰赤县神州。赤县神州内自有九州,禹之序九州是也,不得为州数。中国外如赤县神州者九,乃所谓九州也。于是有裨海环之,人民禽兽莫能相通者,如一区中者,乃为一州。如此者九,乃有大瀛海环其外,天地之际焉。"

反舌无声

孙人龙

《礼·月令》:"仲夏之月,反舌无声。"郑玄注:"反舌,百舌鸟。"孔颖达疏云:"百舌鸟者,蔡云'虫,鸣蛙也。今谓之虾蟆。其舌本前着口侧,而末向内,故谓之反舌'。《通卦验》曰:'博劳鸣,虾蟆无声。'又,麋信云:'昔于长安中,与书生数十,共往城北水中取虾蟆,屠割视之,其舌反向后。'如此,郑君得毋不通乎?蛟夙问曰:'诚如纬与子言为虾蟆,五月中始得水,适当聒人耳,何反无声?'是以知虾蟆非反舌。反舌鸟,春始鸣,至五月稍止,其声数转,故名反舌。时候言之,今人识之,故不从纬与俗儒也。"

五月阴初长,微禽守口严。音虽兼百鸟,语已慎三缄。岂省金人戒?偏同石阙衔。任从蝉嘒嘒,不效燕諵諵。芳树依朱槿,深丛静绿杉。是谁扪尔舌,宛若立之监。弱羽能知候,清时久去谗。虾蟆休误注,麋信语应芟。

"音虽"四句,极警策;"任从"四句,带补时令亦细。

"三缄""金人"是一事,缘相承而下,作申明上文之语,故不碍格。

阴初长 《淮南子·时则训》高诱注:“反舌,百舌鸟也。能辨变其舌,反易其声,以效百鸟之鸣,故谓百舌。无声者,五月阳气极于上,微阴起于下,百舌无阴,故无声也。”

微禽 沈约《反舌赋》:“有反舌之微禽。”

守口 《晁氏客话》:“富郑公年八十,书座屏云:‘守口如瓶,防意如城。’”

三缄 《家语·观周》篇:“庙堂右阶之前,有金人焉。三缄其口,而铭其背。”

石阙衔 郭茂倩《乐府诗集·读曲歌第二十九首》:“奈何许?石阙生口中,衔碑不得语。”按:《子夜》《读曲》诸歌,多以假借生意,盖石阙即“碑”,“碑”又同“悲”也。其源出汉诗《藁砧今何在》一首。

嘒嘒 《诗·小雅·小弁》篇:“鸣蜩嘒嘒。”毛苌《传》:“蜩,蝉也。嘒嘒,声也。”

諵諵 光威裒三人《联句》诗:“佯惊孤燕语諵諵。”

朱槿 《礼·月令》:“仲夏之月,木堇荣。”郑玄注:“木堇,王蒸也。”孔颖达疏:“《释草》云:‘椵木槿、榇木槿。’郭氏云:‘别二名,可食,或呼为日及,亦曰王蒸。其花朝生暮落。’”嵇含《南方草木状》:“朱槿,花、茎、叶皆如桑,叶光而厚。树高止四五尺,而枝叶婆娑。自二月开花,至仲冬即歇。其花深红色,五出,大如蜀葵;有蕊一条,长于花叶,上缀金屑,日光所烁,疑若焰生;一丛之上,日开数百朵,朝开暮落。插枝即活,出高凉郡。一名赤槿,一名日及。”

绿杉 司空图《诗品·沉著第四》:“绿杉野屋,落日气清。脱巾独步,时闻鸟声。”

扪 舌 《诗·大雅·抑》篇:“莫扪朕舌,言不可逝矣。”毛苌《传》:“扪,持也。”孔颖达疏:“《字书》以‘扪’为‘摸’,摸索其舌,是手持之也。”

立 监 《诗·小雅·宾筵》篇:“既立之监,或佐之史。”毛苌《传》:“立酒之监,佐酒之史。”孔颖达疏:“燕礼乡射,并立司正乡射。注云:解倦失礼者,立司正以监之,察仪法也。即引诗云'既立之监,或佐之史',则礼法自当立监。此刺者,彼则监其失礼,此乃督之使醉,名同而实异,以其俱是监察,故郑于乡射引此耳。"

弱羽 鲍照《野鹅赋》:"升弱羽于丹庭。"

去谗 《逸周书·时训解第五十二》:"芒种之日,螳螂生。又五日,鵙始鸣。又五日,反舌无声。螳螂不生,是谓阴息。鵙不始鸣,令奸壅逼。反舌有声,佞人在侧。"杜甫《百舌》诗:"过时如发口,君侧有谗人。"

诗书至道该

余　栋

程行谌《奉和圣制送张说上集贤学士赐宴》诗:"象系微言阐,诗书至道该。"

盛代崇文治,彤庭辟石渠。将求裨道德,永念属诗书。雅颂中声在,典谟心学摅。微言根性命,余绪识虫鱼。载笔从稽古,谈经足起予。专门推伏郑,待诏引严徐。逸作还搜讨,遗编更补苴。雅言夫子教,载道复谁如?

起四句总括,中八句分贴,末四句总收,极为工整。佳在隐含得"道"字,不泛咏诗书。

或疑"严、徐"与"诗书"无涉,不知题本《集贤院》诗。"专门"句收足题面,"待诏"句转合题意;"搜讨""补苴",皆稽古论思中事也。

彤庭 见前《更达四门聪》诗。

石渠 《汉书·刘向传》:"会初立《穀梁春秋》,征更生受《穀梁》,讲论五经于石渠。"注,师古曰:"《三辅旧事》云:'石渠阁,在未央大殿北,以藏秘书。'"

中声 《国语·周语下》:"古之神瞽,考中声而量之以制。"韦昭注:"考,合也。谓合中和之声,而量度以制乐者也。"《荀子·劝学》篇:"诗者,中声之所止也。"杨倞注:"诗谓乐章,所以节声音。至乎中而止,不使流淫也。"《春秋传》曰:"中声已降,五降之后,不容弹矣。"

心学 《朱子语类·尚书一》:"舜禹相传,只是说:'人心惟危,道心惟微。惟精惟一,允执厥中。'只就这心上理会也。"

微言 《前汉书·艺文志》:"昔仲尼没,而微言绝。"

性命 王应麟《困学纪闻》:"《仲虺之诰》,言仁之始也;《汤诰》,言性之始也;《说命》,言学之始也。"

余绪 《吕氏春秋·贵生》篇:"故曰道之真以持身,其绪余以为国家。"

虫鱼 《旧唐书·经籍志》:"《毛诗草木鸟兽虫鱼疏》二卷,陆玑撰。"《新唐书·艺文志》:"《毛诗草木虫鱼图》二十卷。开成中,文宗命集贤院修撰,并绘图象。"

载笔 见前《禁林闻晓莺》诗。

稽古 《书·尧典》曰:"若稽古帝尧。"孔安国《传》:"若,顺;稽,考也。能顺考古道而行之者,帝尧。"

谈经 文中子《中说·周公》篇:"刘炫见子谈六经。"

专门 《汉书·眭两夏侯京翼李传》:"胜从父子建,字长卿。自师事胜及欧阳高,左右采获。又从五经诸儒问与《尚书》相出入者,牵引以次章句,具文饰说。胜非之曰:'建所谓章句小儒,破碎大道。'建亦非胜为学疏略,难以应敌。建卒自颛门名家。"注:"师古曰:'颛,与专同。'"

伏郑 《汉书·艺文志》:"《易》曰:'河出图,洛出书,圣人则之。'故《书》之所起远矣。至孔子纂焉,上断于尧,下讫于秦,凡百篇;而为之序,言其作意。秦燔书禁学,济南伏生独壁藏之。汉兴,亡失求得二十九篇,以教齐、鲁之间。"《隋书·经籍志》:"汉初,又有赵人毛苌善《诗》,自云子夏所传《诂训传》,是为《毛诗》古学,而未得立。后汉有九江谢曼卿,善《毛诗》,又为之训;东海卫敬仲,受学于曼卿,先儒相承,谓之《毛诗》。序,子夏所创,毛公及敬仲又加润益。郑众、贾逵、马融并作《毛诗传》，郑玄作《毛诗笺》。”

待诏 扬雄《甘泉赋序》：“召雄待诏承明之庭。”李善注：“诸以材术见知，直于承明，待诏即见，故曰‘待诏’焉。”

严徐 任昉《奉答敕示七夕诗启》：“晚属天飞，比严徐而待诏。”李善注：“《汉书》曰：‘严安、徐乐上疏言世务。上召见，乃拜乐、安偕为郎中。’”

逸作 《史记·伯夷列传》：“余悲伯夷之意，睹轶诗可异焉。”司马贞《索隐》：“轶，音逸，谓见逸诗之文，即下《采薇》之诗是也。不编入《三百篇》，故云逸诗也。”

搜讨 韩琦《答陈舜俞推官惠诗求全瓦古砚》诗：“宜乎今日难搜讨。”

遗编 孔安国《尚书·序》：“济南伏生，年过九十，失其本经，口以传授，裁二十余篇。以其上古之书，谓之《尚书》。百篇之义，世莫得闻。至鲁恭王好治宫室，坏孔子旧宅，以广其居，于壁中得先人所藏古文虞、夏、商、周之书，及《传》《论语》《孝经》，皆科斗文字。王又升孔子堂，闻金石丝竹之声，乃不坏宅，悉以书还孔氏。科斗书废已久，时人无能知者，以所闻伏生之书考论文义，定其可知者为隶古，更以竹简写之，增多伏生二十五篇。伏生又以《舜典》合于《尧典》，《益稷》合于《皋陶谟》，《盘庚》三篇合为一，《康王之诰》合于《顾命》，复出此篇并序，凡五十九篇，为四十六卷。其余错乱磨灭，不可复知，悉上送官藏之书府，以待能者。”

补苴 韩愈《进学解》：“补苴罅漏。”

载道 《周子通书·文辞第二十八》：“文所以载道也。轮辕饰而人弗庸，徒饰也，况虚车乎？”

知仁山水德

曹一士

大君天锡智，元后性生仁。河岳胸襟阔，高深境界亲。阴阳归太极，流峙现全身。浩浩源头活，岩岩气象真。安敦征器量，澡雪见精神。

冈阜培弥固，渊泉沦日新。呼嵩千嶂拱，朝海百川臻。乐寿知无量，乾坤仰圣人。

起二句对举，次四句总括，中八句分配，末二句总收。沉闷题，难得如此清切。

大君 《易上经·临卦》："六五，知临，大君之宜，吉。"

天锡智 《书·仲虺之诰》："天乃锡王勇智。"

元后 《书·泰誓上》："亶聪明作元后。"

性生仁 沈括《梦溪笔谈·人事一》："是时，试《尧舜性仁赋》，有曰：'故得静而延年，独高五帝之寿；动而有勇，形为四罪之诛。'公大称赏，擢为第一人。"按：公，谓欧阳修。

河岳 《诗·周颂·时迈》篇："怀柔百神，及河乔岳。"

胸襟 刘伶《北芒客舍》诗："闻此消胸襟。"

高深 王勃《九成宫东台山池赋》："美仁智之同归，信高深之纵托。"

境界 《列子·周穆王》篇："西极之南隅，有国焉，不知境界之所接。"

阴阳 太极 见前《乾坤为天地》诗。

流峙 李阳冰《上采访李大夫论古篆书》："于天地山川，得方圆流峙之形。"

全身 王应麟《困学纪闻》："汤伯纪自儆云：'一点莫留余滓，十分成就全身。'"按：赵州和尚茶榜，亦有"十方世界露全身"句，盖俗语也。

源头 朱子《观书有感诗·第一首》："问渠那得清如许？为有源头活水来。"

岩岩 韩婴《诗外传》诗曰："太山岩岩，鲁邦所瞻，乐山之谓也。"王应麟《困学纪闻》："富贵不能淫，贫贱不能移，威武不能屈，孟子泰山岩岩之气象也。"

安敦 《易·系辞传上》："安土敦乎仁，故能爱。"孔颖达疏："言万物之性，皆欲安静于土，敦厚于仁。圣人能行此安土敦仁之化，故能爱养万物也。"

澡雪 《庄子外篇·知北游》:"孔子问于老聃曰:'今日宴间,敢问至道?'老聃曰:'汝斋戒,疏瀹而心,澡雪而精神。'"

冈阜 《诗·小雅·天保》篇:"如山如阜,如冈如陵。"

呼嵩 《汉书·武帝纪》:"行幸缑氏,诏曰:'朕用华山,至于中岳,获驳鹿,见夏后启母石。翌日,亲登崇嵩。'御史乘属在庙旁,吏卒咸闻,呼万岁者三。"

千嶂 王勃《游庙山赋》:"既而雾昏千嶂。"

朝海 见前《河源飞鸟外》诗。

百川 《家语·观周》篇:"江海虽左,长于百川。"

千潭一月印

雷 铉

太极无边际,凝思觉浩然。一轮澄皓月,千镜印寒泉。皎皎蟾光满,深深桂影圆。静时停止水,动处贯流川。是万还为一,于渊即在天。何人情独契?此理妙难宣。体用元来合,虚明象已传。愿言参密谛,庶得会真诠。

九句、十句精湛而自然,余亦清洒。凡理题宜如此作。

前十句双关,后六句点明寓意,古法也。

蟾光 见前《日浴咸池》诗。又梁昭明太子《锦带书·太簇正月启》:"对蟾光而写镜。"

桂影 徐坚《初学记·天部》:"虞喜《安天论》曰:'俗传月中仙人桂树,今视其初生,见仙人之足渐已成形,桂树后生。'"胡曾《自岭下泛鹢到清远峡作》:"夜宿嫦娥桂影潭。"

止水 《庄子内篇·德充符》:"仲尼曰:'人莫鉴于流水,而鉴于止水。'"

流川 董京《答孙楚》诗:"动如川之流,静如川之渟。"

是万　为一　详后《千潭一月印》诗。

体用　史绳祖《学斋占毕》:“先儒体用字,或以为出于近世,非也。‘乾,元亨利贞’。注疏云:‘天者,定体之名;乾者,体用之称。言天之体以健为用。’又‘天行健’。注疏云:‘天是体名,乾是用名,健是其训。’三者并见,最为详悉。余谓体用字,当本诸此。”

虚明　陶潜《辛丑岁七月赴假还江陵夜行涂口作》:“夜景湛虚明。”

密谛　梁昭明太子《解二谛义》:“二谛者:一是真谛,一是俗谛。真谛,亦名第一义谛;俗谛,亦名世谛。”

真诠　杜甫《秋日夔府咏怀奉寄郑监李宾客一百韵》诗:“身许双峰寺,门求七祖禅。落帆追宿昔,衣褐向真诠。”

阮学濬二首

春蚕作茧

按:明沈朝焕有《春蚕作茧赋》,又江盈科《雪涛诗评》曰:“杜少陵夔州以后诗,所谓‘春蚕结茧,随物肖形’。”似乎古有是语。而江引以目杜者,但未详所出耳。

月令当春季,蚕功劝课严。三眠初入蔟,五色渐盈函。吐纳千丝运,回环一缕衔。成丹经几转,如瓮藉重缄。蝉蜕轻无迹,鸳机巧不凡。懿筐曾汲汲,纤手又掺掺。会夺天孙锦,还嗤隐士衫。圣朝勤献茧,衣被万方咸。

险韵巧押,不足为难。难于一气流转开合,变动自如。

劝课严　《礼·月令》:“季春之月,后妃斋戒,亲东乡躬桑。禁妇女毋观,省妇使以劝蚕事。”

三眠　李白《寄东鲁二稚子》诗:“吴蚕已三眠。”杨齐贤注:“荀卿《赋》篇曰:‘三俯三起,事乃大已,夫是谓之蚕理。’”注:“俯,为卧而不食,乃三眠也。”

王维《渭川田家》诗,赵殿成注:"蚕将蜕,辄卧不食,古人谓之俯,后人谓之眠。"考庾信《归田》诗云:"原蚕始更眠。"又《燕歌行》云:"二月蚕眠不复久。"则六朝时已有此称矣。

入蔟　贾思勰《齐民要术·杂说第三十》:"四月,茧既入蔟,趋缲剖线,具盛杼,敬经络。"

五色　刘向《列仙传》:"园客者,济阴人也。姿貌好而性良,邑人多以女妻之,客终不取。常种五色香草,积数十年,食其实。一旦,有五色神蛾止其香树末,客收而荐之以布,生桑蚕焉。至蚕时,有好女夜至,自称客妻,道蚕状。客与俱收蚕,得百二十头,茧皆如瓮大。"

成丹　《抱朴子·内篇·金丹第四》:"又九转之丹者,封涂于土釜中,糠火先文后武,其一转至九转,迟速各有日数多少。"按:此以丹之转,譬蚕之眠。

如瓮　苏轼《赵令晏崔白大图幅径三丈》诗:"扶桑大茧如瓮盎。"

蝉蜕　《淮南子·说林训》:"蝉饮而不食,三十日而蜕。"

鸳机　上官仪《八咏应制诗·第二首》:"方移花影入鸳机。"

懿筐　《诗·豳风·七月》篇:"女执懿筐,遵彼微行,爰求柔桑。"毛苌《传》:"懿筐,深筐也。"

汲汲　《礼·问丧》:"望望然,汲汲然,如有追而弗及也。"

纤手　掺掺　见前《蚕月条桑》诗。

天孙锦　《史记·天官书》:"婺女,其北织女。织女,天女孙也。"苏轼《潮州韩文公庙碑》:"天孙为织云锦裳。"

隐士衫　冯贽《云仙杂记》:"成芳隐麦林山,剥苎织布,为短襴宽袖之衣,着以酤酒,自称隐士衫。"原注:"梁福《庐陵记》。"

献茧　《礼·月令》:"孟夏之月,蚕事毕,后妃献茧。乃收茧税,以桑为均,贵贱长幼如一,以给郊庙之服。"

衣被　《管子·轻重七·山国轨第七十四》曰:"某乡女胜事者,终岁绩其功业若干。以功业直时而橫之,终岁人已衣被之后,余衣若干。"《老子·第三十四章》:“爱养万物,而不为主。”焦竑《老子考异》:“爱养,一作衣被。”顾野王《玉篇·衣部》:“衣,于祈切。上曰衣,下曰裳。又于气切,以衣被人也。”

千潭一月印

皓月中天照,清辉薄海覃。重轮悬静夜,素影落澄潭。宝镜团团映,璇珠颗颗含。无云微点缀,有水总渟涵。露气凝虚白,波光射蔚蓝。心源符太极,宗旨证瞿昙。只以空明悟,宁从色相探。大千昭法象,一理可微参。

前十句双关,后六句点明,与翠庭先生诗同法。“无云”二句,亦与“是万”二句雁行。

清辉 阮籍《咏怀诗·第十四首》:“明月耀清辉。”

重轮 崔豹《古今注·音乐第三》:“明帝为太子,乐人作歌诗四章,以赞太子之德。其一曰《日重光》,其二曰《月重轮》。”

静夜 沈约《应王中丞思远咏月》诗:“月华临静夜。”

素影 杜审言《和康五望月有怀》诗:“风飘素影寒。”

澄潭 张九龄《西江夜行》诗:“澄潭月里行。”

宝镜 徐陵《为羊兖州家人答饷镜》诗:“信来赠宝镜,亭亭似团月。”

璇珠 《穆天子传》:“用观天子之珤器,曰‘天子之珤,玉果璇珠’。”郭璞注:“璇,玉类,音旋。”

点缀 刘义庆《世说新语·言语第三》:“司马太傅斋中夜坐,于时天月明净,都无纤翳,太傅叹以为佳。谢景重在坐,答曰:‘意谓乃不如微云点缀。’太傅因戏谢曰:‘卿居心不净,乃复强欲滓秽太清耶?’”

渟涵 戴表元《张园玩月》诗:“动定极渟涵,声沉转萧瑟。”

虚白 《庄子内篇·人间世》:“虚室生白。”方以智《通雅·宫室类》:“室之光处,谓之白。”《祭法》注:“当室之白,谓之阳厌,谓向阳光明处也。《庄子》

‘虚室生白’,亦谓生光。”阎宽《春宵览月》诗:“爱见澄清景,象吾虚白心。”

蔚蓝 杜甫《冬到金华山观因得陈拾遗学堂遗迹》诗:“上有蔚蓝天,垂光抱琼台。”《千家注》,赵曰:“蔚蓝者,茂蔚之蓝,今诗人言水曰挼蓝,然则天之青亦可言蔚蓝。近世韩子苍《出汴州即事》诗云:‘茫然不悟身何处,水色天光共蔚蓝。’”陆游《老学庵笔记》:“蔚蓝,乃隐语天名,非可以义理解也。杜子美《梓州金华山》诗云‘上有蔚蓝天,垂光抱琼台’,犹未有害。韩子苍乃曰‘水色天光共蔚蓝’,乃直谓天与水之色俱如蓝,恐又因杜而失之。”按:师古注杜诗,以“蔚蓝天”乃洞天之名,不言所本。杜田引《度人经》为说。然《度人经》“东方太黄皇曾天帝郁鑑王明”,乃帝之隐名,非天之隐名。字作“郁鑑”,亦非“蔚蓝”,其说支离不可据。当以赵次公说为得,方密之《通雅》亦以放翁说为非。

心源 释智藏《奉和武帝三教》诗:“心源本无二,学理共归真。”

符太极 《周子通书·理性命第二十二》:“二气五行,化生万物。五殊二实,二本则一。是万为一,一实万分。万一各正,小大有定。”朱子注:“自其末以缘本,则五行之异,本二气之实;二气之实,又本一理之极。是合万物而言之,为一太极而已也。自其本而之末,则一理之实,而万物分之以为体。故万物之中,各有一太极;而小大之物,莫不各有一定之分也。”《朱子语类·九十四·周子之书》,郑问:“‘理性命’章,何以下‘分’字?”曰:“不是割成片去,只如月映万川相似。”

宗旨 梁武帝《敕答臣下〈神灭论〉》:“标其宗旨,辨其短长。”

证瞿昙 《辽史·礼志》:“悉达太子者,西域净梵王子。姓瞿昙氏,名释迦牟尼。以其觉性,称之曰佛。”大川《五灯会元·南岳下》“十六世汉州无为随庵守缘禅师”条:“出峡至宝峰,值峰上堂。举永嘉曰:‘一月普现一切水,一切水月一月摄。’师闻释然领悟。住后,上堂曰:‘以一统万,一月普现一切水;会万归一,一切水月一月摄。展则弥纶法界,收来毫发不存。虽然收展殊途,此事本无异致。但能于根本上着得一只眼去,方见三世诸佛,历代祖师尽从此中示现;三藏十二部,一切修多罗,尽从此中流出;天地日月,万象森罗,尽从此中建立;三界九地,七趣四生,尽从此中出没;万千法界,无量妙义,乃至世间工巧诸伎艺,尽现行此事。所以世尊拈华,迦叶便乃微笑;达摩面壁,二祖于是安心。'"

空明 戴叔伦《曾游》诗:"清影涵空明。"

色相 《楞严经》,佛告阿难:"若真汝心,则无所去。云何离声,无分别性?斯则岂惟声分别心;分别我容,离诸色相,无分别性。如是乃至,分别都无。非色非空,拘舍离等;昧为冥谛,离诸法缘;无分别性,则汝心性;各有所还,云何为主?"

大千 《起世因本经·阎浮洲品第一》:"佛言,比丘,如一日月,所行之处,照四天下。如是等类,四大世界,有千日月所照之处,此则名为一千世界。诸比丘,千世界中,千月千日千须弥山王:四千小洲,四千大洲;四千小海,四千大海;四千龙种姓,四千大龙种姓;四千金翅鸟种姓,四千大金翅鸟种姓;四千恶道处种姓,四千大恶道处种姓;四千小王,四千大王;七千种种大树,八千种种大山,十千种种大泥犁;千阎摩王,千阎浮洲,千瞿陀尼,千弗婆提,千郁单越,千四天王天,千三十三天,千夜摩天,千兜率陀天,千化乐天,千他化自在天,千摩罗天,千梵世天。诸比丘,此千世界,犹如周罗,名小千世界。诸比丘,尔所周罗一千世界,是名第二中千世界。诸比丘,如此第二中千世界,以为一数,复满千界,是名三千大千世界。"大川《五灯会元·南岳下》"十一世广法源禅师"条:"元丰八年十月十二晚,忽书偈曰:'廓然笑指浮云散,玉兔流光照大千。'"

法象 《易·系辞传上》:"是故法象,莫大乎天地。"

芙蓉出水

董邦达

钟嵘《诗品·中》:"汤惠休曰:'谢诗如芙蓉出水,颜如错采镂金。'颜终身病之。"

绿沼芙蓉发,亭亭照镜奁。清香时复度,妙手若为拈。挹露迎晴旭,当风散午炎。岂惟泥不染?并觉水难沾。极净心应似,遥观意未厌。闻歌来画桨,弄影到明蟾。别有丰姿在,应无雕饰嫌。浣沙人一笑,谁屑斗无盐。

前路写得风致,后四句归入本意,妙在无痕。

亭亭 杜公瞻《咏同心芙蓉》诗:“灼灼荷花瑞,亭亭出水中。”

镜奁 史游《急就篇·第十四》:“镜奁疏比各异工。”颜师古注:“镜奁,盛镜之器,若今镜匣也。”岳珂《荷花盛开以病旬余不至亭上》诗:“天镜恰开奁。”

清香 谢灵运《山居赋》:“虽备物之偕美,独芙渠之华鲜。播绿叶之郁茂,含红敷之缤翻。怨清香之难留,矜盛容之易阑。”

妙手 鲍照《芙蓉赋》:“单蓝阳之妙手,测淲池之光洁。”

泥不染 周子《爱莲说》:“予独爱莲,出污泥而不染。”

水难沾 李颀《粲公院各赋一物得初荷》诗:“从来不着水,清净本因心。”陆佃《埤雅·释草》:“王文公曰:‘荷华有色有香,虽生于水,水不能没。虽在淤泥,泥不能污。’”

极净 孟浩然《题大禹寺义公禅房》诗:“看取莲花净,应知不染心。”

遥观 周子《爱莲说》:“可远观而不可亵玩焉。”

画桨 陆游《席上》诗:“绿波画桨浣花船。”

明蟾 宋璟《梅花赋》:“明蟾冻夜。”

雕饰 李白《经乱离后,天恩流夜郎。忆旧游书怀赠江夏韦太守良宰》诗:“清水出芙蓉,天然去雕饰。”

浣沙 赵煜《吴越春秋·勾践阴谋外传第九》:“乃使相者国中,得苎萝山鬻薪之女,曰西施、郑旦。”注,《十道志》:“勾践索美女以献吴王,得之诸暨苎萝山卖薪女也。西施山下,有浣沙石。”按:“沙”字,诸本多作水旁。《周礼·天官·内司服》“有素沙”,郑玄注曰:“素沙者,今之白缚也。今世有沙縠者,名出于此。”然则，古字本从水，不从糸。

无盐 刘义庆《世说新语·轻诋第二十六》：“庾元规语周伯仁，诸人皆以君方乐。周曰：‘何乐？谓乐毅耶？’庾曰：‘不尔，乐令耳。’周曰：‘何乃刻画无盐，以唐突西子也。’”

黄钟宫为律本

介 福

《汉书·律历志》：“其《传》曰：黄帝使泠纶，自大夏之西，昆仑之阴，取竹之解谷生，其窍厚均者，断两节间而吹之，以为黄钟之宫。制十二筒以听凤之鸣，其雄鸣为六，雌鸣亦六。比黄钟之宫，而皆可以生之，是为律本。”注，师古曰：“泠，音零。纶，音伦。”孟康曰：“解，脱也。谷，竹沟也。取竹之脱无沟节者也。一说昆仑之北，谷名也。”晋灼曰：“谷名是也。”师古曰：“比，合也。可以生之，谓上下相生也，故谓之律本。”

按：《志》所称《传》曰，盖指《吕氏春秋·古乐》篇。然吕氏谓黄钟之宫，长三寸九分，与诸家所说不合，难以取证，故置彼引此。

又按：黄钟之宫，注无明文。《考工记》：“栗氏为量，其声中黄钟之宫。”贾公彦疏曰：“不直言中黄钟之声，而云之宫者，十二辰，其变声辰，各有五声，则子上有宫、商、角、徵、羽五声。具今之所中者中其官声，不中商、角之等，故以宫言之也。”

伶伦裁嶰竹，九寸制圆筒。候气迎南至，调元起下宫。三微开以子，五气统于中。细写牛鸣窌，遥谐凤在桐。七音生正变，六间配雌雄。损益毫厘算，阴阳上下通。至今传累黍，伊昔记吹铜。应识声希处，黄钟本化工。

题以黄钟宫为主，与律吕相生不同。起二句总冒，三、四句清出黄钟宫；中八句实写为律本，末抉出能为律本之由，不假铺排，自然清切。

九寸　《汉书·律历志》:"故黄钟为天统律,长九寸九者,所以究极中和,为万物元也。"《礼·月令》:"季夏之月,律中黄钟之宫。"郑玄注:"黄钟之宫最长也。"孔颖达疏:"蔡氏及熊氏,以为黄钟之宫谓黄钟少宫也,半黄钟九寸之数,管长四寸五分。六月用为候气。"按:六月林钟之律,长六寸;七月夷,则长五寸三分有余。何以四寸五分之律于六月候之乎?又,土声最浊,何得以黄钟半声相应乎?蔡、熊之说非也。

候气　《后汉书·律历志》:"候气之法,为室三重,户闭,涂衅必周,密布缇缦。室中以木为案,每律各一,内庳外高;从其方位,加律其上,以葭莩灰抑其内端,按历而候之。气至者灰动:其为气所动者,其灰散;人及风所动者,其灰聚。殿中候,用玉律十二。惟二至乃候灵台,用竹律六十。候日如其历。"

南至　《左传·僖公五年》:"春王正月辛亥朔,日南至。"杜预注:"周正月,今十一月。冬至之日,日南极。"孔颖达疏:"日之行天,有南有北。常立八尺之表,以候景之短长。夏至之景,尺有五寸,日最长而景最短,是谓日北至也。自是以后,日稍近南。冬至之景,一丈三尺,日最短而景最长,是谓日南至也。"

调元　班固《东都赋》:"降烟煴,调元气。"令狐峘《释奠日国学观礼闻雅颂》诗:"澹泊调元气。"

下宫　《国语·周语下》:"王以黄钟之下宫,布戎于牧之野。"韦昭注:"黄钟在下,故曰下宫。"

三微　班固《白虎通·德论》:"三微者,何谓也?阳气始施黄泉,万物微而未著也。十一月之时,阳气始养根株,黄泉之下,万物皆赤。赤者,盛阳之气也,故周为天正,色尚赤也。十二月之时,万物始芽而白。白者阴气,故殷为地正,色尚白也。十三月之时,万物始达,孚甲而出,皆黑,人得加功,故夏为人正,色尚黑。《尚书大传》曰:'夏以孟春月为正,殷以季冬月为正,周以仲冬月为正。夏以十三月为正,色尚黑,以平旦为朔;殷以十二月为正,色尚白,以鸡鸣为朔;周以十一月为正,色尚赤,以夜半为朔。'不以二月后为正者,万物不齐,莫适所通,故必以三微之月也。”

开以子　详后《五六天地之中合》诗。

五气　《史记·五帝本纪》:“轩辕乃修德振兵治五气。”裴骃《集解》:“王肃曰:‘五行之气。’”

统于中　《汉书·律历志》:“宫,中也。居中央,畅四方。唱始施生,为四声纲也。”

牛鸣窌　《管子·地员第五十八》:“凡听宫,如牛鸣窌中。”按,《考工记·匠人》:“囷窌仓城,逆墙六分。”郑玄注曰:“穿地曰窌。”

凤在桐　韩婴《诗外传》:“于是,黄帝乃服黄衣,戴黄冕,致斋于宫,凤乃蔽日而至。黄帝降于东阶,西面再拜而稽首曰:‘皇天降祉,不敢不承命。’凤乃止帝东园,集帝梧桐,食帝竹食,没身不去。”

七音　《国语·周语下》:“王将铸无射,问律于伶州鸠……王曰:‘七律者何?’对曰:‘昔武王伐殷,岁在鹑火,月在天驷,日在析木之津,辰在斗柄,星在天鼋。星与日辰之位,皆在北维。颛顼之所建,帝喾受之。我姬氏出自天鼋,及析木者,有建星及牵牛焉。则我皇妣大姜之侄、伯陵之后,逄(逢)公之所冯神也。岁之所在,则我有周之分野也。月之所在,辰马农祥也,我太祖后稷之所经纬也,王欲合是五位三所而用之。自鹑及驷七列也。南北之揆七同也,凡神人以数合之,以声昭之。数合声和,然后可用(同)也。故以七同其数,而以律和其声,于是乎有七律。’”韦昭注:“周有七音。王问七音之律,意谓七律为音器,用黄钟为宫,太簇为商,姑洗为角,林钟为徵,南吕为羽,应钟为变宫,蕤宾为变徵。”卫湜《礼记集说》:“长乐陈氏曰:应钟阴之终,蕤宾阴之始。则应钟变阴而将之阳,蕤宾变阳而至于阴。此应钟、蕤宾所以为变也。”

六间　《国语·周语下》:“为之六间,以扬沉伏,而黜散越也。元间大吕,助宣物也。二间夹钟,出四隙之细也。三间中吕,宣中气也。四间林钟,和展百事,俾莫不任肃纯恪也。五间南吕,赞阳秀也。六间应钟,均利器用,俾应复也。”韦昭注:“六间,六吕在阳律之间。”宋庠《补音》:“间,古晏切。”

损益　上下　《汉书·律历志》:“五声之本,生于黄钟之律。九寸为宫,或损或益,以宫、商、角、徵、羽,九六相生,阴阳之应也。”又:“故以成之数忖该之积,如法为一寸,则黄钟之长也。叁分损一,下生林钟。叁分林钟益一,上生太簇。叁分太簇损一,下生南吕。叁分南吕益一,上生姑洗。叁分姑洗损一,下生应钟。叁分应钟益一,上生蕤宾。叁分蕤宾损一,下生大吕。叁分大吕益一,上生夷则。叁分夷则损一,下生夹钟。叁分夹钟益一,上生无射。叁分无射损一,下生中吕。阴阳相生,自黄钟始而左旋,八八为伍。”

累黍　《汉书·律历志》:“度者,分、寸、尺、丈、引也,所以度长短也。起黄钟之长,以子谷秬黍中者,一黍之广,度之九十分。黄钟之长,一为一分,十分为寸,十寸为尺,十尺为丈,十丈为引,而五度审矣。”“量者,龠、合、升、斗、斛也,所以量多少也。本起于黄钟之龠,用度数审其容,以子谷秬黍中者千有二百实其龠,以井水准其概。合龠为合,十合为升,十升为斗,十斗为斛,而五量嘉矣。”“权者,铢、两、斤、钧、石也,所以称物平施,知轻重也。本起于黄钟之重。一龠容千二百黍,重十二铢,两之为两。二十四铢为两,十六两为斤,三十斤为钧,四钧为石。忖为十八,《易》十有八变之象也。”

吹铜　贾谊《新书·胎教·杂事》:“青史氏之记曰:‘太子生而泣,太师吹铜,曰:声中某律。’”《汉书·律历志》:“凡律度、量、衡用铜者,名自名也,所以同天下、齐风俗也。不为燥、湿、寒、暑变其节,不为风雨暴露改其形,介然有常,有似于士君子之行,是以用铜也。”

声希　邵子《复卦》诗:“玄酒味方淡,大音声正希。”

化工　贾谊《鹏鸟赋》:“且夫天地为炉兮,造化为工。”

野含时雨润

闻　棠

宋之问《夏日仙萼亭应制》诗:“野含时雨润,山杂夏云多。”

岁序清和候,芳郊宿雨含。遥岑烟泼翠,远浦水拖蓝。茂对皇心洽,滋陪帝泽甘。轻匀能养麦,温润最宜蚕。绿树柯交荫,红阑药正酣。太和旉自满,生意澹相涵。短笠趣长陌,青犁映碧潭。田歌歌既渥,圣德与天参。

“轻匀”二句极警策,“生意”句亦佳。

五、六句先入颂语,妙于恰是正文,不比填缀肤词、横挽语脉。

“短笠”“长陌”,“青犁”“碧潭”,就句对法。

清和 魏文帝《槐赋》:“伊暮春之既替,即首夏之初期。鸿雁游而送节,凯风翔而应时。天清和而温润,气恬淡以安治。”

芳郊 费昶《春郊望美人》诗:“芳郊拾翠人。”

泼翠 拖蓝 罗庆《水调歌头》词:“雨晴山泼翠,溪净水拖蓝。”

茂对 《易·象传上》:“天下雷行,物与无妄。先王以茂对时,育万物。”王弼注:“茂,盛也。物皆不敢妄,然后万物乃得各全其性。对时育物,莫盛于斯也。”陆德明《经典释文》:“马云:‘茂,勉也。对,配也。’”孔颖达疏:“先王以茂对时,育万物者,‘茂,盛也’;‘对,当也’。言先王以此无妄盛事,当其无妄之时,育养万物也。”

太和 《易·象传上》:“乾道变化,各正性命。保合太和,乃利贞。”

旉 《汉书·礼乐志·郊祀歌》:“朱明盛长,旉与万物。”注,师古曰:“旉,古敷字也。敷与,言开舒也。‘与’,音弋于反。”

生意 《后汉书·郭躬传》:“君王法天,刑不可以委曲生意。”

短笠 刘禹锡《竹枝词·第九首》:“长刀短笠去烧畲。”

长陌 虞羲《数名》诗:“朱轮竟长陌。”

青犁 潘岳《籍田赋》:“葱犗服于缥轭兮,绀辕缀于黛耜。”吕向注:“耜,农器也。葱、缥、绀、黛,皆青色,以取东方之象焉。”

碧潭 谢灵运《山居赋》:“临碧潭而挺翠。”

田歌 温庭筠《寄河南杜少府》诗:“应念田歌正寂寥。”

既渥 《诗·小雅·信南山》篇:“上天同云,雨雪雰雰。益之以霢霂,既优既渥。”

日升月恒

罗源汉

《诗·小雅·天保》篇:“如月之恒,如日之升。”毛苌《传》:“恒,弦也;升,出也。言俱进也。”郑玄笺:“月上弦而就盈,日始出而就明。”陆德明《经典释文》:“恒,本亦作‘緪’,同古邓反。”按:《诗》本以“月恒”居前,明姚希孟《日升月恒赋》,始倒其文。

皇穹垂象远,二曜仰贞明。遥指祥辉丽,还如景福并。朱羲平旦吐,素魄上弦生。仙驭亭亭转,珠胎渐渐盈。光悬黄道阔,轮满紫霄清。合璧阴阳叶,循环昼夜成。无私同覆载,所照尽声名。愿效升恒祝,长称万寿觥。

前四句总起,中六句对举,后六句总收,章法最称。

三、四句借天保本意,转扑题面,巧妙绝伦。题中未出“如”字,故不妨如此说也。十三、十四句用语亦警切。

皇穹 李尤《德阳殿铭》:“皇穹垂象,以示帝王。”

垂象 《易·系辞传上》:“天垂象,见吉凶,圣人象之。”

二曜 徐坚《初学记·天部》:“《纂要》云:‘日月谓之两曜。’”

贞明 《易·系辞传下》:“日月之道,贞明者也。”孔颖达疏:“言日月照临之道,以贞正得一而明也。日月照临,若不以贞正,有二之心,则照不普及,不为明也。故以贞而为明也。”

祥辉 于季子《咏云》诗:“祥辉四望新。”

景福 《诗·小雅·小明》篇:“神之听之,介尔景福。”毛苌《传》:“介、景,皆大也。”

朱羲 郭璞《游仙诗·第七首》:"蓐收清西陆,朱羲将由白。"李善注:"朱羲,日也。"

素魄 梁简文帝《京洛》篇:"夜轮悬素魄。"

仙驭 唐太宗《赋秋日悬清光赐房玄龄》诗:"仙驭随轮转。"

珠胎 《吕氏春秋·精通》篇:"月也者,群阴之本也。月望则蚌胎实,群阴盈。"左思《吴都赋》:"蚌蛤珠胎,与月亏全。"

光悬 江淹《望荆山》诗:"秋日悬清光。"

黄道 《汉书·天文志》:"日有中道,月有九行。中道者,黄道,一曰光道。"张衡《浑仪说》:"赤道横带浑天之腹,去极九十一度十分之五;黄道斜带其腹,出赤道表里各二十四度。"张楫《广雅·释天》:"日月五星行黄道,始营室东壁奎娄胃之阳入昴毕间。行觜觿参之阴,度东井舆鬼;行柳七星张翼轸之阴,入角间。贯氐房,出心尾箕之阴,入斗牵牛间。行须女虚危之阳,复至营室。"

轮满 周密《庚辛杂识后集》:"南唐一诗僧赋《中秋月》诗云:'此夜一轮满。'至来秋方得下句,云:'清光何处无?'喜跃,半夜起撞寺钟,城人尽惊。"

紫霄 曹植《九愁赋》:"绝紫霄而高骛。"

合璧 《汉书·律历志》:"宦者淳于陵渠后复《太初历》,晦朔弦望皆最密,日月如合璧,五星如连珠。"

阴阳 谢庄《月赋》:"日以阳德,月以阴灵。"李善注:"《春秋说题辞》曰:'阳精为日。'《春秋感精符》云:'月者阴之精。'"

循环 郭璞《游仙诗·第七首》:"晦朔如循环。"李善注:"《尚书大传》曰:'三王之统,若循连环。'"

昼夜 班固《白虎通·德论》:"日照昼,月照夜。"

无私 《礼》:"孔子闲居。子夏曰:'三王之德,参于天地,敢问,何如斯可谓参于天地矣?'孔子曰:'奉三无私,以劳天下。'子夏曰:'敢问,何谓三无私?'孔子曰:'天无私,覆。地无私,载。日月无私,照。'"

万寿觥 《诗·豳风·七月》篇:“称彼兕觥,万寿无疆。”

迎岁早梅新

金德瑛

唐太宗《于太原召侍臣赐宴守岁》诗:“送寒余雪尽,迎岁早梅新。”

晴光通禁籞,佳气绕蓬莱。叶转尧阶荚,花舒汉苑梅。暗香犹蕴蓄,疏影自徘徊。律应东郊候,阳从北陆回。天心凭发现,芳意荷栽培。凤纪韶华启,銮坡淑景催。乘时熙化日,揽秀冠群材。桃李知多少?经寒尚未开。

“暗香”“疏影”,加“蕴蓄”“徘徊”字,便确是早梅。虽用林和靖语,而意思各别。

晴光 杜审言《和晋陵陆丞早春游望》诗:“晴光转绿蘋。”

禁籞 《汉书·宣帝纪》:“诏,池籞未御幸者,假与贫民。”注:“苏林曰:‘折竹以绳绵连禁御,使人不得往来。’律名为籞,服虔曰:‘籞,在池水中作室,可用栖鸟,鸟入中则捕之。’应劭曰:‘池者,陂池也。籞者,禁苑也。’臣瓒曰:‘籞者,所以养鸟也。设为藩落,周覆其上,令鸟不得出,犹似苑之蓄兽,池之蓄鱼也。’师古曰:‘苏、应二说是。’”沈约《伤春》诗:“年芳被禁籞。”

佳气 班固《白虎通·德论》:“德至八方,则祥云至,佳气时。”

蓬莱 《史记·封禅书》:“于是作建章宫,度为千门万户。前殿度高未央。其东则凤阙,高二十余丈。其西则唐中,数十里虎圈。其北治大池,渐台高二十余丈,命曰太液池。中有蓬莱、方丈、瀛洲、台(壶)梁,象海中神山。”

尧阶荚 《宋书·符瑞志》:“帝尧之母曰庆都,生于斗维之野,有圣德,在帝位七十年。有草夹阶而生,月朔始生一荚,月半而生十五荚,十六日以后,日落一荚,及晦而尽。月小则一荚焦而不落,名曰蓂荚,一曰历荚。”

汉苑梅 葛洪《西京杂记》:“初修上林苑,群臣远方各献名果异树。亦有制为美名以标奇丽,梅七:朱梅、紫叶梅、紫华梅、同心梅、丽梅、燕梅、猴梅。"

暗香　疏影　许彦周《诗话》:"林和靖《梅》诗云:'疏影横斜水清浅,暗香浮动月黄昏。'大为欧阳文忠公称赏。"

东郊　《礼·月令》:"立春之日,天子亲帅三公九卿诸侯大夫,以迎春于东郊。"

北陆　《尔雅·释天》:"北陆,虚也。"邢昺疏:"孙炎曰:'陆,中也,北方之宿,虚为中也。'昭四年《左传》云:'古者,日在北陆而藏水。'杜注云:'陆,道也。'陆之为中为道,皆无正训,各以意耳。要以虚为北方中星宿,是日行之道,故谓之北陆。"《汉书·律历志》:"晦朔合离,斗建移辰,谓之日月之行,则有冬有夏;冬夏之间,则有春有秋。是故,日行北陆谓之冬,西陆谓之春,南陆谓之夏,东陆谓之秋。"

天心　朱子《读书四乐诗·第四首》:"读书之乐何处寻?数点梅花天地心。"倪谦《早春赋》:"漏暖信于梅花兮,见天心之来复。"

芳意　张九龄《庭梅咏》:"芳意何能早?"

栽培　韩偓《湖南梅花一冬再发,偶题于花援》诗:"湘浦梅花两度开,直应天意别栽培。"

凤纪　《左传·昭公十七年》:"秋,郯子来朝,公与之宴。昭子问焉,曰:'少皞氏鸟纪官,何故也?'郯子曰:'我高祖少皞挚之立也,凤鸟适至,故纪于鸟,为鸟师,而鸟名凤鸟氏,历正也。'"梁元帝《玄览赋》:"括龙官乎凤纪。"

韶华　黄公绍《古今韵会·平声下》:"韶,美也。凡言韶华、韶光,取此。"

銮坡　叶梦得《石林燕语》:"俗称翰林学士为坡。盖唐德宗时,尝移学士院于金銮坡上,故亦称銮坡。"按:銮字从金。俗作鸾坡,从鸟,误。

淑景　魏徵《奉和正日临朝应诏》诗:"淑景辉雕辇。"

化日　王僧孺《从子永宁令诔》:"化日未逢。"祝穆《事文类聚·天道部》:"化国之日舒以长,故其民间暇,而力有余。"原注:《潜夫论》。按,今本《潜夫论·爱日篇》作:"治国之日,舒以长。"

群材 《管子·内言七·问第二十四》:“工尹伐材用,毋于三时,群材乃植。”

桃李 唐庚《剑州道中见桃李盛开而梅花犹有存者》诗:“向来开处当严冬,李花未白桃未红。”

松柏有心

秦蕙田

《礼·礼器》:“礼释回。增美质,措则正,施则行,其在人也。如竹箭之有筠也,如松柏之有心也。二者居天下之大端矣,故贯四时而不改柯易叶。”孔颖达疏:“言人情备德,由于有礼。譬如竹箭,四时青翠,由于外有筠也。人经夷险,不变其德,由礼使然。譬如松柏凌寒而郁茂,由其内心贞和故也。”

拔地苍松立,干云翠柏阴。质同人有礼,坚比木多心。根柢盘能固,菁华敛自深。劲含风谡谡,高挹气森森。老干余青碧,空山阅古今。栽培原独厚,剥复任相侵。樗栎知难化,冰霜好见寻。东南饶竹箭,直节共堪钦。

三、四警策,余亦切定有心,不泛作磊落粗豪语。题原非“岁寒松柏”,故无烦感慨为工。

拔地 符载《植松论》:“拔地千丈。”

干云 郦道元《水经注·淯水》:“左右连山插汉,秀木干云。”

木多心 《易·说卦传》:“其于木也,为坚多心。”孔颖达疏:“取刚在内也。”

根柢 《韩非子·解老第二十》:“树木有蔓根,有直根。根者,书之所谓柢也。柢也者,木之所以建生也。德也者,人之所以建生也。禄也者,人之所以持生也。今建于理者,其持禄也久,故曰深其根。体其道者,其生日长,故曰固其柢。柢固则生长,根深则视久,故曰深其根,固其柢,长生久视之道也。”

菁华 伏生《尚书大传·虞夏传》:“菁华已竭。”

谡谡 刘义庆《世说新语·赏誉第八》:“世目李元礼,谡谡如劲松下风。”方以智《通雅·释诗类》:“《世说》‘谡谡如劲松下风’,与‘肃肃’通。”

森森 潘岳《怀旧赋》:“柏森森以攒植。”

樗栎 《北史·李孝伯传(谧)》:“客曰:邢子才云:‘岂有松柏后身,化为樗栎! 仆以为然。’士谦曰:‘此不类之谈也。变化皆由心作,木岂有心乎?’”

冰霜 刘桢《赠从弟诗·第二首》:“冰霜正惨凄,终岁常端正。岂不罹凝寒,松柏有本性。”

竹箭 《尔雅·释地》:“东南之美者,有会稽之竹箭焉。”郭璞注:“竹箭,筱也。”邢昺疏:“《禹贡·扬州》云:‘筱荡既敷。’《释草》云:‘筱,竹箭也。’郭云:‘别二名,则竹箭一名筱,是竹之小者,可以为箭干者也。’”

赵青藜二首

好雨知时节

杜甫《春夜喜雨》诗:“好雨知时节,当春乃发生。”

圣治休征叶,恩膏大地滋。薰风当暑令,好雨应天时。漠漠斜吹影,蒙蒙细飏丝。流云拖水墨,芳树落胭脂。已慰三农望,还符十日期。化工如有约,物候恰相宜。麦浪青千垅,蛙声绿一陂。南讹资长养,愿谱大田诗。

“已慰”四句细写“知时节”意,方不泛作雨诗。余亦秀润。

题本“春雨”,诗作“夏雨”,此等题可不拘出处。

休征 《书·洪范》:“曰休征,曰肃,时雨若。”孔安国《传》:“叙美行之验。君行敬,则时雨顺之。”

大地 《楞严经》:“外泊山河,空虚大地。咸是妙明,真心中物。”

飏丝 张协《杂诗·第三首》:“密雨如散丝。”

水墨 孔平仲《大雪》诗:“黑云遮眼铺水墨。”

胭脂 杜甫《曲江对雨》诗:“林花着雨胭脂落。”

三农望 强至《韩忠献公遗事》:“公在相台,作《久旱喜雨诗》,上句言‘云动风行雷雨作’,解之事断句云‘须臾慰满三农望,却敛神功寂似无’。人谓此真做出相业也。”《周礼·天官·太宰》:“以九职任万民,一日三农生九谷。”郑玄注:“郑司农云:‘三农,平地山泽也。’玄谓:‘三农,原隰及平地。’”

十日期 王充《论衡·是应》篇:“儒者论太平瑞应,皆言气物卓异:风不鸣条,雨不破块;五日一风,十日一雨。”

化工 见前《黄钟宫为律本》诗。

物候 李那《答徐陵书》:“矧伊物候,且或冥符。”

麦浪 欧阳修《游太清宫出城马上口占》诗:“野阔风摇麦浪寒。”

南讹 详三卷《平秩南讹》诗。

大田 《诗·小雅·大田》篇:“大田多稼。”郑玄笺:“大田,谓地肥美。可垦耕,多为稼,可以授民者也。”

学然后知不足

《礼·学记》:“虽有嘉肴,弗食,不知其旨也。虽有至道,弗学,不知其善也。是故学然后知不足,教然后知困。”郑玄注:“学则睹己行之所短,教则见己道之所未达。”按:此句郑注本以德行言,然赋此题者,皆相沿以学问为说。

圣德徇齐擅,披图丙夜余。况兹为学者,其敢不勤欤?解识囊无底,方知竹是虚。汲非资短绠,行必用闲舆。亦有同燕烛,宁无愧鲁鱼。穷源惊月窟,学海望溟墟。鼫鼠文多昧,雎蜺辨易疏。文章思报国,更读十年书。

起四句压题得法,以文笔为诗,亦极自然。“燕烛”二句,题中正意。

“鼷鼠”二句乃自谦,以起末二句,此似复非复。“燕烛”句开,“鲁鱼”句合,言虽或暗合,终多疏舛也。

“鼷鼠”“雌蜺”,皆所谓但知其一未知其二者。用事细切之极,如此乃是不足,非不学也。

徇齐 《史记·五帝本纪》:“黄帝者,少典之子,姓公孙,名曰轩辕。生而神灵,弱而能言,幼而徇齐。”裴骃《集解》:“徐广曰:‘墨子曰:年逾十五,则聪明心虑无不徇通矣。’骃案:‘徇,疾;齐,速也。言圣德幼而疾速也。’”司马贞《索隐》:“斯文未明(是)。”今按:徇、齐,皆德也。《书》曰:“聪明齐圣。”《左传》曰:“子虽齐圣。”齐,谓圣德齐肃(也)。又按:《孔子家语》及《大戴礼》并作“睿齐”,一本作“慧齐”。睿、慧,皆智也。太史公采《大戴记》而为此纪,今彼文无作“徇”者。《史记》旧本亦有作“浚齐”。盖古字假借“徇”为“浚”,浚,深也,义亦并通。《尔雅》“齐”“速”,俱训为疾。《尚书大传》曰:“多闻而齐给。”郑注云:“齐,疾也。”今裴氏注云“徇”,亦训“疾”,未见所出。或当读“徇”为“迅”。“迅”,《尔雅》与“齐”俱训“疾”,则“迅”“浚”虽异字而音同。又《尔雅》曰:“宣,徇,遍也。浚,通也。”是“遍”之于“通”义亦相近。言黄帝幼而才智周遍,且辩给也。故墨子亦云:“年逾五十,则聪明心虑无不徇通矣。”俗本作“十五”,非是。

披图 江淹《伤友人赋》:“披图兮照籍。”按,《穆天子传》:“己未,天子大朝于黄之山,乃披图视典。”“披图”字出于此,而为义不同。

丙夜 《周礼·秋官·司寤氏》:“掌夜时。”郑玄注:“夜时,谓夜晚早,若今甲乙至戊。”《颜氏家训·书证》篇:“‘或问:一夜何故五更?更何所训?’答曰:‘汉魏以来,谓为甲夜、乙夜、丙夜、丁夜、戊夜。’”陆倕《新漏刻铭》,李善注:“卫宏《汉旧仪》曰:‘昼夜漏起,省中用火,中黄门持五夜:甲夜、乙夜、丙夜、丁夜、戊夜也。’”

囊无底 黄庭坚《送王郎》诗:“书囊无底谈未了。”

竹是虚 白居易《池上竹下作》:"竹解心虚即我师。"

短绠 《荀子·荣辱》篇:"短绠不可以汲深井,知不几者不可与及圣人之言。"杨倞注:"绠,索也。"

闲舆 《易·上经·大畜卦九三》:"良马逐,利艰贞,日闲舆卫。"陆德明《经典释文》:"曰,音越。刘云:曰,犹言也。郑:人实反,云日习车徒。闲,如字,阂也,马郑云习。"李鼎祚《周易集解》:"虞翻曰:'坎为闲习,坤为车舆;乾人在上,震为警卫。讲武闲兵,故曰日闲舆卫也。'"

燕烛 《韩非子·外储说·左上第三十二》:"故先王有郢书,而后世多燕说。"《传》:"郢人有遗燕相国书者。夜书,火不明,因谓持烛者曰:'举烛。'云而过书举烛,举烛非书意也。燕相受书而说之曰:'举烛者,尚明也。尚明也者,举贤而任之。'燕相白王,大悦,国以治。治则治矣,非书意也。今世学者,多似此类。"

鲁鱼 《抱朴子·内篇·遐览第十九》:"书字人知之,犹尚写之多误。故谚曰:'书三写,鲁成鱼,虚成虎。'"

穷源 梁武帝《会三教》诗:"穷源无二圣。"

月窟 见前《西王母献益地图》诗。

学海 扬子《法言·学行》篇:"百川学海而至于海,丘陵学山而不至于山,是故恶夫画也。"司马光注:"百川,亦海之类而小,故曰学海。百川动而不息,故至于海。丘陵止而不进,故不至于山。学者亦犹是矣。"

溟墟 《列子·汤问》篇:"渤海之东,不知几亿万里,有大壑焉,实惟无底之谷。其下无底,名曰归墟。"按,《庄子》:"北溟有鱼。"《释文》训为北海,引嵇康曰:"言其冥冥无涯也。"则"溟"即"海"之别名,以牵于声病而易之。

鼮鼠 任昉《为萧扬州作荐士表》:"岂直鼮鼠有必对之辩。"李善注,挚虞《三辅决录注》曰:"窦攸举孝廉为郎,世祖大会灵台,得鼠如豹文,荧荧光泽。世祖异之,以问群臣,莫能知者。攸对曰:'鼮鼠也。'诏问何以知之,攸对曰:'见《尔雅》。'诏案秘书,如攸言。"《尔雅·释兽》:"豹文鼮鼠。"郭璞注:"鼠文彩如豹者。汉武帝时得此鼠,孝廉郎终军知之,赐绢百匹。”《唐书·卢若虚传》:“时有获异鼠者,豹首虎臆,大如拳。职方辛怡谏谓之‘鼮鼠’而赋之。若虚曰:‘非也。此许慎所谓“鼮鼠豹文而形小”。’一座皆惊。”

雌蜺 《梁书·王筠传》:“约制《郊居赋》,构思积时,犹未都毕,乃要筠示其草。筠读至‘雌霓连蜷’,约抚掌欣抃曰:‘仆尝恐人呼为霓。’”原注:上霓字五激反,下霓字五鸡反。黄公绍《古今韵会·平声上》:“《学林》曰:范文忠公镇召试学士院,用彩霓作平声。考试者判《郊居赋》,霓,五结反。范为失韵。当时学者为之愤郁。司马文正公曰:‘约赋但取声律便美,非霓不可读平声也。’”《锦绣万花谷前集·辨证类》按:“‘霓’字虽有两音,然文士用‘倪’音多,而‘啮’音少。若专用‘雌霓’,则当音‘啮’;若泛用‘霓’字,则‘倪’‘啮’可通用。杜甫《石龛》诗:‘驱车石龛下,仲冬见虹霓。’于‘迷’字韵押。又《滕王亭子》诗云:‘尚思歌吹入,千骑把霓旌。’凡此以‘霓’作平声押,何伤?”按:“此辩甚明。然云‘雌霓’定音‘啮’则不然,‘雌霓’未始不可读平也。当云:用沈约事则读‘啮’;泛用‘雌霓’,则平仄皆可读。”

文章 报国 柳宗元《献平淮夷雅表》:“思报国恩,独惟文章。”

十年书 《南史·沈庆之传》:“攸之,字仲达,庆之从父兄子也。晚好读书,手不释卷,史汉事多所记忆。尝叹曰:‘早知穷达有命,悔不十年读书。’”

鱼戏新荷动

邵 铎

谢朓《游东田》诗:“鱼戏新荷动,鸟散余花落。”

荷香迷岸曲,鱼戏跃塘坳。拨刺波旋激,参差影互交。红垂欹凤沼,翠折泻龟巢。鼓沫青钱散,穿花玉尺抛。叶开萍忽破,尾击燕同捎。摇曳疑风舞,噞喁验水泡。化机皆自得,圣泽本兼包。幸接龙门近,休持蝘蜓嘲。

“鱼戏”,所以“荷动”。若两面开说,神味便减。起四句还题面,次说

"荷动"。二句以下即接出"鱼戏"。句句合写,宛转回旋,题之生趣毕露。

拨剌 李白《酬中都小吏携斗酒双鱼于逆旅见赠》诗:"双鳃呀呷鳍鬣张,跋剌银盘欲飞去。"萧士赟注:"《韵会》曰:'鱼跳跋剌。跋,北末切。剌,郎达切。'"方以智《通雅·释诂类》:"跋剌,即拨剌。杜诗'船尾跳鱼拨剌鸣',张衡赋'弯威弧之拨剌',注力达反,皆言其声。何必分箭与鱼耶?"按:近人注李义山引谢灵运赋"鱼水深而拨剌"句,今《谢集》无此句。

参差 《诗·周南·关雎》篇:"参差荇菜。"

凤沼 《晋书·荀勖传》:"久之,以勖守尚书令。勖久在中书,专管机事。及失之,甚惘惘怅怅。有贺之者,勖曰:'夺我凤凰池,诸君何贺耶?'"谢庄《让中书令表》:"臣闻璧门天邃,凤沼神深。"按:"凤沼"即"凤池",易字就声耳。

龟巢 褚少孙《补史记·龟策传》:"《朱方传》曰:有神龟在江南嘉林中。嘉林者,兽无虎狼,鸟无鸱枭,草无毒螫;野火不及,斧斤不至,是为嘉林。龟在其中,常巢于芳莲之上。"

青钱 杜甫《绝句漫兴·第七首》:"点溪荷叶叠青钱。"

玉尺抛 叶梦得《石林诗话》:"老杜:'细雨鱼儿出,微风燕子斜。'此十字殆无虚设。至'穿花蛱蝶深深见,点水蜻蜓款款飞','深深'字若无'穿'字,'款款'字若无'点'字,无以见其精微如此。然读之浑然,全似未尝用力,此所以不碍,其气格超胜。唐末诸子为之,便当入'鱼跃练江抛玉尺,莺穿丝柳织金梭'体矣。"按:此不言唐末为何人诗。宋王令《广陵集》亦有此二语,惟"练江"作"练波"。

萍忽破 岳珂《荷花盛开,以病旬余不至亭上偶成》诗:"萍破识鱼潜。"

燕同梢 许慎《说文解字·第十一》:"鱼,水虫也。象形,鱼尾与燕尾相似。"

摇曳 鲍照《代棹歌行》:"摇曳高帆举。"

风舞 宋之问《春日》诗:"风来花自舞。"

喁喁 左思《吴都赋》:“喁喁沉浮。”刘逵注:“喁喁,鱼在水中群出动口貌。”李善注:“《淮南子》:‘水浊则鱼喁喁。’‘喁’,牛检切。‘喁’,鱼凶切。”按:今本《淮南子》作“水浊则鱼喁”,无“喁”字。

水泡 《汉书·艺文志》:“杂山陵水泡云气雨旱赋十六篇。”注,师古曰:“泡,水上浮沤也,音普交反。”

化机 吴均《步虚词·第十首》:“二气播万有,化机无停轮。”

自得 程子《秋日》诗:“万物静观皆自得。”

圣泽 曹植《求自试表》:“沐浴圣泽,潜润德教。”

兼包 蔡邕《和熹邓后谥议》:“规乾则坤,兼包日月。”

龙门 详二卷《鱼登龙门》诗。

蝘蜓嘲 扬雄《解嘲》:“执蝘蜓以嘲龟龙。”李善注:“许慎曰:‘在壁曰蜥蜴,在草曰蝘蜓。蝘,乌典切。蜓,徒显切。’”

山空气相合

刘 纶

林逋《和运使陈学士游灵隐寺寓怀》诗:“山空气相合,旦暮生秋阴。”按:“山空”一本作“山壑”。

叶落众山空,山山秋色同。疏黄飘淅沥,积翠入溟蒙。嶀崒千岩合,苍茫一气通。断崖分鸟道,巨壑共松风。暮霭沉沉碧,斜阳澹澹红。不知峰向背,直接岭西东。楼阁烟绡里,林峦水墨中。凭谁呼懒瓒,老笔写葱蘢。

题境极难摹写,泛咏秋山无当也。实从“空”字做出“气”字,从“气”字做出“相合”字,泓峥萧瑟,老笔森然。

疏黄 僧清塞《重阳》诗:“云木疏黄秋满川。”

淅沥 谢惠连《雪赋》:“霰淅沥而先集。”李善注:“夏侯孝若《寒雪赋》:

‘集洪霰之淅沥。’”刘良注：“淅沥，细下貌。”乔知之《定情》篇：“黄叶已淅沥。”

积翠　诸葛颖《赋得微雨从东来应教》诗：“山沾积翠浓。”

溟蒙　左思《吴都赋》：“迥眺冥蒙。”刘逵注：“谓洲渚深奥之貌。”沈约《八咏·被褐守山东》诗：“下睇亦溟蒙。”按：“溟蒙”即“冥蒙”。

嶊崒　班固《西都赋》：“岩峻嶊崒。”李善注：“《说文》曰：‘嶊，高貌也，慈由切。’《尔雅》曰：‘崒者，厜㕒也，慈恤切。’”

苍茫　见前《山气日夕佳》诗。

分鸟道　谢灵运《山居赋》自注：“前岭鸟道，正当五十里高。”李商隐《访秋》诗：“霞分鸟道红。”

共松风　《南史·陶弘景传》：“特爱松风，庭院皆植松。每闻其响，欣然为乐。”刘臻《登思禅寺上方经修竹茂林》诗：“诸岭共松风。”

烟绡　周密《疏影》词：“认隐约，烟绡重叠。”

水墨　王维《画学秘诀》：“夫画道之中，水墨最为上。”刘迎《秋郊马上》诗：“山容水墨图。”

懒瓒　顾元庆《云林遗事·高逸第一·署名》曰：“东海倪瓒，或曰懒瓒。”

老笔　元好问《寄英禅师》诗：“老笔郁盘盘。”

巃嵸　《楚词·招隐士》：“山气巃嵸兮石嵯峨。”

迎岁早梅新

陈兆仑

阳德调温律，韶光霭禁城。宸衷时茂对，节物早舒英。爱日心知暖，融风萼解迎。不嫌春漏泄，正值月嘉平。香自华林远，枝从月观横。向南偏烂熳，傍岭最分明。柳色争生意，椒花斗艳情。履端方仰圣，万卉乐敷荣。

着意“迎岁”字、“早”字、“新”字，最为合法。一从“梅”上铺排，买椟还珠矣。七、八句，极生辣，余亦无试帖甜熟之气。

或疑“艳情”近乎桃李，不似咏梅。然昌黎咏梅用“彩艳”字，齐己咏梅用“素艳”字，朱文公咏梅并用“绝艳”字，则以“艳”咏梅，未为不可。

阳德 董仲舒《雨雹对》：“天地之气，阴阳相半。和气周回，朝夕不息。阳德用事，则和气皆阳。”按：此文见《西京杂记》，不云仲舒自作。张溥《百三名家集》编入董集，题曰《雨雹对》，未详所本。

温律 阮籍《诣蒋公奏记》李善注：“刘向《别录》曰：‘邹衍在燕。有谷，寒，不生五谷。邹子吹律而温，生黍。’”

韶光 梁简文帝《与智琰法师书》：“五翳消空，韶光表节。”

茂对 见前《野含时雨润》诗。

爱日 《左传·文公七年》：“赵衰，冬日之日也。赵盾，夏日之日也。”杜预注：“冬日可爱，夏日可畏。”宋璟《梅花赋》：“爱日烘晴。”

融风 《国语·周语上》：“先时五日，瞽告有协风至。”韦昭注：“协，和也……立春日融风(也)。”《左传·昭公十八年》：“梓慎曰：‘是谓融风，火之始也。’”杜预注：“东北曰融风。融风，木也。木，火母，故曰火之始。”孔颖达疏：“东北曰融风，《易纬》作‘调风’。俱是东北风，一风而二名。”按：《淮南子》《史记》《白虎通·德论》又作“条风”。条、调、融，名别而义则一。

春漏泄 晏殊《滴滴金》词：“梅花漏泄春消息。”

月嘉平 《史记·秦始皇本纪》：“三十一年十二月，更名腊曰‘嘉平’。”裴骃《集解》：“《太原真人茅盈内纪》曰：始皇三十一年九月庚子，盈曾祖父蒙，乃于华山之中，乘云驾龙，白日升天。先是其邑谣歌曰：‘神仙得者茅初成，驾龙上升入泰清。时下玄洲戏赤城，继世而往在我盈。帝若学之腊嘉平。’始皇闻谣歌而问其故，父老俱对此仙人之谣歌，劝帝求长生之术。于是始皇欣然，乃有寻仙之志，因改腊曰‘嘉平’。”司马贞《索隐》：“《广雅》曰：‘夏曰“清祀”，殷曰“嘉平”，周曰“大蜡”，亦曰“腊”，秦更曰“嘉平”。盖应谣歌之词而改从殷号也。'"蔡邕《独断》:"四代称腊之别名:夏曰'嘉平',殷曰'清祀',周曰'大蜡',汉曰'腊'。"按:此与张揖所说不同,未详孰是。

华林 《魏志·文帝纪》裴松之注:"《魏书》曰:'十二月丙寅,甘露降芳林园。'臣松之按:芳林园,即今华林园。齐王芳即位,改为华林。"按:唐郑述诚有《华林园早梅》诗。

月观 何逊《咏早梅》诗:"枝横却月观,花绕凌风台。"《雪浪斋日记》:"为诗当饱参,然后臭味乃同,虽为大宗匠者亦然。'月观''横枝'之语,乃何逊之妙处也。自林和靖一参之后,参之者甚多。"按:"却月"二字相连,乃观名也;割称"月观",自《雪浪斋日记》始,诗家至今沿之。

向南 卢纶《天长久词·第一首》:"春风知天意,先发殿南枝。"

烂熳 邵子《和商洛章子厚长官早梅诗·第二首》:"梅花烂熳水潺湲。"

傍岭 白居易《六帖·梅部》:"大庾岭上梅,南枝落北枝开。"

分明 杜甫《愁》诗:"独树花发自分明。"

柳色 江总《雉子班》:"二月柳争梅。"

生意 《晋书·殷仲文传》:"仲文因月朔与众至大司马府。府中有老槐树,顾之良久而叹曰:'此树婆娑,无复生意。'"张栻《和宇文正甫探梅》诗:"几多生意冰霜里。"

椒花 《晋书·列女传》:"刘臻妻陈氏者,亦聪辨,能属文,尝正旦献《椒花颂》。"

履端 《左传·文公元年》:"先王之正时也,履端于始。"孔颖达疏:"履,步也。谓推步历之初始,以为历术之端首。"潘尼《皇太子社》诗:"太簇协青阳,履端发岁首。"按:履端,本指历元,潘尼始以为岁首,至今沿用。

敷荣 《子华子·执中》论:"朱明长赢,不能尽其所以为温也,必随之以揫敛之气而为秋;元武冱阴,不能尽其所以为寒也,必随之以敷荣之气而为春。"

临风舒锦

杭世骏

唐阎楚封《临风舒锦赋》:"是知修词者莫贵其精微,制锦者莫尚其绮靡;善染翰之玮丽,状临风之旖旎。懿哉! 文之义也,谅发明之在此。"按:此赋以赋之明丽当如此为韵,知为论赋之语,然莫省所出。或因中有"拟潘文而更丽"句,遂以钟嵘《诗品》附会之,非也。此语果指潘文,不应云"拟而更丽"。

锦匹含经纬,凌风艳照林。吹红花竞发,动碧叶交阴。细漾茱萸缬,交飞孔翠禽。支机劳海客,濯色映江浔。天巧云霞灿,人工雕缋深。诗添潘令句,赋拟马卿心。卷去休裁障,持来莫制衾。彤庭需黼黻,好并贡璆琳。

就题论题,写来特有丰致。末四句,亦善立言。

照林 庾信《象戏赋》:"花光照林。"

吹红 杜甫《风雨看舟前落花,戏为新句》:"风妒红花却倒吹。"

动碧 杜甫《白丝行》:"象床玉手乱殷红,万草千花动凝碧。"

茱萸 徐坚《初学记·宝器部》:"《邺中记》曰:'锦有大登高、小登高,大光明、小光明,大博山、小博山,大茱萸、小茱萸。'"

孔翠 左思《蜀都赋》:"孔翠群翔。"刘逵注:"孔,孔雀也。翠,翠鸟也。"

支机 宋白《太平御览·地部十六》:"《荆楚岁时记》曰:'张骞寻河源,得一石,示东方朔。朔曰:此是织女支机石,何至于此?'"按:今本《荆楚岁时记》不载。

海客 王勃《七夕赋》:"海人支石之机。"

濯色 左思《蜀都赋》:"贝锦斐成,濯色江波。"刘逵注:"谯周《益州志》云:'成都织锦既成,濯于江水,其文分明,胜于初成。他水濯之,不如江水也。'"

天巧 韩愈《答孟郊》诗:"文字觑天巧。"

云霞 王嘉《拾遗记》:"吴王赵夫人,丞相达之妹。善画,巧妙无双。能于指间以彩丝织云霞龙蛇之锦,大则盈尺,小则方寸,宫中谓之机绝。"

人工 郦道元《水经注·淯水》:"穷巧绮刻,妙绝人工。"

雕缋 《南史·颜延之传》:"延之尝问鲍照己与灵运优劣。照曰:'谢五言如初发芙蓉,自然可爱。君诗若铺锦列绣,亦雕缋满眼。'"

潘令句 钟嵘《诗品·上》:"谢混云:潘诗烂若舒锦,无处不佳。"按:《晋书》潘岳曾为河阳令,故诗家多称潘令。

马卿心 葛洪《西京杂记》:"司马相如为《上林》《子虚》赋,意思萧散,不复与外事相关。控引天地,错综古今;忽然如睡,涣然而兴。几百日而后成。其友人盛览,字长通,牂牁名士,尝问以作赋。相如曰:'合纂组以成文,列锦绣而为质。一经一纬,一宫一商,此赋之迹也。赋家之心,苞括宇宙,总览人物。斯乃得之于内,不可得而传。'览乃作《合组歌》《列锦赋》而退,终身不复敢言作赋之心矣。"马怀素《奉和人日宴大明宫恩赐彩缕人胜应制》诗:"何幸得参词赋职,自怜终乏马卿才。"按:司马长卿,割称马卿自唐人始,至今沿之。

裁障 刘义庆《世说新语·汰侈第三十》:"君夫作紫丝布步障碧绫裹四十里,石崇作锦步障五十里以敌之。"

制衾 《诗·唐风·葛生》篇:"角枕粲兮,锦衾烂兮。"毛苌《传》:"齐则角枕锦衾。"

彤庭 见前《诗书至道该》诗。

黼黻 见前《蚕月条桑》诗。

璆琳 孙楚《为石仲容与孙皓书》:"球、琳重锦,充于府库。"《书·禹贡·雍州》:"厥贡惟球琳琅玕。"孔安国《传》:"球、琳皆玉名。"按:《汉书》引作"璆琳"。

鲛人潜织

陈士璠

左思《吴都赋》:“穷陆饮木,极沉水居。泉室潜织而卷绡,渊客慷慨而泣珠。”刘逵注:“水居,鲛人水底居也。俗传鲛人从水中出,曾寄寓人家卖绡。绡者,竹孚俞也。鲛人临去,从主人索器,泣而出珠满盘,以与主人。”按:唐康翊仁有《鲛人潜织》诗。

鲛人称善织,常向水中潜。贝阙深无际,龙梭暗自拈。璚绡轻乍曳,冰练净犹嫌。宛转双丝结,辛勤五匹添。持筐时一出,得价恐徒廉。那怪珠成泪,谁怜素胜缣？寒催机札札,巧惜手纤纤。可念川居久,容谐利见占。

十一、十二句寓意深而措词警。

原评曰:“以‘川居’关合‘潜’字,以‘利见飞龙’,作‘鲛人’衬笔。通首无一泛语。”

善织 干宝《搜神记》:“南海之外有鲛人,水居如鱼,不废织绩。”

贝阙 《楚词·九歌·河伯》:“鱼鳞屋兮龙堂,紫贝阙兮朱宫。”王逸注:“言河伯所居,以鱼鳞盖屋,堂朱画蛟龙之文;紫贝作阙,朱丹其宫。形容异制,甚鲜好也。”

龙梭 刘敬叔《异苑》:“钓矶山者,陶侃尝钓于此山下,水中得一织梭,还挂壁上。有顷,雷雨,梭变成赤龙,从空而去。其山石上,犹有侃迹存焉。”

璚绡 刘孝威《望雨》诗:“璚绡挂绣幕。”

冰练 宋南平王铄《三妇艳》:“中妇牒冰练。”

双丝 稽含《伉俪》诗:“裁彼双丝绢。”

五匹 汉无名氏《古诗为焦仲卿妻作》:“鸡鸣入机织,夜夜不得息。三日断五匹,大人故嫌迟。”

价　廉　王禹偁《竹楼记》:"黄冈之地多竹。大者如椽,竹工破之,刳去其节,用代陶瓦,比屋皆然。以其价廉而工省也。"

素胜缣　汉无名氏《古诗五首·第一首》:"新人工织缣,故人工织素。织缣日一匹,织素五丈余。将缣来比素,新人不如故。"

札札　汉无名氏《古诗·第九首》:"札札弄机杼。"张铣注:"札札,机杼声。"

纤纤　见前《蚕月条桑》诗。

利见　《易·上经·乾卦九五》:"飞龙在天,利见大人。"

荷净纳凉时

于敏中

杜甫《陪诸贵公子丈八沟晚雨纳凉诗·第一首》:"竹深留客处,荷净纳凉时。"

选胜随时得,临池纳爽多。微凉生水槛,小憇引风荷。香远天逾净,炎销雨乍过。无尘冰簟展,如拭露珠罗。雪藕丝浮碗,携筒碧卷波。清涟心不染,芳馥气相和。移席分蒲稗,披襟寄薜萝。陂塘秋渐近,相对意云何?

处处着意"纳凉"字,自不泛咏荷花。通体娟秀,结亦别有远神。

选胜　《旧唐书·德宗纪》:"先是宰相以三节次宴,府县有供帐之弊,请以宴钱分给,各令诸司选胜宴会,从之。"

纳爽　刘禹锡《秋江早发》诗:"纳爽耳目变。"

微凉　曹植《赠白马王彪诗·第四首》:"秋风发微凉。"

水槛　杜甫《江上值水如海势聊短述》诗:"新添水槛供垂钓。"杨万里《秋凉晚酌》诗:"白酒红蕖水槛天。"

小憇　苏轼《和陶潜桃花源》诗:"杖藜可小憇。"按:《诗·大雅·民劳》篇

“汔可小愒”,《传》训为“息”,即“憩”本字也。然《召南·甘棠》篇“召伯所憩”,已作此“憩”字。

风荷 元稹《和李校书新题乐府上阳白发人》篇:“秋池暗度风荷气。”

无尘 赵彦端《鹊桥仙》词:“藕花亭上,无尘无暑,滟滟一池秋净。”

冰簟 韩鄂《岁华纪丽·六月》:“簟展轻冰。”温庭筠《瑶瑟怨》:“冰簟银床梦不成。”

如拭 杜甫《渼陂行》:“菱叶荷花静如拭。”

露珠 江淹《别赋》:“秋露如珠。”李善注,陆云《芙蓉》诗:“盈盈荷上露,灼灼如明珠。”

雪藕 本诗第二联:“佳人雪藕丝。”《家语·子路初见》篇:“孔子侍坐于哀公,哀公赐之桃与黍焉。哀公曰:‘请孔子先食黍而后食桃。’左右皆掩口而笑。公曰:‘黍者所以雪桃,非为食之也。’”王肃注:“雪拭。”陆佃《埤雅·释天》:“所谓以黍雪桃者,以净为义。”

携筒 段成式《酉阳杂俎·酒食》:“历城北,有使君林。魏正始中,郑公悫三伏之际,每率宾僚避暑于此。取大莲叶置砚格上,盛酒二升,以簪刺叶,令与柄通,屈茎上轮囷如象鼻,传噏之,名为碧筒杯。历下学之,言酒味杂莲气,香冷胜于冰。”

卷波 程大昌《演繁露》:“‘饮酒卷白波。’唐李济翁《资暇录》谓:‘汉时尝擒白波贼,人所共快,故以为酒令。’晏公《类要·六十五卷·白集》诗云:‘长驱波卷白,连掷采成卢。’注曰:‘骰盘、卷白波、莫走鞍马,皆当时酒令名。’”黄朝英《靖康缃素杂记》:“景文公诗云:‘镂管喜传吟处笔,白波催卷醉时杯。’读此诗不晓‘白波’事,及观《资暇集》云:‘饮酒之卷白波,盖起于东汉。既擒白波贼,戮之如卷席然。故酒席仿之,以快人情气也。’疑出于此。余恐其不然。盖白者,罚爵之名。饮有不尽者,则以此爵罚之。故班固《叙传》云:‘诸侍中皆引满举白。’左太冲《吴都赋》云:‘飞觞举白。’注云:‘行觞疾如飞也。大白,杯名。’又魏文侯《与大夫饮酒令》曰:‘不爵者,浮以大白。于是公乘不仁,举白浮君。’所谓‘卷白波’者,盖卷白上之酒波耳,言其饮酒之快也。故景文公以‘白波’对‘镂管’者,诚有谓焉。”按:“卷波”有此二说,此诗从《缃素杂记》。

移席 按:齐王融有《移席琴堂应司徒令》诗。李商隐《上杜仆射》诗“移席牵缃蔓”,字本于此。

蒲稗 谢灵运《石壁精舍还湖中作》:“芰荷迭映蔚,蒲稗相因依。”

披襟 宋玉《风赋》:“楚襄王游于兰台之宫,宋玉、景差侍。有风飒然而至,王乃披襟而当之。”

薜萝 谢灵运《从斤竹涧越岭溪行》诗:“薜萝若在眼。”

陂塘 本诗第二首:“归路翻萧飒,陂塘五月秋。”

锥处囊

甄 錡

《史记·平原君虞卿列传》:“秦之围邯郸,赵使平原君求救,合从于楚,约与食客门下有勇力文武备具者二十人偕。平原君曰:‘使文能取胜,则善矣。文不能取胜,则歃血于华屋之下,必得定从而还。士不外索,取于食客门下足矣。’得十九人,余无可取者,无以满二十人。门下有毛遂者,前,自赞于平原君曰:‘遂闻君将合从于楚,约与食客门下二十人偕,不外索。今少一人,愿君即以遂备员而行矣。’平原君曰:‘先生处胜之门下几年于此矣?’毛遂曰:‘三年矣。’平原君曰:‘夫贤士之处世也,譬若锥之处囊中,其末立见。今先生处胜之门下三年于此矣,左右未有所称诵,胜未有所闻,是先生无所有也。先生不能,先生留。’毛遂曰:‘臣乃今日请处囊中耳。使遂早处囊中,乃颖脱而出,非特其末见而已。’”

囊底神锥露,逢时计早谐。及锋人欲试,脱颖尔偏佳。似复怜投暗,何当笑卷怀。剑疑同敛锷,箭或类藏鞬。见末奇终显,含芒遇岂乖?画沙凭妙手,补履异凡侪。一割微长在,三端利器偕。圣朝欣作睹,橐笔侍尧阶。

“处囊”，题面也；“脱颖”，题意也。起四句先明题意，次四句正写题面，次四句透发题意，末以余意作结。布置最善，押窄韵，亦极自然。

囊底 《晋书·载记·慕容垂传》：“扣囊底智，足以克之。”

神锥 《晋书·祖逖传》：“时梅陶及钟雅数说余事，纳辄困之。因曰：‘君汝颍之士，利如锥；我幽冀之士，钝如槌。持我钝槌，捶君利锥，皆当摧矣。’陶、雅并称：‘有神锥，不可得槌。’纳曰：‘假有神锥，必有神槌。’雅无以对。”按：《世说》载“如槌如锥”，乃雅语；“钝槌打利锥”，乃纳答。以文义求之，《世说》为长。

及锋 《史记·韩王信列传》：“士卒皆山东人，跂而望归，及其锋东向，可以争天下。”裴骃《集解》：“文颖曰：‘锋锐欲东向。’”

脱颖 司马贞《史记索隐》按，郑玄曰：“颖，环也。”按，《礼·少仪》云：“刀却刃授颖。”郑玄注曰：“颖，环也。”此“颖”字，自是锥锋，不得以刀环为解。《索隐》牵合之，非是。

投暗 《史记·鲁仲连邹阳列传》：“臣闻明月之珠、夜光之璧，以暗投人于道路，人无不按剑相眄者，何则？无因而至前也。”

靫 顾野王《玉篇·第四百二十三》：“靫，楚崖、楚加二切，箭室。”刘熙《释名·释兵第二十二》：“步叉人所带，以箭叉其中也。”按：靫，即步叉，后人加革旁。《说文》无“靫”字。

画沙 颜真卿《笔法十二意》：“后闻于褚河南曰：‘用笔当须如印泥画沙。’思之而不悟。后于沙岛遇见沙地，平净令人意悦欲书，乃偶以利锋画之，劲险之状，明利媚好。乃悟用笔如锥画沙，使其藏锋，画乃沉着。”

补履 刘向《说苑·杂言》：“干将镆铘，拂钟不铮，试物不知扬刃离金，斩羽契铁斧，此至利也。然以之补履，曾不如两钱之锥。”

一割 《后汉书·班超传》：“昔魏绛列国大夫，尚能和辑诸戎，况臣奉大汉之威,而无铅刀一割之用乎?”

三端 韩婴《诗外传》:“是以君子避三端:避文士之笔端,避武士之锋端,避辩士之舌端。”按:《本传》称“文武备具”,而遂又辩士也,故此用“三端”字。

作睹 《易·文言传》:“圣人作,而万物睹。”

橐笔 《汉书·赵充国辛庆忌传》:“卬家将军以为安世本持橐簪笔,事孝武帝数十年。”注,张晏曰:“橐,契囊也。近臣负橐簪笔,从备顾问,或有所纪也。”师古曰:“橐,所以盛书也。有底曰囊,无底曰橐。簪笔者,插笔于首。”按:橐自持,笔自簪,非置笔于橐也。唐席元明《三日宴王明府山亭》诗,始有“书僮橐笔,膳夫行炰”之语。元马祖常《奏对兴胜殿》诗,遂以“侍臣橐笔”对“御士櫜弓”,至今承用之。

尧阶 《史记·太史公自序》:“墨者亦尚尧舜道,言其德行曰:‘堂高三尺,土阶三等。’”按:《墨子》无此文。盖原书七十一篇,今《节用》下等八篇轶,此必轶篇之文也。然《说苑·反质》篇引《墨子》言“夏禹盘庚,有土阶三等。衣裳细布,茅茨不剪,采椽不斫”,不言尧舜。《史记索隐》注此句,又以为韩子之文。考《韩子·五蠹》篇,惟有“茅茨不剪,采椽不斫”。以下诸语亦无“土阶”字。

王会汾二首

折槛旌直臣

《汉书·朱云传》:“云上书求见,公卿在前,云曰:‘臣愿得上方斩马剑,断佞臣一人,以厉其余。’上问:‘谁也?’对曰:‘安昌侯张禹。’上大怒曰:‘小臣居下讪上,廷辱师傅,罪死不赦!’御史将云下。云攀殿槛,槛折,云呼曰:‘臣得下从龙逢、比干游于地下,足矣。未知圣朝何如耳!’御史遂将云去。于是左将军辛庆忌免冠解印绶,叩头殿下曰:‘此臣素著狂直于世,使其言是,不可诛;其言非,固当容之。臣敢以死争。’庆忌叩头流血,上意解,然后得已。及后,当治殿槛,上曰:‘勿易!’因而辑之,以旌直臣。”按：宋李纲有《折槛旌直臣赋》。

炎灵方御宇，紫殿俨垂旃。鹿角犹堪折，龙鳞孰敢捎？剧怜孤贱士，乃叶地天爻。劲节森千载，危言动四郊。酬恩徒请剑，占象类焚巢。道在神明助，诚通黼座交。一时容骨鲠，终古谢诙嘲。丹槛无劳葺，澄源赖寸胶。

原评曰：“三、四用‘五鹿岳岳，朱云折其角’事，遂成高唱。”

通首一气相生，层次井然。此乃实赋朱云事，须逐层序明，方有原委。

炎灵 谢朓《和伏武昌登孙权故城》诗：“炎灵遗剑玺。”李善注：“炎灵，谓汉也。《典引》曰：‘蓄炎上之烈精。’”

御宇 沈约《赛蒋山庙文》：“我皇体天御宇，望日表尊。”

紫殿 《三辅黄图》：“帝又起紫殿，雕文刻镂黼黻，以玉饰之。成帝永始四年，行幸甘泉，郊泰畤，神光降于紫殿。”

垂旃 扬雄《甘泉赋》：“建光耀之长旃兮，昭华覆之威仪。”李善注：“《埤苍》曰：‘旃，旌旗旂也。’”宋庠《德车结旌赋》：“肃穆展铃，讵垂旃而就列。”

鹿角 《汉书·朱云传》：“是时，少府五鹿充宗贵幸，为《梁丘易》。自宣帝时，擅梁丘氏说。元帝好之，欲考其异同，令充宗与诸《易》家论。充宗乘贵辩口，诸儒莫能与抗，皆称疾不敢会。有荐云者，召入，摄齐登堂，抗首而请，音动左右。既论难，连拄五鹿君。故诸儒为之语曰：‘五鹿岳岳，朱云折其角。’”

龙鳞 李纲《折槛旌直臣赋》：“偶赐枫宸之对，因致龙鳞之犯。”《韩非子·说难》篇：“夫龙之为虫也，柔可狎而骑也。然其喉下有逆鳞径尺，若人有婴之者，则必杀人。人主亦有逆鳞，说者能无婴人主之逆鳞，则几矣。”

孤贱士 《后汉书·黄香传》：“臣江淮孤贱，愚蒙小生。”

地天爻 《易·象传上》：“泰，小往大来，吉亨。则是天地交而万物通也，上下交而其志同也。”

劲节 王褒《周太保尉迟纲墓碑》：“危劲之节，冠四序而逾秀。”

四郊 《周礼·秋官》:“遂士掌四郊。”郑玄注:“郑司农云:‘谓百里外至三百里也。’玄谓其地,则距王城百里以外至二百里。”

焚巢 《易·下经·旅卦上九》:“鸟焚其巢,旅人先笑后号咷,丧牛于易,凶。”沈该《易·小传》:“盖离为鸟,变而为震;震为木,而居卦之上,鸟巢之象也。卦复为离,离,火也,焚其巢之象也。火极而木尽,木尽而巢焚,后号咷之象也。离为牛,顺也;震,动也。失其柔顺,丧牛于易之象也。卦变小过。小过上逆而下顺,有飞鸟之象焉。小人之过,在于上极而不知返,处逆失顺,是以凶也。汉成帝河平二年,泰山山桑谷,有鸢焚其巢,说者以谓《易》曰:‘鸟焚其巢,旅人先笑后号咷。’泰山,岱宗,五岳之长。王者易姓告代之处也。天戒若曰:‘勿近贪虐之人,听其贼谋,将生焚巢,自害其子,绝世易姓之祸。’其后,有赵后之祸,先笑后号咷之证也。”按:此事出《汉书·五行志》。

黼座 《周礼·春官·司几筵》:“王位设黼依。”郑玄注:“斧,谓之黼,其绣白黑采,以绛帛为质,依其制如屏风然。”

骨鲠 《史记·刺客列传》:“方今吴外困于楚而内空,无骨鲠之臣,是无如我何。”

终古 《考工记》:“轮已庳,则马终古登阤也。”郑玄注:“齐人之言终古,犹言常也。”按:《楚词》“春兰兮秋菊,长无绝兮终古”,则亦不必齐人之言。

诙嘲 《汉书·东方朔传》:“朔尝至大中大夫,后常为郎。与枚皋、郭舍人俱在左右,诙啁而已。”注:“师古曰:‘啁’与‘嘲’同音,竹交反。”

丹槛 任昉《静思堂秋竹赋》:“绿条发丹槛。”杜甫《闻高常侍亡》诗:“致君丹槛折。”

澄源 《后汉书·郎襄列传》:“澄其源者流清。”

寸胶 《抱朴子·外篇·嘉遁第一》:“寸胶不能治黄河之浊。”

披沙拣金

钟嵘《诗品·上》:“谢混云:‘陆文如披沙简金,往往见宝。’”按:旧注皆引此文。然唐试此题,乃以求宝之道同乎选材为韵,李程、席夔、张仲方三赋,皆以求贤立意。疑别有所出,今不可考。

夙昔双南重,名高三品金。几年沉石窦,此日俪天琛。望气应难掩,披沙自可寻。煸斓星彩现,照灼日华临。欲向洪炉铸,先防细砾侵。满籯知有待,跃冶本无心。淘汰功方就,精良世共钦。莫教同翠羽,旖旎饰华簪。

起四句完题。"望气"四句申"金"字,"欲向"四句申"拣"字。"跃冶""无心",所以须"拣",妙从对面托出。末四句亦有身分。

双南 张载《拟四愁诗·第四首》:"何以报之双南金。"范仲淹《金在镕赋》:"英华既发,双南之价弥高。"按,祝穆《事文类聚》云:"双南金,出《淮南子》。"今《淮南子》无此文。

三品 《书·禹贡·扬州》:"厥贡惟金三品。"孔安国《传》:"金、银、铜也。"又《禹贡·荆州》:"厥贡羽毛齿革,惟金三品。"孔安国《传》:"土所出,与扬州同。"

石窦 刘商《金井歌》:"薙草披沙石窦开,生金曜日明金井。"

天琛 《诗·鲁颂·泮宫》篇:"憬彼淮夷,来献其琛。元龟象齿,大赂南金。"陆德明《经典释文》:"琛,敕金反。犍为舍人云:'美宝曰琛。'"孔颖达疏:"来献其琛,总言献宝。其龟、象、南金,还是宝中之别,以其物贵特举,而言其献非惟此等也。"木华《海赋》:"则有天琛水怪鲛人之室。"李善注:"天琛,自然之宝也。"

望气 《史记·天官书》:"金宝之上皆有气,不可不察。"

洪炉 《后汉书·何进传》:"此犹鼓洪炉,燎毛发耳。"郭璞《〈山海经〉贯胸交胫支舌国图赞》:"铄金洪炉,洒成万品。"

细砾 蔡邕《青衣赋》:"金生沙砾。"

满籯 《汉书·韦贤传》:"少子元成,复以明经,历位至丞相,故邹鲁谚曰:‘遗子黄金满籯,不如一经。’”注,如淳曰:“籯,竹器,受三四斗。今陈留俗有此器。”蔡谟曰:“满籯者,言其多耳,非器名也。若论陈留之俗,则吾陈人也不闻有此器。”师古曰:“许慎《说文解字》云:‘籯,笭也。’”扬雄《方言》云:“陈、楚、宋、魏之间,谓‘筲’为‘籯’,然则筐笼之属是也。今书本‘籯’字或作‘盈’,又是盈满之义,盖两通也。”宋祁曰:“籯,浙本不从竹,详蔡注。不从竹为是。注文‘吾陈’字下疑有‘留’字,‘筲’字疑作‘筲’。”

跃冶　《庄子·内篇·大宗师》:“今大冶铸金,金踊跃曰:‘我且必为镆铘。’大冶必以为不祥之金。”

淘汰　刘义庆《世说新语·排调第二十五》:“淘之汰之,沙砾在后。”

世共钦　《晋书·王戎传》:“尝目山涛如璞玉浑金,人皆钦其宝,莫知名其器。”

翠羽　旖旎　陈子昂《感遇诗·第二十三首》:“翡翠巢南海,雄雌珠树林。何知美人意?骄爱比黄金。杀身炎州里,委羽玉堂阴。旖旎光首饰,葳蕤烂锦衾。”

华簪　陶潜《和郭主簿诗·第一首》:“此事真复乐,聊用忘华簪。”

华月照方池

观　保

江淹《杂体·拟刘文学桢感怀》诗:“华月照方池,列坐金殿侧。”按:《文选》作“方池”。唐李澂《华月照方池赋》亦同。冯惟讷《诗纪》作“芳池”,盖传刻之误。

芳沼甃如矩,明蟾皎似霜。璧形原最净,珪体偶因方。玉水流堪记,冰壶映自凉。隋珠双影射,秦镜一奁张。轮抱重规合,花分四照光。乍疑晖入户,岂独鉴为塘?池上吟棋局,庭中赋讲堂。何如金殿景?高咏属江郎。

刻意写“方池”字,始与寻常水月诗有别。十一、十二句尤警切。

芳沼 陆云《答顾秀才》诗:“沉根芳沼。”

明蟾 见前《芙蓉出水》诗。

似霜 谢朓《齐雩祭歌·歌白帝》:“夜月如霜,金风方袅袅。”

璧形 公孙乘《月赋》:“皓璧匪净。”

珪体 江淹《别赋》:“秋月如珪。”李善注:“《遁甲开山图》曰:‘禹游于东海,得玉珪,碧色,圆如日月,以自照,目达幽冥。’”按:韩翃《月岩山》诗用“圆珪”字,本此注。

因方 谢惠连《雪赋》:“既因方而为珪,亦遇圆而成璧。”

玉水 颜延年《赠王太常》诗:“玉水记方流。”李善注:“尸子曰:‘凡水其方折者,有玉;其圆折者,有珠也。’”

冰壶 鲍照《代白头吟》:“清如玉壶冰。”李澨《华月照方池赋》:“清涟同映,玉壶之冰始藏。”

隋珠 《墨子·小取第四十五》:“和氏之璧,隋侯之珠,三棘六异,此诸侯之所谓良宝也。”

秦镜 葛洪《西京杂记》:“高祖初入咸阳宫,周行库府,金玉珍宝不可称言。其尤惊异者,有方镜,广四尺,高六尺九寸。表里有明,人直来照之,影则倒见;以手扪心而来,则见肠胃五脏,历然无碍。”

重规 王符《潜夫论·思贤第八》:“若重规袭矩,稽节合符。”骆宾王《上齐州张司马启》:“固得重规远镜,湛月露以流清。”

四照 《山海经·南山经》:“南山之首,曰鹊山。其首曰招摇之山。有木焉,其状如谷而黑理;其花四照,名曰‘迷谷’,佩之不迷。”

晖入户 沈约《应王中丞思远咏月》诗:“方晖竟入户。”

鉴为塘 朱子《观书有感诗·第一首》:“半亩方塘一鉴开。”

棋局 彭乘《墨客挥犀》:“西头供奉官钱昭度,粗有诗名,曾作《咏方池》诗,云:‘东道主人心匠巧,凿开方石贮涟漪。夜深却被寒星照,恰似仙翁一局棋。’”

讲堂 刘禹锡《金陵五题·生公讲堂》诗:“一方明月可中庭。”

追琢其章

廖鸿章

《诗·大雅·棫朴》篇:“追琢其章,金玉其相。”毛苌《传》:“追,雕也。金曰雕,玉曰琢。”

大美还追琢,含章本不凡。沙披齐丽水,璞剖忆荆岩。受范仍疏镂,无瑕得巧镵。形模凭刻划,肉好妙空嵌。宝气干霄上,虹光入夜衔。贡金输大冶,辑瑞启华缄。贵直侔钟鼎,珍宁论功珹。器成方待用,望阙凛深严。

不切定“金玉”二字,“追琢”字、“章”字,俱无着落矣。

句句分配,字字工细,真经营惨淡之笔。

含章 《易·上经·坤卦》:“六二,含章可贞。”孔颖达疏:“章,美也。”

沙披 见上《披沙拣金》诗。

丽水 《韩非子·内储说上·七术第三十》:“荆南之地,丽水生金。”

璞剖 《楚词·七谏·谬谏》:“和抱璞而泣血兮,安得良工而剖之。”

荆岩 《韩非子·和氏第十三》:“楚人和氏,得玉璞楚山中,奉而献之厉王。厉王使玉人相之。玉人曰:‘石也。’王以和为诳,而刖其左足。及厉王薨,武王即位,和又奉其璞而献之武王。武王使玉人相之,又曰:‘石也。’王又以为诳,而刖其右足。武王薨,文王即位。和乃抱其璞而哭于楚山之下,三日三夜,泪尽而继之以血。王闻之,使人问其故。曰:‘天下之刖者多矣,子奚哭之悲也?’和曰:‘吾非悲刖也,悲夫宝玉而题之以石,贞士而名以诳,此吾所以悲也。’王乃使玉人理其璞,而得宝焉,遂命曰‘和氏之璧’。”《后汉书·郡国志》:“临沮侯国有荆山。”刘昭注:“即卞和抱璞之处。”

受范　潘尼《释奠颂》:“若金受范。”

疏镂　《淮南子·本经训》:“大钟鼎美重器,华虫疏镂,以相缪纱。”《后汉书·马融列传》:“登于疏镂之金辂。”章怀太子注:“疏镂,谓雕镂也。”

无瑕　详二卷《瑾瑜匿瑕》诗。

形模　刻划　赵希鹄《洞天清录》:“古者铸器,必先用蜡为模如此器样,又加款识。刻划毕,然后以小桶加大而略宽,入模于桶中。其桶底之缝微令有丝线漏处,以澄泥和水如薄糜,日一浇之。候干再浇,必令周足遮护讫,解桶缚,去桶板,急以细黄土,多用盐并纸筋固济于元澄泥之外,更加黄土二寸留窍中,以铜汁泻入。”

肉好　《尔雅·释器》:“肉倍好谓之璧,好倍肉谓之瑗,肉好若一谓之环。”郭璞注:“肉,边也。好,孔也。”

空嵌　梅尧臣《依韵和徐待制病起偶书》诗:“虎头雕枕剔空嵌。”

宝气　见前《披沙拣金》诗。

虹光　《礼·聘义》:“夫昔者,君子比德于玉焉。温润而泽,仁也;缜密以栗,知也;廉而不刿,义也;垂之如队,礼也;叩之其声清越以长,其终诎然,乐也;瑕不掩瑜,瑜不掩瑕,忠也;孚尹旁达,信也;气如白虹,天也。”郑玄注:“虹,天气也。”梁元帝《姓名》诗:“虹光入夜圆。”

贡金　《左传·宣公三年》:“昔夏之方有德也,远方图物贡金,九牧铸鼎象物。”

大冶　见前《披沙拣金》诗。

辑瑞　《书·舜典》:“辑五瑞,既月,乃日觐四岳群牧,班瑞于群后。”孔安国《传》:“辑,敛;既,尽;觐,见;班,还;后,君也。舜敛公侯伯子男之瑞圭璧,尽(画)以正月中,乃日日见四岳及九州牧监,还五瑞于诸侯,与之正始。”

钟鼎　《考工记》:“六分其金,而锡居一,谓之钟鼎之齐。”

玏瑊　《史记·司马相如列传》:“瑊玏元厉。”裴骃《集解》:“徐广曰:‘瑊,音古咸反。玏,音勒。皆次玉者。’”

深严　《宋史·窦仪传》:"会翰林学士王著,以酒失贬官。太祖谓宰相曰:'深严之地,当得宿儒处之。'"

荷净纳凉时

秦勇均

上苑南薰至,银塘出早荷。红衣吹袅娜,翠盖动婆娑。爱洁沾尘少,含香浥露多。芳姿斜照影,凉意淡生波。倚槛临风立,携舟向晚过。隔堤遮绿柳,夹岸长青莎。满袖皆延爽,披襟欲放歌。相逢君子德,当暑亦清和。

前半写"荷净",藏得"凉"字;后半写"纳凉",顺流而下矣。结亦别有思致。

上苑　见前《禁林闻晓莺》诗。

南薰　见前《西王母献益地图》诗。

银塘　李德林《夏日》诗:"荷叶满银塘。"

红衣　庾信《入彭城馆》诗:"莲浦落红衣。"

袅娜　梁简文帝《赠张缵》诗:"洞庭枝袅娜。"

翠盖　潘尼《芙蓉赋》:"或擢茎以高立,似雕辇之翠盖。"

婆娑　《诗·陈风·东门之枌》篇:"婆娑其下。"《尔雅·释训》:"婆娑,舞也。"

芳姿　于石《西湖荷花有感》诗:"净质芳姿澹相顾。"

凉意　孔平仲《霁夜》诗:"独将凉意伴流萤。"

绿柳　孙绰《三月三日》诗:"绿柳荫坂。"

青莎　《汉书·司马相如传》:"薛莎青薠。"注,师古曰:"莎,今青莎草。"

满袖　冯延巳《蝶恋花词·第六首》:"独立小楼风满袖。"

披襟　见前《荷净纳凉时》诗。

君子德 周子《爱莲说》:“莲,花之君子者也。”

清和 见前《野含时雨润》诗。

沈德潜二首

春蚕作茧

蚕月条桑后,蚕家闭户严。缠绵丝渐吐,宛转缕俱衔。巧性形能肖,藏身裹似缄。圆时疑比瓮,挂处想栖岩。理绪觇多蕴,文心悟不凡。已看筐满满,旋摘手掺掺。黼黻凭缫藉,荆扬足贡函。冰弦成五色,清庙奏韶咸。

“理绪”二句,妙于忽入别情,而语脉不觉其横亘。

“韶咸”字,去题颇远。借“冰弦”二字转关,遂天然凑泊。此为引韵之法。

条桑 见前《蚕月条桑》诗。

闭户 赵师秀《德安道中》诗:“蚕月人家闭。”按,蔡邕《与友人书》称:“客有三当死,谓夜半蚕时,至人家也。”则蚕家禁忌,自汉末已然。

巧性 伊世珍《嫏嬛记》:“蚕最巧,作茧往往遇物成形。”

藏身 欧阳修《镇阳读书》诗:“有似蚕作茧,缩身思自藏。”郑瑗《蜩笑偶言》:“茧,蚕出也。而蚕非茧,则不能藏身以形化。”

比瓮 见前《春蚕作茧》诗。

栖岩 谢灵运《山居赋序》:“古巢居穴处,曰岩栖。”按,《涌幢小品》:“作茧以柴帚登蚕其上,曰‘上山’。”句用此意。

理绪 吴澄《晦庵先生画像赞》:“理义密微,茧丝牛毛。”

文心 刘勰《文心雕龙·章句》篇:“寻诗人拟喻,虽断章取义,然章句在篇,如茧之抽绪,原始要终,体必鳞次。启行之词,逆萌中篇之意;绝笔之言,追媵前句之旨。故能外文绮交,内义脉注,跗萼相衔,首尾一体。”

满满　白居易《花下自劝酒》诗:“酒盏酌来须满满。”

掺掺　见前《蚕月条桑》诗。

黼黻　见前《蚕月条桑》诗。

缫藉　《仪礼·聘礼》:“贾人西面坐,启椟,取圭垂缫,不起而授宰。宰执圭屈缫,自公左授使者。使者受圭,同面垂缫以受命。”郑玄注:“缫,所以藉圭也。”贾公彦疏:“缫有二种,一者以木为中干,以韦衣之。天子五采,公、侯、伯三采,子、男二采。采为再行,《下记》及《典瑞》皆有其文。此为缫也。《下记》云:‘绚组尺及。’《曲礼·下文》:‘执玉,其有藉者则裼。’郑亦谓之缫。若韦版为之者,奠玉于上,此则无垂缫、屈缫之事;若绚组为之者,所以系玉于韦版,使不失坠。此乃有屈垂之法,则此经所去者是也。”案:向来所注,皆以韦版缫藉解之者;郑意以承玉及系玉。二者所据虽异,所用相将,又同名为缫,是以和合解之。故以韦版为之者,以解绚组之缫也。又《聘礼记》:“所以朝天子,圭与缫皆九寸。剡上寸半,厚半寸,博三寸,缫三、采六等,朱白苍。问诸侯,朱绿缫,八寸,皆元纁系,长尺,绚组。”郑玄注:“采成文曰绚系,无事则以系玉,因以为饰。皆用五采组,上以玄,下以绛为地。今文‘绚’作‘约’。”贾公彦疏:“无事,谓在椟之时,亦以系玉,因以为饰。此组系亦名缫藉,即上文反命之时,使者执圭垂缫,上介执璋屈缫。”又《曲礼下》云:“执玉,其有藉者则裼,无藉者则袭。”郑注亦云:“藉,缫也。”“裼”“袭”皆据有缫无缫之时,是其因以为饰。云:“‘皆用五采组’者,以其言‘绚’,‘绚’是文章之名。《经》又言‘皆’,复无尊卑之别,故知皆用五采组也。”按:“缫藉”之“缫”,郑、陆并读为“藻”,今作平声,当别有所据。

荆扬　贡函　《书·禹贡·扬州》:“厥篚织贝。”孔安国《传》:“织,细纻。贝,水物。”孔颖达疏:“郑玄云:‘贝,锦名。’《诗》云:‘萋兮斐兮,成是贝锦。’凡为织者,先染其丝乃织之,则文成矣。”《礼记》曰“士不衣织”,与孔异也。又《禹贡·荆州》:“厥篚元纁玑组。”孔安国《传》:“此州染玄纁色善,故贡之。玑,珠类,生于水。组,绶类。”

冰弦 许彦周《诗话》湘妃庙女仙诗:"冰弦弹月弄微凉。"按:刘基《琴歌》"龙门独树冰茧弦",则冰弦乃以冰蚕为弦。见二卷《海人献冰蚕》诗。

五色 仲子陵《五色琴弦赋》:"弦有五色而播,盖出乎舜宫,方理之而登于寿域,故制此而歌夫薰风。"

清庙 《诗序》:"《清庙》,祀文王也。"郑玄笺:"《清庙》者,祭有清明之德者之宫也。谓祭文王也,天德清明,文王象焉,故祭之,而歌此诗也。"孔颖达疏:"贾逵《左传注》云:'肃然清静,谓之清庙。'"按:贾说长于郑说。

韶咸 韩维《孔先生以仙长老山水略录见约同游作》:"不意此地闻韶咸。"

蝉鸣高树间

傅玄《杂诗·第一首》:"蝉鸣高树间,野鸟号东厢。"

野树蒙蒙合,凉蝉嘒嘒吟。高枝无俗韵,清夜有遗音。喧觉寒塘静,晴添素月阴。风疏声欲断,烟重响逾深。远举非吾分,无求共此心。因怀傅休弈,幽兴满园林。

"风疏"一联,不减"一树碧无情"句。结亦别有深情。

嘒嘒 见前《反舌无声》诗。

高枝 曹植《蝉赋》:"栖高枝而抑首兮,漱朝露之清流。"

无俗韵 白居易《邓鲂张彻落第》诗:"古琴无俗韵。"

清夜 唐彦谦《夜蝉》诗:"清夜更长应未已。"按,本诗云:"清风何飘飖,微月出西方。繁星依青天,列宿自成行。"系咏夜景,故用"清夜"字。

有遗音 《礼·乐记》:"清庙之瑟,朱弦疏越。一唱而三叹,有遗音者矣。"

傅休弈 《晋书·傅玄传》:"傅玄,字休弈。"

五六天地之中合

裘曰修

《汉书·律历志》:“《传》曰‘天六地五’,数之常也。天有六气,降生五味。夫五六者,天地之中合,而民所受以生也。故日有五甲而辰有六子,十一而天地之道毕,言终而复始。”注:“孟康曰:‘天阳数奇,一、三、五、七、九,五在其中;地阴数偶,二、四、六、八、十,六在其中,故曰天地之中合。’”

数皆根十一,得合在其中。奇偶相交错,阴阳此会通。五行胎化育,六位缊鸿蒙。阖辟生来往,枢维运始终。八因三并位,四与七同功。藏显皆成妙,充周孰可穷?测辰基在子,吹律起于宫。太极含元始,渊深仰圣衷。

首联,虚破“五六”。次联,承明“天地中合”。第三联,借点“五六”。第四联,申足“中合”。第五联、六联,极阐“中合”之用。第七联,还《律历志》本旨。末以天地合德结之。八十字中理数,皆分明如话。

奇偶 《易·系辞传上》:“天数五,地数五,五位相得,而各有合。天数二十有五,地数三十。”韩伯注:“天数五,五,奇也;地数五,五,偶也。天地之数各五,五数相配,以合成金、木、水、火、土。五奇合为二十五,五偶合为三十。”孔颖达疏:“天数五者,谓一、三、五、七、九也;地数五者,谓二、四、六、八、十也。五位相得,而各有合者。若天一与地六相得,合为水;地二与天七相得,合为火;天三与地八相得,合为木;地四与天九相得,合为金;天五与地十相得,合为土也。天数二十有五者,总合五奇之数;地数三十者,总合五偶之数也。凡天地之数,五十有五者,是天地之数相合为五十五,此乃天、地,阴、阳,奇、偶之数。”

阴阳 《汉书·律历志》:“天之中数五,地之中数六,而二者为合。六为虚,五为声,周流于六虚。虚者,爻律夫阴阳,登降运行,列为十二,而律吕和矣。”

五行 《书·洪范》:“初一曰五行。”班固《白虎通·德论》:“五行者,何谓也?言行者欲言为天行气之义也。”

六位 《易·说卦传》:“分阴分阳,迭用柔刚,故易六位而成章。”韩伯注:“六位,爻所处之位也。”

鸿蒙 见前《日浴咸池》诗。

阖辟 见前《乾坤为天地》诗。

八 三 四 七 杨傑《五六天地之中合赋》:“大抵一辟一阖,五柔五刚。八与三而契合,四暨七以更相。亦皆助生成于品汇,广变化于无疆。”按:“七”字疑是“九”字之误。

藏显 《易·系辞传上》:“显诸仁,藏诸用。”

充周 周子《通书·诚几德第三》:“发微不可见,充周不可穷之谓神。”

测辰 陆倕《新漏刻铭》:“揆景测辰。”李善注:“揆景测辰,谓昼夜漏也。”

基在子 起于宫 《汉书·律历志》:“黄钟:黄者,中之色,君之服也。钟者,种也。天之中数五,五为声,声上宫,五声莫大焉。地之中数六,六为律,律有形有色,色上黄,五色莫盛焉。故阳气始种于黄泉,孳萌万物,为六气元也。以黄色名元气律者,著宫声也。宫以九唱六,变动不居,周流六虚。始于子,在十一月。”

程景伊二首

秋 获

白雁宾秋日,黄花报获时。黍稌高下熟,重穋后先宜。旧圃霜前筑,新场雨后治。腰镰朝雾湿,荷担夕阳迟。济济篝车满,行行秉穗遗。残英鸠妇啄,嫩绿稻孙滋。万顷云连陇,千村雪满匙。月明喧杵臼,人静歇锄犁。饮蜡操豚会,迎神击鼓祠。歌谣忘帝力,图画入豳诗。玉粒方州赋,香粳御藉粢。自今占岁有,长慰一人思。

先说初熟,次说将获,次说获,次说已获,次说已获之后,序次井然。

“残英”二句,乃极写丰穰之意,以足上文;亦因正面太熟太廓,难以板叙,故以旁面渲染之。此用笔之妙,非横隔语脉也。

白雁 沈括《梦溪笔谈·杂志》:“北方有白雁,似雁而小,色白。秋深则来。白雁至则霜降,河北人谓之霜信。杜甫诗云‘故国霜前白雁来’,即此也。”

宾秋 《礼·月令》:“季秋之月,鸿雁来宾。”郑玄注:“来宾,言其客止未去也。”杜甫《重送刘十弟判官》诗:“别浦雁宾秋。”

黄花 见前《菊残犹有傲霜枝》诗。

黍稌 《诗·周颂·丰年》篇:“丰年多黍多稌。”陈彭年《广韵·上平声》:“稌,他胡切,稻也。又他古切。”

重穋 《诗·豳风·七月》篇:“黍稷重穋。”毛苌《传》:“后熟曰重,先熟曰穋。”陆德明《经典释文》:“重,直容反。先种后熟曰重,又作种,音同。《说文》云‘禾边作重’,是重穋之字;‘禾边作童’,是穜艺之字。今人乱之已久。穋,音六,本又作稑,音同。《说文》云:‘稑,或从翏,后种先熟曰穋。’”孙奕《示见编·正误》:“《诗·七月》曰:‘黍稷重穋。’毛氏曰:‘后熟曰重,先熟曰穋。’董氏曰:‘郑众云先种后熟,谓之穋。’《说文》:‘穜,音童,所谓重也。种,音众,所谓艺也。’《释文》云:‘禾边作重,是重穋之字。禾边作童,是穜艺之字。今人乱之已久。’及考《周礼·天官·内宰》云:‘生穜穋之种。’其字与《广韵》并作穜,并音为重,与同二声。则知《释文》云‘禾边作重’,是种稑之字,当作童,乃是穜稑之字。‘禾边作童’,是穜艺之字,当作重,乃是种艺之字。盖种艺之字,合从重,不当从童;穜稑之字,合从童,不合从重,始为不乱也。”

旧圃 新场 《诗·豳风·七月》篇:“九月筑场圃。”毛苌《传》:“春夏为圃,秋冬为场。”郑玄笺:“场圃同地,自生物之时,耕治之,以种菜茹。至物尽成熟,筑坚以为场。”

腰镰 《汉乐府》:“腰镰八九月。”按:此诗载冯惟讷《诗纪》,不题篇名。

荷担　《列子·汤问》篇:"遂率子孙荷担者三夫,叩石垦壤。"

篝车　《史记·滑稽列传》:"今者臣从东方来,见道旁有禳田者,操一豚蹄,酒一盂,而祝曰:'瓯窭满篝,污邪满车。五谷蕃熟,穰穰满家。'"张守节《正义》:"篝,笼也。"

秉穗　《诗·小雅·大田》篇:"彼有遗秉,此有滞穗。"孔颖达疏:"秉,刈禾之把也。"《聘礼》曰:"四秉曰筥。"注云:"此秉谓刈禾盈手之秉。"

鸠妇　见前《农事遍东皋》诗。

稻孙　《江南通志·庐州府古迹》:"稻孙楼在无为州大安门上。米芾秋日登楼,见田中既刈复青,问诸老农,曰:'稻孙也。'芾喜而名。"王志坚《表异录·植物部一》:"刈稻复得雨,抽余穗,谓之稻孙。"见《坦斋笔衡》。

万顷云　李康《运命论》:"褰裳而涉汝阳之丘,则天下之稼如云矣。"詹敦仁《清隐堂记》:"秋而敛,万顷云黄。"

雪满匙　杜甫《孟冬》诗:"尝稻雪翻匙。"

杵臼　《易·系辞传下》:"断木为杵,掘地为臼。"

锄犁　王粲《从军诗·第一首》:"不能效沮溺,相随把锄犁。"

饮蜡　《周礼·地官·党正》:"国索鬼神而祭祀,则以礼属民而饮酒于序,以正齿位。"郑玄注:"国索鬼神而祭祀,谓岁十二月大蜡之时,建亥之月也。"《礼·郊特牲》:"伊耆氏始为蜡。蜡也者,索也。岁十二月,合聚万物而索飨之也。"又《礼运》:"子贡观于蜡。孔子曰:'赐也,乐乎?'对曰:'一国之人皆若狂,赐未知其乐也。'子曰:'百日之劳,一日之泽,非尔所知也。'"郑玄注:"蜡之祭,主元畜也,大饮烝劳农以休息之。言民皆勤稼穑,有百日之劳,喻久也。今一日使之饮酒燕乐,是君之恩泽,非女所知,言其义大。"

击鼓　详二卷《群鸟养羞》诗。

歌谣　郭茂倩《乐府诗集·杂歌谣辞·击壤歌》:"日出而作,日入而息;凿井而饮,耕田而食。帝力何有于我哉!"

图画　张彦远《历代名画记》:"晋明帝司马绍,字道几,下品上。"原注:

《豳风七月图》《毛诗图》二。

玉粒 梁简文帝《昭明太子集·序》:“散垣下之玉粒。”王嘉《拾遗记》“员峤山”条:“上有方湖,周环千里。多大鹊,高一丈,衔不周之粟,粟穗高三丈,粒皎如玉。”

方州 《礼·王制》:“凡四海之内九州,州方千里。”班固《典引》:“卓荦乎方州。”

香粳 张衡《南都赋》:“若其厨膳,则有华芗重秬,滍皋香粳。”李善注:“《广雅》曰:‘粳,秈也。’”

御藉 《礼·月令》:“藏帝籍之,收于神仓。”郑玄注:“重粢盛之,委也。帝藉,帝所耕于亩也。”

岁有 《诗·鲁颂·有駜》篇:“自今以始,岁其有。”毛苌《传》:“岁其有,丰年也。”

一人 班固《白虎通·德论》:“王者自谓一人者,谦也。欲言已材能当一人耳。故《论语》曰:‘百姓有过,在予一人。’臣谓之一人何,亦所以尊王者也。以天下之大,四海之内所共尊者,一人耳。故《尚书》曰:‘不施于一人。’”

秋澄万景清

刘禹锡《八月十五夜玩月》诗:“暑退九霄净,秋澄万景清。”

三五秋光满,澄泓万景清。天高炎暑静,云淡泬寥晴。玉露千珠滴,银河一线横。螺青山翠净,鸭绿水波莹。宫阙疑琼宇,楼台俨玉京。池塘梧影静,庭幕桂香盈。已快乘风便,还忻得月明。高寒良可念,长愿接蓬瀛。

起句原题。三、四句先写“秋澄”,为“万景清”三字发脉。“玉露”二句,天上之景;“螺青”二句,地下之景。彻上彻下,“万”字之分已尽。“宫阙”四句渐渐收近,“已快”四句乃归到本身。法律细极,不徒句调之清华。

三五 《礼·礼运》:“地秉阴,窍于山川,播五行于四时,和而后月生也。是以三五而盈,三五而阙。”郑玄注:“一盈一阙,屈伸之义也。必三五者播五行于四时也:一曰水,二曰火,三曰木,四曰金,五曰土,合为十五之成数也。”

澄泓 左思《吴都赋》:“泓澄奫潫。”李善注:“《说文》曰:泓,下深大也。澄,湛也。”

炎暑 阮籍《咏怀诗·第七首》:“炎暑惟兹夏。”

泬寥 《楚词·九辩》:“泬寥兮天高而气清。”王逸注:“泬寥,旷荡而虚静也。或曰:‘泬寥,犹萧条。萧者,无云貌。’”潘纬《中秋月》诗:“古今当此夜,共冀泬寥明。”

玉露 梁昭明太子《答湘东王求文集及〈诗苑英华〉书》:“玉露夕流,金风时扇。”

珠滴 王僧孺《夜愁示诸宾》诗:“檐露滴为珠。”

银河 江总《内殿赋新》诗:“织女今夕渡银河。”

螺青 见一卷《巨灵擘太华》诗。

鸭绿 李白《襄阳歌》:“遥看汉水鸭头绿。”

琼宇 陆云《登台赋》:“玩琼宇而情敞兮,览八方而思锐。”王嘉《拾遗记》“洞庭山”条:“其山又有灵洞,入中常如有烛于前,中有异香芬馥,泉石明朗;采药石之人入中,如行十里,迥然天清霞耀,花芳柳暗,丹楼琼宇,宫观异常。”

玉京 见前《禁林闻晓莺》诗。

乘风 苏轼《水调歌头》词:“明月几时有,把酒问青天。不知天上宫阙,今夕是何年?我欲乘风归去,又恐琼楼玉宇,高处不胜寒。起舞弄清影,何似在人间。”题下原注:“丙辰中秋,欢饮达旦,大醉,作此篇。”

得月 俞文豹《清夜录》:“范文正公镇钱塘,兵官皆被荐,独巡检苏麟不见录,乃致诗云:‘近水楼台先得月,向阳花木易为春。’公即荐之。”

蓬瀛 《抱朴子·内篇·风俗第三》:“或弃神州,而宅蓬瀛。”

卷　二

金甡三十八首

群鸟养羞

《礼·月令》:“仲秋之月,群鸟养羞。”郑玄注:“羞,谓所食也。”

征雁已宾秋,旋看鸟养羞。只愁霜雪积,早作稻粱谋。老物供禽飨,余粮学鼠偷。聚依空廪噪,散向野田求。山果争枝啅,飞虫择肉收。居然富珍膳,宁止备干糇。藏隐同熊穴,添盈似鹤筹。御冬须蓄菜,人事拟绸缪。

原评曰:三、四句揭出所以然,五句设色古雅,六句引例确切;“居然”二句,醒“羞”字,结句是一定去路。

“聚依”二句,“群”字亦不略。

征雁　刘孝仪《从军行》:“气秋征雁肥。”

宾秋　见一卷《秋获》诗。

稻粱谋　杜甫《同诸公登慈恩(寺)塔》诗:“君看随阳雁,各有稻粱谋。”

老物　《周礼·春官·籥章》:“国祭蜡,则吹豳颂。击土鼓,以息老物。”郑玄注:“万物助天成岁事,至此为其老而劳,乃祀而老息之。”按:“老息”,“老”字疑衍。

禽飨　《逸周书·大开武解第二十七》:“若农之服田,务耕而不耨,维草共宅之。既秋而不获,维禽其飨之。”

余粮　《淮南子·本经训》:“昔容成氏之时,道路雁行列处,托婴儿于巢上,置余粮于亩首。”

鼠偷 韩愈《卢郎中云夫寄示送盘谷子诗两章歌以和之》:“家请官供不报答,何异雀鼠偷太仓?”

空廪 苏伯玉妻《盘中》诗:“空仓雀,常苦饥。”

野田 郭茂倩《乐府诗集·相和歌辞·瑟调曲》:“《古今乐录》曰:‘王僧虔《技录》有《野田黄雀行》。’今不歌。”

山果 王维《秋夜独坐》诗:“雨中山果落。”

争枝 杜甫《落日》诗:“啅雀争枝坠。”

飞虫 杜甫《落日》诗:“飞虫满院游。”

择肉 《史记·司马相如列传》:“弯繁弱,满白羽,射游枭,栎蜚虡,择肉后发,先中命处。”

珍膳 《周礼·天官》:“膳夫。”郑玄注:“膳之言善也。今时美物曰珍膳。”《扬子法言·孝至》篇:“被我纯缋,带我金犀,珍膳宁糊,不亦享乎?”

干糇 《诗·小雅·伐木》篇:“干糇以愆。”毛苌《传》:“糇,食也。”

御冬 《诗·邶风·谷风》篇:“我有旨蓄,亦以御冬。”毛苌《传》:“旨,美;御,禦也。”郑玄笺:“蓄,聚美菜者,以御冬月乏无时也。”

蓄菜 《礼·月令》:“仲秋之月,乃命有司趣民收敛,务蓄菜,多积聚。”郑玄注:“始为御冬之备。”

月衔楼间峰

李白《日夕山中忽然有怀》诗:“月衔楼间峰,泉漱阶下石。”

飞阁缘云止,浮岚绕座间。宵分人倚栏,秋净月衔山。妥帖安明镜,徘徊近翠鬟。行天超列宿,出海陟孱颜。青嶂谁邀驻?丹梯似可攀。当窗回兔顾,度岭讶珠还。水映光初侧,霞催意转闲。清吟资吐纳,敛手谪仙班。

原评曰:拣“宵分人倚栏”五字作衬,写景最活。五六句以下,“衔”字写得饱满生动。十一、十二句,写楼中对月恰上峰头,“闲”字自然胶粘“衔”字,更极亲切。十三、十四句,“衔”字神味。末句还顾出处。

飞阁 班固《西都赋》:“辇路经营,修除飞阁。”《三辅黄图》:“帝于未央宫营造日广,以城中为小,乃于宫西跨城池作飞阁,通建章宫也,构辇道以上下。”

缘云 王延寿《鲁灵光殿赋》:“飞陛揭孽,缘云上征。”

浮岚 黄庭坚《壶中九华》诗:“有人夜半持山去,顿觉浮岚暖翠空。”

宵分 《魏书·崔楷传》:“宵分废寝。”储光羲《泊舟遗潘少府》诗:“宵分卷前幔,卧视清秋月。”

秋净 朱延龄《秋山极天净》诗:“雨洗高秋净。”

妥帖 陆机《文赋》:“或妥帖而易施。”李善注:“王逸《楚词·序》曰:‘义多乖异而不妥帖。’”按:今本讹作“事不要撮”。

明镜 梁简文帝《咏月》诗:“明镜不安台。”按:此句本集不载,见臧懋循所编《古诗所》。

徘徊 曹植《七哀诗》:“明月照高楼,流光正徘徊。”李善注:“夫皎月流辉,轮无辍照,以其余光未没,似若徘徊。前觉以为文外旁情,斯言当矣。”

翠鬟 苏轼《游道场山何山》诗:“出山回望翠云鬟。”

行天 陆游《新霁城南舟中夜兴》诗:“孤月徐升行碧天。”

列宿 《楚词·九章·惜往日》:“情冤见之日明兮,如列宿之错置。”王逸注:“皇天罗宿,有度数也。”曹植《公宴》诗:“明月澄清景,列宿正参差。”

出海 李白《古风·第十首》:“明月出海底。”

孱颜 司马相如《大人赋》:“放散畔岸,骧以孱颜。”李善注:“不齐貌。”李商隐《荆山》诗:“压河连华势孱颜。”

青嶂 杜甫《月诗·第一首》:“若无青嶂月,愁杀白头人。”

丹梯 谢朓《敬亭山》诗:“绿源殊未极,归径杳如迷。要欲追奇趣,即此凌丹梯。”李善注:“丹梯,谓山也。”(谢)朓《鼓吹·登山》诗曰:“暮云春服美,游驾凌丹梯。”谢灵运《拟魏太子邺中集诗·第七首》:“躧步凌丹梯。”李善注:“丹梯,丹墀也。”李商隐《孔雀咏》:“红楼二十级,稳稳上丹梯。”按:丹梯有此三义。题为“楼间峰”,此句似用义山诗语。

兔顾 《楚词·天问》:“厥利维何,而顾兔在腹?”王逸注:“言月中有兔,何所贪利?居月之腹,而顾望乎?”

珠还 《后汉书·循吏传》:“孟尝,字伯周,会稽上虞人也。迁合浦太守。郡不产谷实,而海出珠宝。与交趾比境,常通商贩,贸籴粮食。先时宰令并多贪秽,诡人采求,不知纪极,珠遂渐徙于交趾郡界。于是,行旅不至,人物无资,贫者死饿于道。尝到官,革易前弊,求民病利。曾未逾岁,去珠复还。”蒋防《秋月悬清辉》诗:“池满夜珠归。”

水映 何子期《和缪郎视月》诗:“泠泠玉潭水,映见娥眉月。”

光　侧 刘孝绰《林下映月》诗:“侧光聊可书。”

霞催 《吕总续书评》:“郑虔书‘风送云收,霞催月上’。”

意　闲 于武陵《秋夜达萧关》诗:“人忙月自闲。”

清吟 李颀《圣善阁送裴迪入京》诗:“清吟可愈疾。”

吐纳 刘勰《文心雕龙·物色》篇赞:“山重水沓,树杂云合。目既往还,心亦吐纳。”

敛手 《史记·春申君传》:“秦、楚合而为一以临韩,韩必敛手。”成公绥《啸赋》:“甯子敛手而叹息。”

谪仙 李白《对酒忆贺监诗序》:“太子宾客贺公,于长安紫极宫一见余,呼余为‘谪仙人’。”

千潭一月印

凉宵孤月回,垂照满千潭。上下光相印,空明理静涵。无心云际出,随意水中探。娥影层层见,骊珠颗颗含。波摇金在冶,风定镜开函。

川脉应殊派,冰轮只共骖。圆灵通幻景,清悟领元谈。万象还归一,微言孰与参。

原评曰:入手大意了然。五句单说“月”,六句说在“潭”中,用“随意”二字,便含得“千潭”在;下联乃实写千潭皆“印”。此等处须看浅深层次,承接融贯之法。

又曰:“波摇”一联,申说“印”字,用比体。“波摇”句是动,“风定”句是静。

“川脉”二句,从“千”字收到“一”字,结归正意。

上下 李濋《华月照方池赋》:“双影分而上下相似。”

空明 见一卷《千潭一月印》诗“只以空明悟”句。

无心 大川《五灯会元·青原下》“十二世邓州丹霞子淳禅师”条:“宝月流辉,澄潭布影。水无蘸月之意,月无分照之心。”

云际 大川《五灯会元·青原下》“六世石门献蕴禅师”条:“僧问:‘月生云际时如何?’师曰:‘三个孩儿抱华鼓,好大哥,莫来拦我球门路。’”

随意 按:“随意”有二解。曹植《桂之树行》曰:“去留随意所欲存。”自由之意也。王维诗曰:“随意春芳歇,王孙自可留。”王昌龄诗曰:“吴姬缓舞留君醉,随意清枫白露寒。”尽教之意也。桐城姚姬传云。

水中 德洪《衡山南台寺飞来罗汉赞》:“如一月真,无二无别。于众水中,同时见月。像非异同,月岂生灭?”

娥影 郭宪《洞冥记》:“帝于望鹄台,西起俯月台。台下穿池,广千尺。登台以眺,月影入池中,使宫人乘舟弄月影,因名影娥池。”

骊珠 详后《鱼登龙门》诗。

颗颗 欧阳原功《葡萄》诗:“骊珠颗颗露凝光。”

金在冶 《汉书·礼乐志·郊祀歌·天门十一》:“月穆穆以金波。”注,师古曰:“言月光穆穆,若金之流波也。”

镜开函 韩愈《酬司马卢四兄云夫院长望秋作》:“长安雨洗新秋出,极目寒镜开尘函。”

川脉 王充《论衡·书虚》篇:“夫地之有百川也,犹人之有血脉也。”

冰轮 灵源夫人《中秋月》诗:“冰轮碾太清。”

圆灵 谢庄《月赋》:“圆灵水镜。”李善注:“圆灵,天也。”

清悟 《北史·王晞传》:“与邢子良游处,子良爱其清悟。”

元谈 常景《扬雄赞》:“元谈物无求。”

万象 归一 见一卷《千潭一月印》诗“心源符太极”句。

微言 见一卷《诗书至道该》诗。

新月误惊鱼

按:唐白行简有《新月误惊鱼赋》。以在水为钓,有并丝纶为韵。

月生弦未上,映水一钩新。顾兔方含魄,潜鱼似触纶。群游时傍渚,惊迸忽穿蘋。光定元知误,芒寒乍觉真。冰轮呈幻相,芳饵记前因。攀桂旋盈树,衔珠自满津。却缘沉影细,便怯把竿频。不到忘机处,临渊悟保身。

原评曰:次句“钩”字,是紧关目,必须先补此句,题解始清。

又曰:起联单说“月”,三联单说“鱼”,过脉转关,全在次联圆活。“群游”句开,“惊迸”句合;“光定”句跌笔醒题,“芒寒”句勒转本位。“攀桂”四句,上联开,下联合,又从题后逼到本位。

“冰轮”字未切“新月”,若用“月明溪净印银钩”,改为“银钩”更佳。当缘避次句“一钩”字而然,然“一钩”亦可改为“一弯”。

弦未上 详四卷《残月如新月》诗。

一钩 王周《无题诗·第二首》:“一钩新月未沉西。”

含魄 《书·康诰》:“惟三月哉生魄。”孔安国《传》:“始生魄,月十六日,明消而魄生。”陆德明《经典·释文》:“魄字,又作鬼,普白反。马云:‘鬼,朏也。谓月三日始生兆朏,名曰魄。’”

触纶 左思《吴都赋》:“文鳐夜飞而触纶。”白行简《新月误惊鱼赋》:“独喻文鳐之触纶。”

芒寒 刘禹锡《河东先生集·序》:“粲然如繁星丽天,而芒寒色正。”

冰轮 见前《千潭一月印》诗。

幻相 《圆觉经》:“彼观幻者,非同幻故。非同幻观,皆是幻故。幻相永离,是诸菩萨所圆妙行。”

芳饵 《淮南子·原道训》:“虽有钩箴芒距、微纶芳饵,加之以詹何、娟嬛之术,犹不能与网罟争得也。”

前因 沈约《内典序》:“悠悠群品,精灵所系,迄于前因往业,多所昧略。”

攀桂 杜甫《八月十五夜月诗·第一首》:“攀桂仰天高。”

盈手 杨真宏《月中桂树赋》:“远莫致之,讵攀折以盈手。”

衔珠 《三辅黄图》:“《三秦记》曰:昆明池中有灵沼,名神池。云尧时治水,尝停船于此池。通白鹿原。原人钓鱼,纶绝而去。梦于武帝,求去其钩。三日戏于池上,见大鱼衔索。帝曰:‘岂不谷昨所梦耶!’乃取钩放之。间三日,帝复游池。池滨得明珠一双。帝曰:‘岂昔鱼之报耶?’”

忘机 陈子昂《南山家园林木交映,盛夏五月幽然清凉,独坐思远,率成十韵》诗:“忘机委人代。”按:汉阴忘机鸥鸟。忘机,诗家习为惯语,然庄、列本文无此二字,郭象、张湛注亦无之。杜甫《遣兴》诗“忘机对芳草”句,仇氏注引《高士传》“叶干忘机”,然嵇康《高士传》已轶,仇无由见。皇甫谧《高士传》,实无此文,殆出影撰。又,魏文帝《喜霁赋》有“忽对食而忘机”句,以文义考之,乃“忘饥”之讹。近人刻《兰亭志》载王徽之诗,有“倏然忘机”语。遍考诸本,实作“忘羁”。

临渊 《汉书·董仲舒传》:“临渊羡鱼,不如退而结网。”按:此借羡鱼语,映合如临深渊意。

白云无心

按:唐韦执中有《白云无心赋》,以“山川出云,天实为之”为韵。

层霄云影澹,出岫本无心。散漫如相逐,徘徊乍作阴。青山宁久恋,明月任空临。风引随舒卷,人嗟变古今。不期高隐赠,何假帝乡寻?梦雨情徒幻,为霖望偶深。飘来常漠漠,飞去更沉沉。歌响谁能遏,闲停客自吟。

原评曰:“散漫”二句,先用翻跌展步。“青山”二句,拍合正面。“人嗟”句,矫变之至;“无心”意,从对面反逼而出;“梦雨”联,与结句同是此法。

层霄 庾阐《游仙诗·第一首》:“层霄映紫芝。”

出岫 陶潜《归去来词》:“云无心以出岫。”

散漫 鲍照《和王护军秋夕》诗:“散漫秋云远。”

相逐 柳宗元《渔翁》诗:“岩上无心云相逐。”

徘徊 杨义《云赋》:“南北油裔,随风徘徊。”

作阴 唐彦谦《春阴》诗:“春云更觉愁于我,闲盖低村作暝阴。”

久恋 钱起《岁初归旧山》诗:“云晴却恋山。”

空临 卢照邻《赠益府裴录事》诗:“浮云映丹壑,明月满青山。青山云路深,丹壑月华临。”

随舒卷 储光羲《同王十三维偶然作·第四首》:“浮云在虚空,随风复卷舒。”

变古今 杜甫《登楼》诗:“玉垒浮云变古今。”

高隐赠 陶弘景《诏问山中何所有赋诗以答》:“山中何所有?岭上多白云。但可自怡悦,不堪持赠君。”

帝乡寻 《庄子·外篇·天地》:“乘彼白云,至于帝乡。”按:白云帝乡之说,郭象以为“气散则无不之”,子华子以为“帝乡者,灵台之关而心术之变”。惟唐黄滔《白云归帝乡》诗,以帝乡为京师,此从其义。

梦雨 宋玉《高唐赋》:“昔者楚襄王与宋玉游于云梦之台,望高唐之观。其上独有云气,崒兮直上,忽兮改容,须臾之间,变化无穷。王问玉曰:‘此何气也?’玉对曰:‘所谓朝云者也。’王曰:‘何谓朝云?’玉曰:‘昔者先王尝游高唐,怠而昼寝。梦见一妇人曰:妾巫山之女也,为高唐之客。闻君游高唐,愿荐枕席。王因幸之。去而辞曰:妾在巫山之阳,高丘之阴,旦为朝云,暮为行雨。朝朝暮暮,阳台之下。旦朝视之如言。故为立庙,号曰朝云。’”李商隐《重过圣女祠》诗:“一春梦雨常飘瓦。”

为霖 《书·说命上》:“若岁大旱,用汝作霖雨。”《左传·隐公九年》:“凡雨自三日以往为霖。”

漠漠 张缵《秋雨赋》:“油云兴而漠漠。”

沉沉 卢照邻《秋霖赋》:“云覆海而沉沉。”

歌响 《列子·汤问》篇:“薛谭学讴于秦青,未穷青之技,自谓尽之,遂辞归。秦青弗止,饯于郊衢,抚节悲歌,声振林木,响遏行云。”

闲停 孙绰《兰亭集诗·第二首》:“停云荫九皋。”陶潜《停云诗序》:“停云,思亲友也。”

风软游丝重(二首)

沈亚之《春色满皇州》诗:“风软游丝重,光融瑞气浮。”

庭院午风柔,晴丝空际游。闲情多缥缈,静境偶迟留。乙乙投梭坠,垂垂汲绠收。纸鸢看掣曳,香饵忆沉浮。细引榆钱贯,低随柳带抽。只疑濡雨在,还欲罥花不?借力吹嘘倦,牵怀缴绕休。飞扬应有待,长日尽夷犹。

原评曰:“闲情”句写“游”字,有神情;“静境”句写“重”字,有分寸。

“乙乙”以下四联,极力从正面摹写,叠作比体,妙不夹杂。“只疑”二句，尤善写题神，无刻画之迹。

晴丝 杜甫《春日江村诗·第四首》："燕外晴丝卷。"

缥缈 成公绥《云赋》："绵邈凌虚，轻翔缥缈。"按，王延寿《鲁灵光殿赋》："忽瞟眇以响，像若鬼神之仿佛。"李善注曰："瞟眇，视不明之貌。"木华《海赋》："群仙缥眇，餐玉清涯。"李善注曰："缥眇，远视之貌。"亦引《灵光殿赋》"瞟眇"为证。《古今韵会》"渺"字注曰："缈，微也。本作'眇'，今作'缈'。木元虚《海赋》'神仙缥缈'，通作'眇'。"则"缥缈"即"瞟眇"之转，古今字异耳。

乙乙 陆机《文赋》："思乙乙其若抽。"李善注："乙乙，难出之貌。"《说文》曰："阴气尚弱，其出乙乙然。乙，音轧。"按：此二字，今人多读若"甲乙"之"乙"，误。

纸鸢 李亢《独异志》："梁武帝太清三年，侯景反，围台城，远近不通。简文与太子大器为计，缚纸鸢飞空，告急于外。"李石《续博物志》："今之纸鸢，引丝而上，令儿张口望视，以泄内热。"按：《南史·侯景传》作"有羊车儿献计，作纸鸦，系以长绳"。然庾信《哀江南赋》曰："烽随星落，书逐鸢飞。"则作"鸢"为是。又《诚斋杂记》曰："韩信约陈豨从中起，乃作纸鸢放之，以量未央宫远近，欲穿地入宫中。"此书元无名氏所作，言多虚撰，不足为凭，故置彼引此。

香饵 《吕氏春秋·功名》篇："善钓者出鱼乎十仞之下，饵香也。"柳菅《奉和春日临渭水应令》诗："风丝曳香饵。"

榆钱 庾信《燕歌行》："榆荚新开巧似钱。"

柳带 张泌《春夕言怀》诗："烟垂柳带纤腰软。"

借力 《史记·伍子胥列传》："借力以雪父之耻。"李白《赠崔侍郎》诗："扶摇应借力。"

吹嘘 李山甫《风》诗："深知造化由君力，试为吹嘘借与春。"按，《后汉书·郑太传》："孔公绪清谈高论，嘘枯吹生。"章怀太子注曰："枯者，嘘之使生；生者，吹之使枯。言谈论有所抑扬也。"则吹嘘本兼褒贬。《方言》曰："吹，扇助也。"注曰:"吹嘘,扇拂相佐助也。"梁简文帝《与刘孝仪令》曰:"其生也,不能揄扬吹嘘,使得骋其材用。"乃专以奖借言之。

牵怀 韩愈《孟郊秋雨联句》诗:"牵怀到空山。"原注:愈。

缴绕 《史记·太史公自序》:"名家苛察缴绕。"裴骃《集解》:"服虔曰:'缴,音近叫,呼谓烦也。'如淳曰:'缴绕,犹缠绕,不通大体也。'"

夷犹 《楚词·九歌·湘君》:"君不行兮夷犹。"王逸注:"夷犹,犹豫也。"

光风动春昼,袅袅见游丝。本以轻飏性,能禁宛转吹。飞尘初屏息,弱缕故低垂。雨脚悬堪数,炉烟驻未移。有情粘落絮,无力傍高枝。似倩缘蛛缒,聊随舞蝶攲。界空帘影误,委地草心知。蘋末还徐引,青冥送上时。

原评曰:"本以"句翻"重"字,"能禁"句跌"软"字。"飞尘"二句拍合,善于取势。

又曰:写"重"字,静中有动,方是"软"字真际;否则,改"软"字为"定"字矣。体会入微,笔亦曲达。

光风 详后《含薰待清风》诗。

轻飏 赵崇宵《东风第一枝》词:"游丝轻飏新霁。"

宛转 钟嵘《诗品·中》:"范诗清便宛转,如流风回雪。"

雨脚悬 贾思勰《齐民要术·种麻第八·自注》:"截雨脚,即种者。地湿,麻生瘦,待白背者,麻生肥。"陶宗仪《说郛二十三》,梁元帝《金楼子》:"细雨织悬丝。"

炉烟驻 杜甫《宣政殿退朝晚出左掖》诗:"炉烟细细驻游丝。"

有情 杜甫《白丝行》:"落絮游丝亦有情,随风照日宜轻举。"

无力 谢懋《忆少年》词:"游丝卷晴昼,系东风无力。"

缘蛛 张埜《咏游丝·水龙吟调》:"青虫暗坠,檐蛛轻度。"

舞蝶 梁简文帝《春日》诗:“游丝带蝶惊。”温庭筠《吴苑行》:“天丝舞蝶俱徘徊。”

帘影 梁文帝《咏阳云楼檐柳》诗:“带日交帘影。”

草心 韦应物《春游南亭》诗:“南亭草心绿。”

蘋末 宋玉《风赋》:“夫风生于地,起于青蘋之末。”

青冥 《楚词·九章·悲回风》:“据青冥而摅虹兮,遂倏忽而扪天。”王逸注:“上至元冥,舒光耀也。”

送上 杜甫《赠献纳使起居田舍人》诗:“惟待吹嘘送上天。”

清高金茎露

杜甫《赠李十五丈别》诗:“汧公制方隅,迥出诸侯先。封内如太古,时危独萧然。清高金茎露,正直朱丝弦。昔在尧四岳,今之黄颍川。”朱鹤龄注:“《旧书》:‘勉坦率淡素,好古尚奇,清廓简易,为宗臣之表。’清高数语,乃其实录。”

天酒零甘露,仙盘铸贡金。清逾明水荐,高傍斗杓斟。沆瀣精英结,烟霄指掌寻。正堪和玉屑,还足润琼林。比洁澄霞映,依光旭日临。珠胎含蛤满,云液泛杯深。欲谢尘埃障,长怀澡雪心。孤标期拔俗,一滴待为霖。

原评曰:首四句点次明析,其清华朗润,亦足称题。

“沆瀣”四句写“金茎露”,“比洁”四句写“清高”。结出喻意,亦影切不泛。

天酒 东方朔《神异经》:“西北海外有人,长二千里,两脚中间相去千里,腹围一千六百里,但日饮天酒五斗。”注,张华云:“天酒,甘露也。”

甘露 详后《醴泉无源》诗。

仙盘 李百药《鹦鹉赋》:“窥仙盘而饮露。”

贡金 见一卷《追琢其章》诗。

明水荐 《周礼·秋官》:“司烜氏掌以夫遂取明火于日,以鉴取明水于月,以共祭祀之明齍、明烛,共明水。”郑玄注:“夫遂,阳遂也。鉴,镜属。取水者,世谓之方诸。取日之火、月之水,欲得阴阳之洁气也。明烛以照馔,陈明水以为元酒。郑司农云:‘夫,发声。明齍,谓以明水滫涤粢盛黍稷。’”

斗杓斟 《史记·天官书》:“北斗七星,所谓璇玑玉衡,以齐七政。杓携龙角,衡殷南斗,魁枕参首。”裴骃《集解》:“孟康曰:‘杓,北斗杓也。’”司马贞《索隐》:“《说文》云:‘杓,斗柄,音匹遥反,即招摇也。’”张守节《正义》:“杓,东北第七星也。”裴骃《汉明帝颂》:“运斗杓以酬酢,酌酒旗之玉卮。”《后汉书·李固传》:“斗斟酌元气,运乎四时。”

沆瀣 《楚词·远游》:“餐六气而饮沆瀣兮,漱正阳而含朝霞。”王逸注:“《凌阳子明经》言:春食早霞者,日始出赤黄气。秋食沦阴,沦阴者,日没以后赤黄气也。冬饮沆瀣者,北方夜半气也。”又《惜誓》:“吸沆瀣以充虚。”王逸注:“吸清和之气,以充空虚疗饥渴也。”

烟霄 陈子昂《春日登金华观》诗:“楼榭入烟霄。”

玉屑 《三辅黄图》:“《庙记》曰:‘神明台,武帝造祭仙人处。上有承露盘,有铜仙人舒掌捧铜盘、玉杯,以承云表之露。以露和玉屑服之,以求仙道。’”

琼林 陆云《喜霁赋》:“餐琼林之朝华。”

澄霞 颜延之《三月三日曲水诗序》:“灭宿澄霞。”张锡《晦日宴高文学林亭》诗:“尊酒渍澄霞。”

旭日 《诗·邶风·匏有苦叶》篇:“旭日始旦。”孔颖达疏:“旭者,明著之名。”按:此用“日华承露掌”意。

珠胎 扬雄《羽猎赋》:“剖明月之珠胎。”李善注:“明月珠,蚌子珠,为蚌所怀,故曰胎。”

云液 刘孝绰《谢给药启》:“卫卿云液。”吴筠《庐山云液泉赋序》:“筠所居之东岭,其侧有泉,洪纤如指,冬夏若一。山少凡石,至多云母,其水色白,味甘且滑,此则云母滋液所致,因名云液之泉。”

尘埃 《庄子·内篇·逍遥游》:“野马也,尘埃也,生物之以息相吹也。”

澡雪 见一卷《智仁山水德》诗。

孤标 《晋书·列女传》:“挺峻节而孤标。”

拔俗 孔稚圭《北山移文》:“夫以耿介拔俗之姿。”

一滴 大川《五灯会元·青原下五世》“嘉州白水禅师”条:“一滴润乾坤。”

为霖 钱起《京兆尹厅前甘棠树降甘露》诗:“何必凤池上,方看作霖时?”

荷净纳凉时

何处追凉好?银塘万柄荷。露珠光自转,翠盖影相摩。隔浦清香远,披襟秋意多。乍闻疏雨滴,还喜绪风过。气润苔侵栏,荫浓柳蘸波。不须摇白羽,未欲卷纤罗。坐阅仙壶景,长吟渌水歌。碧筒凭折取,销暑借颜酡。

原评曰:“露珠”二句,写“净”字饱湛;“隔浦”二句,写“凉”字酣适。“乍闻”句申“净”字,“还喜”句申“凉”字,“气润”四句极写“纳凉”。结亦点缀有致。

追凉 庾肩吾《和晋安王薄晚逐凉北楼回望应教》诗:“追凉飞观中。”

银塘 见一卷《荷净纳凉时》诗“银塘放早荷”句。

万柄荷 邵子《为客吟·第三首》:“万柄荷香经楚甸。”

露珠 见一卷《荷净纳凉时》诗“如拭露珠罗”句。

翠盖 见一卷《荷净纳凉时》诗“翠盖影婆娑”句。

清香远 周子《爱莲说》:“香远益清。”

秋意多 王维《秋思诗·第二首》:“宫连太液见沧波,暑气微消秋意多。

一夜轻风蘋未起,露珠翻尽满池荷。"

疏雨　董仲舒《雨雹对》:"风多则合速,故雨大而疏。风少则合迟,故雨细而密。"虞汝明《古琴疏》:"张安世五岁能鼓琴。后为武帝侍中,其所宝琴二:一曰秋梧疏雨,一说四字,即琴铭也。"

绪风　《楚词·九章·涉江》:"乘鄂渚而反顾兮,欸秋冬之绪风。"王逸注:"绪,余也。"谢灵运《登池上楼》诗:"初景革绪风,新阳改故阴。"又《山居赋》:"秋冬近兮绪风袭。"谢朓《奉和随王殿下诗·第八首》:"怆怆绪风兴,祁祁族云布。严气集高轩,稠阴结寒树。"按:绪风,秋冬之风。缘题为"纳凉",而本诗又有"归路翻萧飒,陂塘五月秋"语,故上联用"秋意"字,而此以"绪风"申之于本旨,无害。温庭筠《元日》诗曰:"绪风调玉吹,端日应铜浑。"则误用矣。

白羽　陆机《羽扇赋》:"昔楚襄王会于章台之上,山西与河右诸侯在焉。大夫宋玉、唐勒侍,皆操白鹤之羽以为扇。"谢惠连《白羽扇赞》:"惟兹白羽,体此溅洁。"按:此白羽,自指羽扇。坊注因题有"荷"字,遂引杜诗"江道摇白羽"句,非也。或引《家语》"白羽若月",尤舛谬。

纤罗　司马相如《子虚赋》:"杂纤罗,垂雾縠。"郭璞注:"司马彪曰:'纤,细也。'"

仙壶　《后汉书·方术传》:"费长房者,汝南人也,曾为市掾。市中有老翁卖药,悬一壶于肆头,及市罢,辄跳入壶中。市人莫之见,唯长房于楼上睹之,异焉。因往再拜,奉酒脯,翁知长房之意其神也,谓之曰:'子明日可更来。'长房旦日复诣翁,翁乃与俱入壶中。唯见玉堂严丽,旨酒甘肴,盈衍其中。共饮毕而出。"冯贽《云仙杂记》:"石崇砌上,就苔藓刻成百花,饰以金玉,曰:'壶中之景不过如是。'"原注:出《耕桑偶记》。

渌水　《淮南子·俶真训》:"足蹀阳阿之舞,而手会渌水之趋。"高诱注:"渌水,舞曲。趋,投节也。"郭茂倩《乐府诗集·琴曲歌词·蔡氏五弄》:"《琴书》曰:邕性沉厚,雅好琴道。嘉平初入青溪,访鬼谷先生所居。山有五曲,一曲制一弄。山之东曲,常有仙人游,故作‘游春’;南曲有涧,冬夏常渌,故作‘渌水’”。

碧筒 见一卷《荷净纳凉时》诗“携筒碧卷波”句。

颜酡 《楚词·招魂》:“美人既醉,朱颜酡些。”王逸注:“朱,赤也。酡,著也。言美女饮啖醉饱,则面著赤色而鲜好也。”

秋色正清华

杜牧《题白蘋洲》诗:“溪光初透彻,秋色正清华。”

水国延清赏,晴秋占物华。楼台金碧迥,村墅画图夸。空翠浮层嶂,疏红缀晚花。莲塘余粉腻,柳岸断云遮。锦石垂萝带,文鳞隐玉沙。桥通青雀舫,人到白鸥家。萧瑟宁多感,登临不厌赊。蘋洲诗句好,逸兴满烟霞。

“清”字可以空写,“华”字非着实点缀则渲染不出,故不嫌于铺叙。诗亦清丽称题。

水国 颜延之《始安郡还都与张湘州登巴陵城楼作》:“水国周地险。”

清赏 谢朓《和何议曹郊游诗·第一首》:“江垂得清赏。”

物华 谢灵运《撰征赋》:“怨物华之推斝。”

金碧 杨衒之《洛阳伽蓝记》:“沙门昙摩罗作祇洹一所,工制甚精,丹素发彩,金碧垂辉。”韩琦《驾幸昆明池》诗:“楼台金碧交辉外。”

村墅 祖咏《渡淮河寄平一》诗:“岸阴匝村墅。”

画图 欧阳修《寄梅圣俞》诗:“惟有山川为绝胜,寄人堪作画图夸。”

空翠 谢灵运《过白岸亭诗》:“空翠难强名。”

层嶂 文同《青鸟》诗:“前对长江隔层嶂。”

疏红 梁简文帝《咏疏枫》诗:“疏红分浪白。”

晚花 何逊《答高博士》诗:“幽蝶弄晚花。”

余粉 杜甫《秋兴诗·第七首》:"露冷莲房坠粉红。"

腻 吴融《富水驿东楹有人题诗》诗:"烟花夜泊红蕖腻。"

断云 戴叔伦《九日与敬处士左学士同赋"采菊上东山",便为首句》诗:"断云轻不卷。"

锦石 庾肩吾《奉和太子纳凉梧下应令》诗:"锦石镇浮桥。"

萝带 杜甫《夔州咏怀》诗:"碧萝长似带。"

文鳞 柳宗元《登蒲州石矶望横江口,潭岛深迥,斜对香零山》诗:"沉景照文鳞。"

玉沙 韦述《和圣制送张说上集贤学士赐宴》诗:"池开照玉沙。"

青雀舫 《穆天子传》:"天子乘鸟舟龙卒,浮于大沼。"郭璞注:"沼,池。龙下有舟字,舟皆以龙鸟为形制。今吴之青雀舫,此其遗制者。"汉无名氏《古诗为焦仲卿妻作》:"青雀白鹄舫。"

白鸥家 陆龟蒙《和袭美褚家林亭》诗:"卧苇荒芹白鸟家。"

萧瑟 《楚词·九辩》:"悲哉,秋之为气也。萧瑟兮草木摇落而变衰。"王逸注:"萧瑟,阴风促急,气疾暴也。"

登临 《楚词·九辩》:"登山临水兮送将归。"庾信《岁晚出横门》诗:"游客喜登临。"

蘋洲 白居易《白蘋洲五亭记》:"湖州城东南二百步,抵霅溪,连汀洲,一名白蘋。梁吴兴守柳恽于此赋诗云:'汀洲采白蘋。'因以为名也。"

逸兴 王勃《秋日登洪府滕王阁饯别序》:"逸兴遄飞。"

九九消寒图

杨允孚《滦京杂咏诗·第六十九首》:"试数窗间九九图,余寒消尽暖回初。梅花点遍无余白,看到今朝是杏株。"自注:"冬至后,贴梅花一枝于窗间。佳人晓妆,日以胭脂图一圈,八十一圈既足。变作杏花,即暖回矣。"刘侗《帝京景物略·春场门》:"日冬至,画素梅一枝,为瓣八十有一。

日染一瓣,瓣尽而九九出,则春深矣,曰‘九九消寒图’。”

葭灰初动后,计日验寒消。春信梅先得,新图粉试调。蕊开争出五,萼破偶余幺。九数呈椒壁,孤芳占绮寮。朝朝妆阁罢,点点薄脂描。不觉残年度,俄看淑景饶。暗香融白雪,醉颊晕红潮。杏苑传生态,何须别染绡?

原评曰:起四句叙次清晰,五、六句表明花瓣有整有零,即为“九”字作衬。押韵亦险而稳。

“九数”二句申足九九图。以下细写消寒。题无深意,如此浅淡还之,不失大雅。足矣。

葭灰 见一卷《黄钟宫为律》本诗。

春信 郑谷《梅》诗:“江国正寒春信稳,岭头枝上雪飘飘。”

新图 杜甫《韦讽录事宅观曹将军画马歌》:“今之新图有二马。”

粉试调 夏文彦《图绘宝鉴》:“赵大亨乃二赵皂隶,每供其昆仲研朱调粉,遂以能画。”

出五 《宋书·符瑞志》:“草木花多五出,雪独六出。”杨炯《梅花落》:“窗外一株梅,寒花五出开。”杨慎《升庵外集》:“冬至,阴极阳生。梅、桃、李、杏花,皆五出也。出,音缀。”按:《宋书·符瑞志》二语,《埤雅》引为《韩诗外传》,《学斋呫哔》引为《吕氏春秋》,今本并无。

余幺 方以智《通雅·疑始类》:“《说文》:‘幺,小也,象子初生之形。’陆机《(文)赋》:‘弦幺徽急。’注:‘小也。’《尔雅》:‘幺,幼。’注:‘豕后生者,俗呼幺豚。’班彪论‘幺麿’即今所用‘么麽’也;又有‘幺贝’,亦‘小贝’也。俗讹作‘么’。丁度乃曰:‘么,乃词令名,有小么令。’‘幺’‘么’不同。夫六么,本于骰子之小点,岂有二字之理。《韵会小补》复收此说,而不正之。”

九数 华光道人《画梅谱》:“复以极数,故有九变。”

椒壁 《三辅黄图》:“未央宫温室殿,武帝建,冬处之暖。”《西京杂记》曰:

“温室以椒涂壁。”梁元帝《县名》诗:“椒壁杂风吹。”

孤芳 释德洪《华光仁老作墨梅》诗:“惭愧高人笔下春,解使孤芳长不老。”

绮寮 左思《魏都赋》:“皦日笼光于绮寮。”张衡《西京赋》:“交绮豁以疏寮。”薛综注:“疏,刻穿之也。”李善注:“交结绮文,豁然穿以为寮也。”《说文》曰:“绮,文缯也。”《广雅》曰:“豁,空也。”然此刻镂为之。《苍颉篇》曰:“寮,小窗也。”《古诗》曰:“交窗结绮疏。”

残年 宋自逊《一室》诗:“残年日易晚。”

淑景 见一卷《迎岁早梅新》诗“銮坡淑景催”句。

暗香 白雪 胡仔《苕溪渔隐丛话》:“古乐府《梅花落》苏子卿云:‘只言花似雪,不悟有香来。’王介甫《咏梅》云:‘遥知不是雪,为有暗香来。’韩子苍《咏梅》云:‘那知是花处,但觉暗香来。’介甫、子苍,虽袭子卿之诗意,然思益精而语益工也。”按:此苏子卿乃陈人,见郭茂倩《乐府诗集》。方虚谷疑非子卿作,盖误以为汉苏武。

醉颊 红潮 惠洪《冷斋夜话》:“东坡在儋耳,又尝醉插茉莉花,嚼槟榔。《戏书姜秀才几上》云:‘紫麝着人簪茉莉,红潮登颊醉槟榔。’”

杏苑 周利用《奉和九月九日登慈恩寺浮图应制》诗:“杏苑被元功。”按:“杏苑”即杏园。详五卷《王道荡荡》诗“曲江连雁塔”句。

传生态 郭若虚《图画见闻志》:“徐崇嗣画《没骨图》,以其无笔墨骨气而名之,但取其浓丽生态以定品。”

雨后山光满郭青

张籍《寄和州刘使君》诗:“晓来江气连城白,雨后山光满郭青。”

见说横江好,城环万笏形。每逢新雨过,斗觉旧山青。秀色餐堪饱,悬流泻未停。鲜明真照眼,渲染乍开屏。螺髻添膏沐,蛾眉斗尹邢。波深涵倒影,树碧隐重扃。出岫分云缕,冲烟认鹤翎。试寻桃坞客,骋望水心亭。

原评曰：一句原题，二句点“山”、点“郭”，三、四点完全题。妙于自在流出。五句正写“山光”，六句掉转“雨后”，七句写“山光”，八句仍带“雨后”。九句、十句写“青”字，十分秀润。

“波深”“树碧”，烘染“雨后”；“分云缕”“认鹤翎”，烘染“山光”。结仍归到本事，亦不苟。

原评又曰：“出岫”二句，翻衬“青”字，从徐凝《瀑布》诗“今古长如白练飞，一条界破青山色”句脱胎。

横江 李白《横江诗·第一首》：“人道横江好。”杨齐贤注：“孙桓督牛渚，作横江桥。吴、晋间，尝建横江将军，以督此渡。”萧士赟注：“《郡县志》：横江浦在和州，对江南之采石，往来济渡处。”《江南通志·山川》：“和州横江，在州东南二十五里。”

万笏形 华钥《吴中胜记》：“天平如锦屏入座，其峰皆立。僧曰：‘此万笏朝天也。’”

斗觉 韩愈《答张十一功曹》诗：“斗觉霜毛一半加。”

旧山 石延年《筹笔驿》诗：“愁外旧山青。”

秀色 陆机《日出东南隅行》：“秀色若可餐。”陆游《山行》诗：“山光秀可餐。”

悬流 郦道元《水经注·庐水》：“水导双石之中，悬流飞瀑。”

鲜明 班固《白虎通·德论》：“三月谓之姑洗何？姑者，故也。洗者，鲜也。言万物皆去故就其新，莫不鲜明也。”左思《招隐诗·第二首》：“峭蒨青葱间。”李善注：“峭蒨，鲜明貌。”

照眼 梁武帝《子夜四时歌·春歌第一首》：“庭中花照眼。”

渲染 郭熙《画诀》：“淡墨重叠，旋旋而取之，谓之斡淡。以锐笔横卧，惹惹而取之，谓之皴擦。以水墨再三而淋之，谓之渲。以水墨滚同而泽之，谓之刷。"唐志契《论画》:"古《画谱》言用笔之法,未尝不详,乃画家仅知皴、刷、点、拖四则而已。此外,如斡、如渲、如捽、如擢,其谁知之?盖斡者,以淡墨重叠六七次,加而深厚者也。渲者,有意无意再用细笔细擦而淋漓,使人不知数十次点染者也。"

开屏 韩熙载《溧水无相寺赠僧》诗:"山屏四面开。"

螺髻 崔豹《古今注·鱼虫第五》:"童子结发,亦为螺髻。亦谓其形似螺壳。"苏轼《过广爱寺见三学演师观杨惠之塑宝山朱瑶画文殊普贤诗·第二首》:"乱峰螺髻出。"

膏沐 《诗·卫风·伯兮》篇:"岂无膏沐,谁适为容?"史浩《两钞摘腴》:"膏,所以膏面;沐,盖沈也,米汁可以沐头。"

蛾眉 《诗·卫风·硕人》篇:"螓首蛾眉。"葛洪《西京杂记》:"文君姣好,眉色如望远山。"

尹邢 褚少孙《补史记·外戚世家》:"尹夫人与邢夫人同时并幸,有诏,不得相见。尹夫人自请武帝,愿望见邢夫人,帝许之。即令他夫人饰,从御者数十人,为邢夫人来前。尹夫人前见之曰:'此非邢夫人身也。'帝曰:'何以言之?'对曰:'视其身貌形状,不足以当人主矣。'于是帝乃诏使邢夫人衣故衣独身来前。尹夫人望见之曰:'此真是也。'于是乃低头俯而泣,自痛其不如也。"按:以尹、邢比山色,古无所见。惟渔洋山人《北征日记》曰:"望见鹊山,顷之,望见华不注山。二山空青缥缈,如尹、邢相照,济水间之。故其行经鹊、华二山间,即自诗曰:'是耶非耶看不定,尹、邢双照蛾眉弯。'"此句似用其语。

倒影 晋庐山诸道人《游石门诗序》:"流光回照,则众山倒影。"

重扃 汉武帝《落叶哀蝉曲》:"落叶依于重扃。"

云缕 《曲龙山仙诗·第二首》:"元鹤唳天云一缕。"

鹤翎 刘得仁《宿宣义池亭》诗:"菰蒲有鹤翎。"

桃坞客 《一统志·江南和州》:"桃花坞,《舆地纪胜》:'在含山县西五里,旧传张籍读书处。'"

水心亭 本诗第二联:“看花多上水心亭。”《一统志·江南和州》:“水心亭,在州治三老堂前。”

清济贯浊河

按:唐李君房有《清济贯浊河赋》。

导沇方为济,东行暂入河。独凭清驶力,旁贯浊流过。伏见常难测,纵横信足多。龙门输劲疾,王屋想嵯峨。不遣泾侵渭,宁同江出沱。奔星看绝汉,潜织拟飞梭。经纬聊相间,朝宗远自他。北条尊二渎,强弱竟如何?

前八句实写济贯河,后八句唱叹,以尽其意。

原评曰:“不遣”句,清浊意醒;“宁同”句,反衬“贯”字,属对亦活。

又曰:意有主客,而理难褒贬。结最有含蓄。

导沇 《书·禹贡》:“导沇水东流为济,入于河,溢为荥。”孔安国《传》:“泉源为沇,流去为济。在温西北平地,济水入河,并流十数里,而南截河。又并流数里,溢为荥泽,在敖仓东南。”孔颖达疏:“济水既入于河,与河相乱,而知截河过者,以河浊济清,南出还清,故可知也。”

清驶 韩愈《南溪始泛诗·第二首》:“南溪亦清驶。”

浊流 郦道元《水经注·河水一》:“《物理论》曰:‘河色黄者,众川之流盖浊之也。百里一小曲,千里一曲一直矣。’汉大司马张仲议曰:‘河水浊,清澄一石水,六斗泥;而民竞引河溉田,令河不通利。至三月,桃花,水至则河决,以其噎不泄也。禁民勿复引河。’”是黄河兼浊河之名矣。

伏见 《新唐书·奸臣列传》:“帝东封泰山,以敬宗领使。次濮阳,帝曰:‘《书》称浮于济、漯,今济与漯断不相属,何故而然?’对曰:‘夏禹导沇水东流为济,入于河。今自漯至温而入河,水自此洑地,过河而南出为荥,又洑而至曹濮,散出于地,合而东。汶水自南入之,所谓泆为荥,东出于陶丘,北又东会于汶是也。古者五行皆有官,水官不失职,则能辨味与色;潜而出,合而更分,皆能识之。'"董衡《唐书释音》:"洑,房六切,洄流。"按,《广韵》:"洑,回流。"《集韵》:"洑,伏流也。"此应是"伏流"意,《释音》误。

龙门 《书·禹贡》:"导河积石,至于龙门。"郦道元《水经注·河水四》:"《穆天子传》曰:'孟门,即龙门之上口也。'实谓黄河之巨阨,兼孟津之名矣。此石经始禹凿,河中漱广,夹岸崇深,倾崖返捍,巨石临危,若坠复倚。其中水流交冲,素气云浮。往来遥观者,常若雾露沾人,窥探悸魂。其水尚崩浪万寻,悬流千丈,浑洪赑怒,鼓若山腾,浚波颓叠,迄于下口。方知慎于下龙门,流浮竹非驷马之追也。"《陕西通志·山川》:"韩城县龙门山,在县东北八十里。"

王屋 《淮南子·地形训》:"济出王屋。"高诱注:"王屋山,在河东垣县东北。"《河南通志·山川》:"王屋山,在济源县西八十里。"

泾侵渭 《诗·邶风·谷风》篇:"泾以渭浊。"毛苌《传》:"泾渭相入,而清浊异。"

江出沱 《书·禹贡》:"岷山导江,东别为沱。"

奔星 《尔雅·释天》:"奔星为彴约。"郭璞注:"流星。"

绝汉 《史记·天官书》:"后六星绝汉抵营室,曰阁道。"司马贞《索隐》:"绝,度也。"张守节《正义》:"汉,天河也。直度曰绝。"

潜织 见一卷《鲛人潜织》诗。

经纬 《考工记》:"匠人营国,国中九经九纬,经涂九轨。"贾公彦疏:"南北之道为经,东西之道为纬。"

朝宗 《诗·小雅·沔水》篇:"沔彼流水,朝宗于海。"郑玄笺:"水流而入海,小就大也。喻诸侯朝天子亦犹是也。诸侯,春见天子曰朝,夏见曰宗。"

远自他 详后《凿壁偷光》诗。

北条 《书·禹贡》,孔颖达疏:"从此导岍至敷浅源,旧说以为三条。《地理志》云:'《禹贡》:北条荆山,在冯翊怀德县南;南条荆山,在南郡临沮县东北。'是旧有三条之说也。故马融、王肃,皆为三条:导岍北条,西倾中条,嶓冢南条。郑玄以为四列:导岍为阴列,西倾为次阴列,嶓冢为次阳列,岷山为正阳列。郑玄创为此说,孔亦当为三条也。”

二渎 《尔雅·释水》:“江、河、淮、济为四渎。四渎者,发源注海者也。”邢昺疏:“案《白虎通》云:渎者何? 谓浊。中国垢浊,发源东注海,其功著大,称渎也。”刘熙《释名·释水》:“渎,独也。各独出其所而入海也。”

瑾瑜匿瑕

《左传·宣公十五年》:“川泽纳污,山薮藏疾,瑾瑜匿瑕,国君含垢。”杜预注:“匿,亦藏也。虽美玉之质,亦或居藏瑕秽。”又:“晋侯耻不救宋,故伯宗为说,小恶不损大德之喻。”

明珠常有纇,美玉肯藏瑕。但识玙璠贵,何须指摘加。器元防玷缺,质本出泥沙。一眚宁为累,连城信匪奢。微云同点缀,毫采自光华。倘拟青蝇涴,徒令白璧嗟。理从含垢悟,情岂暗投差。圣代无遗宝,荆山未足夸。

原评曰:“器元”二句,先为“瑕”字寻取出路。“一眚”二句,醒“匿”字意。“微云”句,比喻典雅。“倘拟”二句,反逼警动。“理从”二句,收到正意。

珠纇玉瑕 《淮南子·说林训》:“若珠之有纇,玉之有瑕,置之而全,去之而亏。”刘勰《新论·妄瑕第二十六》:“荆岫之玉,必含纤瑕;骊龙之珠,亦有微纇。”

玙璠 《左传·定公五年》:“阳虎将以玙璠敛。”杜预注:“玙璠,美玉,君所佩。”按:玙璠,或作璠玙,传写异文。潘尼《赠陆机》诗,以“玙璠”叶“旃”字。王僧孺《从子永宁令诔》,以“璠玙”叶“书”字,古人亦因文互用,不能定也。

指摘 何承天《重答颜永嘉书》:“夫良玉时玷,贱夫指其瑕。”韩愈《陪杜侍御游湘西雨寺,独宿有题一首因献杨常侍》诗:“指摘困瑕玷。”

玷缺　《新唐书·文艺传》:"王翰如琼杯玉斝,虽烂然可珍,而多玷缺。"

泥沙　符载《说玉赠萧易简游三峡》:"玉在宝族,拔乎其萃者也。当其沉耀隐璞,坠汩泥沙中,枯槁暗蔼,光明不发,庸工睨之譬顽块。"

一眚　《左传·僖公三十三年》:"且吾不以一眚掩大德。"杜预注:"眚,过也。"梁武帝《连珠·第二首》:"盖闻一眚不足以掩德,五刑不可以妄加。是以径寸之珠有时而颣,盈尺之宝不能无瑕。"

连城　《史记·廉颇蔺相如列传》:"赵惠文王时,得楚之和氏璧。秦昭王闻之,使人遗赵王书,愿以十五城请易璧。"魏文帝《与钟繇谢玉玦书》:"不损连城之价。"

微云　见一卷《千潭一月印》诗"无云微点缀"句。

鼂采　《汉书·司马相如传》:"鼂采琬琰,和氏出焉。"注,师古曰:"鼂,古朝字也。朝采者,美玉每旦有白虹之气,光采上出,故名'朝采'。犹言夜光之璧矣。"

青蝇　白璧　傅咸《青蝇赋》:"秽美玉之鲜洁。"陈子昂《宴胡楚真禁所》诗:"青蝇一相点,白璧遂成冤。"陆佃《埤雅·释虫》:"青蝇粪,尤能败物,虽玉犹不免。所谓蝇粪点玉是也。"

暗投　见一卷《锥处囊》诗。

荆山　见一卷《追琢其章》诗。

饮马投钱

李昉《太平御览·地部二十七》:"《三辅决录》曰:'项仲山饮马渭水,日与三钱以偿之。'"

饮马临清渭,囊钱每暗投。白波裁赴吻,赤仄已沉流。共仰通津汲,何嫌满腹求。五铢拼浪掷,一勺肯忘酬。荇叶随轮漾,菱丝引贯收。货应伤弃地,神岂计持筹。只觉山川宝,难同雀鼠偷。独严虚取戒,揽辔忆前修。

原评曰:三、四句,流水对。“共仰”一联宕开,“五铢”一联拍合;似此展拓布置,自不局促。“荇叶”二句,细意雕镂。

“货应”四句,亦上开下合,一气相生。此诗纯以议论气机驱驾,绝胜琐屑刻画之笔。

清渭 潘岳《西征赋》:“北有清渭浊泾。”

囊钱 《后汉书·赵壹传》:“文籍虽满腹,不如一囊钱。”

赴吻 苏轼《韩幹马十四匹》诗:“后有八匹饮且行,微流赴吻若有声。”

赤仄 《汉书·食货志》:“郡国铸钱,民多奸,铸钱多轻,而公卿请令京师铸官赤仄。”注,应劭曰:“所谓子绀钱也。”如淳曰:“以赤铜为其郭也。今钱郭见有赤者,不知作法云何也。”

通津 王凝之《兰亭集诗·第二首》:“逍遥映通津。”

满腹 《庄子·内篇·逍遥游》:“鼹鼠饮河,不过满腹。”

五铢 《史记·平准书》:“有司言三铢钱轻,易奸作,乃更请诸郡国铸五铢钱,周郭其下,令不可磨取镕焉。”

荇叶 杜佑《通典·食货九》:“(前)废帝景和二年,铸二铢钱,文曰‘景和’,形式转细。官钱每出,人间即模效之,而大小、厚薄皆不及也。无轮郭,不磨剪凿者,谓之‘莱子’;尤薄轻者,谓之‘荇叶’。市井通用之。”

菱丝 李贺《钓鱼》诗:“菱丝引独茧。”

弃地 《礼·礼运》:“货恶其弃于地也,不必藏于己。”郑玄注:“货,谓财货也。既天下共之,不独藏府库。但若人不收录,弃掷山林,则物坏,世穷无所资用。故各收宝而藏之,是恶弃地耳,非是藏之为己,有乏者便与也。”

持筹 枚乘《七发》:“使之论天下之精微,理万物之是非,孔老览观,孟子持筹而算之,万不失一。”《晋书·王戎传》:“性好兴利,广收八方,田园水碓,周遍天下。积实聚财,不知纪极。每自执牙筹,昼夜算计,恒若不足。”

雀鼠偷 见前《群乌养羞》诗。

虚取 《礼·月令》郑玄注："牲以供祠神灵，为民求福。明使民艾刍，是不虚取也。"

揽辔 《史记·袁盎晁错列传》："上欲西驰下峻阪，袁盎骑并车擥辔。"《后汉书·范滂传》："登车揽辔，慨然有澄清天下之志。"按："擥"即"揽"字，《史记索隐·述赞》正作"揽"。

前修 《楚词·离骚经》："蹇吾法夫前修兮，非世俗之所服。"王逸注："言我忠信蹇蹇者，乃上法前世远贤。"

醴泉无源

段成式《酉阳杂俎·贬误》："予太和初，从事浙西赞皇公幕中，尝因与曲宴，中夜公语及国朝词人优劣云：'世人言灵芝无根，醴泉无源，张曲江著词也。盖取虞翻《与弟求婚书》，徒以芝草为灵芝耳。'予后偶得《虞翻集》，果如公言。开成初，予职在集贤，颇获所未见书。始览王充《论衡》，自云：'充细族孤门。'或啁之，答曰：'鸟无世凤凰，兽无种麒麟，人无祖圣贤。必当因祖有以效贤号，则甘泉有故源，而嘉禾有旧根。'"

水脉常分派，川途必溯源。独传泉出醴，正似草无根。滋液甘霖足，霑濡膏露繁。只供修绠汲，莫测滥觞存。天酒谁倾酿？云浆自满樽。隐随和气溢，高谢众流浑。作井宁当竭，先河勿概论。近看灵沼涌，不假导昆仑。

原评曰：首句衬起，二句跌"源"字。三、四句棹合，一气流转，机调轻圆；尤妙于拆点"无源"二字，俱不从正面呆疏。五、六句为"醴泉"设喻，七、八句醒"无源"意。

"天酒"四句，唱叹以尽其意。"作井"句从"醴"字点染，"先河"句又从"源"字烘托；二句一顺下，一反剔，对法灵警。结亦紧切不懈。

水脉 刘孝绰《钓竿》篇："敛桡随水脉。"刘敬叔《异苑》："吴孙权赤乌八年,遣校尉陈勋漕句容,中道凿破窑,掘得一黑物,无有首尾,形如数百斛船,长十丈,蠢蠢而动。有顷,悉融液成汁,时人莫能识得此。之后,遂获泉源,或谓是水脉。每至大旱,余渎皆竭,惟此巨流焉。”

川途 虞世南《奉和幸江都应诏》诗:“凤吹溢川途。”

滋液 王褒《四子讲德论》:“甘露滋液。”

甘霖 《尔雅·释天》:“甘雨时降,万物以嘉,谓之醴泉。”郭璞注:“所以出醴泉。”

霑濡 司马相如《难蜀父老》:“群生霑濡,洋溢乎方外。”

膏露 《礼·礼运》:“故天降膏露,地出醴泉。”郑玄注:“膏,犹甘也。”左思《魏都赋》:“甘露如醴。”

修绠 耿沣《甘泉诗》:“修绠悬冰甃。”

滥觞 《家语·三恕篇》:“夫江,始出于岷山,其源可以滥觞。”王肃注:“觞,可以盛酒。言其微。”丘光庭《兼明书》:“《江赋》云:‘初发源乎滥觞。’周翰曰:‘滥,谓泛滥水流貌。觞,酒杯也。谓江之发源流如一杯也。’明曰:‘周翰以觞为酒杯则是也,然以流水如一杯之多则非也。何者?且滥非水流之貌。滥者,泛也。言其水小,裁可浮泛酒杯耳。’”

天酒 见前《清高金茎露》诗。

倾酿 刘义庆《世说新语·赏誉第八》:“刘尹云:‘见何次道饮酒,使人欲倾家酿。’”陆游《老学庵笔记》:“晋人所谓‘见何次道,令人欲倾家酿’,犹云:‘欲倾竭家资,以酿酒饮之也。’故鲁直云:‘欲倾家以继酌。’韩文公借以作《簟》诗云:‘有卖直欲倾家资。’王平公《谢先大父赠簟》诗亦云:‘倾家何计效韩公?’皆得晋人本意。至朱行中舍人有句云:‘相逢尽欲倾家酿,久客谁能散橐金?’用‘家酿’对‘橐金’,非也。”

云浆 庾信《温汤碑》:“其色变者,流为五云之浆。”郭宪《洞冥记》:“东方朔曰:‘臣有吉云草十种,种于九景山东,二千岁一花。臣至东极,过吉云之泽,多生此草。移于九景之山,全不如吉云之地。’帝曰:‘何谓吉云?’朔曰:

‘其国俗以云气占吉凶。若乐事,则满室云起,五色照人;着于草树,皆成五色,露珠甚甘。’”

和气 《汉书·刘向传》:“和气致祥。”

高谢 《晋书·殷仲文传》:“退不能辞粟首阳,拂衣高谢。”

众流 王粲《游海赋》:“总众流而臣下,为百谷之君王。”

作井 《庄子·杂篇·山木》:“甘井先竭。”按《逸周书·周祝解》:“甘泉必竭,直木必伐。”《庄子》语盖出此。《墨子》亦有此二语。

先河 《礼·学记》:“三王之祭川也,皆先河而后海。或源也,或委也,此之谓务本。”郑玄注:“源泉所来也,委流所聚也。”孔颖达疏:“河为海本,源为委本,皆曰川也,故总云三王之祭川;源委,谓河海之外诸大川也。或解云:‘源则河也,委则海也。’”申明先河而后海,义亦通矣。

昆仑 《史记·大宛列传》:“太史公曰:《禹本纪》言河出昆仑,其高二千五百余里,日月所相避隐为光明也。其上有醴泉、瑶池。”

海人献冰蚕

王嘉《拾遗记》:“员峤山,一名环丘。上有冰蚕,长七寸,黑色,有角有鳞。以霜雪覆之,然后作茧。长一丈,其色五彩,织为文锦。入水不濡,以之投火,经宿不燎。唐尧之世,海人献之,尧以为黼黻。”

浣布曾然火,缫丝更取冰。传来蚕种异,献自海波澄。员峤经风引,扶桑见日升。雪霜资莹洁,鳞角耸崚嶒。映箔联珠斗,移筐动玉绳。天孙机倦织,园客茧羞称。绝域琛常贡,中朝服有恒。从教致东贶,端合重西陵。

原评曰:首联陪起雅称,次联点足。三联实写“海人献”字,先写海道以展步,用“扶桑”字方不宽泛。四联依本事铺写。五联为“冰”字设色。六联衬托,抬高身分。后二联“绝域”句结住本题,对句推进一层,用中国之蚕压倒,以见不贵异物,运意最高。

浣布 《列子·汤问》篇:“火浣之布,浣之必投于火。布则火色,垢则布色;出火而振之,皓然疑乎雪。”

海波澄 韩婴《诗外传》:“成王之时,越裳氏重九译而至,献白雉于周公:‘道路悠远,山川幽深。恐使人之未达也,故重译而来。’周公曰:‘吾何以见赐也?’译曰:‘吾受命国之黄发曰:久矣,天之不迅风疾雨也,海不波溢也,三年于兹矣。意者中国殆有圣人,盍往朝之。于是来也。’”

风引 详四卷《海日照三神山》诗。

扶桑 《山海经·海外东经》:“汤谷上有扶桑,十日所浴,在黑齿北。居水中有大木,九日居下枝,一日居上枝。”

珠斗 王维《同崔员外秋宵寓直》诗:“月回藏珠斗。”赵殿成注:“谓斗星相贯如珠。”

玉绳 张衡《西京赋》:“上飞闼而仰眺,正睹瑶光与玉绳。”李善注:“《春秋元命苞》曰:‘玉衡北,两星为玉绳。’”

天孙 见一卷《春蚕作茧》诗“会夺天孙锦”句。

园客 见一卷《春蚕作茧》诗“如瓮藉重缄”句。

绝域 《汉书·武帝纪》:“其令州郡察吏民有茂材异等,可为将相及使绝域者。”注,师古曰:“绝远之国,谓声教之外。”

中朝 《汉书·刘辅传注》:“孟康曰:‘中朝,内朝也。大司马、左右前后将军、侍中、常侍、散骑诸吏为中朝。丞相以下至六百石为外也。’”王应麟《玉海·礼仪部·三礼义宗》曰:“周礼,天子诸侯皆有三朝:一曰外朝,二曰中朝,三曰内朝。其中朝之名,或内或外。若据外朝而言,谓之内朝。故郑注‘文王世子诸侯,外朝一内朝二’是也。三朝之最外为外朝者,是决罪听讼之朝也。中朝者,人君旦夕视政见卿大夫之朝也;所谓辨色而入者,在此朝也。内朝者,路寝也,人君视政退而居于此,待诸侯之复逆也。视卿大夫退,然后适燕寝;所谓大夫夙退,无使君劳,在此朝也。”

服有恒 《礼·月令》:“仲秋之月,乃命司服,具饬衣裳,文绣有恒,制有小大,度有长短。衣服有量,必循其故,冠带有常。”

东陬 见一卷《西王母献益地图》诗。

西陵 罗泌《路史·疏仡纪·黄帝纪上》:“命西陵氏劝蚕稼。月大火而浴种,夫人副祎而躬桑,乃献蚕丝,遂称织维之功。因之广织,以给郊庙之服。”罗苹注:“《皇图要览》云:‘伏羲化蚕,西陵氏始养蚕。’故淮南王《蚕经》云:‘西陵氏劝蚕稼。’亲蚕始此。”

仁寿镜

唐无名氏《仁寿镜赋序》:“天宝初,有献书阙下者,言巴蜀之间,有石镜见于岩之半,‘仁寿’之字,昭然可观。仆深奇之,因而为赋。”

昔传仁寿殿,镜彩耀重檐。唐室呈金鉴,巴山贡宝奁。一轮窥月满,万象簇峰尖。玉垒惊飞鹊,花潭喜望蟾。桂崖穿石纽,映瀑晃晶帘。瑞牒真堪纪,奇文更应占。仁全山德静,寿拟海筹添。圣代珠囊启,宁同剑外瞻。

仁寿镜有二事。先用陆士衡所言仁寿殿镜陪起,折入唐之仁寿镜,眉目最清;又借张九龄千秋金鉴衬托“镜”字,点明天宝初事,抉出君臣咨警能致祥瑞之根,尤非泛设。

原评曰:“一轮”二句是石镜,“玉垒”二句点缀切蜀。以上皆摹写形状,以下乃疏解祥瑞之古、仁寿之义。结从高处压落,尤如天外举头。

仁寿殿 陆机《与弟云书》:“仁寿殿前有大方铜镜,高五尺余,广三尺二寸,立着庭中,向之便写人形体了了,亦可怪也。”

重檐 《礼·明堂位》:“复庙重檐。”孔颖达疏:“复庙者,上下重屋也。重檐者,皇氏云。郑云:‘重檐,重承壁材也。谓就外檐下壁,复安板檐以辟风雨之洒壁,故云重檐重承壁材。’”

金鉴　张九龄《进千秋节金镜录表》:"伏见千秋节日,王公以下悉以金宝镜进献,诚贵尚之尤也。臣愚以谓,明镜所以鉴形者也,有妍蚩则见之于外;往事所以鉴心者也,有善恶则省之于内。故黄帝镜铭云:'以镜自照见形容,以人自照见吉凶。'又,古人云:'前事之不远,后事之元龟。'元龟亦犹镜也。臣敢缘此义,谨于生辰节上事鉴十章,分为五卷,名曰《千秋金镜录》。"

巴山　陈子昂《春晦饯陶七于江南,同用风字诗序》:"巴山望别。"

贡　班固《东都赋·宝鼎》诗:"岳修贡兮川效珍。"

宝奁　李商隐《垂柳》诗:"宝奁抛掷久。"

一轮　见一卷《日升月恒》诗。

月满　王嘉《拾遗记》"周灵王"条:"时异方贡玉人石镜。此石色白如月,照面如雪,谓之月镜。"

万象　温庭筠《投翰林萧舍人》诗:"万象晓归仁寿镜。"

峰尖　杜甫《魏将军歌》:"华岳峰尖见秋隼。"又《送张二十参军赴蜀州,因呈杨五侍御》诗:"万点蜀山尖。"

玉垒　《汉书·地理志·蜀郡》:"绵虒玉垒山,湔水所出。"《四川通志·山川》:"保县玉垒山,在县北,有石刻'玉垒'二大字。"

飞鹊　吴均《闺怨诗·第二首》:"愿为飞鹊镜。"俞安期《唐类函·服饰部五》:"《神异经》曰:'昔有夫妇将别,破镜,人执半以为信。其妻忽与人通,镜化鹊飞至夫前,其夫乃知之。后人因铸镜为鹊安背上也。'"按:今本《神异经》无此文。俞氏原注《白帖》,今本《白帖》亦不载。

花潭　任正一《游浣花记》:"成都之俗,以游乐相尚,而浣花为特甚。每岁孟夏十有九日,入梵安寺,罗拜冀国夫人祠下,退游杜子美故宅,遂泛舟浣花溪之百花潭,因以名其游与其日。曰:'此冀国故事也。'冀国姓任,本汉上小家女,奉释氏教甚谨。有僧过其家,疮疥满体,衣服垢敝,见者心恶,独女敬事之。一日,僧持衣从以求浣,女欣然濯之。溪边每一漂衣,莲花辄应手而出。里人惊异,求僧已不知其所在,因识其处为百花潭。时余犹为疑其说之不然者。杜子美诗曰‘百花潭北庄’,又曰‘百花潭水即沧浪’,其来久矣,非由冀国而得名也。”《四川通志·山川》:“华阳县浣花溪,在县南五里。《方舆胜览》一名百花潭。”

望蟾 郭宪《洞冥记》:“望蟾阁十二丈,上有金镜,广四尺。元封中,有祇国献此镜,照见魑魅,不获隐形。”

石纽 《蜀志·秦宓传》:“禹生石纽,今之汶山郡是也。”按:此因石纽在蜀,借用为镜纽意。

晶帘 宋之问《明河》篇:“水晶帘外转逶迤。”

瑞牒 班固《典引》:“若乃嘉谷灵草,奇兽神禽,应图合牒,穷祥极瑞者,朝夕坰牧,日月邦畿。”梁简文帝《菩提树颂》:“现彼法身,图兹瑞牒。”

海筹添 苏轼《志林》:“尝有三老人相遇,或问之年。一人曰:‘吾年不可记,但忆少年时,与盘古有旧。’一人曰:‘海水变桑田时,吾辄下一筹,尔来吾筹已满十间屋。’一人曰:‘吾所食蟠桃,弃其核于昆仑山之下,今已与昆仑齐矣。’”

珠囊 徐陵《与王僧辩书》:“汉委珠囊,秦亡宝镜。”杨衒之《洛阳伽蓝记》:“当时四海晏清,八荒率职。珠囊纪庆,玉烛调辰。”

剑外 张载《剑阁铭》:“惟蜀之门,作固作镇。是曰剑阁,壁立千仞。”李善注:“郦道元《水经注》曰:‘小剑戍北,去大剑三十里,连山绝险,飞阁相通,故谓之剑阁。’”沈佺期《答魑魅代书寄家人》诗:“剑外悬销骨。”按:剑外,谓剑阁之外。

大衍虚其一

《易·系辞传下》:“大衍之数五十,其用四十有九。”韩伯注:“王弼曰:‘衍天地之数,所赖者五十也。其用四十有九,则其一不用也。不用而用以之通,非数而数以之成,斯《易》之太极也。四十有九,数之极也。夫无不可以无明,必因于有,故常于有物之极,而明其所由之宗也。’”按:唐谢观有《大演虚其一赋》,“演”“衍”义同。

象数滋生始,流形本太虚。体元参大衍,留一拟归余。乍验飞灰管,空悬共毂车。理从盈处阙,气向密中疏。戴九应相对,函三总不居。岂缘防满损,便足兆乘除。化普开天后,神含画卦初。无为征主极,观妙更谁如?

原评曰:起用浑冒,为“虚”字探源。“体元”二句,如题串点。“乍验”二句,写“虚”字深秀,取类亦称。“戴九”二句,俱切一切虚。六联以上,俱注重下半。七联仍用截对束住。

“乍验”二句用旁比,“理从”二句即从正面推阐之,“戴九”二句用平对,“岂缘”二句即用开合挑剔之。反正虚实,浅深疏密,一笔不苟。理题须如此清楚。

象数滋生 《易纬·乾凿度·象成数生》篇:“《易》起无,从无入有,有理若形,形及于变而象,象而后数。”《左传·僖公十五年》:“龟,象也;筮,数也。物生而后有象,象而后有滋,滋而后有数。”孔颖达疏:“卜之用龟,灼以出兆,是龟以金、木、水、火、土之象而告人。筮之用蓍,揲以为卦,是筮以阴阳蓍策之数而告人也。凡是动植飞走之物,物既生讫而后有其形象,既为形象而后滋多,滋多而后始有头数。”

流形 《易·彖传上》:“品物流形。”孔颖达疏:“品物之类,流布成形,各得亨通,无所壅蔽。”

太虚 曹植《辅臣论》:“志在太虚,安心元妙。”

体元 班固《东都赋》:“体元立制,继天而作。”《春秋·隐公元年》:“春,王正月。”杜预注:“隐公之始年,周王之正月也。凡人君即位,欲其体元以居正,故不言一年一月也。”孔颖达疏:“元者,气之本也,善之长也。人君执大本,长庶物,欲其与元同体,故年称元年。”阮籍《通老论》:“道者,法自然而化,《易》谓之太极,《春秋》谓之元,《老子》谓之道。”

归余　《左传·文公四年》:"举正于中,归余于终。"杜预注:"期之日三百六十有六日,日月之行又有迟速,而必分为十二月。举中气以正月,有余日则归之于终,积而为闰。故言归余于终。"孔颖达疏:"举月之正半在于中气,归其余分置于终末,言于终末乃置闰也。"

飞灰管　见一卷《黄钟宫为律本》诗。

共毂车　《老子·第十一章》:"三十辐共一毂,当其无,有车之用。"王弼注:"毂,所以能统三十辐者,无也。以其无能受物之故,故能以实统众也。"

戴九　子华子《大道论·五数》:"天地之大数,莫过乎五,莫中乎五。是以二与四,抱九而上跻也;六与八,蹈一而下沉也。戴九而履一,据三而持七,五居中宫,数之所由生。一纵一横,数之所由成。"

函三　《汉书·律历志》:"太极元气,函三为一。极,中也。元,始也。行于十二辰,始动于子。参之于丑,得三。"注,孟康曰:"元气始起于子,未分之始,天地人混合为一,故子数独一也。"师古曰:"函,读与含同。"

不居　《易·系辞传下》:"变动不居。"

满损　《书·大禹谟》:"满招损。"

乘除　《周髀算经》:"商高曰:数之法出于圆方。圆出于方,方出于矩,矩出于九九八十一。"赵君卿注:"推圆方之率,通广长之数,当须乘除以计之。九九者,乘除之原也。"

观妙　《老子·第一章》:"无名天地之始,有名万物之母。故常无欲以观其妙。"河上公注:"妙,要也。人常能无欲,则可以观道之要。要,谓一也。"

凿壁偷光

葛洪《西京杂记》:"匡衡勤学而无烛,邻舍有烛而不逮。乃穿壁引其光,以书映光而读之。"

邻壁宁堪凿,余光幸可偷。研经穷暮景,举烛费前筹。既诎焚膏力,聊为钻穴谋。自他常有耀,于我更何求?映雪愁难得,囊萤乏久收。

藩篱诚得间,径窦岂同羞?别具传薪理,真无过隙忧。专精资巧取,佳话解颐不?

原评曰:起用反正开合点题。三、四句原题展局,以下逐句承接,圆转如珠,更无用古之迹。"映雪"四句,逼拶甚紧,气脉却宽。"别具"二句,词意隽妙。结还出处,隐秀。

"映雪"四句,一气相生,法自唐杜荀鹤《御沟新柳》诗后四句来。无名氏《寿星见》诗后四句,亦是此法。

余光 《史记·樗里子甘茂传》:"臣闻,贫人女与富人女会绩。贫人女曰:'我无以买烛,而子烛光幸有余,子可分我余光。'"岑参《秋夕读书幽兴献兵部李侍郎》诗:"览卷试穿邻舍壁,明灯何惜借余光。"

研经 《后汉书·儒林传》:"何休,字邵公,任城樊人也。休为人质朴,讷口而雅有心思,精研六经,世儒无及者。"

暮景 隋《朝日歌·诚夏》:"嵫山沉暮景。"

举烛 见一卷《学然后知不足》诗。

前筹 《史记·留侯世家》:"臣请藉前箸为大王筹之。"裴骃《集解》:"张晏曰:'求借所食之箸,用指画也。或曰前世汤武著明之事,以筹度今时之不若也。'"杜甫《立秋雨院中有作》:"暮齿借前筹。"

焚膏 韩愈《进学解》:"焚膏油以继晷,恒兀兀以穷年。"

有耀 《左传·庄公二十二年》:"光远而自他有耀者也。"孔颖达疏:"言光在此处,远照于他物,从他物之上而有明耀者也。"

映雪 任昉《为萧扬州作荐士表》,李善注:"《孙氏世录》曰:孙康家贫,常映雪读书。"

囊萤 《晋书·车胤传》:"胤恭勤不倦,博学多通。家贫,不常得油,夏月则练囊盛数十萤火以照书,以夜继日焉。"

藩篱 《尔雅·释言》:"樊,藩也。"郭璞注:"谓藩篱。"

径窦 《家语·致思》篇:“季羔为卫之士师,刖人之足。俄而,卫有蒯聩之乱,季羔逃之,走郭门,刖者守门焉。谓季羔曰:‘于彼有缺。’季羔曰:‘君子不踰。’又曰:‘于彼有窦。’季羔曰:‘君子不隧。’”按:《说苑》载此事,亦云有缺有窦。惟朱子《小学·稽古》篇曰:“卫辄之难出而门闭。或曰:‘此有径。’子羔曰:‘吾闻之,君子不径。’曰:‘此有窦。’子羔曰:‘吾闻之,君子不窦。’未详所本。”

传薪 《庄子·内篇·养生主》:“指穷于为薪,火传也,不知其尽也。”吕惠卿注:“火之所托者薪,而火非薪。其为薪也,虽穷于指,而火传不知其尽。何则?火之在此,薪犹彼薪也,其传岂有尽哉!”

过隙 《庄子·外篇·知北游》:“人生天地之间,若白驹之过郤,忽然而已。”陆德明《经典释文》:“白驹,或云日也。郤,去逆反,本亦作‘隙’。隙,孔也。”《汉书·魏豹田儋韩王信传》:“人生一世间,如白驹过隙。”注:师古曰:“言其速疾也。白驹谓日景也;隙,壁际也。”程大昌《演繁露》:“刘孝标《答刘绍书》曰:‘隙驷不留。’李善注:《墨子》曰:‘人之生乎地上,无几何也。譬犹驷之过隙。’二世谓赵高曰:‘人生居世间,譬如骋六骥过决隙也。’则豹所引者,不以白驹为日景。”按:《论衡》谓“日行犹骐骥”,以白驹为日景义或取此。旧说相传,当有所受,未可遽非。

解颐 《汉书·匡张孔马传》:“匡衡,字稚圭,东海承人也。父世农夫,至衡好学。家贫,佣作以供资用。尤精力过绝人,诸儒为之语曰:‘无说《诗》,匡鼎来;匡语《诗》,解人颐。’”注:如淳曰:“使人笑不能止也。”按:《西京杂记》以“鼎”为“匡衡”小名,师古力诋其伪。然刘孝标《与宋元思书》,已以“匡鼎之说诗”对“谷云之雕篆”。

被褐怀玉

《家语·三恕》篇:“子路问于孔子,曰:‘有人于此,被褐而怀玉,何如?’子曰:‘国无道,隐之可也。国有道,则衮冕而执玉。’”《老子·第七十章》:“夫惟无知,是以不我知。知我者希,则我者贵。是以圣人,被褐怀玉。”王弼注:“被褐者,同其尘;怀玉者,宝其真也。圣人之所以难知,以其同尘而不殊,怀玉而不渝,故难知而为贵也。”按:《家语》意主待时,《老子》意主藏用,诗兼此二意。又,《淮南子·缪称训》亦有“虚而能满,淡而有味,被褐怀玉”语,而上下文意,不甚可解。

至宝宜藏用,随时默与偕。莫言毛褐贱,自有瑾瑜怀。尚絅心常在,连城计未谐。不教虹气见,肯附锦衣侪?正可披襟得,还愁献璞乖。珠宁凭椟卖?金且任沙埋。特达非无日,含辉亦复佳。席珍完我独,求售听人皆。

原评曰:首联从正意冒起,次联点清“尚絅”,三联一气流走,首尾衔接,结见身分。

毛褐贱 曹植《七启》:“元微子曰:‘余好毛褐,未暇此服也。’”李善注:“郑玄《毛诗笺》曰:‘褐,毛布也。’”

瑾瑜怀 《楚词·九章·怀沙》:“怀瑾握瑜兮,穷不得所示。”王逸注:“在衣曰怀,在手曰握。”

连城 见前《瑾瑜匿瑕》诗。

虹气 见一卷《追琢其章》诗。

锦衣 《诗·秦风·终南》篇:“君子至止,锦衣狐裘。”

披襟 见一卷《荷净纳凉时》诗“披襟对薜萝”句。

献璞 见一卷《追琢其章》诗。

珠 阮籍《咏怀诗·第十五首》:“被褐怀珠玉。”

椟卖 《韩非子·外储说左上第三十二·传》:“楚人有卖其珠于郑者,为木兰之柜,薰桂椒之椟,缀以珠玉,饰以玫瑰,辑以翠羽。郑人买其椟而还其珠。此可谓善卖椟者矣,未可谓善鬻珠也。”

金 《后汉书·赵壹传》:“被褐怀金玉。”

沙埋 见一卷《披沙拣金》诗。

特达 《礼·聘义》:“圭璋特达,德也。”孔颖达疏:“行聘之时,惟执圭璋,特得通达,不加余币。言人之有德,亦无事不通,不须假他物而成。”

含辉 朱子《杂感诗·第三首》:“玉蕴山含辉。”

席珍 《礼·儒行》:“儒有席上之珍,以待聘。”郑玄注:“席,陈也。珍,善也。铺陈往古尧舜之善道,以待聘召。”

昭文不鼓琴

《庄子·内篇·齐物论》:“有成与亏,故昭氏之鼓琴也;无成与亏,故昭氏之不鼓琴也。”郭象注:“夫声不可胜举也,故吹管操琴,虽有繁手,遗声多矣。而执籥鸣弦者,欲以彰声也。彰声而声遗,不彰声而声全。故欲成而亏之者,昭文之鼓琴也。不成而无亏者,昭文之不鼓琴也。”

妙手通悬解,琴师记氏昭。但余弦外趣,何假曲中调?按谱留三叠,忘言对七条。惟教伴书策,未遣应钧韶。守默心偏远,含和意自消。清音寄山水,天籁任风箫。叔夜徒劳赋,成连不用招。据梧宁寂寞,枝策共逍遥。

原评曰:起二句先点“昭文”,三、四句还“不鼓”,五句至八句实写“不鼓”,九、十句浑发大意,十一、十二句用衬托,落想超妙,最饶远致。末以陪衬作结。

悬解 《庄子·内篇·养生主》:“适来,夫子时也。适去,夫子顺也。安时而处顺,哀乐不能入也。古者谓是帝之悬解。”郭象注:“以有系者为悬,则无系者悬解也。悬解而性命之情得矣。”王安石《和崔公度家风琴诗·第一首》:“直须悬解始声消。”李壁注:“此言悬解者,不假于声,犹渊明无弦素琴之类是也。”

琴师 韩维《览梅圣俞诗编》诗:“譬如巧琴师,哀弹发丝桐。”

三叠　《上清黄庭内景经·上清章第一》:“琴心三叠舞胎仙。”梁丘子注:“琴,和也。三叠,三丹田,谓与诸宫重叠也。胎仙,即胎灵,大神亦曰胎真,居明堂中。所谓三老君为黄庭之主,以其心和则神悦,故舞胎仙也。”

七条　方干《听段处士弹琴》诗:“几年调弄七条丝。”陈祥道《乐书·雅部·七弦琴》:“至于弦数,先儒谓伏羲、蔡邕以九,孙登以一,郭璞以二十七,颂琴以十三;扬雄谓陶唐氏加二弦,以会君臣之恩;桓谭以为文王加少宫、少商二弦;释知匠以为文王、武王各加一,以为文弦、武弦,是谓七弦。”

书策　《礼·曲礼上》:“先生书策琴瑟在前,坐而迁之,戒勿越。”

钧韶　《宋史·乐志·鼓吹下》:“钧韶九奏度春风。”

守默　《玉枢经》:“道者以诚而入,以默而守,以柔而用。”

心　远　嵇康《琴赋》:“体清心远,邈难极兮。”

含和　嵇康《琴赋》:“性洁静以端理,含至德之和平。”吴冕《昭文不鼓琴赋》:“德惟抱素,故含和而内融。”

意　消　《庄子·外篇·田子方》:“物无道,正容以悟之,使人之意也消。”郭象注:“旷然清虚,正己而已,而物邪自消。”

清音　左思《招隐诗·第一首》:“何必丝与竹? 山水有清音。”

天籁　《庄子·内篇·齐物论》:“子游曰:‘地籁则众窍是已,人籁则比竹是已,敢问天籁?’子綦曰:‘夫吹万不同,而使其自已也。咸其自取,怒者其谁耶?’”郭象注:“夫天籁者,岂复别有一物哉? 即众窍、比竹之属,接乎有生之类,而共成一天耳。以天言之,所以明其自然也。”

风箫　《文子·自然》篇:“若风之过箫,忽然而感之,各以清浊应。”

叔夜　嵇康《琴赋序》:“象器之中,琴德最优,故缀叙所怀,以为之赋。”《晋书·嵇康传》:“嵇康,字叔夜。”

成连　吴兢《乐府古题要解》:“旧说伯牙学鼓琴于成连先生,三年而成。至于精神寂寞,情志专一,尚未能也。成连云:‘吾师子春在海中,能移人情。’乃与伯牙延望,无人。至蓬莱山,留伯牙曰:‘吾将迎吾师。’刺船而去,旬时不返。但闻海上水汩没澌澌之声。山林窅冥,群鸟悲号,怆然叹曰:'先生将移我情。'乃援琴而歌之。曲终,成连刺船而还。伯牙遂为天下妙手。"

据梧 枝策 《庄子·内篇·齐物论》:"昭文之鼓琴也,师旷之枝策也,惠子之据梧也。三子之知几乎皆其盛者也,故载之末年。"郭象注:"几,尽也。夫三子者,皆欲辨非己所明以明之,故知尽虑穷,形劳神倦,或枝策假寐,或据梧而瞑,赖其盛,故能久。不尔,早困也。"按:"枝策据梧"注与"鼓琴"类称。而此诗所用,则与"不鼓琴"同意,又自一解,当别有本。

云卧八极

吴师道《云卧八极赋序》:"集贤都事李君溉之,风神高迈,夙有山林之趣,题其室曰:'云卧八极。'取太白诗语也。"

心与天游客,高情寄白云。一丘聊自适,八极恍无垠。偃息同龙蛰,翱翔趁鹤群。神襟通缥缈,仙驭接氤氲。不觉三山隔,还看九点分。举瓢餐沆瀣,脱屣轶尘氛。福地开行宅,丹台访秘文。几回凌倒景,斗室尚斜曛。

原评曰:题句但以意会,"一丘"二句却道得如此晓畅。

心与天游 《庄子·杂篇·外物》:"心有天游。"陆德明《经典释文》:"游,不系也。"

高情 谢灵运《述祖德诗·第二首》:"高情属天云。"

一丘 《汉书·叙传》:"栖迟于一丘,则天下不易其乐。"

自适 《楚词·离骚经》:"心犹豫而狐疑兮,欲自适而不可。"江淹《杂体拟陶征君潜田居》诗:"浊酒聊自适。"

八极 《庄子·外篇·田子方》:"夫至人者,上窥青天,下潜黄泉,挥斥八极,神气不变。"《淮南子·墬形训》:"八纮之外,乃有八极。自东北方曰方土之山,曰苍门。东方曰东极之山,曰开明之门。东南方曰波母之山,曰阳门。

南方曰南极之山,曰暑门。西南方曰编驹之山,曰白门。西方曰西极之山,曰阊阖之门。西北方曰不周之山,曰幽都之门。北方曰北极之山,曰寒门。凡八极之云,是雨天下。”

无垠 《史记·孟子荀卿列传》:“其语宏大不经,必先验小物,推而大之,至于无垠。”

偃息 《诗·小雅·北山》篇:“或息偃在床。”

龙蛰 《易·系辞传下》:“龙蛇之蛰,以存身也。”

翱翔 《诗·郑风·清人》篇:“河上乎翱翔。”

鹤群 李商隐《题道静院》诗:“紫府丹成化鹤群。”

神襟 陶弘景《真诰·运象篇第四》:“心豁虚无外,神襟何朗寥?”

缥缈 见前《风软游丝重》诗。

仙驭 宋之问《少林寺应制》诗:“仙驭接浮丘。”

氤氲 《易·系辞传下》:“天地絪缊,万物化醇。”陆德明《经典释文》:“絪,本又作氤,音因。缊,本又作氲,行云反。”梁简文帝《谢敕赉中庸讲疏启》:“庆云五色,垂采氤氲。”

三山 详四卷《海日照三神山》诗。

九点 李贺《梦天》诗:“遥望齐州九点烟。”按:“齐州”,字本《列子·汤问》篇谓中国九州也,后人多以齐国用之,误。

举瓢 韩愈《调张籍》诗:“举瓢酌天浆。”

沆瀣 见前《清高金茎露》诗。

脱屣 《史记·封禅书》:“天子曰:‘嗟乎!吾诚得如黄帝,吾视去妻子如脱躧耳。’”按:《广韵》:“屣与躧同。”李善注:“王中《头陀寺碑》引此文,直作‘屣’字。”

尘氛 吴迈远《拟乐府·飞来双白鹤》:“可怜双白鹤,双双绝尘氛。”

福地 王融《三月三日曲水诗序》:“芳林园者,福地奥区之凑。”李善注:“《遁甲开山图》曰:‘骊山之西原阜,名曰风凉,雍州之福地。’”张君房《云笈七签·天地宫·府部》:"太上曰:'其次七十二福地,在大地名山之间,上帝命真人治之,其间多得道之所。'"

行宅 萧子良《行宅诗序》:"余秉性端疏,属爱闲外。往岁羁役浙东,备历江山之美。名都胜境,极尽登临。山原石道,步步新情。回池绝涧,往往旧识。以吟以咏,聊用述心。"

丹台 班固《汉武帝内传》:"丹台结空构。"

秘文 班固《西都赋》:"启发篇章,校理秘文。"李善注:"《孝经·钩命决》曰:'丘掇秘文。'"江总《陶贞白先生集·序》:"玉版秘文,瑶坛怪牒,靡不贯其精微,闻其旨趣。"

倒景 《史记·司马相如列传》:"贯列缺之倒景兮,涉丰隆之滂沛。"裴骃《集解》:"骃案:《汉书音义》曰:'列缺',天门也。'倒景',日在下。"

斗室 卢琦《游壶山宿真净岩即景赋诗》:"欣然坐我斗室底。"

披沙拣金

宝矿依沙砾,良工妙拣寻。但令淘汰净,何虑韫藏深?影动星芒出,光融水气沉。锱铢常可采,陶铸岂难任?莫倡捐山议,应怜跃冶心。五材资并用,九牧贡惟钦。沧海珠腾耀,蓝田玉献琛。尘埃总披豁,谁得比南金?

原评曰:"莫倡"二句,寓意深远。

后四句一气连读,与《凿壁偷光》诗同法。

宝矿 郭璞《江赋》:"其下则金矿丹砾。"李善注:"《说文》曰:矿,铜铁璞也,古猛切。"李贺《送沈亚之下第东归歌》:"雄光宝矿献春卿。"

锱铢 《礼·儒行》:"虽分国如锱铢,不臣不仕。"郑玄注:"八两曰锱。"孔颖达疏:"云八两曰锱者,案算法十黍为参,十参为铢;二十四铢为两,八两为锱。"许慎《说文解字·第十四》:"锱,六铢也。从金,甾声。"又:"铢,权十分黍之重也。从金,朱声。”按:锱铢本言至少,疑叔重所说近之。

陶铸 《庄子·内篇·逍遥游》:“是其尘垢秕糠,将犹陶铸尧舜者也。”陆德明《经典释文》:“陶,徒刀反。本亦作锜,音同。”许慎《说文解字·第十四》:“铸,销金也,从金,寿声。”

捐山 班固《两都赋》:“耻纤靡而不服,贱奇丽而弗珍。捐金于山,沉珠于渊。”李善注:“庄子曰:‘捐金于山,藏珠于渊,不利货财,不尚富贵也。’”按:今本《庄子·天地》篇作:“藏金于山,藏珠于渊,不利货财,不近富贵。”

跃冶 见一卷《披沙拣金》诗。

五材 《左传·襄公二十七年》:“天生五材,民并用之,废一不可,谁能去兵?”杜预注:“五材,金、木、水、火、土也。”

九牧 见一卷《追琢其章》诗。

沧海 蓝田 李商隐《锦瑟》诗:“沧海月明珠有泪,蓝田日暖玉生烟。”按:沧海,详《江海出明珠》诗;蓝田,详《玉韫山含辉》诗。并见五卷。

披豁 杜甫《奉简高三十五使君》诗:“披豁对吾真。”

蚁穿九曲珠

唐杨涛《蚁穿九曲珠赋》:“是知圣者之使,宛如穷理,诚在小而罔遗,俾入微而有以。”王奉珪《明珠赋》:“九曲乃蚁,穿于孔子。”苏轼《祥符寺九曲观灯》诗,王十朋注:“《小说》载:有以九曲宝珠欲穿之而不得,问之孔子,孔子教以涂脂于线,使蚁通焉。”按:王注不著所出,然证以唐赋,知非杜撰。马骕《绎史·孔子类记》引《衝波传》曰:“孔子去卫适陈途中,见二女采桑。子曰:‘南枝窈窕北枝长。’答曰:‘夫子游陈必绝粮。九曲明珠穿不得,著来问我采桑娘。’夫子至陈,大夫发兵围之,令穿九曲珠乃释其厄。夫子不能,使回、赐返问之。其家谬言女出外,以一瓜献二子。子贡曰:‘瓜子在内也。’女乃出,语曰:‘用蜜涂珠,丝将系蚁,蚁将系丝,如不肯过,用烟熏之。’子依其言,乃能穿之,于是绝粮七日。”语绝荒诞,故赋此题者，皆从王注。又：王注但言《小说》，《韵府》全引其文，云出《说苑》。今本《说苑》无此事。

宛转珠胎映，盘旋蚁力酣。一丝看渐引，九曲任穷探。绕垤元无碍，衔脂更可贪。定知穿穴巧，为有性情耽。似泛浑河棹，宁停峻阪骖。开疆走蛮触，辟险记鱼蚕。役智人皆诎，通微圣所参。寻源思凿窍，妙手竟谁谙？

起四句完题。"绕垤"句切定"蚁"字，"衔脂"句点明本事，"定知"二句申说上文，"似泛"四句皆比体；而"似泛"二句正比，"九曲""开疆"二句借比"蚁穿"。用笔不同，故不嫌其重复。"役智"二句点醒寓意，即补明出处。

杨升庵《外集》曰："《小说》云，孔子得九曲珠欲穿不得，遇二女，教以涂脂于线，使蚁通焉。此与《列子》两儿辩日事相似，言圣人亦有所不知也。珠孔本人所钻，世岂有九曲珠乎？"结二句用其意。

珠胎 见前《清高金茎露》诗。

蚁力 王安石《日出堂上饮》诗："蚁力虽云小，能生万蚍蜉。"

绕垤 《诗·豳风·东山》篇："鹳鸣于垤。"毛苌《传》："垤，蚁冢也。"孔颖达疏："蚁是小蚍蜉也，此虫穴处辇土，为冢以避湿。"

穿穴 《后汉书·儒林传论》："繁其章条，穿求崖穴，以合一家之说。"陆龟蒙《奉酬袭美先辈吴中苦雨一百韵》诗："况余居低下，本是蛙蚓窟。迩来增号呼，得以恣唐突。先夸屋舍好，又恃头角凸。厚地虽直方，身能遍穿穴。"

浑河 《淮南子·览冥训》："河九折注于海，而流不绝者，昆仑之输也。"

峻阪 《汉书·王尊传》："先是琅琊王阳为益州刺史，行部至邛郲九折阪，叹曰：'奉先人遗体，奈何数乘此险！'后以病去。及尊为刺史，至其阪，问吏曰：'此非王阳所畏道邪？'吏对曰：'是。'尊叱其驭曰：'驱之，王阳为孝子，王尊为忠臣。'"

蛮触 《庄子·杂篇·则阳》:"有国于蜗之左角者,曰触氏;有国于右角者,曰蛮氏。时相与争地而战,伏尸数万,逐北,旬有五日而后返。"

鱼蚕 苏轼《入峡》诗:"旧俗接鱼蚕。"常璩《华阳国志·蜀志》:"蜀先称王。有蜀侯蚕丛,其目纵,始称王。次王曰柏灌,次王曰鱼凫。"

役智 《晋书·凉武昭王元盛传》:"经涉累朝,通否任时。初不役智,有所要求。"

通微 《书·洪范》:"思曰睿。"孔安国《传》:"必通于微。"束皙《元居释》:"潜朗通微,洽览深识。"

凿窍 《庄子·内篇·应帝王》:"南海之帝为倏,北海之帝为忽,中央之帝为浑沌。倏与忽时相与遇于浑沌之地,浑沌待之甚善。倏与忽谋报浑沌之德,曰:'人皆有七窍,以视听食息。此独无有,尝试凿之。'日凿一窍,七日而浑沌死。"

妙手 见一卷《芙蓉出水》诗。

泗滨浮磬

《书·禹贡·徐州》:"泗滨浮磬。"孔安国《传》:"滨,水涯。水中见石,可以为磬。"孔颖达疏:"泗水旁山而过,石为泗水之涯。石在水旁,水中见石,似若水上浮然。此石可以为磬,故谓之浮磬也。贡石而言磬者,此石宜为磬,犹如砥砺然也。"

磬璞徐方产,探奇绕泗流。应歌分抗坠,相质辨沉浮。攻错材堪试,珠玑美并收。制宜笙调叶,韵忆水滨留。方折全成矩,垂弦半中句。轻扬符地肺,珍重称天球。但听编县振,如从搏拊游。梁州同底贡,乐备远人柔。

起句点"磬",次句点"泗滨",三、四句清"浮"字。"攻错"句承"磬","珠玑"句承"泗滨";"制宜"句中"磬","韵忆"句申"泗滨"。然上联是未成之磬,下联是已成之磬,层次有浅深。以下即承已成之"磬"说:下。

“方折”二句写“磬”之形，“轻扬”句带定“浮”字，“珍重”句极力赞美以完题面；“地肺”“天球”属对亦极工雅。“但听”二句又写到“磬”声，“梁州”二句又就《禹贡》点染，带出颂语作结。章法完密，通篇词采亦警拔。

磬璞　《元史·礼乐志·制乐始末》：“太常卿忽都于思奏：‘大乐见用石磬，声律不协。稽诸古典，磬石莫善于泗滨，女直未尝得此。今泗在封疆之内，宜取其石以制磬。’从之，选审听音律大乐正赵荣祖及识辨磬材石工牛全，诣泗州采之，得磬璞九十，制编磬二百三十。”

徐方　《诗·大雅·常武》篇：“徐方绎骚。”

探奇　王维《蓝田石门精舍》诗：“探奇不觉远。”

抗坠　《礼·乐记》：“故歌者，上如抗，下如队。”孔颖达疏：“上如抗者，言歌声上响，感动人意，使之如似抗举也。下如队者，言音声下响，感动人意，如似队落而下也。”

攻错　《书·禹贡·豫州》：“锡贡磬错。”孔安国《传》：“治玉石曰错，治磬错。”孔颖达疏：“《诗》云：‘他山之石，可以攻玉。’又曰：‘可以为错。’磬有以玉为之者，故云：‘治玉石曰错。’谓‘治磬错’也。”

珠玑　《书·禹贡·徐州》：“淮夷玭珠暨鱼。”孔安国《传》：“玭珠，珠名。淮、夷二水出玭珠及美鱼。”

笙调　《诗·小雅·鼓钟》篇：“鼓钟钦钦，鼓瑟鼓琴。笙磬同音。”毛苌《传》：“笙磬，东方之乐也。同音，四县皆同也。”郑玄笺：“同音者，谓堂上堂下八音克谐。”孔颖达疏：“郑以为，上三章言幽王作正乐于淮水之上，失其处。故此言其正乐，鼓其钟钦钦然。又，鼓其瑟与琴，吹匏竹之笙与玉石之磬，于是堂上之琴瑟与堂下之磬钟，皆同其声音，不相夺伦。”按：《周礼》：“视瞭掌笙磬、颂磬。”郑玄注曰：“笙，生也。”《仪礼·大射礼》：“笙磬西向。”郑玄注曰：“东方阳中，万物以生。是以东方钟磬谓之笙，皆编而悬之。”则笙乃磬名。《毛传》据此为说也。《郑笺》《孔疏》，则以为笙自笙，磬自磬。以文意考之，笺、疏为长，盖笙磬自是磬之一名，《周礼》《仪礼》皆不言此。磬主同众音，上文钟、琴、瑟连类，而下亦不应独以一磬为主。故唐试《笙磬同音赋》，以“乐之和者，异器同音为韵”。班肃赋曰：“汶阳之孤筱斯有，泗滨之浮磬云备。”亦主笺、疏之说。有执《毛传》议此句者，非也。

水滨 《宋史·乐志》：“大晟之制，金石并用，以谐阴阳汉津之法。以声为主，必用泗滨之石。故《禹贡》必曰浮磬者，远土而近于水，取之实难。昔奉常所用，乃以白石为之。其声沉下，制作简质，理宜改造焉。”

成矩　中句 《考工记》：“磬氏为磬，倨句一矩有半。”郑玄注：“必先度一矩为句，一矩为股，而求其弦。既而以一矩有半触其弦，则磬之倨句也。磬之制有大小，此假矩以定倨句，非用其度耳。”

地肺 陶弘景《真诰·稽神枢第一》：“金陵者，洞虚之膏腴，句曲之地肺也。”原注：“其地肥良，故曰膏腴。水至则浮，故曰地肺。”

天球 《书·顾命》：“天球、河图，在东序。”孔安国《传》：“球，雍州所贡。”孔颖达疏：“王肃云：‘天球，玉磬也。’”郑玄云：“天球，雍州所贡之玉，色如天者。”

编县 《周礼·春官·小胥》：“凡县钟磬，半为堵，半为肆。”郑玄注：“钟磬者，编县之二八十六枚而在一虡，谓之堵。钟一堵，磬一堵，谓之肆。半之者，谓诸侯之卿大夫士也。诸侯之卿大夫，半天子之卿大夫，西县钟，东县磬。士亦半天子之士，县磬而已。”又：“磬师，掌教击磬、击编钟。”郑玄注：“磬亦编于钟言之者，钟有不编；不编者，钟师击之。杜子春读‘编’为编书之‘编’。”陈祥道《乐书·雅部·编磬》：“言编钟于磬师，则知有编磬矣。《仪礼》：‘簜倚于颂磬西纮’，则所谓纮者，其编磬之绳欤？”

搏拊 《书·益稷》：“戛击鸣球，搏拊琴瑟以咏。”孔安国《传》：“戛击，柷敔，所以作止乐。搏拊，以韦为之，实之以糠，所以节乐。球，玉磬，此舜庙堂之乐。”按：搏拊自为一物。郑玄注：明堂位亦同与磬，稍远。疑是“击拊”二字，刊本偶讹。

梁州底贡 《书·禹贡·梁州》:“厥贡璆、铁、银、镂、砮、磬。”又《荆州》:“三邦底贡厥名。”

乐备 《礼·乐记》:“其功大者其乐备。”张仲素《玉磬赋》:“当其磬师来求,玉人爰格。将古乐之是备,自他人而云获。”

远人柔 班固《白虎通·德论》:“先王推行道德,和调阴阳,覆被夷狄。故夷狄安乐,来朝中国。于是作乐乐之。”

焦桐入听

《后汉书·蔡邕传》:“吴人有烧桐以爨者,邕闻火烈之声,知其良木。因请而裁为琴,果有美音。而其尾犹焦,故时人名曰‘焦尾琴’焉。”按:唐王起有《焦桐入听赋》。

妙解琴中趣,偏逢爨下焦。名材伤斧斫,审听喜弦调。业与劳薪伍,还同朽木雕。相煎原火迫,有恨肯声销。雅韵殊清越,知音岂寂寥?便看施玉轸,自足应云韶。荆璞曾悲刖,龙门不厌烧。柯亭同见采,真赏幸非遥。

原评曰:首联逆入,次联顺承。“劳薪”一联写“焦桐”,“雅韵”以下写“入听”。“相煎”一联承接转关,“荆璞”二句善寻比例,末以“柯亭”事作结,天然合璧。

“业与”四句,一篇之警策;“相煎”二句,尤有深味。

妙解 徐陵《玉台新咏·序》:“妙解文章。”

琴中趣 《莲社十八高贤传》“陶潜”条:“但得琴中趣,无劳弦上声。”

爨下焦 陆游《书怀》诗:“宫徵何殊爨下焦?”

劳薪 《隋书·王劭传》:“昔师旷食饭,云:‘是劳薪所爨。’晋平公使视之,果然车辋。”《晋书·荀勖传》:“尝在帝坐进饭,谓在坐人曰:‘此劳薪所炊。’咸未之信。帝遣问膳夫,乃云:‘实用故车脚。’”按:二事不应如是相同,疑《世说》附会于勖,而《晋书》误采之。《说郛·五十九》载:“皇甫谧《元晏春秋》亦曰‘师旷识劳薪’。”

相煎 刘义庆《世说新语·文学第四》:“文帝尝令东阿王七步中作诗,不成者,行大法。应声便为诗曰:‘煮豆持作羹,漉豉以为汁。萁在釜下然,豆在釜中泣。本是同根生,相煎何太急?’”

火迫 《新唐书·朱泚传》:“人皆笑谓为火迫酂侯。”

声销 《庄子·杂篇·则阳第二十五》:“是自埋于民,自藏于畔。其声销,其志无穷。”

雅韵 蔡邕《琴赋》:“繁弦既抑,雅韵乃扬。”

清越 《礼·聘义》:“叩之,其声清越以长。”郑玄注:“越,犹扬也。”

知音 《礼·乐记》:“是故审声以知音。”

寂寥 《楚词·九辩》:“寂寥兮收潦而水清。”

玉轸 伏知道《为王宽与妇义安主书》:“愁随玉轸,琴鹤恒惊。”

云韶 陆云《与郑曼季赠答谷风诗·第四首》:“鸾栖高冈,耳想云韶。”陶弘景《真诰·运象篇第四》:“八风激云韶。”段安节《乐府杂录》:“《云韶乐》用玉磬四架。乐即(有)琴、瑟、筑、箫、篪、籥、跋膝、笙、竽。”按:陆诗“云韶”,当指“云门”与“韶”,乃二乐名,与“玉轸”对偶未谐。《真诰》“云韶”,乃指仙乐,其义未详。惟《唐·云部》乐用琴瑟等器,与焦桐既切,与“玉轸”对句亦称,当是此诗所用。

荆璞 见一卷《追琢其章》诗。

龙门 伊世珍《琅嬛记》:“鲤鱼跃龙门,必雷神与烧其尾,乃得成龙。”原注:《文苑真珠》。

柯亭 干宝《搜神记》:“蔡邕尝至柯亭,以竹为椽。仰盼之曰:‘良竹也。’取以为笛,发声嘹亮。”一云,邕告吴人曰:“吾昔尝经会稽高迁亭,见屋东间第十六竹椽可为笛。”取用,果有异声。

真赏 《南史·王筠传》:“知音者希,真赏殆绝。”

误笔成蝇

《吴志·赵达传》,裴松之注:“《吴录》曰:曹不兴善画,权使画屏风,误落笔点素,因就以作蝇。既进御,权以为生蝇,举手弹之。”张彦远《历代名画记》:“李嗣真云:‘不兴以一蝇辄擅重价,列于上品,恐未为当。况拂蝇之事,一说是杨修。谢赫黜卫进曹,是涉贵耳之论。’彦远按:杨修与魏太祖画扇,误点成蝇,遂有二事。孙畅之《述画记》亦云,而李大夫之论不亦迂阔?况不兴画名冠绝当时,非止于拂蝇得名。但今代无其迹,若以品第,在卫之上,则未敢知。”

正厌窥樊集,何堪落笔增?参差因误点,仿佛见真蝇。白黑先相乱,飞鸣欲自矜。指弹如有物,屏展竟无朋。故纸容钻否?铦锋被逐曾。已知谗口噤,聊比细书称。骥尾安能附,鹰头似可憎。凭将来处问,残沈墨池凝。

原评曰:起势凌空飞动,次联点题自然。“白黑”句妙语双关,“聊比”句亦然;总妙于一笔写两层也。结句亦浑成。

窥樊 《诗·小雅·青蝇》篇:“营营青蝇,止于樊。”毛苌《传》:“樊,藩也。”郑玄笺:“蝇之为虫,污白使黑,污黑使白,喻佞人变乱善恶也。言止于藩,欲外之,令远物也。”

欲自矜 杜甫《寄刘峡州伯华使君四十韵》诗:“纤毫欲自矜。”

故纸 大川《五灯会元·南岳下》“三世福州古灵神赞禅师”条:“本师又一日在窗下看经,蜂子投纸窗。求出,师睹之曰:‘世界如许广阔不肯出,钻他故纸,驴年去!’遂有偈曰:‘空门不肯出,投窗也大痴。百年钻故纸,何日出头时?’”按:此本云“蜂子”,而《合璧事类》《事文类聚》,俱收入蝇部。又,古灵、神赞乃一人。而吕东莱《诗律武库》乃曰:“神赞大师见蜂子投纸窗求出,师曰:‘世界如许广阔不肯出,钻他故纸。’又,古灵禅师见窗上蝇曰:‘百年钻故纸,未见出头时。'故(东)坡诗有:'卷帘归乳燕,穴纸出痴蝇。'又:'窗间但有蝇钻纸,门外时闻佛放光。'"竟分为二人二事,盖东坡偶尔误记。而东莱割裂此事附会之,祝氏、谢氏转相抄撮,故相沿用为蝇事也。

铦锋 白居易《六帖·蝇部》:"王思性急,方书,有蝇飞在笔端,去复来。思怒,乃投笔拔剑逐之。"按:《三国志·梁习传》注引《魏略·苛吏传》云:"思又性急,尝执笔作书,蝇集笔端,驱去复来,如是再三。思恚怒,自起逐蝇。不能得,还取笔投地,蹋坏之。"无"拔剑"字,未审白氏何本?然梅圣俞《咏蝇》诗曰"怒剑休追逐",已用其语。

谗口 《诗·小雅·十月之交》篇:"谗口嚣嚣。"

噤 《史记·袁盎晁错列传》:"且臣恐天下之士,噤口不敢复言也。"司马贞《索隐》:"噤,音其锦反。"

细书 《南史·齐宗室传》:"钧常手自细书,写五经部一卷,置于巾箱中,以备遗忘。侍读贺玠问曰:'殿下家自有坟素,复何蝇头细书,别藏巾箱中?'"

骥尾 《史记·伯夷列传》:"颜渊虽笃学,附骥尾而行,益显。"司马贞《索隐》:"苍蝇附骥尾而致千里,以喻颜回因孔子而名彰。"《后汉书·隗嚣传》:"帝报以手书曰:'苍蝇之飞不过数步,即托骥尾得以绝群。'"章怀太子注:"张敞书曰:'苍蝇之飞,不过十步,自托骐骥之尾,乃腾千里之路。然无损于骐骥,得使苍蝇绝群也。'见敞传。"按:《张敞传》无此语。李善注刘孝标《广绝交论》引此云:"见敞集,'传'盖'集'字之讹。"

鹰头 《新唐书·魏元忠传》:"袁楚客以书规之曰:'阉竖者,给宫掖扫除事,古以奴隶畜之。中古以来,大道乖丧,疏贤哲,亲近习,乃委之以事,授之以权。故竖刁乱,齐伊类败宋。君侧之人,众所畏惧,所谓鹰头之蝇,庙垣之鼠者也。'"按:此事《韵府》引作《魏略》,疑因"魏"字而误书。

可憎 按:欧阳修有《憎苍蝇赋》。

来处 《唐书·武儒衡传》:"时元稹倚宦官知制诰,儒衡鄙厌之。会食瓜,蝇集其上。儒衡挥以扇曰:'适从何处来?遽集于此。'一坐皆失色。"

残沈 《左传·哀公三年》:"无备而官办者,犹拾沈也。"杜预注:"沈,汁也。"

墨池 曾巩《墨池记》:"临川之城东,有地隐然而高,以临于溪,曰新城;新城之上有池,洼然而方以长,曰王羲之之墨池者。荀伯子《临川记》所云也。"

江涵秋影雁初飞

杜牧《九日齐安登高》诗:"江涵秋影雁初飞,与客携壶上翠微。"

爽气三秋迥,清川万象涵。迢迢看雁影,一一度江潭。霜信传应早,天衢性所谙。乍寻云水乐,宁止稻粱贪。振羽添萧瑟,凌波映蔚蓝。帛书空外想,筝柱镜中探。目送依芦渚,峰回隐翠岚。凭衿输小杜,高咏兴方酣。

起四句虚虚完题。"霜信"句申"初"字,"天衢"句申"飞"字,"乍寻"二句拍到"江"字。

原评曰:"振羽"句,从"飞"字衬出"秋"字;"凌波"句,即醒出"江"字、"影"字,兴象玲珑。

"帛书"句带定"雁飞","筝柱"句带定"秋江";"目送"句仍带"秋江","峰回"句仍带"雁飞"。上联合写,此二联对发,四句中又自有浅深:上二句方遇,下二句已过之余波;上二句足上文,下二句起下文。结即带明题之出处,亦极分明。

迢迢 李商隐《寓意》诗:"燕雁迢迢隔上林。"

一一 李白《鸣雁行》:"一一衔芦枝。"

霜信 见一卷《秋获》诗。

天衢 《易·上经·大畜卦》:"上九,何天之衢,亨。"陆德明《经典释文》:"马云:'四达谓之衢。'"孔颖达疏:"何天之衢,亨者,'何'谓语辞,犹云何畜也。处畜极之时，更何所畜？乃天之衢。亨，无所不通也。故《象》云：‘何天之衢，道大行也。’何氏云：‘天衢既通，道乃大亨。’”卢思道《孤鸿赋》：“倦天衢之溟漠。”

云水 左思《蜀都赋》：“晨凫旦至，候雁衔芦。木落南翔，冰泮北徂。云飞水宿，哢吭清渠。”

稻粱 曹植《离缴雁赋》：“饥食稻粱。”

萧瑟 见前《秋色正清华》诗。

蔚蓝 见一卷《千潭一月印》诗“波光射蔚蓝”句。

帛书 《汉书·苏建列传》：“后，汉使复至匈奴，常惠请其守者与俱，得夜见汉使，具自陈过。教使者谓单于，言天子射上林中，得雁，足有系帛书，言武等在某泽中。”

筝柱 陈后主《听筝》诗：“促柱点唇莺欲语，调弦系爪雁相连。”刘攽《贡父诗话》：“河南处士得善筝人而夭，作《伤姝行》曰：‘玫瑰宝柱秋雁行。’”又，温庭筠诗“钿蝉金雁皆零落”。盖钿蝉者，筝饰；金雁者，筝柱也。

目送 嵇康《送秀才入军诗·第十四首》：“目送飞鸿，手挥五弦。”《左传·桓公元年》：“目逆而送之。”孔颖达疏：“未至则目逆，既过则目送。”

芦渚 李嘉祐《送从弟永任饶州录事参军》诗：“芦花渚里鸿相叫。”

峰回 陆佃《埤雅·释鸟》：“旧说鸿雁南翔，不过衡山。今衡山之旁，有峰曰回雁。盖南方极暖，人罕识雪者，故雁望衡山而止。”范成大《石鼓山记》：“十五日舍舟，遵陆登回雁峰，郡南一小山也。世传阳鸟不过衡山，至此而回。”按陆、范说，回雁峰其地不同，未详孰是。《一统志》云：“回雁乃衡山之一峰”，与陆合。

翠岚 郑谷《野步》诗：“翠岚迎步兴何长？”

凭衿 郦道元《水经注·巨洋水》：“至若炎夏火流，闲居倦想。提琴命友，嬉娱永日。桂笋寻波，轻林委浪。琴歌既洽，欢情亦畅。是焉栖寄，实可凭衿。”

小杜 《唐书·贾杜令狐传》:"牧于诗情致豪迈,人号为小杜,以别杜甫云。"

高咏 《晋书·王羲之传》:"虽不能兴言高咏。"

兴方酣 李白《江上吟》:"兴酣落笔摇五岳。"

鱼登龙门

《文选》谢朓《观朝雨》诗,李善注:"《三秦记》曰:'河津,一名龙门。两旁有山,水陆不通,龟鱼莫能上。江海大鱼薄集龙门下,上则为龙,不得上曝鳃水次也。'"

神鱼通变化,激水试飞腾。云路轻千仞,龙门伫一登。悬流真绝险,奋鬣顿超升。应笑骊方睡,宁同蛟可罾。曝腮拼不免,点额验何曾?禹凿津梁辟,雷烧气焰增。泥途羞蜃蛤,溟渤拟鲲鹏。士仰天衢近,无烦慕李膺。

七、八句点衬情采,"禹凿""雷烧"借对之法。

原评曰:"末二句寓意严正。"

神鱼 《汉书·宣帝纪》:"东济大河,天气清静,神鱼舞河。"

云路 梁元帝《荆州放生亭碑》:"龙处大林,恒念浮云之路。"元弼《鱼跃龙门赋》:"仰云路而抑扬。"

一登 李白《与韩荆州书》:"一登龙门,则声誉十倍。"

悬流 见前《清济贯浊河》诗。又,苗秀《鱼登龙门赋》:"心惊悬流,千有余尺。"

奋鬣 张衡《西京赋》:"于是蚩尤秉钺,奋鬣被般。"王起《羡鱼赋》:"扬鬐奋鬣,已见其由。"

骊方睡 《庄子·杂篇·列御寇》:"河上有家贫恃纬萧而食者,其子没于渊,得千金之珠。其父谓其子曰:'取石来锻之!夫千金之珠,必在九重之渊而骊龙颔下。子能得珠者,必遭其睡也。’”

蛟可罾 韩愈《秋怀诗·第四首》:“其下澄秋水,有蛟寒可罾。”

点额 桑钦《水经·河水三》:“河水又南得鲤鱼。”郦道元注:“历涧东入,穷溪首便其源也。《尔雅》云:‘鳝,鲔也。’出巩穴,三月则上渡龙门,得渡为龙矣。否则,点额而还。”

禹凿 《吕氏春秋·古乐》篇:“禹立,勤劳天下,日夜不懈,通大川,决壅塞,凿龙门。”

雷烧 见前《焦桐入听》诗。

蜃蛤 张衡《西京赋》:“蜃蛤剥。”薛综注:“蜃,蛤蚌也。”李善注:“蜃,音肾。”

鲲鹏 《庄子·内篇·逍遥游》:“北冥有鱼,其名为鲲。鲲之大,不知其几千里也。化而为鸟,其名为鹏。鹏之背,不知其几千里也。”

天衢 见前《江涵秋影雁初飞》诗。

李膺 《后汉书·党锢列传》:“膺独持风裁,以声名自高。士有被其容接者,名为登龙门。”

蝉始鸣

《礼·月令》:“仲夏之月,蝉始鸣。”

蕤宾初协律,阴气夏虫占。密树骈柯静,新蝉逸韵添。凌风矜羽化,饮露喜恩沾。乍转缫车涩,单抽茧绪纤。长吟应惮暑,美荫乃忘炎。鶗鴂推先唱,螳螂慎旧嫌。俯看余甲蜕,高举任竿粘。晚噪还依柳,传声候玉蟾。

“密树”字引“蝉”字,“静”字引“始鸣”字,此顶上圆光之法,非泛衬之比。“乍转”二句,写“始”字入微。

原评曰:“鶗鴂”句衬“始鸣”,细贴对句。落想更奇创。

蕤宾 《礼·月令》:"仲夏之月,律中蕤宾。"

夏虫 《庄子·外篇·秋水》:"夏虫不可以语于冰者,笃于时也。"

骈柯 张彦远《历代名画记·唐朝下》:"韦鉴工龙马,妙得精气。鉴子鶠工山水、高僧、奇士、老松、异石……俗人空知鶠善马,不知松石更佳也。咫尺千寻,骈柯攒影,烟霞翳薄,风雨飕飗。"

逸韵 马吉甫《蝉赋》:"逸韵争驰,对薰风而莫继。"

羽化 骆宾王《在狱咏蝉诗序》:"故洁其身也,禀君子达人之高行;蜕其皮也,有仙都羽化之灵姿。"

饮露 韩婴《诗外传》:"孙叔敖曰:'臣园中有榆,其上有蝉。蝉方奋翼悲鸣,欲饮清露。'"

缫车 梅尧臣《杂诗绝句·第十六首》:"鹊衔高树蝉,危协缫车响。"

茧绪 陈造《秋虫赋》:"如私语,如怨诉,如盆茧之抽绪。"

长吟 傅咸《粘蝉赋》:"翳翠叶以长吟,信厥乐之在斯。"

惮暑 《诗·大雅·云汉》篇:"我心惮暑。"郑玄笺:"惮,犹畏也。"

鶗鴂 《礼·月令》:"仲夏之月,鵙始鸣。"郑玄注:"鵙,博劳也。"陆佃《埤雅·释鸟》:"《临海异物志》曰:'鶗鴂,一名杜鹃。至三月鸣,昼夜不止。按,《楚辞》曰:'恐鶗鴂之先鸣兮,使夫百草为之不芳。'则杜鹃似非鶗鴂。服虔曰:'鶗鴂,一名鵙。'此言是也。盖阴气至则鵙鸣,故百草为之芳歇。"

先唱 《淮南子·原道训》:"先唱者,穷之略也。"

螳螂 《庄子·外篇·山木》:"睹一蝉,方得美荫而忘其身;螳螂执翳而搏之,见得而忘其形。"《礼·月令》:"仲夏之月,螳螂生。"

旧嫌 《晋书·武帝纪》:"除旧嫌,解禁锢。"

甲蜕 《庄子·杂篇·寓言》:"予,蜩甲也,蛇蜕也,似之而非也。"

竿粘 魏曹植《蝉赋》:"持柔竿之冉冉兮,运微黏而我缠。"《庄子·外篇·达生》:"仲尼适楚,出于林中,见佝偻者承蜩,犹掇之也。仲尼曰:'子巧乎,有道耶?'曰:'我有道也。五六月累丸二而不坠,则失者锱铢。'"陆德明

《经典释文》:“五六月,司马曰粘蝉时也。累,劣彼反。司马云谓累之于竿头也。”按:《淮南子·说山训》称孔子见粘蝉者,即指此事。司马彪盖据此为说。

依柳　按:卢照邻《咏蝉》诗有“噪柳异悲潘”句,其事未详。

玉蟾　刘孝绰《林下映月》诗:“攒柯半玉蟾。”

峄阳孤桐

《书·禹贡·徐州》:“峄阳孤桐。”孔安国《传》:“孤,特也。峄山之阳特生桐,中琴瑟。”孔颖达疏:“《地理志》:东海下邳县西有葛峄山,即此山也。”

律调孤竹管,琴重特生桐。方物淮徐右,名材葛峄东。迎阳偏毓秀,拔萃肯依丛。泉石鸣天籁,鸾凤应月筒。檿丝联异地,浮磬听同工。太古元音在,中朝职贡通。格超夔拊上,韵溢舜弦终。一曲南薰奏,泠泠解愠风。

“迎阳”二句,写“阳”字、“孤”字精神,此为咀出汁浆,不比描头画角。

原评曰:“檿丝”二句,比物连类,工雅贴切。

孤竹管　《周礼·春官·大司乐》:“孤竹之管。”郑玄注:“孤竹,竹特生者。”贾公彦疏:“云孤竹,竹特生者,谓若峄阳孤桐。”

方物　《书·旅獒》:“无有远迩,毕献方物。”

名材　韩愈《送廖道士序》:“其水土之所生,神气之所感,白金水银丹砂石英钟乳橘柚之包,竹箭之美,千寻之名材,不能独当也。”

泉石　按:宋僧居月《琴曲谱录》,上古琴弄名有《石上流泉操》。谢希逸《雅琴名录》有《石上清泉》。

天籁　见前《昭文不鼓琴》诗。

鸾凤　虞汝明《古琴疏》:“祝融取榣山之榇,弹之有异声,能致五色鸟舞于庭中。琴之至宝者:一曰皇来,二曰鸾来,三曰凤来。”

月筒 罗泌《路史·疏仡纪·黄帝纪上》:"命荣猨铸十二钟,以协月筒,以诏英咸。"

檿丝 《书·禹贡·青州》:"厥篚檿丝。"孔安国《传》:"檿桑蚕丝,中琴瑟弦。"

浮磬 见前《泗滨浮磬》诗。

同工 韩愈《进学解》:"子云相如,同工异曲。"

太古 陈祥道《乐书·雅部·丝之属》:"古者造琴之法,削以峄阳之桐,成以檿桑之丝;徽以丽水之金,轸以昆山之玉。虽成器在人,而音含太古矣。"元结《补乐歌·序》:"乐声自太古始,百世之后,尽亡古音。"

元音 李华《杂诗·第一首》:"黄钟叩元音。"

中朝 见前《海人献冰蚕》诗。

职贡 《国语·鲁语下》:"分异姓以远方之职贡,使无忘服也。"

夔拊 《书·益稷》:"夔曰:'於!予击石拊石,百兽率舞。庶尹允谐。'"

舜弦 见一卷《西王母献益地图》诗。

泠泠 宋玉《风赋》:"清清泠泠。"

桂林一枝

《晋书·郤诜传》:"累迁雍州刺史,武帝于东堂会送,问诜曰:'卿自以为何如?'诜对曰:'臣举贤良对策,为天下第一,犹桂林之一枝,昆山之片玉。'"

一枝新喜折,八桂旧成阴。叶厚圭凝碧,花繁粟灿金。天香行处满,月窟望中深。竞爱连蜷影,空怀缥缈心。高攀谁许斫?小摘仅胜簪。珍重元非少,芬芳自可钦。根应移阆苑,品已冠琼林。片璧差堪拟,昆山共献琛。

原评曰:语意本属自谦,然似此写来,倍见珍重;题解间有不必拘者,不妨斟酌活变。

又曰:“天香”四句写得矜贵,逼近“一枝”分际;“高攀”四句细意熨帖,于“一枝”二字方不失分寸。

八桂　《山海经·海内南经》:“桂林八树,在贲隅东。”郭璞注:“八树而成林,言其大也。贲隅,今番隅县。”

圭凝碧　范成大《桂海虞衡志·志草木》:“凡木叶皆一纵理,独桂有两纹形,如圭制字者。”意或出此。

粟灿金　杨万里《木犀呈张功甫》诗:“移来天上众香国,寄在梢头一粟金。”

天香　宋之问《灵隐寺》诗:“桂子月中落,天香云外飘。”按:天香,出《毗耶婆仙人问佛经》,本概言天界之香。后人因庾信《奉和梁简文帝同泰寺浮图》诗有“天香下桂殿,仙梵入伊笙”句,又因之问诗以“天香”“桂子”对言,遂以桂为天香。其实庾以“桂殿”“伊笙”关合太子,“天香”“仙梵”映带浮图,语意截然,不以天香指桂。即之问此诗以天香对桂子,一从灵迹生情,一从佛界起义;若以天香即桂子,则句意重复,非诗法矣。虽相沿已久,不可复正,然源委不可不知。

月窟　见一卷《西王母献益地图》诗,及《千潭一月印》诗“深深桂影圆”句。

连蜷　《楚词·招隐士》:“桂树丛生兮山之幽,连蜷偃蹇兮枝相樛。”

缥缈　见前《风软游丝重》诗。

高攀　见前《新月误惊鱼》诗。

许斫　段成式《酉阳杂俎·天咫》:“旧言月中有桂,有蟾蜍,故《异书》言月桂高五百丈,下有一人常斫之,树创随合。人姓吴名刚,西河人。学仙有过,谪令伐树。”

小摘　杜甫《宾至》诗:“自锄稀菜甲,小摘为情亲。”

胜簪　苏轼《和子由记园中草木诗·第二首》:“葵花虽粲粲,蒂浅不胜簪。”

阆苑　张揖《广雅·释山》:“昆仑虚有三山,阆风、板桐、玄圃。”庾肩吾《山池应令》诗:“阆苑秋光暮。”

琼林　《宋史·选举志》:“开宝八年,进士、诸科始试律义十道,进士免帖经。明年,惟诸科试律,进士复帖经。进士始分三甲。自是锡宴就琼林苑。”叶梦得《石林燕语》:“琼林苑、金明池、宜春苑、玉津园,谓之四园。琼林,乾德中置。太平兴国中,复凿金明池于苑北,导金水河水注之,以教神卫虎翼水军及舟楫。因为水嬉,岁以二月开,命士庶纵观,谓之开池;至上巳,车驾临幸毕,即闭。岁赐二府从官燕,及进士闻喜燕,皆在其间。”

槐夏午阴清

欧阳修《六一诗话》:“龙图学士赵师民,文章之外,诗思尤精。如:‘麦天晨气润,槐夏午阴清。’前世名流,皆所未到。”按:此题一刻《槐日午阴清》,盖《合璧事类》载此诗作“槐日”。

炎景开长夏,新枝满上林。葵心无转侧,槐影正森沉。穿漏光逾薄,萧疏气渐深。云披留美荫,风引听清音。北户凉应早,南柯暑不侵。若华宁远折,火伞任中临。燕舞窥青琐,鱼游傍绿阴。文昌华殿启,潇洒契宸襟。

“葵心”二句写日午槐阴,警策。

原评曰:“穿漏”句确是槐阴,“萧疏”句写“清”字透。

“南柯”句,既切“槐”,又切日午,又带“阴清”,可谓工巧。

“鱼游”二句虽旁衬,然以“青琐”“绿阴”关照“槐”字,不比泛填凑韵。

长夏　《黄帝素问·六节藏象论第九》:“春胜长夏,长夏胜冬。”王冰注:“长夏者,六月也。土生于火,长在夏中,既长而王,故云长夏。”按:此诗“长”

字似作上声，然日北至而极长，即作平读，于义亦通。

上林 见一卷《禁林闻晓莺》诗。

森沉 阮籍《咏怀诗·第六十四首》："松柏郁森沉。"

穿漏 韩愈《南海神庙碑》："云阴解驳，日光穿漏。"

萧疏 谢惠连《泛南湖至石帆》诗："萧疏野趣生。"

云披 张衡《南都赋》："阿那蓊茸，风靡云披。"李善注："风靡云披，言随风而靡，如云之披也。"

美荫 见前《蝉始鸣》诗。

风引 江总《修心赋》："风引蜩而嘶噪。"

清音 《淮南子·兵略训》："响不为清音浊。"赵璘《因话录·徵部》："都堂南门东道，有古槐，垂阴至广。相传夜深闻丝竹之音，省中即有入相者，俗谓之音声树。《词释》呼为冰厅，言其清且冷也。"

北户 白居易《夏日》诗："北户凉有风。"

南柯 吕祖谦《诗律武库·后集·灵异门》："唐广陵淳于棼，尝梦见引入一大国，上有金书曰：'大槐安国。'其王以女妻棼，拜为南柯太守。及觉，寻其所经由，乃宅南大槐下一蚁穴耳。故坡诗有'蚁梦或化为侯王'之句，此也。"按：《太平广记·淳于棼传》载此事最详。文盈二卷，难于节录，故置彼引此；又，"蚁穴或梦封侯王"，乃山谷《题落星寺》诗，东莱误记。

若华 应璩《与从弟君苗君胄书》："折若华以翳日。"《淮南子·地形训》："若木在建木西，末有十日，其华照(下)地。"高诱注："末，端也。若木端有十日，状如莲花。华，犹光也，光照其下也。"黄朝英《靖康缃素杂记》："李贺《苦昼短》诗云：'天东有若木，下置衔烛龙。'"按：《淮南子》曰："若木在建木西……烛龙在雁门北，蔽于委羽之山，不见日。""龙衔烛以照太阴。"又，《离骚》云："折若木以拂日兮，聊逍遥以相羊。"注云："若木在西极。"谢希逸《月赋》云："擅扶桑于东沼，嗣若英于西溟。"五臣注云："扶桑，日出处。若木，日没处。"由是知若木在西，烛龙在北。而李云如此，真误矣。按：梁李宣远、初唐李峤,俱误以若木在东,则误不自李贺始。

火伞 韩愈《游青龙寺》诗:"赫赫炎官张火伞。"马永卿《懒真子》:"仆旧读此诗,以为此言乃论画壁之状。后见《长安志》云:'青龙寺有柿万株。'此盖言柿熟之状。火伞、赤虬卵、赤气冲融、九龙照烛,皆其似也。"杨万里《初秋戏作山居杂兴俳体·第九首》:"卓午从他火伞张。"

青琐 《汉书·元后传》:"曲阳侯根,骄奢僭上,赤墀青琐。"注:孟康曰:"以青画户边镂中,天子制也。"如淳曰:"门楣格再重,如人衣领再重,里著青,名曰青琐,天子门制也。"师古曰:"孟说是。青琐者,刻为连琐文,而以青涂之也。"

绿阴 魏文帝《槐赋》:"绿叶萋而重阴。"

文昌华殿 魏文帝《槐赋序》:"文昌殿中槐树,盛暑之时,余数游其下,美而赋之。"曹植《槐赋》:"冯文昌之华殿,森列峙乎端门。"左思《魏都赋》,张载注:"文昌,正殿名也。"

含薰待清风

陶潜《饮酒诗·第十七首》:"幽兰生前庭,含薰待清风。清风脱然至,见别萧艾中。"

九畹及春探,丛兰挺碧簪。欲随梅萼绽,还共蕙香含。花信迟偏入,风光暖渐酣。遥林清吹引,幽谷素心谙。秀发凌芝圃,低垂映菊潭。披襟如可挹,纫佩定无惭。为有吹嘘便,凭将消息参。时来华省重,何事忆湘南?

题细腻之极。诗能妙写"含"字、"待"字之理。

九畹 《楚词·离骚经》:"余既滋兰之九畹兮,又种蕙之百亩。"王逸注:"十二亩为畹。"

碧簪 钱勰《咏水仙》诗:"碧玉簪长生洞府。"无名氏《鱼游春水》词:"嫩草方抽碧玉簪。”按《渔隐丛话》:“此词政和中,得之古碑阴。”《古今词话》以为唐人作。

花信 程大昌《演繁露》:“三月花开时风,名为‘花信风’。初而泛观,则似谓此风来报花之消息耳。按,《吕氏春秋》曰:‘春之德风,风不信则其花不成。’乃知花信风者,风应花期,其来有信也。”王逵《蠡海集》:“二十四番花信风者,一月二气六候,自小寒至谷雨,凡四月八气二十四候,每候五日,以一花之风信应之:小寒之一候梅花,二候山茶,三候水仙;大寒之一候瑞香,二候兰花,三候山礬;立春之一候任春,二候樱桃,三候望春;雨水一候菜花,二候杏花,三候李花;惊蛰,一候桃花,二候棣棠,三候蔷薇;春分,一候海棠,二候梨花,三候木兰;清明,一候桐花,二候麦花,三候柳花;谷雨,一候牡丹,二候酴醿,三候楝花。花竟,则立夏矣。”杨慎《升庵外集》:“梁元帝《纂要》:‘一月两番花信,阴阳寒暖,各随其时。但先期一日,有风雨微寒者,即是其花,则鹅儿、木兰、李花、杨花、檀花、桐花、金樱、黄芳、楝花、荷花、槟榔、蔓罗、菱花、木槿、桂花、芦花、兰花、蓼花、桃花、枇杷、梅花、水仙、山茶、瑞香。’其名俱存,然难以配四时十二月。姑存其旧,盖通一岁言也。”按:二说不同,今皆从《蠡海集》之说。

风光 《楚词·招魂》:“光风转蕙,氾崇兰些。”王逸注:“光风,谓雨已日出而风,草木有光也;转,摇也。”

遥林 刘祎之《酬沁洲》诗:“遥林征马迅。”

清吹 梁简文帝《鸡鹊赋》:“乘清吹而微吟。”按:陶潜《诸人共游周家墓柏下》诗有“清吹与鸣弹”句,乃指箫管之音,故置彼引此。

幽谷 《淮南子·说山训》:“兰生幽谷,不为莫服而不芳。”

素心 陶潜《移居诗·第一首》:“闻多素心人。”

芝圃 嵇喜《答嵇康诗·第一首》:“遥集芝圃。”卢谌《重赠刘琨》诗:“新城非芝圃,曷由殖兰芳?”

菊潭 郦道元《水经注·湍水》:“湍水又南,菊水注之。水出西北石涧山芳菊溪,亦言出析谷,盖溪涧之异名也。源旁悉生菊草,潭涧滋液,极成甘美,云此谷之水土,餐挹长年。司空王畅、太傅袁隗、太尉胡广,并汲饮此水,以自绥养。是以君子留心甘其臭,尚矣。"

披襟 见一卷《荷静纳凉时》诗"披襟对薜萝"句。

纫佩 《楚词·离骚经》:"纫秋兰以为佩。"

吹嘘 见前《风软游丝重》诗。

消息 《易·彖传上》:"君子尚消息盈虚,天行也。"按:消息本言气化盈虚,后来乃用为音信意。蔡琰《悲愤诗》曰:"迎问其消息,辄复非乡里。"《淳化阁帖》载杜预书曰:"闲得来说,知消息。"盖汉晋以来,即有是语。

华省 潘岳《秋兴赋》:"宵耿介而不寐兮,独展转于华省。"徐坚《初学记·职官部》:"应劭《汉官仪》曰:'尚书郎含鸡蛇香伏奏事,黄门郎对揖跪受,故称尚书郎怀香握兰,趋走丹墀。'"《唐书·职官志》:"龙朔二年二月甲子,改秘书省为兰台。"

湘南 郑真《题兰》诗:"楚佩可怜零落尽,春风春梦过湘南。"按:《汉书·地理志》,长沙国有湘南县。然兰蕙盛咏于骚人,滋长于楚地,此乃概指湘水之南,非专举一县也。

出水芙蓉

露草珠穿穗,银塘镜启奁。才看莲蕊绽,徐逗水纹纤。翠盖围桥柱,朱华映舫帘。更无清丽匹,何止色香兼?净植真堪爱,污泥总不沾。倚风浑欲笑,销夏顿忘炎。泛绿遥情寄,凌波雅韵拈。天然非藻绘,刻画愧无盐。

原评曰:"露草"二句,题前设色,极清丽。三句点"芙蓉",四句点"出水"。"翠盖"一联写芙蓉之貌,"更无"一联写芙蓉之神,浓淡相间。结出喻意,恰押出险韵。

珠穿穗　唐太宗《秋日敩庾信体》:“珠穿晓露丛。”

银塘　见一卷《荷净纳凉时》诗“银塘万柄荷”句。

镜启奁　见一卷《芙蓉出水》诗。

水纹　梁元帝《晚景游后园》诗:“风散水纹长。”

翠盖　见一卷《荷净纳凉时》诗“翠盖影婆娑”句。

桥柱　杨万里《垂虹亭》诗:“桥柱疏疏四寂然。”

朱华　曹植《公宴》诗:“朱华冒绿池。”李善注:“朱华,芙蓉也。”

舫帘　杜甫《送李八秘书赴杜相公幕》诗:“青帘白舫益州来。”

清丽　陆机《文赋》:“清丽芊眠。”周邦彦《梅花花犯》词:“净洗铅华,无限清丽。”

色香　李商隐《荷花》诗:“都无色可并,不奈此香何?”陆佃《埤雅·释草》:“王文公曰:‘荷花有色有香,得日光乃开。’”

净植　周子《爱莲说》:“亭亭净植。”

污泥　李纲《莲花赋序》:“释氏以莲花喻性,盖以其植根淤泥而能不染,发生清净,殊妙色香,非他草木之花可比,故以为喻。”

倚风　敖陶孙《诗评》:“王右丞如秋水芙蓉,倚风自笑。”

销夏　皮日休《销夏湾》诗:“太湖有曲处,其门为两崖。当中数十顷,别如一天池。号为销夏湾,此名无所私。”

泛绿　《南史·庾杲之传》:“萧缅《与王俭书》曰:‘盛府元僚,实难其选。庾景行泛绿水,依芙蓉,何其丽也。’时人以入俭府为莲花池,故缅书美之。”梁刘琨《明姬年十五》:“绿水泛香莲。”

遥情　陶潜《游斜川》诗:“中觞纵遥情。”

凌波　闵鸿《芙蓉赋》:“竦修干以凌波。”

雅韵　《宋书·谢方明传》:“无他技能,自然有雅韵。”

天然　**刻画**　并见一卷《芙蓉出水》诗。

葵心倾向日

《淮南子·览冥训》:“夫燧之取火于日,磁石之引铁,蟹之败漆,葵之向日,虽有明智,弗能然也。”

百卉承炎景,惟葵解献忱。只言能卫足,谁识默倾心?雾敛迎朝旭,风歆送夕阴。中天方皎皎,圆影正沉沉。宛转随羲驭,回旋象斗斟。近含阳燧火,遥映露盘金。讵拟分光耀,都缘仰照临。借将丹赤意,持以励华簪。

原评曰:“只言”句,恰好陪笔。“雾敛”四句,从两头逼到中间,“倾向”之意始备。“宛转”句,总括上文,“回旋”句随手取喻,亦确切。“近含”二句咏叹,有情采。“讵拟”二句,尊题之法。以勉励意作结,亦正大。

陆机《园葵》诗曰:“朝荣东北倾,夕颖西南晞。”五六句从此化出。

百卉 《诗·小雅·四月》篇:“百卉具腓。”

卫足 《左传·成公十七年》:“仲尼曰:‘鲍庄子之知,不如葵,葵犹能卫其足。’”杜预注:“葵倾叶向日,以蔽其根。”

倾心 白居易《代书一百韵寄微之》诗:“倾心向日葵。”

羲驭 见一卷《日浴咸池》诗。

斗斟 见前《清高金茎露》诗。

阳燧火 《淮南子·天文训》:“故阳燧见日则燃而为火。”高诱注:“阳燧,金也。取金杯无缘者,熟摩令热,日中时,以当日下,以艾承之,则燃得火。”按:此句以金比葵色,杯比葵形,阳燧关合向日。

露盘金 晏殊《黄葵》诗:“铸金承露巧。”

丹赤 《陈书·侯安都传》:“推丹赤于造次。”

华簪 见一卷《披沙拣金》诗。

动静交相养

白居易《动静交相养赋序》:"居易常见今之立身从事者,有失于动,有失于静,斯由动静俱不得其时与理也。因述其所以然,用自儆导,命曰《动静交相养赋》云。"

欲审行藏意,徐参动静交。四时环作序,八卦错成爻。跃本由潜出,明因用晦包。蛰虫还启户,飞鸟或安巢。自有机常转,因知理不胶。妙从相养得,义岂互根淆。但勿求沽玉,何须学系匏?寸心通昼夜,多事索璃茅。

三、四句先抉"动静"之根。

原评曰:五、六句抒写动由于静,静能包动意。七、八句复将静极则动、动极复静之理一一道出,于"交"字极有体会。

错成爻 《易·说卦传》:"天地定位,山泽通气,雷风相薄,水火不相射,八卦相错。"孔颖达疏:"《易》以乾坤象天地,艮兑象山泽,震巽象雷风,坎离象水火。若使天地不交,水火异处,则庶类无生成之用,品物无变化之理。所以因而重之,令八卦相错,则天地人事莫不备矣。"王弼《周易略例》:"夫卦者,时也;爻者,适时之变者也。是故用无常道,事无轨度,动静屈伸,惟变所适。"邢璹注:"卦既推移,故道用无常;爻逐时变,故事无轨度。动出静入,屈往伸来,惟变所适也。"

潜　跃 《易·上经·乾卦》:"初九,潜龙勿用。"又:"九四,或跃在渊,无咎。"又《彖传上》:"大明终始,六位时成。"孔颖达疏:"此二句总结乾卦之德也。以乾之为德,大明晓乎万物终始之道,始则潜伏,终则飞跃;可潜则潜,可飞则飞,是明达乎始终之道。故六爻之位,依时而成。"

晦　明 《易·下经·象传下》:"明入地中,明夷。君子以莅众,用晦而明。"王弼注:"藏明于内,乃得明也;显明于外,巧所辟也。"《庄子·外篇·田子方》:“消息满虚,一晦一明。”

启户 《礼·月令》:“仲春之月,蛰虫咸动,启户始出。”

安巢 韩愈《晚秋郾城夜会联句》诗:“暮鸟已安巢。”原注:“李正封。”

胶 《尔雅·释诂》:“胶,固也。”《庄子·内篇·逍遥游》:“置杯焉则胶。”陆德明《经典释文》:“李云:黏也。”

互根 见一卷《乾坤为天地》诗。

寸心 《列子·仲尼》篇:“文挚乃命龙叔背明而立,文挚自后向明而望之。既而曰:‘嘻!吾见子之心矣,方寸之地虚矣。’”陆机《文赋》:“吐滂沛乎寸心。”

通昼夜 关朗《易传时变义·第八》:“昼动六时也,夜静六时也。动则变,静则息;息极则变,变极则息。故动静交养,昼夜之道也。”

索璚茅 《楚词·离骚经》:“索藑茅以筳篿兮,命灵氛为余占之。”王逸注:“藑,一作琼,索取也。藑茅,灵草也;筳,小折竹也。楚人名结草折竹以卜,曰‘篿’。”

郑虎文六首

松柏有本性

见一卷《松柏有心》诗。

郁郁冈头柏,丸丸涧底松。后凋存本性,凡艳薄时容。香叶曾栖凤,虬枝欲化龙。自应栽汉殿,未合受秦封。殷地涛声卷,参天黛色重。夜乌休见托,老鹤许相从。劲节经霜练,清阴带露浓。移根来禁苑,睿鉴幸初逢。

“自应”一联、“夜乌”一联,俱从旁面渲染,而松柏之本性自见,此诗人之笔。

“香叶”二句,略同涧泉前辈《松柏有心》诗。此本天然对偶,故不约而符。

冈头柏 苏轼《景纯复以二篇仍次其韵》诗:“年来世事如波浪,郁郁谁知柏在冈?”邵长蘅补注:“韩退之诗‘波浪沄沄去,松柏在高冈’。”

丸丸 《诗·商颂·殷武》篇:“松柏丸丸。”毛苌《传》:“丸丸,易直也。”

涧底松 左思《咏史诗·第二首》:“郁郁涧底松。”

栖凤 杜甫《古柏行》:“香叶曾经宿鸾凤。”

化龙 吴武陵《贡院楼北新栽小松》诗:“鳞生欲化龙。”

栽汉殿 徐坚《初学记·果木部》:“《东方朔传》曰:孝武皇帝时,闲居,鹊鸣,新雨止。朔执戟在殿,上呼问之。答曰:‘殿后柏树上有鹊立枯枝上,东向鸣。’上遣视,如朔言。”

受秦封 李昉《太平御览·木部二》:“应劭《汉官仪》曰:‘秦始皇上封泰山,逢疾风暴雨,赖得松树,因复其道,封为大夫松。’”许观《东斋记事》:“秦始皇下泰山,风雨暴至,休于树下,因封其树为五大夫。初不言其为何树也,后汉应劭作《汉官仪》始言为松。盖松柏在泰山之小天门,至劭时犹存,故知其为松也。”

殷地 杜甫《秦州杂诗·第四首》:“秋听殷地发。”

涛声 王直方《诗话》:“或有称咏松句云‘影摇千尺龙蛇动,声撼半天风雨寒’者。一僧在坐曰:未若‘云影乱铺地,涛声寒在空’。或以语圣俞,圣俞曰:‘言简而意不遗,当以僧语为优。’”

参天黛色 杜甫《古柏行》:“黛色参天二千尺。”

夜乌 《汉书·薛宣朱博传》:“又其府中列柏树,常有野乌数千,栖宿其上。晨去暮来,号曰朝夕乌。”颜之推《家训·文章》篇:“《汉书》:‘御史府中列柏树,常有野乌数千,栖宿其上’,而文士往往误作‘乌鸢’用之。”黄朝英《靖康缃素杂记》:“余案,《白氏六帖》与李济翁《资暇集》,其余简篇所载及人所引用,皆以为‘乌鸢’,而独《家训》以为不然,余所未喻。”

老鹤 徐陵《天台上徐则法师碑》:“千龄寿鹤,或舞松枝。”吴兆宜注,

“《神境记》：‘荥阳郡南有石室，室后有孤松千丈。常有双鹤，晨必接翮，夕辄偶影。传曰：昔有夫妇二人，俱隐此室，年既数百，化成双鹤。’”韩愈《同窦韦寻刘尊师不遇》诗：“松高老鹤寻。”

劲节 范云《咏寒松》诗：“凌风知劲节。”

清阴 见一卷《蚕月条桑》诗。

禁苑 扬雄《羽猎赋》：“开禁苑。”

清露点荷珠

按：唐无名氏有《清露点荷珠赋》。

凤沼新荷绿，田田水一涯。乍看清露点，错认晓珠排。贯处累累是，圆来颗颗皆。未须倾盖得，自觉走盘佳。柳拂疑穿线，松横欲缀钗。肯教鱼目混，直与夜光谐。带月宁投暗，因风忽泻怀。缘知涵帝泽，沾洒万方偕。

细意刻画，妙造自然。凡摹形写照之题，固以工巧为尚；然巧而纤，巧而不稳，巧而有雕琢之痕，皆非其至者也。当以此种为中声。

多写“荷珠”“清露”字，微欠映带。然题目本难，韵脚复窄，不得不恕论之。

凤沼 见一卷《鱼戏新荷动》诗。

田田 《汉相和曲·江南》篇：“江南可采莲，莲叶何田田。”

晓珠 唐太宗《月晦》诗：“穿露晓珠呈。”

累累 《礼·乐记》：“累累乎端如贯珠。”

颗颗 见前《千潭一月印》诗。

倾盖 《家语·致思》篇：“孔子之郯，遭程子于涂，倾盖而语。”陆游《凭阑》诗：“露重倾荷盖。”赵秉文《中秋日郊外遇雨》诗：“荷盖倾珠下芡盘。”

走盘 苏轼《书楞伽经后》：“《楞伽阿跋多罗宝经》先佛所说，微妙第一真实义,故谓佛语心品。后世达者,神而明之,如盘走珠,如珠走盘,无不可者。”岳珂《新荷出水》诗:“晓露走盘珠颗莹。”

柳　线　范云《送别》诗:“东风柳线长。”

松　钗　韩偓《寄隐者》诗:“长松叶落钗千股。”按:松钗,详三卷《松柏有心》诗。

鱼目　卢谌《答刘琨书》:“夜光报于鱼目。”李善注:“《雒书》曰:‘秦失金镜,鱼目入珠。’”郑玄曰:“鱼目乱真珠。”

夜光　张衡《南都赋》:“隋珠夜光。”

投暗　见一卷《锥处囊》诗。

泻怀　李白《赠裴十四》诗:“黄河落天走东海,万里泻入胸怀间。”

涵帝泽　计敏夫《唐诗纪事》:“王贞白,唐末大播诗名。《御沟》诗为卷首云:‘一派御沟水,绿槐相荫清。此波涵帝泽,无处濯尘缨。’”

空水共澄鲜

谢灵运《登江中孤屿》诗:“云日相辉映,空水共澄鲜。”按:虞羲《行舟值早雾》诗亦有“空水共澄鲜”句。

水光浮净霭,空影落寒潭。鲜色浓于染,澄波淡欲含。景缘虚处聚,妙向静中涵。不断交晴翠,无边共蔚蓝。风拖霞潋滟,雨洗日清酣。深碧依斜岸,遥青滴晓岚。此时心自远,是境与谁参?但觉天光合,从知圣泽覃。

唐试律亦有此题。“海鹤飞天际,烟林出露中”句,可谓超妙。然中间空水分贴,神理索然。此诗处处合说,乃写得“共”字意思出。

寒潭　谢灵运《九日从宋公戏马台集送孔令》诗:“皎皎寒潭洁。”

晴翠　温庭筠《太液池歌》:“倒影荡摇晴翠长。”

蔚蓝　见一卷《千潭一月印》诗“波光射蔚蓝”句。

潋滟 木华《海赋》："则乃潋滟潋滟，浮天无岸。"李善注："潋滟，相连之貌。"

清酣 苏轼《西太一见王荆公旧诗偶次其韵诗·第一首》："雨余风日清酣。"

晓岚 王禹偁《滁州庶子泉》诗："光与晓岚暝。"

心自远 见前《昭文不鼓琴》诗。

寒夜闻霜钟

《山海经·中山经》："丰山有九钟焉，是知霜鸣。"郭璞注："霜降则钟鸣，故言知也。物有自然感应而不可为也。"

寒籁沉残夜，严钟应早霜。是何声戛击，乃尔韵悠扬。带雁还低度，因风更远将。磬同催月落，铃共语更长。不作三生听，初惊一枕凉。气原深感召，理自足参详。纪漏随铜史，鸣珂候景阳。筳撞惭就日，虡设仰垂裳。

唐人此题，或止赋钟声，或赋《山海经》"丰山九钟，应霜而鸣"事。然止赋钟声，"霜"字竟作何解？此诗用《山海经》之说，故有起四句及"气原"二句。

寒籁 宋祁《拟杜子美峡中意》诗："惊风借壑为寒籁。"

戛击 见前《泗滨浮磬》诗。

悠扬 戴叔伦《寒夜闻霜钟》诗："悠扬来不见。"

磬　催 吕温《终南精舍月中闻磬》诗："霜钟讵可分。"

铃　语 《晋书·艺术传》："及曜自攻洛阳，勒将救之，其群下咸谏以为不可。勒以访澄，澄曰，《相轮铃音》云：'秀支替戾冈，仆谷劬秃当。'此羯语也。"

三生 李商隐《题僧壁》诗："三生同听一楼钟。"朱鹤龄注："佛家以过、未、现为三生。”

一枕 黄庭坚《真隐寺》诗：“投床一枕潇湘梦，无奈霜钟苦唤残。”

铜史 陆倕《新漏刻铭》：“铜史司刻，金徒抱箭。”李善注：“张衡《漏水转浑天仪制》曰：‘盖上又铸金铜仙人，居左壶；为胥徒，居右壶。皆以左手抱箭，右手指刻，以别天时早晚。’”

鸣珂 张华《轻薄》篇：“乘马鸣玉珂。”《旧唐书·舆服志》：“马珂，一品以下九子，四品七子，五品五子。”《宋史·仪卫志》：“马珂之制，铜面，雕翎鼻拂，攀胸，上缀铜本叶、红丝拂。”

景阳 《南史·裴皇后传》：“上数游幸诸苑囿，载宫人从后车。宫内深隐，不闻端门鼓漏声。置钟于景阳楼上，应五鼓及三鼓。宫人闻钟声，早起妆饰。”

筳撞 刘向《说苑·善说》篇：“子路曰：‘建天下之鸣钟而撞之以筳，岂能发其声乎哉！’”

就日 《史记·五帝本纪》：“就之如日。”司马贞《索隐》：“如日之照临，人咸依就之，若葵藿倾心以向日也。”苏轼《日喻》：“生而眇者，不识日，问之有目者。或告之曰：‘日之状如铜槃。’扣槃而得其声。他日闻钟，以为日也。”

虡设 《诗·大雅·灵台》篇：“虡业维枞。”毛苌《传》：“植者曰虡，横者曰栒。”孔颖达疏：“《释器》云：‘木谓之虡。’”孙炎曰：“虡栒之植，所以悬钟磬也。”郭璞曰：“悬钟磬之木植者，名为虡。然则悬钟磬者两端有植木，其上有横木，谓直立者为虡，横牵者为栒。”又《周颂·有瞽》篇：“设业设虡。”

垂裳 见一卷《西王母献益地图》诗。

金柅

《易·下经·姤卦》：“初六，系于金柅，贞吉。”王弼注：“金者，坚刚之物。柅者，制动之主，谓九四也。初六处遇之始，以一柔而承五刚，体夫躁质，得遇而通，散而无主，自纵者也。柔之为物，不可以不牵；臣妾之道，不可以不贞。故必系于正应,乃得贞吉也。”孔颖达疏:“柅之为物,众说不同。王肃之徒,为‘织绩之器,妇人所用’。惟马云‘柅者,在车之下,所以止轮,令不动者也’。王注云‘制动之主’,盖与马同。”

《易》垂金柅象,躁进乃无嗟。推毂功殊异,回轮义可嘉。持坚能域物,制动戒随邪。中道忧非画,迷途悟未赊。稍安防覆辙,轻驶惜奔车。守静依黄屋,含贞傍翠华。和鸾宁共听,乘石岂同夸。月窟爻堪玩,微阴杜蘖芽。

此是理题,非咏物题。痴赋“金柅”之状固误,空发大意亦病于空。切定《易》象,曲畅所以止车之意,正喻双关,字字细贴。

推毂 《史记·魏其武安侯列传》:“魏其、武安,俱好儒术,推毂赵绾为御史大夫。”司马贞《索隐》案:“推毂,谓自卑下之,如为之推车毂也。”

回轮 张协《七命》:“顾石室而回轮。”

迷途 丘迟《与陈伯之书》:“夫迷途知返,往哲是与。”李善注:“《楚词》曰:‘回朕车而复路,及迷途之未远。’”按:今本《楚词》作“行迷”,然渊明《归去来词》亦作“迷途未远”,恐今本《楚词》讹刊也。

覆辙 《南史·刘巘传》:“陛下戒前轨之失,加之以宽厚,虽危可安;若循其覆辙,虽安必危。”

奔车 《韩非子·安危第二十五》:“奔车之上无仲尼。”

黄屋 《史记·项羽本纪》:“纪信乘黄屋车,傅左纛。”张守节《正义》:“李斐云:‘天子车以黄缯为盖里。’”

翠华 司马相如《上林赋》:“建翠华之旗。”李善注:“翠华,以翠羽为葆也。”

和鸾 《诗·小雅·蓼萧》篇:“和鸾雍雍。”毛苌《传》:“在轼曰和,在镳曰鸾。”《左传·桓公二年》:“锡鸾和铃,昭其声也。”杜预注:“鸾在镳,和在衡。”孔颖达疏:“鸾和亦铃也,以处异,故异名耳。锡在马额,铃在旂。先儒更无异说。其鸾和所在,则旧说不同。《毛诗传》曰:‘在轼曰和,在镳曰鸾。’《韩诗内传》曰:‘鸾在衡,和在轼前。’郑玄《经解注》取韩诗为说。秦诗笺云‘置鸾与镳异于乘车也’,其意言乘车之鸾在衡,田车之鸾在镳。及《商颂·烈祖》之笺又云‘鸾在镳’。是疑不能定,故两从之也。案:《考工记》:‘轮崇、车广、衡长,参如一。’则衡之所容,惟两服马耳。诗辞每言八鸾,当谓马有二鸾。鸾若在衡,衡惟两马,安得置八鸾乎?以此知鸾必在镳。鸾既在镳,则和当在衡。经传不言和数,未知和有几也。”

乘石 《周礼·夏官·隶仆》:“王行,洗乘石。”郑玄注:“郑司农云:‘乘石,王所登上车之石也。’《诗》云:‘有扁斯石,履之卑兮。’谓上车所登之石。”陆德明《经典释文》:“乘,如字。刘:常烝反。”

月窟爻 邵子《观物》诗:“乾遇巽时为月窟。”按:姤卦,乾上巽下。

微阴 蔡邕《释诲》:“蕤宾统则微阴萌。”

杜蘖芽 张浚《紫岩易传》:“金坚刚物,金柅用止车行。以金柅止车,而又系之。圣人于小人,方长疾之止之,若是其严邪!圣人何恶乎小人?惧为天下生民害也。且姤一阴居初,小人在下而位实处内,有得君志合之势,坤阴将群起而附之。圣人著训,使后之君子谨微而大正,其始用意远矣。”

反舌无声

反舌因时异,无声契化微。当春欣得气,入夏类忘机。躁吉宁知辨,深沉岂畏讥?语怜新燕巧,歌悟晓莺非。百啭何烦尔,三缄或庶几。独先群鸟静,自觉太音希。肯去随蝉噪,能来逐凤飞。守雌还守默,苑树万年依。

纯以意运,觉文昌“入雾暗相失”句,犹摸索皮毛。

得气 邵伯温《闻见前录》:“康节先公先天之学,伯温不肖,不敢称赞。平居,于人机祥未尝辄言。治平间,与客散步天津桥上闻杜鹃声,惨然不乐。

客问其故,则曰:‘洛阳旧无杜鹃,今始至,有所主。’客曰:‘何也?’康节先公曰:‘天下将治,地气自北而南;将乱,自南而北。今南方地气至矣,禽鸟飞类得气之先者也。’”

忘机　王勃《江曲孤凫赋》:“尔乃忘机绝,虑怀声弄影。”

躁吉　《易·系辞传下》:“吉人之辞寡,躁人之辞多。”孔颖达疏:“吉人之辞寡者,以其言善辞直,故辞寡也;躁人之辞多者,以其烦躁,故其辞多也。”

深沉　江淹《自序传》:“深沉有远识。”

畏讥　范仲淹《岳阳楼记》:“登斯楼也,则有去国怀乡,忧谗畏讥,满目萧然,感极而悲者矣。”

晓莺非　罗隐《新莺》诗:“百啭是兼非。”

百啭　三缄　张仲素《反舌无声赋》:“闵兹百啭,戒烦词于躁人。默若三缄,象欲讷于君子。”

太音希　《老子·第四十一章》:“太音希声。”王弼注:“听之不闻,名曰希,不可得闻之音也。有声则有分,有分则不宫而商矣。分则不能统众,故有声者,非太音也。”

蝉噪　按:《月令》:“反舌无声,蝉始鸣,皆在仲夏之月。”

凤飞　《诗·小雅·卷阿》篇:“凤凰于飞。”按,梅尧臣《百舌》诗曰:“晓升高高树,百鸟言漏泄。只未闻凤凰,有亦学不彻。”此翻用此意。

守雌　《老子·第二十八章》:“知其雄,守其雌,为天下溪。”河上公注:“雄以喻尊,雌以喻卑。人虽知自尊显,当复守之以卑微,去雄之强梁,就雌之柔和。如是,则天下归之,如水流入深溪也。”

守默　见前《昭文不鼓琴》诗。又,林逋《百舌》诗:“谁道关关便多事,更能缄默送芳菲。”

屈刀为镜

窦光鼐

葛洪《神仙传》:“孙博者,河东人也。能引镜为刀,屈刀为镜。可积时不改,须博指之,乃复如故。”

青铜偕赤冶,变化手中掺。谁识窥明镜,还因折大刀。回旋才一瞥,诘曲已周遭。百炼珍夷则,千金失孟劳。悬时堪照胆,利处忆吹毛。虎爪文犹隐,龙蟠纽自牢。漫思金错赠,喜对玉台高。圣主资三鉴,无须耀锦绦。

着意“屈”字、“为”字,不泛填,刀镜故事,极为警切;句句是“刀”,不杂用一剑事,亦细腻。

青铜 辛延年《羽林郎》:“贻我青铜镜。”

赤冶 陶弘景《古今刀剑录》:“后魏昭成帝拓跋犍,以建国元年,于赤冶城铸刺刀十口,金镂‘赤冶’字。”

明镜 大刀 杜甫《八月十五夜月诗·第一首》:“满目飞明镜,归心折大刀。”许颉《彦周诗话》:“古乐府云:‘藁砧今何在?’言夫也。‘山上复有山。’言出也。‘何当大刀头,破镜飞上天。’言月半当还也。”

回旋 傅玄《晋宣武舞歌·短兵》篇:“疾逾飞电,回旋应规。”

一瞥 苏轼《聚星堂雪》诗:“历乱瓦沟裁一瞥。”

诘屈 汉武帝《柏梁台联句》诗:“迫窘诘屈几穷哉。”原注:“东方朔。”

周遭 刘禹锡《金陵五题·石头城》诗:“山围故国周遭在。”

百炼 夏侯湛《抵疑》:“百炼之鉴,别须眉之数。”

夷则 谷神子《博异记》:“其镜背有二十八字,皆科斗书,以今文推而写之曰:维晋新公二年七月七日午时,于首阳山前白龙潭铸成此镜,千年后世。于背北环书一字管天文一宿。依方列之,则左有日而右有月。龟龙虎雀,并依方安焉。于鼻题曰‘夷则之镜’。”

千金　吴均《酬别》诗:“匕首直千金。”

孟劳　《榖梁传·僖公元年》:“孟劳者,鲁之宝刀也。”

照胆　见一卷《华月照方池》诗。

吹毛　李颀《崔五六图屏风各赋一物得乌孙佩刀》诗:“乌孙腰间佩两刀,刃可吹毛锦为带。”

虎爪　《后汉书·舆服志下·佩刀》:“小黄门雌黄室,中黄门朱室,童子皆虎爪文。”

龙蟠　庾信《镜赋》:“镂五色之蟠龙。”

金错　张衡《四愁诗·第一首》:“美人赠我金错刀。”胡仔《苕溪渔隐丛话·艺苑雌黄》云:“张平子《四愁诗》云:‘美人赠我金错刀’,即王莽所铸钱名。或注《四愁》诗引《续汉书》:‘佩刀,诸侯王以金错环。’恐与王莽所铸错刀有别。”按:相赠以钱,于义未安,故今多用后一说。又,班固《与弟超书》:“窦侍中遗仲升金错半垂刀一枚。”亦可互证。

玉台　刘义庆《世说新语·假谲第二十七》:“温公丧妇,从姑刘氏家。值乱离散,惟有一女,甚有姿慧,姑以属公觅婚,公密有自婚意。后少日,公报姑云:‘已觅得婚处。’因下玉镜台一枚。玉镜台是公为刘越石长史北征刘聪所得。”

三鉴　荀悦《申鉴·杂言上》:“君子有三鉴:世人镜鉴,前惟顺、人惟贤、镜惟明。夏商之衰,不鉴于禹汤也;周秦之弊,不鉴于民下也;侧弁垢颜,不鉴于明镜也。”《旧唐书·魏徵传》:“夫以铜为镜,可以正衣冠;以古为镜,可以知兴替;以人为镜,可以明得失。朕尝保此三镜,以防己过。”

锦绦　苏轼《送李公恕赴阙》诗:“君才有如切玉刀,见之凛凛寒生毛。愿随壮士斩蛟蜃,不愿腰间缠锦绦。”

早春残雪

张泰开

按:唐裴乾馀有《早春残雪》诗。

澹沱春光浅,霏微雪意残。冰丝消欲尽,粉态驻应难。柳絮怜轻糁,梅花惜渐阑。新泥三径滑,斜照半庭寒。北户晴犹滴,南枝落旋干。薄痕鸿爪剩,余润草心看。清景仍添月,幽香好配兰。阳和今有信,莫怯客衣单。

“早春”字、“残”字,一一刻画细腻,方不是泛作雪诗。

澹沱 杜甫《醉歌行》:“春光澹沱秦东亭。”

霏微 裴乾馀《早春残雪》诗:“霏微不掩兰。”

冰丝 详四卷《鲛人潜织》诗。

粉态 张正见《咏雪应衡阳王教》诗:“入窗轻落粉。”李商隐《回中牡丹为风雨所败诗·第二首》:“并觉今朝粉态新。”

柳絮 详五卷《风不鸣条》诗。

糁 杜甫《绝句·漫兴》第七首:“糁径杨花铺白毡。”

梅花 裴乾馀《早春残雪》诗:“梅飘余片积。”

三径 裴乾馀《早春残雪》诗:“已闻三径好,仍可访袁安。”

半庭 杨万里《和马公弼雪》诗:“消余留得半庭看。”

北户 见前《槐夏午阴清》诗。

晴犹滴 石延年《早春》诗:“檐垂冰柱晴犹滴。”

南枝 见一卷(陈兆伦)《迎岁早梅新》诗“傍岭最分明”句。

落旋干 吴融《华清宫诗·第一首》:“四郊飞雪暗云端,惟此宫中落便干。”

鸿爪 详五卷《月印万川》诗“鸿雪悟其全”句。

余润 陈师道《次韵无斁雪后诗·第一首》:“草润留余泽。”

草心 见前《风软游丝重》诗。

添月 谢灵运《岁暮》诗:“明月照积雪。”

配兰 谢惠连《雪赋》:“楚谣以幽兰俪曲。”李善注:宋玉《讽赋》曰:“臣常行至主人,独有一女,置臣兰房之中。臣援琴而鼓之,为幽兰白雪之曲。”

阳和 蔡琰《胡笳曲第十二拍》:“东风应律兮暖气多,知是汉家天子兮布阳和。”

客衣单 刘孝绰《冬晓》诗:“冬晓风正寒,偏念客衣单。”

梅 花

德 保

天女姿超俗,维摩意绝尘。来从众香国,同化此花身。满树多原好,疏枝少更珍。先开非有意,独笑肯邀人。偃蹇看逾媚,荒寒画未真。氛氲成别调,淡泊是前因。貌古宁嫌瘦,山空不厌贫。逋仙曾见访,落落尚难亲。

不点“梅”字,而非“梅”不足以当之。此题久成尘劫,行以禁体,耳目乃清。结虽用事,妙于翻入一层,故不归窠臼。

天女 《维摩诘所说经·观众生品第七》:“时维摩诘室有一天女,见诸天人,闻所说便现其身,即以天花散诸菩萨大弟子身上。”

维摩 《维摩诘所说经·方便品第二》:“尔时,毗耶离大城中有长者,名维摩诘。虽为白衣,奉持沙门,清净律行。虽处居家,不著三界。示有妻子,常修梵行。现有眷属,常乐远离。虽服宝节,而以相好严身。虽复饮食,而以禅悦为味。”

众香国 《维摩诘所说经·香积佛品第十》:“时,维摩诘即入三昧,以神通力示诸大众。上方界分过四十二恒河沙佛土,有国名众香,佛号香积。今现在,其国香气,比于十方诸佛世界人天之香,最为第一。”

此花身 李商隐《木兰花》诗:“几度木兰舟上望,不知原是此花身。”按:此诗见《古今诗话》,本集不载。

偃蹇 见前《桂林一枝》诗。

荒寒 王安石《秋云》诗:“欲记荒寒无善画。”陆游《梅市》诗:“桥横风柳荒寒外。”

别调 郦道元《水经注·河水四》:“民有姓刘名堕者,宿擅工酿。别调氛氲,不与他同。兰薰麝越,自成馨逸。”

淡泊 傅若金《题墨梅诗·第一首》:“澹泊从人写。”

前因 见二卷《新月误惊鱼》诗。

貌古 见一卷《山气日夕佳》诗。

嫌瘦 楼槃《咏梅·霜天晓角》词:“有人嫌太清,又有人嫌太瘦,都不是我知音。”

厌贫 郎士元《寄李纾》诗:“莺花不厌贫。”

逋仙 张道洽《梅花诗·第四首》:“坐叹逋仙远,清宵费梦思。”按:逋仙,谓林逋。

卷 三

云在意俱迟

顾汝脩

杜甫《江亭》诗:“水流心不竞,云在意俱迟。”

槛外迟留意,闲看岭上云。欲行犹似住,乍合又旋分。坐爱垂天势,频觇捧日文。凝眸思叆叇,息虑对缤纷。逸兴凌山巘,遥心送鸟群。瀛洲相赏处,徙倚到斜曛。

“欲行”二句,先写云迟意,“俱”字乃有根柢,布置最善。

岭上云 见二卷《白云无心》诗。

垂天 《庄子·内篇·逍遥游》:“鹏之背,不知其几千里也。怒而飞,其翼若垂天之云。”陆德明《经典释文》:“司马彪云:‘若云垂天旁。’”

捧日 林藻《青云干吕》诗:“捧日已成文。”

凝眸 韩偓《太平谷中玩水上花》诗:“凝眸不觉斜阳尽。”

叆叇 潘尼《逸民吟》:“朝云霼霴。”徐孝克《营涅槃忏还途作》:“向崖云叆叇。”按:“霼霴”即“叆叇”之省文。

息虑 《孔丛子·答问第十九》:“王曰:‘寡人之军,先生无累也,请先生息虑也。’”

缤纷 《楚词·离骚经》:“佩缤纷其繁饰兮,芳菲菲其弥章。”王逸注:“缤纷,盛貌。”

瀛洲 《新唐书·岑虞李褚姚令狐传》:“初,武德四年,太宗为天策上将军。寇乱稍平,乃乡儒宫城西作文学馆,收聘贤才,于是下教,以大行台司勋郎中杜如晦,记室考功郎中房玄龄及于志宁,军谘祭酒苏世长,天策府记室薛收,文学褚亮、姚思廉,太学博士陆德明、孔颖达,主簿李玄道,天策仓曹参军事李守素,王府记室参军事虞世南,参军事蔡允恭、颜相时,著作郎摄记室许敬宗、薛元敬,太学助教盖文达,军谘典签苏勖,并以本官为学士。七年,收卒,复召东虞州录事参军刘孝孙补之。凡分三番递宿于阁下,悉给珍膳。每暇日,访以政事,讨论坟籍,榷略前载,无常礼之间。命阎立本图象,使亮为之赞,题名字爵里,号'十八学士',藏之书府,以章礼贤之重。方是时,在选中者,天下所慕向,谓之登瀛洲。"

徙倚 王粲《登楼赋》:"步栖迟以徙倚兮,白日忽其将匿。"

簑笠聚东菑

王太岳

谢朓《在郡卧病呈沈尚书》诗:"连阴盛农节,簑笠聚东菑。"李善注:"《诗》曰:'彼都人士,簑笠缁撮。'毛苌曰:'簑所以御暑,笠所以御雨。音台。《尔雅》曰:'田一岁曰菑。'"王楙《野客丛书》:"《毛诗》'簑笠缁撮',《传》谓簑所以御暑,笠所以御雨。缁撮,缁布冠也。《郑笺》谓簑夫须也,以簑皮为笠,缁布为冠,故谢玄晖诗曰:'簑笠聚东菑。'注:簑御日,笠御雨,是以为二事,盖本毛之说。麹信陵诗曰:'簑笠冒山雨,渚田耕荇花。'以'簑笠'对'渚田',是以为一事,盖祖郑之说。二诗皆有据依。考孔颖达《正义》:'簑可为笠,则一也。《传》分之者,笠本御暑。而《良耜》曰:其笠伊纠。因可御雨,故《传》分之,以充二事。'则知毛之见如此。"

举族勤民事,耕耘课独严。东菑群荷锸,南亩共携镵。麦浪收青陇,梅风漾碧衫。笠声朝雨过,簑影夕阳衔。植杖人维耦,挥锄草载芟。暮村归得得,晴陌话喃喃。大有书应纪,明昭赐不凡。尧年欢击壤,歌颂叶韶咸。

题重“聚东菑”三字。“簦笠”二字，无关妙处，一点便过。惟从“聚”字着笔，轻重最分明。

荷锸 班固《西都赋》：“荷锸成云。”

携镵 陆龟蒙《笠泽丛书·耒耜经》：“耕之土曰墢，墢犹块也。起其墢者，镵也。”陈彭年《广韵·下平声》：“镵，锄衔切，吴人云犁墢。”

麦浪 见一卷《好雨知时节》诗。

梅风 梁昭明太子《锦带书·仲吕四月启》：“梅风拂户牖之内。”《广群芳谱·天时谱四》：“《风俗通》曰：‘五月落梅风，江淮以为信风。’”按：今本《风俗通》无此文，疑为《风土记》之讹。

维耦 《诗·周颂·噫嘻》篇：“骏发尔私，终三十里。亦服尔耕，十千维耦。”郑玄笺：“使民疾耕，发其私田，万耦同时举也。《周礼》曰：‘凡治野田，夫间有遂，遂上有径；十夫有沟，沟上有畛；百夫有洫，洫上有途；千夫有浍，浍上有道；万夫有川，川上有路。’计此万夫之地，方二十三里少半里也。耜广五寸，三耜为耦，一川之间万夫，故有万耦耕。言三十里者，举其成数。”

挥锄 刘义庆《世说新语·德行第一》：“管宁、华歆共园中锄菜，见地有片金，管挥锄与瓦石不异。”

载芟 《诗·周颂·载芟》篇：“载芟载柞，其耕泽泽。”毛苌《传》：“除草曰芟，除木曰柞。”

得得 贯休《陈情献蜀皇帝》诗：“千水千山得得来。”

喃喃 《北史·隋文帝四王房陵王勇传》：“喃喃细语。”

大有 《春秋·宣公十有六年》：“冬，大有年。”《穀梁传》：“五谷大熟，为大有年。”

明昭 《诗·周颂·臣工》篇：“于皇来牟，将受厥明。明昭上帝，迄用康年。”郑玄笺：“将，大。迄，至也。于，美乎。赤乌以牟麦俱来，故我周家大受其光明，谓为珍瑞，天下所休庆也。此瑞乃明见于天，至今用之。有乐岁，五谷丰熟。”

尧年 沈约《四时白纻歌·春白纻》:“舜日尧年欢无极。”按:五歌皆以此语终篇。《古今乐录》曰:“沈约云:‘《白纻》五章,敕臣约造。武帝造后两句。’然则此乃武帝语。”

击壤 见一卷《农事遍东皋》诗。

韶咸 见一卷《春蚕作茧》诗“清庙奏韶咸”句。

入帘残月影

陈桂洲

杜甫《客夜》诗:“入帘残月影,高枕远江声。”

溶溶秋夜色,残月半侵帘。纹翦金波碎,光筛碧筱纤。玉钩斜影动,银蒜一痕添。雾縠低相映,蛾眉近可觇。窥人如有意,入户未应嫌。清省时无寐,披衣问漏签。

五、六句警策。

溶溶 白居易《晚秋夜》诗:“碧空溶溶月华静。”

金波 见二卷《千潭一月印》诗。

碧筱 储光羲《同武平一员外游湖诗·第一首》:“红荷碧筱夜相鲜。”

玉钩 鲍照《玩月城西门廨中》诗:“始见西南楼,纤纤如玉钩。”刘瑗《新月》诗:“仙宫云箔卷,露出玉帘钩。”

银蒜 庾信《梦入堂内》诗:“帘钩银蒜条。”杨慎《升庵外集》:“欧阳六一《放玉台体》诗:‘银蒜钩帘宛地垂。’东坡《哨遍》词:‘睡起画堂,银蒜珠幕云垂地。’蒋捷《白纻》词:‘早是东风作恶。旋安排,一双银蒜镇罗幕。’银蒜,盖铸银为蒜形,以押帘也。《元经世大典》:‘亲王纳妃,公主下降,皆有银蒜帘押几百双。’”

雾縠 宋玉《神女赋》:“动雾縠以徐步兮,拂墀声之珊珊。”李善注:“縠,今之轻纱,薄如雾也。"

蛾眉 鲍照《玩月城西门廨中》诗:"末映东北墀,娟娟似蛾眉。"

窥人 后蜀主孟昶《避暑摩诃池上作》:"帘开明月独窥人。"

入户 见一卷《华月照方池》诗。

漏签 《陈书·高祖本纪》:"每鸡人伺漏,传更签于殿中。"应法孙《霓裳中序第一》词:"漏签声咽。渐寒咤、兰釭未灭。"

山川出云

戈 岱

《礼·孔子闲居》:"清明在躬,志气如神。嗜欲将至,有开必先。天降时雨,山川出云。"郑玄注:"清明在躬,志气如神,谓圣人也;嗜欲将至,谓其王天下之期将至也。神有以开之,必先为之生贤知之辅佐。若天降时雨,山川先为之出云矣。"

一气通山泽,祥云酿太和。从龙流泱漭,触石起嵯峨。摇曳临明镜,霏微点翠螺。白宜春海照,青爱夏峰多。叠叠鱼鳞映,梢梢树影拖。遮来疑似墨,动处尚如波。遥识轮囷象,欣赓纠缦歌。为霖应有兆,甘泽遍嘉禾。

分配工细,结还正意,独见分明。

山泽 《易·说卦传》:"天地定位,山泽通气。"杨乂《云赋》:"刚柔初降,阴阳烟煴。于是山泽通气,华岱兴云。"

祥云 谢朓《齐雩祭歌迎神·第七首》:"冻雨飞,祥云靡。"

太和 见一卷《野舍时雨润》诗。

从龙 见一卷《更达四门聪》诗。

泱漭 曹植《愁霖赋》:"瞻沉云之泱漭兮,哀吾愿之不将。"

触石 《公羊传·僖公三十有一年》:"触石而出,肤寸而合,不崇朝而遍雨乎天下者,惟大山尔。”何休注:“侧手为肤,按指为寸,言其触石理而出,无有肤寸而不合。”按:传与注,皆无云字。李善注《江赋》引《公羊传》曰:“不崇朝而遍雨天下者,惟泰山云耳。”又引何休注曰:“云气触石理而出,盖约其文意而为之。”《初学记》引《公羊传》,亦与《文选注》同,故至今承用为云事。

嵯峨 何逊《九日侍宴乐游苑》诗:“风起嵯峨云。”

春海照 骆宾王《海曲书情》诗:“白云照春海。”

夏峰多 顾恺之《神情》诗:“夏云多奇峰。”

叠叠 江淹《山中楚词·第四首》:“云叠叠兮薄树。”

鱼鳞 徐坚《初学记·天部》:“《吕氏春秋》曰:‘山云草莽,水云鱼鳞。’”按,《吕氏春秋·名类》篇:“山云草莽,水云角鱗,旱云烟火,雨云水波。”无鱼鳞之说。《淮南子·览冥训》曰:“山云草莽,水云鱼鳞。”高诱注曰:“山中出云似草莽,水气出云似鱼鳞。”当是误以《鸿烈解》为《吕览》。

梢梢树影 罗让《梢云》诗:“梢梢含树影。”郭璞《江赋》李善注:“孙氏《瑞应图》曰:‘梢云,瑞云;人君德至则出,若树木梢梢然也。’”

遮　墨 苏轼《六月二十七日望湖楼醉书诗·第一首》:“黑云翻墨未遮山。”

动　波 陈润《秋河曙耿耿》诗:“云行类动波。”

轮囷 《史记·天官书》:“若烟非烟,若云非云,郁郁纷纷,萧索轮囷,是谓卿云。卿云见,喜气也。”

纠缦 伏生《尚书大传·虞夏传》:“于是俊乂百工,相和而歌《卿云》,帝乃倡之曰:‘卿云烂兮,礼缦缦兮。日月光华,旦复旦兮。’”按:“礼缦缦兮”句,郑康成注曰“教化广远”,则明是“礼”字,而《乐府诗集》诸书,俱作“纠缦”。盖“禮”古作“礼”,因转为“纠”耳。《楚词·招隐士》曰:“树轮相纠兮,林木茇骫。”《隋书·天文志》曰:“有飞星,大如缶若瓮,后皎白,缦缦然长可十余丈。”则“纠”取纠结之意,“缦”取曼衍之意,于理亦通,故至今承用之。

为霖 见二卷《白云无心》诗。

嘉禾 《书序》:“唐叔得禾,异亩同颖,献诸天子。王命唐叔归周公于东,作《归禾》。周公既得命禾,旅天子之命,作《嘉禾》。”孔颖达疏:“嘉,训善也,言此禾之善,故以《嘉禾》名篇。”

五月鸣蜩

钱维城

《诗·豳风·七月》篇:“五月鸣蜩。”毛苌《传》:“蜩,螗也。”孔颖达疏:“《释虫》云:‘蜩蜋、螗蜩、螗,舍人云皆蝉。’”

五月薰风满,蜩鸣觉暑阑。榴边霞欲暮,蒲外雨方残。叶密栖宜稳,枝卑抱岂安?质从初夏化,声在未秋寒。断续知身弱,依微想翼单。院深传处迥,林远听来难。空意号烟景,何由乞羽翰。上林欣借得,沆瀣拟仍餐。

寓意深微,比兴炳也。前辈《反舌无声》诗,皆试帖之超诣,不当寻行数墨读之。

叶密 傅玄《蝉赋》:“翳密叶之重荫兮,噪闲树之肃清。”杜甫《夏日李公见访》诗:“叶密鸣蝉蜩。”

枝卑 杜甫《陪郑广文游何将军山林诗·第二首》:“卑枝低结子。”

抱 徐幹《为挽船士与新娶妻别》诗:“蝉吟抱枯枝。”

初夏化 傅玄《蝉赋》:“经青春而未育兮,当隆夏而化生。”刘沧《访友人郊居》诗:“已有蝉声报夏初。”李觏《鸣蜩》诗:“时节还初夏。”按:蝉生于四五月间,故《月令》仲夏之月不曰蝉始生,而曰蝉始鸣,不必定以五月生也。或疑“初夏”字与题“五月”不合者,非。

未秋寒 《礼·月令》:“孟秋之月,寒蝉鸣。”姚合《闻蝉》诗:“未秋吟便苦。”

断续 项斯《闻蝉》诗:“声声断续匀。”

依微 成公绥《云赋》:“依微要妙。”李贺《石城晓》诗:“春帐依微蝉翼罗。”

号 江逌《咏秋》诗:“寒蝉闻夕号。”

烟景 江淹《惜晚春应刘秘书》诗:“烟景空抱意。”

羽翰 何逊《赠韦记室黯别》诗:“无因生羽翰,千里暂排空。”

上林 见一卷《禁林闻晓莺》诗。

沆瀣 见二卷《清高金茎露》诗。

门对浙江潮

王际华

宋之问《灵隐寺》诗:“楼观沧海日,门对浙江潮。”按:计敏夫《唐诗纪事》谓骆宾王逃窜为僧,遇之问,共联此诗。然宾王、之问同为武后时人,宾王既为老僧,之问年亦相近,何以有少年之称?故前人谓此事伪托。今此诗宋、骆二集并载之,非也。

梵宇钱塘岸,观潮对海门。六鳌排巨浪,一线射朝暾。风雨声初合,雷霆势乍奔。银潢谁倒泻,石堰欲横吞。楼迥疑无地,山漂略有痕。龙宫惊澒洞,鹫岭恐飞翻。万古长江涌,千年古刹存。登临真胜绝,轩豁见乾坤。

后半不脱“灵隐”,“门对”字方不落空余,亦激壮。

梵宇 王僧孺《中寺碑》:“萧宫改构,梵宇方壮。”《一统志·浙江杭州府寺观》:“云林寺在钱塘县武林山,旧名灵隐寺,晋咸和初建。”

钱塘 郦道元《水经注·浙江水》:“浙江,又东迳灵隐山,山下有钱塘故县,浙江迳其南。王莽更名之曰泉亭。《地理志》曰:‘会稽西部都尉治。’《钱塘记》曰:‘防海大塘在县东一里许,郡议曹华信家议立此塘,以防海水。始开募,有能治一斛土者,即与钱一千。旬月之间,来者云集,塘未成而不复取。于是载土石者皆弃而去,塘以之成,故改名钱塘焉。'"

海门 周密《前武林旧事》:"浙江之潮,天下之伟观也。自既望以至十八日为最盛。方其远出海门,仅如银线;既而渐进,则玉城雪岭,际天而来。大声如雷霆,震撼激射,吞天沃日,声极雄豪。"

六鳌 齐唐《观潮》诗:"忽如员峤六鳌移。"《列子·汤问》篇:"其中有五山焉:一曰岱舆,二曰员峤,三曰方壶,四曰瀛洲,五曰蓬莱。而五山之根无所连着,常随潮波上下往还,不得暂峙焉。仙圣毒之,诉之于帝。帝恐流于西极,失群圣之居,乃命禺强使巨鳌十五举首而戴之。迭为三番,六万岁一交焉,五山始峙。而龙伯之国有大人,举足不盈数步而暨五山之所,一钓而连六鳌。"

巨浪 杜甫《水槛》诗:"茅轩驾巨浪。"

一线 苏轼《望海楼晚景二绝·第一首》:"海上涛头一线来。"

朝暾 隋《朝日歌》:"诚夏扶木上朝暾。"

风雨 陶翰《乘潮至渔浦作》:"潮来如风雨。"

雷霆 《宋史·苏轼传》:"浙江潮自海门东来,势如雷霆。"

银潢 杨时遇《钱塘江迎潮》诗:"银潢翻空际天白。"按:龟山误以银潢为银河,说见四卷《查客至斗牛》诗。

石堰 《宋史·河渠志》:"景祐中,以浙江石塘积久不治,人患垫溺。工部郎中张夏出使,因置捍江兵士五指挥,专采石修塘。"丁宝臣《石堤记》:"初景祐中,转运使张公伯起,善为捍御之策,谓故堤率薪土杂治,不一二岁辄坏,虽勤缮构卒不足恃,而重劳吾民。乃作石堤,袤一十二里,民赖以安。"

楼迥 李商隐《即日》诗:"地宽楼已迥。"

无地 王巾《头陀寺碑》:"飞阁逶迤,下临无地。"

山漂 李群玉《洞庭风雨诗·第二首》:"山漂欲抃鳌。"

登临 见二卷《秋色正清华》诗。

轩豁 韩愈《南海神庙碑》:"海之百灵秘怪,恍惚毕出,蜿蜿蛇蛇,来享饮食。阖庙旋舻,祥飙送帆。旗纛旄麾,飞扬晻霭。铙鼓嘲轰,高管嗷噪。武夫奋棹,工师唱和。穹龟长鱼,踊跃后先。乾端坤倪,轩豁呈露。”

平秩南讹

李因培

《书·尧典》:“平秩南讹。”孔安国《传》:“讹,化也。掌夏之官,平秩南方化育之事。”孔颖达疏:“讹,化。《释言》文,禾苗秀,德化成于实,亦胎生乳化之类。故掌夏之官,平秩南方化育之事,谓劝课民耘耨,使苗得秀实。”

调元资圣化,长养命炎官。物以平均盛,思缘秩序殚。薰风流玉轸,灵雨过雕阑。挈水鸥飞白,耕云日漾丹。才知称夏假,即此是贞观。钻杏新分火,登蚕早织纨。桐生真靡诎,薙继谅无难。欲识南讹力,尧阶宇宙宽。

气体鲜华,风格亦极遒,上句中有骨故也。“薰风”四句写“南讹”,“钻杏”二句是“平秩”中事,故不妨以“才知”二句间其中,非夹杂写景之比。

调元 见一卷《黄钟宫为律本》诗。

长养 苏轼《慈湖夹阻风诗·第四首》:“谁识南讹长养功。”

炎官 见二卷《槐夏午阴清》诗。

平均 秩叙 《书·尧典》:“平秩东作。”孔安国《传》:“秩,序也。平均次序东作之事,以务农也。”

薰风 见一卷《西王母献益地图》诗。

玉轸 见二卷《焦桐入听》诗。

灵雨 《诗·鄘风·定之方中》篇:“灵雨既零。”郑玄笺:“灵,善也。”

雕栏 李后主《虞美人》词:“雕栏玉砌应犹在。”

挈水 《庄子·外篇·天地》:“凿木为机,后重前轻。挈水若抽,数如泆汤,其名为榛。”

耕云　崔涂《过陶征君隐居》诗:“白云犹可耕。”胡仔《苕溪渔隐丛话》:“东坡作《惠州白鹤新居上梁文》,叙幽居之趣。余亦尝效之,有曰:‘春风雨足,耕陇头之晓云。’”

夏假　《礼记·乡饮酒义》:“南方者夏,夏之为言假也。养之长之,假之仁也。”郑玄注:“假,大也。”

贞观　《易·系辞传下》:“天地之道,贞观者也。”孔颖达疏:“谓天覆地载之道,以贞正得一,故其功可为物之所观也。”陆德明《经典释文》:“观,官唤反,又音官。”

钻杏　《周礼·夏官·司爟》:“掌行火之政令,四时变国火以救时疾。”郑玄注:“郑司农说以鄹子曰:‘春取榆柳之火,夏取枣杏之火,季夏取桑柘之火,秋取柞楢之火,冬取槐檀之火。’”

登蚕　《礼·月令》:“季春之月,蚕事既登。”卫湜《礼记集说》:“严陵方氏曰:‘蚕事既登者,事毕而登比年之数也,与《曲礼》年谷不登之登同义。’”

织纨　《汉书·地理志》:“织作冰纨绮绣纯丽之物。”注,如淳曰:“纨,白熟也。”臣瓒曰:“冰纨,纨细密坚如冰者也。”师古曰:“如说非也。冰谓布帛之细,其色鲜洁如冰者也,纨素也。”

桐生　《汉书·礼乐志·郊祀歌朱明四》:“桐生茂豫,靡有所诎。”注:臣瓒曰:“夏为朱明。”师古曰:“桐,读为通。茂豫,美盛而光悦也。言草木皆通达而生美悦光泽,各无所诎,皆申遂也。诎,音丘物反。”刘攽《刊误》:“桐,幼稚也。扬子云:‘师哉师哉,桐子之命。’”

蕤继　《汉书·律历志》:“蕤宾,蕤继也。宾,导也,言阳始导阴气,使继养物也。位于午,在五月。”

尧阶　见一卷《锥处囊》诗。

朱草合朔

朱若东

《大戴礼记·明堂第六十七》:"朱草日生一叶,至十五日生十五叶,十六日一叶落,终而复始也。"按:唐韦模当有《朱草合朔赋》。

凤纪协灵符,龙池瑞草敷。叶从初吉长,数自望前孚。荣落丹心在,盈亏素魄俱。菠薐偕纪朔,蓂荚逊涂朱。过晦萌仍吐,经寒态不殊。瑞应同萐莆,色莫诧珊瑚。黼黻功相借,璇玑验亦须。太和归上治,嘉祉媲唐虞。

"荣落"四句警绝,余亦稳称。

凤纪 见一卷《迎岁早梅新》诗"凤纪韶华启"句。

灵符 《晋书·郭璞传》:"盖王者之作,必有灵符,塞天人之心,与神物合契,然后可以言受命矣。"

龙池 见一卷《禁林闻晓莺》诗。

瑞草 李绰《尚书故实》:"朱草,瑞草也。长三尺,枝叶皆赤,茎似珊瑚。"

初吉 《诗·小雅·小明》篇:"二月初吉。"毛苌《传》:"初吉,朔日也。"

望前 刘熙《释名·释天》:"望,月满之名也。月大十六日,小十五日;日在东,月在西,遥相望也。"

丹心 傅玄《蝉赋》:"清激畅于遐迩兮,时感君之丹心。"韦模当《朱草合朔赋》:"朔告合焉,表皇化之无异。草名朱也,比丹心兮自持。"

素魄 见一卷《日升月恒》诗。

菠薐 《广群芳谱·蔬谱二》:"菠菜,一名菠薐。"又:"此菜必过月朔乃生,即晦日下种,与十余日前种者同生,亦一异也。"

蓂荚 见一卷《迎岁早梅新》诗"叶转尧阶荚"句。

萐莆 班固《白虎通·德论》:"德至,山陵则景云出,芝实茂,陵出黑丹,阜出萐莆。”又:“孝道至,则以。萐莆者,树名也。其叶大于门扇,不摇自扇于饮食,清凉助供养也。”《宋书·符瑞志》:“萐莆,一名倚扇,状如蓬,大枝叶小,根根如丝,转而成风,杀蝇。尧时生于厨。”

黼黻　李石《续博物志》:“朱草,状如小桑栽,长三四尺,枝叶皆丹汁如血。朔望生,落如蓂荚,周而复始。可以染绛成黼黻之章。”

玑　衡　《书·舜典》:“在璇玑玉衡,以齐七政。”孔颖达疏:“玑衡者,玑为转运,衡为横箫。运玑使动于下,以衡望之。是王者正天文之器。汉世以来谓之浑天仪者是也。马融云:‘浑天仪可旋转,故曰玑衡。其横箫,所以视星宿也。以璇为玑,以玉为衡,盖贵天象也。’蔡邕云:‘玉衡长八尺,孔径一寸,下端望之以视星辰,盖悬玑以象天而衡望之。’转玑窥衡以知星宿,是其说也。”

太和　张华《博物志》:“物产和气相感,则生朱草。”

唐虞　李昉《太平御览·皇王部六》:“《尚书·中候》曰:‘帝尧即政七十载,景星出翼,凤凰止庭,朱草生郊。’又《洛书·灵准听》曰:‘正月上日,舜受终,凤凰仪,黄龙感,朱草生。’”

腐草为萤

积　善

《礼·月令》:“季夏之月,腐草为萤。”郑玄注:“萤,飞虫,萤火也。”孔颖达疏:“腐草此时得暑湿之气,故为萤。”卫湜《礼记集说》:“马氏曰:‘腐草为萤,则木气之余,乘火而化也。’”

寸草无知物,生机不暂停。芳时常起蝶,腐后却为萤。犹记菁葱日,旋看熠耀形。池塘春思寂,庭院夜光荧。绕砌空寻绿,流辉尚带青。几番经宿雨,数点映稀星。莫讶推迁幻,应归造化灵。缥囊如见贮,犹可映书棂。

句句带定“腐草”,写出“为”字,自不同泛作萤诗。

寸草 孟郊《游子吟》:“谁言寸草心,报得三春晖。”

起蝶 《庄子·外篇·至乐》:“乌足之根为蛴螬,其叶为蝴蝶。”陆德明《经典释文》:“司马云:‘蝴蝶,蛱蝶也。草化为虫,虫化为草,未始有极。’”

青葱 《汉书·扬雄传》:“翠玉树之青葱兮,璧马犀之璘瑞。”

熠耀 《诗·豳风·东山》篇:“熠耀宵行。”毛苌《传》:“熠耀,燐也。燐,萤火也。”

池塘春思 钟嵘《诗品·中》:“《谢氏家录》云:康乐每对惠连,辄得佳语。后在永嘉西堂,诗思竟日不就。寤寐间,忽见惠连,即成‘池塘生春草’。故常云:‘此语有神助,非吾语也。’”张端义《贵耳集》:“北状元汪世显入蜀锦州道中,题诗云:‘六军休动三衙鼓,梦在池塘春思中。’”

夜光 崔豹《古今注·鱼虫第五》:“萤火,一名耀夜,一名景天,一名熠耀,一名丹良,一名燐,一名丹鸟,一名夜光,一名宵烛。腐草为之,食蚊蚋。”

带青 司马扎《感萤》诗:“青荧一点光,曾误几人老。”

宿雨 《礼·月令》:“季夏之月,大雨时行。”

稀星 杜甫《见萤火》诗:“却乱檐前星宿稀。”

缥囊 《隋书·经籍志》:“荀勖又因中经更著新簿,分为四部,总括群书,盛以缥囊,书用缃素。”

照读[①] 见二卷《凿壁偷光》诗。

灯缘起草挑

达麟图

岑参《和刑部成员外秋夜寓直寄台省知己》诗:“笔为题诗点,灯缘起草挑。”

纶扉清切地,待诏直良宵。草向黄麻起,灯从紫禁挑。纱笼光烂

---

① 此系镂板误衍。

漫,彩笔影飘摇。未减然藜夜,常连染翰朝。院铃风里动,宫漏月中遥。凤诺频相检,兰膏几度销。即今裁五色,忆昔限三条。幸沐君恩重,瑶缄捧碧霄。

切定“起草”,说“灯缘”字,不剔自透。“即今”二句,尤脱洒。

纶扉 按:唐人称中书为纶闱,以王言所出也;明人始有纶扉之称,叶向高诗尝用之,盖章奏批答之习语耳。

清切 刘桢《赠徐幹》诗:“谁为道路远?隔此西掖垣。拘限清切禁,中情无由宣。”

待诏 见一卷《诗书至道该》诗。

草 《汉书·淮南衡山济北王传》:“时武帝方好艺文,以安属为诸父,辩博善为文辞,甚尊重之。每为报书及赐,常召司马相如等视草乃遣。”注:师古曰:“草,为文之藁草。”沈括《梦溪笔谈·故事一》:“学士院玉堂,太宗皇帝曾亲幸,至今惟学士上日许正坐,他日皆不敢独坐。故事,堂中设视草台,每草制,则具衣冠据台而坐。”

黄麻 《唐六典·中书省部李林甫注》:“今册书用简,制书、劳慰制书、发日敕用黄麻纸,敕旨、论事敕及敕牒用黄藤纸,其敕书颁下诸州用绢。”李肇《翰林志》:“元和初,置书诏印,学士院主之。凡赦书、德音、立后、建储、大诛讨、免三公宰相、命将,曰制,并用白麻纸,不用印;凡赐与、征召、宣索、处分,曰诏,用白藤纸;凡慰军旅,用黄麻纸并印。”宋敏求《春明退朝录》,“《唐日历》:‘贞观十年十月,诏始用黄麻纸写诏敕。’”又曰:“上元三年闰三月,戊子敕:‘制敕施行,既为永式,比有白纸,多有虫蠹。自今以后,尚书省颁下诸司,及州下县,宜并用黄纸。’”原注,《魏志》:刘放、孙资劝明帝召司马宣王。帝纳其言,即以黄纸授放作诏。

紫禁 谢庄《宋孝武宣贵妃诔》:“收华紫禁。”李善注:“王者之宫以象紫微,故谓宫中为紫禁。”

纱笼 白居易《宿东亭晓兴》诗:"耿耿纱笼烛。"按:夏侯湛《缸灯赋》有"疏以华笼"语,梁元帝有《咏烛笼》诗,则烛之有笼,不始于唐,但未言用纱耳。

彩笔 潘岳《萤火赋》:"援彩笔以为铭。"

燃藜夜 《三辅黄图》:"刘向于成帝之末,校书天禄阁,专精覃思。夜有老人,著黄衣,植青藜杖,叩阁而进。见向暗中独坐诵书,老父乃吹杖端烟然,因以见向,授《五行》《洪范》之文。恐词说繁广忘之,乃裂裳及绅以记其言。至曙而去。请问姓名,云:'我是太乙之精,天帝闻卯金之子有博学者,下而观焉。'乃出怀中竹牒,有天文、地图之书,曰:'余略授子焉。'至子歆,从授其术。向亦不悟此人焉。"

染翰朝 贾至《早朝大明宫呈两省僚友》诗:"共沐恩波凤池上,朝朝染翰侍君王。"

院铃 李肇《翰林志》:"南北二厅,皆有悬铃,以示呼召。"韩偓《雨后月中玉堂闲坐》诗:"夜久忽闻铃索动,玉堂西畔响丁东。"自注:"禁省严密,非本院人,虽有公事不敢遽入。至于内夫人宣事,亦先引铃。每有文书,即内臣立于门外,铃声动,本院小判官出受;受讫,授院使,院使授学士。"

宫漏 苏易简《续翰林志》:"修篁皓鹤,悉图廊庑。奇花异木,罗植轩砌。风传禁漏,月色满庭,真人世之仙境。"

凤诺 陆龟蒙《笠泽书说·凤尾诺》:"或问予曰:'凤尾诺为何等物?图耶?书耶?'对曰:'予之所闻,自晋讫于陈梁已来,藩邸之书,凡封子弟为王,则开府群僚属,取当时士有学行才藻者中是选。其所下书,东宫则曰令,上书则曰笺,诸王下书则曰教。上书则曰启,应和文章则曰应令、应教,下其制一等故也。则事行则曰诺,犹汉天子肯臣下之奏曰可也。凤尾则所诺笺之文也。绛缭然,襹褷然。织为绘莫的知,既肯其行,必有褒异之辞。若今之批答。'案:晋元帝为瑯邪王时,帝美其才,令通习外事,尝使批凤尾诺。南齐江夏王锋,高帝第十二子,甚怜之。年五岁,使学凤尾诺,下笔便工,帝大悦,以玉麒麟赐之。余未见其出。"王楙《野客丛书》:"皮日休诗以'凤尾诺'对'虎头凿'。东坡以

'凤尾诺'对'虎头州'。按:晋帝批奏,书诺字之尾如凤尾之形,故谓凤尾诺;齐帝令江夏王学凤尾诺,一学即工。诺者,犹言制可也。诺字与诏字相似,而又有凤诏之语,故观者往往误以为凤尾诏焉,如《陆龟蒙集》所刊是也。"

兰膏 《楚词·招魂》:"兰膏明烛,华容备些。"王逸注:"兰膏,以兰香炼膏也。"

裁五色 陶宗仪《说郛五十九·陆翙〈邺中记〉》:"石虎诏书以五色纸着凤雏口中。"王维《和贾舍人早朝大明宫之作》:"朝罢须裁五色诏。"

限三条 程大昌《演繁露》:"《五代会要·二十一》曰:'清泰二年,礼部奏,奉长兴一年敕进士引试,早入晚出,请依旧例试杂文,并点门入省,经宿就试。'唐试连夜,以烛三条为限。《白乐天集》:'试日许烧木烛三条,烛尽不许更续。'至此,因礼部奏乃始达旦也。"胡仔《苕溪渔隐丛话》:"《复斋漫录》云:'《杜阳杂编》言:舒元舆举进士,既试,脂炬人皆自将。'以余考之,唐制如此耳。故《广记》云:'唐制:举人试日,既暮,许烛烧三条。'韦永贻试日,先毕,作诗云:'三条烛尽钟初动,九转丹成鼎未开。明月渐低人扰扰,不知谁是谪仙才。'而旧说亦言举人试日,已晚,试官权德舆于帘下戏云:'三条烛尽,烧残举子之心。'而举子遂答曰:'八韵赋成,惊破侍郎之胆。'乃知唐制许举子见烛三条。"

瑶缄 崔融《为百官贺雨请复膳表》:"捧瑶缄而凤起。"

首夏犹清和

梁国治

谢灵运《游赤石进帆海》诗:"首夏犹清和,芳草亦未歇。"按:清和本二月之候,故谢客此句用"犹"字。李善注引《归田赋》"仲春令月,时和气清"语为证是也。后人以四月为清和节,则本魏文帝《槐赋》语,又自一义。

蔼蔼复悠悠,春归媚景留。年光仍澹沱,人意共夷犹。晓砌红方暖,深丛绿渐稠。花高蜂影乱,林静鸟声幽。浅燠梅风软,微寒麦陇秋。云容阴复白,烟态霁难收。翠绕江篱渚,香霏杜若洲。清和真令节,选胜悦宸游。

妙写夏浅春深之景,"犹"字不烦挑剔而自透,可谓清楚而浑融。"晓砌"句,暗用"红药当阶翻"意。"江篱"一联,归到本诗芳草未歇意,细腻之极。

蔼蔼　悠悠　滕迈《春色满皇州》诗:"蔼蔼复悠悠,春归十二楼。"

年光　徐陵《答李颙之书》:"且年光遒尽,触目崩心。"

澹沱　见二卷《早春残雪》诗。

夷犹　见二卷《风软游丝重》诗。

蜂影乱　杜甫《入乔口》诗:"树密早蜂乱。"

鸟声幽　韦应物《月晦忆亲友曲水游燕》诗:"塘绿鸟声幽。"

浅燠　微寒　王勃《采莲赋》:"麦雨微寒,梅风浅燠。"

阴复白　杜甫《暮春题瀼西新赁草堂》诗:"彩云阴复白。"

霁难收　温庭筠《华清宫》诗:"烟暖霁难收。"

江篱渚　陆机《塘上行》:"江篱生幽渚。"

杜若洲　《楚词·九歌·湘君》:"采方洲兮杜若。"

令节　傅充妻辛氏《元正》诗:"元正启令节。"

选胜　见一卷《荷净纳凉时》诗"选胜随时得"句。

宸游　宋之问《奉和辛大荐福寺》诗:"宸游满路辉。"

秋云似罗

朱　珪

梁元帝《荡妇秋思赋》:"重以秋水文波,秋云似罗。"

一望长空迥,云罗澹不收。时拖三两尺,画出浅深秋。薄缕层层映,轻阴浛浛浮。微烘穿线榭,偏映曝衣楼。雾縠何人织?冰绡几片柔?裁裳风是剪,卷帐月成钩。夜色明河汉,寒星看女牛。天机云锦段,至巧可容求。

巧不伤纤。三、四句尤为高雅。

浛浛 杜甫《放船》诗:"山云浛浛寒。"按:浛浛,即闪闪之意。语本《礼记》,注互详四卷《金在镕》诗。

穿线榭 宗懔《荆楚岁时记》:"七月七日,是夕,人家妇女结彩缕,穿七孔针,或以金银鍮石为针,陈瓜果于庭中,以乞巧。有蟢子网于瓜上,则以为符应。"

曝衣楼 孔传《续六帖·七月七日部》:"《景龙记》:太液池西,有汉武帝曝衣楼,常至七月七日,宫女出后衣,登楼曝之。"

雾縠 见前《入帘残月影》诗。

冰绡 王勃《七夕赋》:"引鸳杼兮割冰绡。"

裁裳 侯喜《秋云似罗赋》:"冰绡若无,孰不比方而皆忝。霓裳倘有,谁谓裁缝而不堪。"

风是剪 贺知章《咏柳》诗:"二月春风是剪刀。"

月如钩 梁简文帝《乌栖曲·第二首》:"浮云似帐月如钩。"

河汉 《诗·小雅·大东》篇:"维天有汉,监亦有光。"毛苌《传》:"汉,天河也。"孔颖达疏:"《河图括地象》云:'河精上为天汉。'杨泉《物理论》云:'星者,元气之英也。汉水之精也。气发而著,精华浮上,宛转随流,名曰天河。一曰云汉。《大雅》云,倬彼云汉是也。'"

女牛 魏文帝《燕歌行》:"牵牛织女遥相望。"李善注:"《史记》曰:'牵牛为牺牲。其北织女,天女孙也。'曹植《九咏》注曰:'牵牛为夫,织女为妇。织女、牵牛之星,各处一旁。七月七日,得一会同矣。'"

云锦段 苏轼《和文与可洋川园池诗·第二首》:"卷却天机云锦段,从教匹练写秋光。”

赋得龙池春禊应制

钱汝诚

嘉禊征浮枣，芳池会跃龙。自天春盎盎，与物乐雍雍。凡百冠裳列，惟三月日重。流杯怀洛典，捧剑睹金容。堤绕生香树，波涵倒影峰。兰蹊犹暖薄，柳屿未阴浓。锡宴笙簧洽，赓歌大小从。年年叨圣泽，盥洁定相逢。

题为“龙池春禊”，如着一觞一咏，风流跌宕之语，则不称“龙池”；如着礼节乐和，排偶板滞之词，则不称“春禊”。典贵之中，仍写出天地欣合之意，故为佳制。

浮枣 杜笃《祓禊赋》：“浮枣绛水，酹酒酦川。”按：庾肩吾《三日侍兰亭曲水宴》诗有“参差绛枣浮”句，江总《三日侍宴宣游堂曲水》诗有“浮枣漾清漪”句，修禊浮枣，必有典故。今无考。

跃龙 郭茂倩《乐府诗集·郊庙歌辞·唐享龙池乐章》第三首：“龙池跃龙龙已飞。”

盎盎 杜牧《李贺集·序》：“春之盎盎，不足为其和也。”

雍雍 《诗·大雅·思齐》篇：“雍雍在宫。”毛苌《传》：“雍雍，和也。”

凡百 应旸《侍五官中郎将建章台集》诗：“凡百敬尔位。”按：梁武帝有《凡百箴》，盖割用《毛诗》，相沿已久。

惟三 《书·洪范》：“分土惟三。”

日月重 阎朝隐《三日曲水侍宴应制》诗：“三月重三日。”

流杯　捧剑 《晋书·束皙传》：“武帝尝问挚虞三日曲水之义，虞对曰：‘汉章帝时，平原徐肇以三月初生三女，至三日俱亡。村人以为怪，乃招携之水滨洗祓，遂因水以泛觞。其义起此。’帝曰：‘必如所谈，便非好事。’皙进曰：

‘虞小生不足以知,臣请言之:昔周公城洛邑,因流水以泛酒,故《逸》诗云羽觞随波。又,秦昭王以三日置酒河曲,见金人奉水心之剑,曰:今君制有西夏,乃伯诸侯。因此立为曲水。二汉相缘,皆为盛集。’帝大悦,赐晢金五十斤。”

金容　王融《法乐词歌下生》:“金容涵夕景。”

生香树　石延年《题张氏园亭》诗:“生香不断树交花。”

倒影峰　见二卷《雨后山光润廓青》诗。

笙簧　《诗·小雅·鹿鸣》篇:“吹笙鼓簧。”毛苌《传》:“簧,笙也。”

大小　《诗·鲁颂·泮水》篇:“无小无大,从公于迈。”郑玄笺:“臣无尊卑,皆从君行而来。”

盥洁　应劭《风俗通义》:“按《周礼》:‘女巫掌岁时,以祓除衅浴。’禊者,洁也。《尚书》:‘以殷仲春,厥民析。’言人解疗生疾之时,故于水上衅洁之也。”

木从绳

李中简

《书·说命上》:“说复于王曰:‘惟木从绳则正,后从谏则圣。’”

良弼承休命,旁徵矢好音。试将梁栋义,微献准绳箴。攻短防回曲,从长引丈寻。轮囷虽具体,裁度始堪任。天植栽培笃,人工斧藻深。始知舟待楫,亦似砺硎金。启沃元非偶,盘盂尚可钦。圣朝宏翕受,应有对扬心。

以“木从绳”喻后从谏,“木”字难于比拟,“从绳”亦难于刻画。浑写大意,以题而映带点缀之,最为得体。

良弼　《书·说命上》:“梦帝赉予良弼。”

休命　《书·说命下》:“说拜稽首曰:‘敢对扬天子之休命。’”

矢好音　《诗·大雅·卷阿》篇:“岂弟君子,来游来歌,以矢其音。”毛苌

《传》:“矢,陈也。”

梁栋 班彪《王命论》:“楶棁之材,不荷栋梁之任。斗筲之子,不秉帝王之重。”按,冯衍《奏记》称:“明帝复兴,大将军为之梁栋。”《后汉书·陈球传》:“称公为国栋梁。”傅玄《栋铭》称:“国有维辅,屋有栋梁。”皆以栋梁指大臣。然题以“木从绳”比“后从谏”,则栋梁宜属君身,故置彼引此。

准绳 《吕氏春秋·自知》篇:“欲知平直,则必准绳。欲知方圆,则必规矩。人主欲自知,则必直士。故天子立辅弼,设师保,所以举过也。”

攻短 牟融《理惑论》:“若子张、子游,俱问一孝,而仲尼答之各异,攻其短也。”窦巩《江陵遇元九李六二侍御纪事书情呈十二韵》诗:“攻短每言非。”

轮囷 《史记·鲁仲连邹阳列传》:“蟠木根柢,轮囷离诡。”裴骃《集解》:“张晏曰:‘轮囷离诡,委曲槃戾也。’”

裁度 《唐书·李泌传》:“帝以‘前世上巳、九日,皆大宴集,而寒食多与上巳同时,欲以二月名节,自我为古,若何而可?’泌谓:‘废正月晦,以二月朔为中和节,因赐大臣戚里尺,谓之裁度。’”

斧藻 扬雄《法言·学行》篇:“吾未见好斧藻其德,若斧藻其楶者欤。”李轨注:“斧藻,犹刻桷丹楹之饰削也。藻,文饰也。”

舟待楫 《书·说命上》:“若济巨川,用汝作舟楫。”《易·系辞传下》:“刳木为舟,剡木为楫。”

砺硎金 《书·说命上》:“命之曰:‘朝夕纳诲,以辅台德。若金,用汝作砺。’”孔安国《传》:“铁须砺,以成利器。”荀子《劝学》篇:“故木受绳则直,金就砺则利。”

启沃 见一卷《更达四门聪》诗。

盘盂 蔡邕《铭论》:“若黄帝有巾几之法,孔甲有盘盂之诫,亦所以劝导人主,勖于令德者也。”《史记·魏其武安侯列传》:“学盘盂诸书。”裴骃《集解》:“应邵曰:黄帝史孔甲所作铭也,凡二十六篇。书盘盂中所为法戒。”班固《汉书·艺文志》:“孔甲盘盂二十六篇。”班固自注:“黄帝之史或曰夏帝,孔甲似皆非。”

翕受 《书·皋陶谟》:“翕受敷施,九德咸事。”孔安国《传》:“翕,合也。”

霜中能作花

范清沂

鲍照《梅花落》:“中庭杂树多,偏为梅咨嗟。问君何独然,念其霜中能作花。”

莫道幽香发,都由暖意蒸。纵教含冻坼,亦以拒霜称。冷艳枝枝好,清寒夜夜增。玉妃时一笑,青女任相凌。孤影谁嫌瘦,贞心自有凭。花明都似雪,性淡本如冰。古调琴三弄,空山月半棱。何人宜作赋,合是广平能。

起四句笔意纵横,七、八句及末二句用事警切,人所易见;尤佳在“孤影”四句,使“能”字虚实并到。

幽香 齐己《早梅》诗:“风递幽香去。”

含冻 司马相如《上林赋》:“其北则盛夏含冻裂地,涉冰揭河。”

拒霜 苏轼《和陈述古拒霜花》诗:“千株扫作一番黄,只有芙蓉独自芳。唤作拒霜知未称,细思却是最宜霜。”按,《本草纲目》:“木芙蓉八九月始开,故名拒霜。”

冷艳 尤延之《梅花》诗:“冷艳天然白。”

清寒 《淮南子·天文训》:“庚子气燥寒,壬子气清寒。”苏轼《庐山二胜栖贤三峡桥》诗:“清寒入山骨,草木尽坚瘦。”

玉妃 韩愈《辛卯年雪》诗:“白霓先启途,从以万玉妃。”陈与义《和张矩臣水墨梅诗·第三首》:“粲粲江南万玉妃,别来几度见春归。”

青女 《淮南子·天文训》:“至秋三月,地气不藏,乃收其杀。百虫蛰伏,静居闭户,青女乃出,以降霜雪。”高诱注:“青女,天神青葜玉女,主霜雪也。”李商隐《扶风道上见早梅》诗:“青女不饶霜。”

琴三弄 杨表正《琴谱大全·梅花三弄》注:“是曲一名《玉妃引》。起自桓伊善三弄笛声。王子猷闻其名而未识。一日遇诸途,即洽倾盖之欢。子猷曰:‘闻君善于笛,愚窃愿闻。’桓伊出笛,吹三弄梅花之调,高妙绝伦,后人入于琴。其音清爽,有凌霜之趣,非有道者莫知其意味也。”

月半棱 惠洪《冷斋夜话》:“盛次仲、孔平仲同在馆中,雪夜论诗。平仲曰:‘当作不经人道语。’曰:‘斜拖阙角龙千尺,澹抹墙腰月半棱。’”

广平 皮日休《梅花赋序》:“余尝慕宋广平之为相,贞姿劲质,刚态毅状。疑其铁肠与石心,不解吐婉媚辞。然睹其文而有《梅花赋》,清便富艳,得南朝徐庾体,殊不类其为人也。”李纲《梅花赋序》:“皮日休称‘宋广平之为人,疑其铁心石肠,及睹所著《梅花赋》,清便富艳,得南朝徐庾体’。然广平之赋,今阙不传。予谓梅花非特占百卉之先,其标格清高,殆非余花所及,辞语形容尤难为工。因极思以为之赋,补广平之阙云。”按:广平赋,宋已不传。今所传者,乃出明田艺蘅《留青日札》云“得之鲜于伯机所书”,然其文与李赋多同,盖即剽伯纪语伪撰之。

花与思俱新

冯　浩

韩愈《和席八十二韵》诗:“官随名共美,花与思俱新。”

芳林饶旖旎,逸思擅雕华。物色如相引,诗才欲并夸。江郎怀有笔,潘令县罗花。风信初含蕊,心田亦吐芽。妍姿争掩映,艳彩自交加。盎盎春三月,蓬蓬水一涯。白蘋新句好,红杏丽情赊。上苑浓香满,描摹属赋家。

极力写“与”字、“俱”字,句句警切。

芳林 徐坚《初学记·岁时部上》:“梁元帝《纂要》曰:‘春日青阳,木曰华木、华树、芳林、芳树。'"

旖旎 详四卷《红药当阶翻》诗"旖旎殿春余"句。

逸思 徐陵《玉台新咏·序》:"加以天情开朗,逸思雕华。"

物色 刘勰《文心雕龙·物色》篇:"春秋代序,阴阳惨舒;物色之动,心亦摇焉。"

诗才 严羽《沧浪诗话》:"诗有别才,非关学也。"

怀有笔 钟嵘《诗品·中》:"淹罢宣城郡,遂宿冶亭,梦一美丈夫,自称郭璞,谓淹曰:'吾有笔在卿处多年矣,可以见还。'淹探怀中,得五色笔以授之。尔后为诗,不复成语,故世传江淹才尽。"黄朝英《靖康缃素杂记》:"今世为文辞者,多以江氏为梦笔之裔。然淹梦人取笔,殆非佳语,不知纪氏、李氏亦自可称梦笔之裔,尤为佳也。《蒙求》注引《典略》云:'江淹少梦人授以五色笔,因而有文章。'此一事,又不载于本传,何耶?"按:唐无名氏《梦五色笔赋》,亦用授笔之说。《合璧事类·儒业门》曰:"江淹梦人授五色笔,由是文藻日新。注:出《南史》本传。"今《南史》无此文。

县罗花 白居易《六帖·县令部》:"潘岳为河阳令,树桃李花,人号曰河阳一县花。"按:庾信《枯树赋》有"定是河阳一县花"句,倪氏注"引《晋书·潘岳传》"。岳传实无此语。

风信 见二卷《含薰带清风》诗。

心田 梁简文帝《上大法颂表》:"泽雨无偏,心田受润。"

妍姿 钟会《菊花赋》:"妍姿夭艳。"

掩映 谢庄《和元日雪花应诏》诗:"掩映顺云悬。"

艳彩 刘勰《文心雕龙·情采》篇:"韩非云:'艳采辩说',谓绮丽也。"

交加 梁简文帝《阻归赋》:"何愁绪之交加。"

盎盎 见前《龙池春禊》诗。

蓬蓬 司空图《诗品·纤秾第二》:"采采流水,蓬蓬远春。"

白蘋 见二卷《秋色正清华》诗。

红杏 司空图《诗品·绮丽第九》:“露余山青,红杏在林。”

上苑 见二卷《禁林闻晓莺》诗。

赋家 见一卷《临风舒锦》诗。

误笔成牛

图鞈布

《晋书·王羲之传》:“献之工草隶,善丹青。七八岁时学书,羲之密从后掣其笔不得,叹曰:‘此儿后当复有大名。’尝书壁为方丈大字,羲之甚以为能,观者数百人。桓温常使书扇,笔误落,因画作乌驳犊牛,甚妙。”

笔札传家学,丹青亦擅能。误同书作马,巧类画成蝇。此错焉能铸,其机幸可乘。挥毫随点染,扣角乍崚嶒。裁月携团扇,耕云忆古塍。面宜桃叶障,花拟牡丹增。涂乙难寻迹,徘徊亦自矜。臣原无粉本,莫共戴嵩称。

不脱“误笔”正文,不略画扇本事,方不是泛作画牛诗。“桃叶”一联尤警切。

笔札 《汉书·司马相如传》:“上令尚书给笔札。”

书作马 《汉书·万石卫直周张传》:“建为郎中令,奏事下,建读之,惊恐曰:‘书马者与尾而五,今乃四,不足一。获谴死矣!’”注:“服虔曰:‘作马字下曲者而五,建时上书误作四。’师古曰:‘马字下曲者为尾,并四点为四足,凡五。’”

画成蝇 见二卷《误笔成蝇》诗。

此错 司马光《资治通鉴·唐纪八十一》:“天祐三年,罗绍威即诛牙军,虽去其逼,而魏兵自是衰弱。绍威悔之,谓人曰:‘合六州四十三县铁,不能为此错也!’”胡三省注:“罗以杀牙兵之误,取铸错为喻。”

挥毫 高允《征士颂》:“挥毫颂德。”

叩角 《淮南子·主术训》:“甯戚商歌车下,桓公喟然而寤。”高诱注:“甯戚饭牛车下,叩角商歌,齐桓公悟之,用以为相。”按:《缪称训》《道应训》皆称甯戚击牛角而歌,《说苑》亦作击角;惟此注及《艺文类聚》引《古琴操》作叩。二字义同,记载异文耳。

裁月 班婕妤《怨诗行》:“新裂齐纨素,皎洁如霜雪。裁为合欢扇,团团似明月。”

耕云 见前《平秩南讹》诗。

桃叶 徐陵《玉台新咏·桃叶答王团扇歌》第三首:“团扇复团扇,持许自障面。”吴兆宜注:“唐徐坚《初学记》第一首作王献之《桃叶团扇歌》,《艺文类聚》与此同。《乐府》作《团扇歌》。”案:诗意作《团扇歌》为正,此云“桃叶答王”,未详。

牡丹 祝穆《事文类聚·毛虫部》:“唐末刘训者,京师富人,梁氏开国,尝假贷以给军。京师春游,以观牡丹为胜赏。训邀客赏花,乃系水牛数百,在前指曰:‘此刘氏黑牡丹也。’”

涂乙 方以智《通雅·器用类》:“涂乙,涂窜钩止也。褚先生言:‘东方朔用三千卷牍,两人共持举,人主上方读之。止,辄乙其处,二月乃尽。’谓以笔钩断画止也。开宝六年,命卢多逊、扈蒙、张澹,参详长定循资格,涂注乙二十条。李义山《韩碑》诗曰:‘点窜尧典舜典字,涂改清庙生民诗。’唐门下省给事中,凡百官奏钞,侍中既审,则驳正违失。诏敕有不便者,涂窜而奏还,谓之涂归。李藩所争是也。天圣二年,陈从易等校太清楼所藏十代兴亡论,妄加涂窜,降职。升庵以涂乙读为涂黓,后讹作涂注,然则开宝之分涂注、乙,何以分为?”

粉本 朱景元《唐朝名画录》:“明皇天宝中,忽思蜀道嘉陵江水,遂假吴生驿驷,令往写貌。及回日,帝问其状,奏曰:‘臣无粉本,并记在心。’后宣令于大同殿图之。嘉陵江三百余里山水,一日而毕。”

戴嵩 夏文彦《图绘宝鉴》:“唐戴嵩,不知何许人。初韩滉镇浙西,命为巡官。师滉画皆不及,独于牛尽野性,过滉远甚。”

梭化龙

边继祖

见一卷《鲛人潜织》诗。

恍惚谁能测？神龙变化多。偶同鱼在藻，幻作凤衔梭。鲛客拈犹怯，渔人认竟讹。谁知气飞动，不受手摩挲。鳞爪峥嵘露，风云倏忽过。六丁下雷电，一瞥去江河。漫拟蛩催织，真如剑跃波。只应霄汉上，札札伴星娥。

此与剑化为龙不同：剑本神物，可以变化；梭则无当化之理，难以措词。先抉明龙之为梭，然后折入梭之为龙。解铃系铃，原归一手。解题有识，自然挥洒纵横。

变化　《礼·明堂位》："周龙章。"郑玄注："龙，取其变化也。"

鱼在藻　《诗·小雅·鱼藻》篇："鱼在在藻。"毛苌《传》："鱼以依蒲藻，为得其性。"

凤衔梭　苏轼《赵令晏崔白大图幅径三丈》诗："往来不遣凤衔梭，谁能鼓臂投三丈。"

鲛客　见一卷《鲛人潜织》诗。

渔人　《周礼·天官》："渔人，中士二人、下士四人、府二人、史四人、胥三十人、徒三百人。"陆德明《经典释文》："<u>䲜</u>，音鱼。本又作渔，亦作𩵢，同又音御。"

六丁　雷电　韩愈《调张籍》诗："仙官敕六丁，雷电下取将。"柳宗元《龙城录》："上元中，台州一道士王远知善《易》，于观感间曲尽微妙，善知人死生祸福。作《易总》十五卷，世秘其本。一日因曝书，雷雨忽至，阴云腾沓，直入卧内。雷殷殷然，赤电绕室。暝雾中，一老人下，身所衣服但认青翠，莫识其制作也。远知焚香再拜，伏地若有所待。老人叱起，怒曰：'所泄者书何在？上帝命吾摄六丁雷电追取。'"

蛩催织 详四卷《络纬鸣》诗。

剑跃波 详四卷《剑化为龙》诗。

札札 见一卷《鲛人潜织》诗。

星娥 李商隐《海客》诗:"海客乘槎上紫氛,星娥罢织一相闻。"

柳桥晴有絮

吴 鸿

白居易《宴洛滨》诗:"柳桥晴有絮,沙路净无泥。"

芳堤垂柳暗,沙岸小桥横。残雪初飘絮,鸣鸠正唤晴。烟光三月媚,春水一渠明。吹到朱阑积,铺来石齿平。薄浮花港活,密糁钓蓬轻。玉蛛新流长,银塘绿荫清。气和纷作态,风缓舞多情。飞入龙池内,新萍晓又生。

写"絮"字不脱"晴"字、"桥"字,极周密;"吹到"四句尤工。

残雪 隋炀帝《望江南词·第二首》:"絮飞晴雪暖风时。"

鸣鸠 见一卷《农事遍东皋》诗。

烟光 见一卷《山气日夕佳》诗。

春水 温庭筠《杨柳枝词·第一首》:"一渠春水赤阑桥。"

朱阑 韩偓《寒食日重游李氏林亭有怀》诗:"往年同在鸾桥上,见倚朱阑咏柳绵。"

石齿 孟郊《过分水岭》诗:"马行石齿中。"

花港 曹文晦《新山别馆十景·螺溪钓艇》诗:"昼眠花港绿阴多。"

钓蓬 张耒《次韵李德载见寄》诗:"甘分江湖守钓蓬。"

玉蛛 郑毅《垂虹桥》诗:"插天蝃蛛玉腰阔。"

银塘 《锦绣万花谷后集·湖门》:"伏滔《登故台诗序》曰:'夫差姑苏台

东,有丹湖万顷,内有银塘。'"按:"故台"上疑有脱字,此诗今不传,无从考补。

龙池 见前《龙池春禊》诗。

新萍 详五卷《萍始生》诗。

风过箫

饶学曙

《淮南子·齐俗训》:"故尧之治天下也,舜为司徒,契为司马,禹为司空,后稷为大田师,奚仲为工。其导万民也,水处者渔,山处者木,谷处者牧,陆处者农。地宜其事,事宜其械,械宜其用,用宜其人。泽皋织网,陵阪耕田,得以所有易所无,以所工易所拙。是故离叛者寡,而听从者众。譬若播棋丸于地,圆者走泽,方者处高,各从其所安,夫有何上下焉?若风之过箫,忽然感之,各以清浊应矣。"段成式《酉阳杂俎·贬误》:"范传正中丞举进士,省试《风过箫赋》,甚丽,为词人所讽。然为从竹之'箫',非萧艾之'萧'也。《荀子》云:'如风过萧,忽然已化。'义同'草上之风必偃'。相传至今,已为误。予读《淮南子》云:'若风之过箫也,忽然感之,各以清浊应矣。'高诱注云:'清商、浊宫也。'"

玉箫风乍过,入耳响轻清。自与喁于叶,宁论大小鸣。刀调听地籁,节奏得天成。枝上闻吹箨,花间讶卖饧。春来通暖律,秋至发商声。气以圆虚受,音由寂寞生。吹嘘如有意,来去本无情。比似从神化,随机总善迎。

前四韵写题,后面四韵抉题所以然,结处点明正意,最合古法。

玉箫 杜牧《杜秋娘诗·自注》:"《晋书》:'盗开凉州张骏冢,得紫玉箫。'"陶弘景《真诰·远象篇第三》:"玉箫云上唱。"

轻清 详五卷《穆如清风》诗。

喁于叶 《庄子·内篇·齐物论》:"前者唱于而后者唱喁,泠风则小和,飘风则大和。”

大小鸣　《礼·学记》：“善待问者如撞钟，叩之以大者则大鸣，叩之以小者则小鸣。”

刀调　《庄子·内篇·齐物论》：“厉风济则众窍为虚。而独不见之调调，之刀刀乎？”郭象注：“调调刀刀，动摇貌也。”

地籁　见一卷《昭文不鼓玲》诗。

节奏　《礼·乐记》：“声者，乐之象也；文采节奏，声之饰也。”《汉书·严朱吾丘主父徐严终王贾传》：“调五声使有节族。”注：“苏林曰：‘族，音奏。’师古曰：‘节，止也；奏，进也。’”

天成　《宋书·谢灵运传论》：“至于高言妙句，音韵天成。”

吹箨　《诗·郑风·箨兮》篇：“箨兮箨兮，风其吹女。”毛苌《传》：“箨，槁也。”郑玄笺：“槁，谓木叶也。”

卖饧　《诗·周颂·有瞽》篇，郑玄笺：“箫，编小竹管，如今卖饧者所吹也。”孔颖达疏：“其时卖饧之人，吹箫以自表也。”

暖律　见一卷《应岁早梅新》诗“阳德调温律”句。

商声　《礼·月令》：“仲秋之月，其音商。”

圆虚　《晋书·律历志》：“《传》云：‘十二律，黄帝之所作也。使伶伦自大夏之西，乃之昆仑之阴，取竹之嶰谷生，其窍厚均者，断两节间长三寸九分而吹之，以为黄钟之宫，则律之始造。以竹为管，取其自然圆虚也。’”

寂寞　陆机《文赋》：“叩寂寞而求音。”

吹嘘　见一卷《风软游丝重》诗。

饮酎用礼乐

沈　栻

《礼·月令》：“孟夏之月，天子饮酎用礼乐。”郑玄注：“酎之言醇也，谓重酿之酒也。春酒至此始成，与群臣以礼乐饮之于朝，正尊卑也。”孔颖达疏:“酎,音近稠;稠,醴厚,故为醇也。《诗·豳风》云‘为此春酒’,至此始成,以用礼乐,故知饮之于朝,正尊卑。故《左传》云‘朝以帅长幼之序’;若汉尝酎,及《春秋》见于尝酎,皆谓在庙祭而献酎,与此别也。”

运值恢台候,明堂庆典行。酒经重酿熟,春过百花明。登降分三揖,铿锵奏九成。升歌来左个,洗爵在东荣。湛露枝头渥,薰风弦外清。彤墀鸣玉佩,紫殿泛瑶笙。曲蘖臣能作,明良帝载赓。圣朝多乐事,欢洽地天情。

礼乐分配匀亭,措语亦典雅不肤。

恢台候 《楚词·九辩》:“收恢台之孟夏兮,然欿傺而沈藏。”朱子《集注》:“台,亦作炱,一作怠,并他来反。恢台,广大貌。”方以智《通雅·天文类》:“山谷《跋希圆禹庙》诗:‘高阁无恢台’,直言无暑气耳。《楚词》‘恢台之长夏’,恢,大也;台,胎也。《尔雅》曰‘夏为长赢’,即恢台也。高阁无长赢,可乎?智按:恢台,犹《说文》灰炱也,言火气也,犹炎燀也。傅毅《舞赋》:‘舒恢炱之广。’度其义,大也,而字以炱。盖火气发扬,即有动荡广大之意。希圆诗自不佳,然于恢炱之本义却合,山谷主大胎之说反谬。”

明堂 《考工记·匠人》:“周人明堂,度九尺之筵,东西九筵,南北七筵,堂崇一筵,五室,凡室二筵。”郑玄注:“明堂者,明政教之堂。”贾公彦疏:“云明堂,明政教之堂者,以其于中听朔,故以政教言之。明堂者,明诸侯之尊卑。”《孝经纬·援神契》云:“得阳气明朗,谓之明堂。以明堂义大,故所合理广也。”

百花明 王维《早朝》诗:“柳暗百花明,春深五凰城。”

三揖 《左传·哀公二年》:“君夫人在堂三揖在下。”杜预注:“三揖卿大夫士。”《周礼·夏官》:“司士正朝仪之位,辨其贵贱之等。王南乡,三公北面东上,孤东面北上,卿大夫西面北上;王族故士、虎士在路门之右,南面东上;大仆、大右、大仆从者,在路门之左,南面西上。司士摈,孤卿特揖大夫,以其等旅揖,士旁三揖,王还揖门左,揖门右。”郑玄注:“特揖,一一揖之旅众也。大夫爵同者,众揖之;公及孤卿大夫始入门右,皆北面东上,王揖之乃就位;群士及故士大仆之属,发在其位,群士位东面,王西南乡而揖之。三揖者,士有上中下;王揖之,皆逡巡既复位。郑司农云:‘卿大夫士,皆君之所揖礼,《春秋传》所谓三揖在下。’”贾公彦疏云:“特揖,一一揖之者,对旅揖众揖之也。云‘大夫爵同者,众揖之者’,序官有中大夫、下大夫,无问多少,但爵同者众揖之。爵同中大夫,同得一揖;爵同下大夫,同得一揖。故云同者,众揖之也。云‘三揖者’,士有上中下者,序官文既有三等,故旁三揖耳。”按:《春秋》疏载服虔之说,以《周礼·夏官》司仪士揖庶姓、时揖异姓、天揖同姓为三揖,误司仪所言乃合诸侯之礼。

九成 见一卷《禁林闻晓莺》诗。

升歌 《仪礼·燕礼记》:“若以乐纳宾,则宾及庭,奏《肆夏》。宾拜酒,主人答拜而乐阕。公拜受爵而奏《肆夏》。公卒爵,主人升受爵以下而乐阕。升歌《鹿鸣》,下管《新宫》,笙入三成。遂合乡乐。若舞则《勺》。”贾公彦疏:“《鹿鸣》不言工,歌《新宫》不言笙,奏而言升歌、下管者,欲明笙奏异于常燕。常燕,即上所陈四节是也。今工歌《鹿鸣》三终,于笙奏全别,故特言。下管《新宫》,乃始笙入三成者,正谓笙奏《新宫》三终,申说‘下管’之义。”

左个 《礼·月令》:“孟夏之月,天子居明堂左个。”郑玄注:“明堂左个,大寝南堂东偏也。”陆德明《经典释文》:“个,古贺反。”许慎《说文解字·第十五》徐铉附录《新修字义》:“个,亦不见义,无以下笔。明堂左右个者,明堂旁室也,当作介。”按:梁武帝《论明堂制》,亦以“左右个”为“左右介”。

洗爵 东荣 《仪礼·燕礼》:“设洗篚于阼阶东南,当东溜。罍水在东,篚在洗西。”《礼·乡饮酒义》:“洗当东荣,主人之所以自絜而以事宾也。”孔颖达疏:“荣,屋翼也。设洗于庭当屋翼也。必在东者,示主人所以自絜以事宾。”按:《燕礼》有洗爵而不在东荣。洗爵东荣,乡饮之礼也。此诗借用。

湛露 《诗·小雅·湛露》篇:“湛湛露斯。”毛苌《传》:“湛湛,湛露茂盛貌。”郑玄笺:“露之在物湛湛然,使物柯叶低垂。”

薰风　见一卷《西王母献益地图》诗。

彤墀　韩愈《归彭城》诗:“无由至彤墀。”按:彤墀,即丹墀之变文。彤,赤色也。

玉佩　《礼·玉藻》:“古人君子必佩玉,右徵角,左宫羽;趋以《采齐》,行以《肆夏》;周还中规,折还中矩;进则揖之,退则扬之,然后玉锵鸣也。故君子在车则闻鸾和之声,行则鸣佩玉,是以非僻之心无自入也。”又:“天子佩白玉而元组绶,公侯佩山元玉而朱组绶,大夫佩水苍玉而纯组绶,世子佩瑜玉而綦组绶,士佩瓀玟而缊组绶。”

紫殿　见一卷《折槛旌直臣》诗。

瑶笙　戴叔伦《赠月溪羽士》诗:“更弄瑶笙罢。”

曲糵　《书·说命下》:“若作酒醴,尔惟曲糵。”孔安国《传》:“酒醴须曲糵以成,亦言我须汝以成。”

明良　《书·益稷》:“元首明哉,股肱良哉。”

多乐事　李白《宫中行乐词·第三首》:“君王多乐事,还与万方同。”

地天情　见一卷《折槛旌直臣》诗。

戈涛二首

新莺隐叶啭

梁元帝《春日》诗:“新莺隐叶啭,新燕向窗飞。”

晓树溟蒙合,流莺睍睆新。应时难闳响,出谷尚潜身。风日暄妍地,韶华澹荡辰。如簧调渐滑,接叶密相亲。好语缘求友,清音若畏人。频惊幽梦破,一望翠烟匀。巢幕羞凡侣,仪廷羡德邻。愿将声百啭,为报上林春。

“新”字隐“叶”字,一一精到,尤妙纯用传神之笔,无刻削之痕。

晓树 上官仪《奉和初春》诗:"晓树流莺满。"

溟蒙 见一卷《山空气相含》诗。

流莺 详四卷《二月黄鹂飞上林》诗。

睍睆 《诗·邶风·凯风》篇:"睍睆黄鸟,载好其音。"毛苌《传》:"睍睆,好貌。"孔颖达疏:"言黄鸟有睍睆之容貌,则又和好其音声,以兴孝子当和好其颜色,顺其辞令也。"

应时 陆玑《毛诗鸟兽草木虫鱼疏》:"黄鸟,黄鹂鹠也。幽州人谓之黄莺。当葚熟时,来在桑间,故里语曰:'黄栗留,看我麦黄葚熟不。'亦是应节趋时之鸟。"按:鹂鹠二字有讹,恐是栗留之误。

出谷 见一卷《禁林闻晓莺》诗。

暄妍 鲍照《采桑》诗:"乳燕逐草虫,巢蜂拾花萼。是节最暄妍,佳服又新烁。"

韶华 见一卷《迎岁早梅新》诗。

澹荡 鲍照《代白纻曲·第二首》:"春风澹荡侠思多。"

如簧 刘禹锡《同留守王仆射各赋春中一物,从一至七》诗:"百啭如簧烟景晴。"按:梦得此诗,分得咏莺。

接叶 杜甫《陪郑广文游何将军山林诗·第二首》:"接叶暗巢莺。"

求友 见一卷《禁林闻晓莺》诗。

畏人 刘得仁《莺出谷》诗:"初飞似畏人。"

幽梦 邵子《小圃睡起》诗:"春禽破幽梦,枝上语绵蛮。"

翠烟 江淹《贻袁常侍》诗:"沅湘合翠烟。"王禹偁《春》诗:"一路翠烟笼碧柳。"

巢幕 《左传·襄公二十九年》:"吴公子札来聘,自卫如晋,将宿于戚。闻钟声焉,曰:'异哉!吾闻之也,辩而不德,必加于戮。夫子获罪于君以在此,惧犹不足,而又何乐?夫子之在此也,犹燕之巢于幕上。君又在殡,而可以乐乎?'遂去之。"

仪廷 见一卷《禁林闻晓莺》诗。

百啭 亦见一卷《禁林闻晓莺》诗。

报 春 刘得仁《莺出谷》诗:“依林报早春。”

绕屋树扶疏

陶潜《读山海经诗·第一首》:“孟夏草木长,绕屋树扶疏。众鸟欣有托,吾亦爱吾庐。”

晋代有高士,耕桑卧近郊。里居犹号栗,屋宇定编茅。嘉树随时植,清阴入夏交。枝低通鹿町,叶密荫鸟巢。好雨微侵径,轻云半挂梢。帘窥新月下,门听故人敲。会合幽栖意,应占肥遁爻。倘令生圣世,可许乐悬匏?

萧疏称题,结句亦斡转有力。

“穷达恋明主,耕桑亦近郊”,本钱起语,换一“卧”字,便成高人偃蹇意象,此点化之妙。

晋代 朱子《通鉴纲目·宋文帝纪》:“元嘉四年,晋征士陶潜卒。”刘友益《纲目书法》:“潜卒于宋,书晋何?潜始终晋人也。纲目子节,故《通鉴》不书,于是特书之。”

号栗 《晋书·陶潜传》:“江州刺史王宏欲识之,不能致也。潜尝往庐山,宏令潜故人庞通之赍酒具,半道栗里要之。”

编茅 王嘉《拾遗记》:“任末年十四时,学无常师,负笈不远险阻。每言:‘人而不学,则何以成?’或依林木之下,编茅为庵,削荆为笔,克树汁为墨。”

嘉树 《左传·昭公二年》:“晋侯使韩宣子来聘。既享,宴于季氏,有嘉树焉,宣子誉之。”

清阴 见一卷《蚕月条桑》诗。

鹿町 《诗·豳风·东山》篇:“町畽鹿场。”毛苌《传》:“町畽,鹿迹也。”

陆德明《经典释文》:"町,他兴反,或他顶反,字又作'圢',音同。"

鸟巢 庾信《上益州上柱国赵王诗·第二首》:"鸟巢解背风。"

幽栖 谢灵运《邻里相送至方山》诗:"资此永幽栖。"

肥遁 《易·下经·遁卦》:"上九,肥遁无不利。"王弼注:"最处外极,无应于内。超然绝志,心无疑顾。忧患不能累,矰缴不能及。是以肥遁无不利也。"孔颖达疏:"肥,饶裕也。"

悬匏 王粲《登楼赋》:"惧匏瓜之徒悬兮,畏井渫之莫食。"李善注:"《论语》,子曰:'吾岂匏瓜也哉,焉能系而不食?'"王勃《上绛州上官司马书》:"辩群籁于庄轩,悬匏自托。"

欧冶子铸剑

卢明楷

《越绝书·外传记·宝剑》:"昔者,越王勾践有宝剑五,闻于天下。客有能相剑者,名薛烛。王召而问之曰:'吾有宝剑五,请以示之。'乃召掌者,王使取毫曹。薛烛对曰:'毫曹,非宝剑也。'王曰:'取巨阙。'薛烛曰:'非宝剑也。'王取纯钩。薛烛闻之,忽如败;有顷,惧如悟。下阶而深惟,简衣而坐望之。手振拂扬,其华捽如,芙蓉始出。观其釽,烂如列星之行;观其光,浑浑如水之溢于塘;观其断,岩岩如琐石;观其才,焕焕如冰释。'此所谓纯钩耶?'王曰:'是也。客有质之者,有市之乡二,骏马千匹,千户之都二,可乎?'薛烛对曰:'不可。当造此剑之时,赤堇之山,破而出锡;若耶之溪,涸而出铜;雨师扫洒,雷公击橐;蛟龙捧炉,天帝装炭;太乙下观,天精下之。欧冶乃因天之精神,悉其技巧,造为大刑三、小刑二:一曰湛卢,二曰纯钩,三曰胜邪,四曰鱼肠,五曰巨阙。今赤堇之山已合,若耶溪深而不测。群神不下,欧冶子即死。虽复倾城量金,珠玉竭河,犹不能得此一物,有市之乡二、骏马千匹、千户之都二,何足言哉!'"

神物信难成,长留欧冶名。若耶开石窦,赤堇献金精。虎气炉中跃,雷硠橐畔鸣。百灵司鼓铸,五剑耀光晶。练带凌虚掣,霜花照眼明。一挥皆白首,十步不留行。拂拭寒芒吐,摩挲壮志生。若为逢薛烛,品价比连城。

"虎气"四句写"铸"字,精神;"练影"四句写"剑"字,饱湛。

虎气 杜甫《蕃剑》诗:"虎气必腾上。"

雷硠 韩愈《调张籍》诗:"垠崖划崩豁,乾坤摆雷硠。"

练带 李贺《春坊正字剑子歌》:"练带平铺吹不起。"

霜花 李白《塞下曲·第五首》:"胡霜拂剑花。"

皆白首 《越绝书·外传记·宝剑》:"楚王召风胡子而问之曰:'寡人闻吴有干将,越有欧冶子。此二子甲世而生,天下未尝有。寡人愿赍邦之重宝,皆以奉子,因吴王请此二人作铁剑,可乎?'风胡子曰:'善。'于是乃令风胡子之吴,见欧冶子、干将,使人作铁剑。欧冶子、干将凿茨山,泄其溪,取铁英,作为铁剑三枚:一曰龙渊,二曰太阿,三曰工市。毕成,风胡子奏之楚王。楚王见此三剑之精神,大悦。晋、郑王闻而求之不得,兴师围楚之城,三年不解。仓谷粟索,库无兵革。左右群臣、贤士,莫能禁之。于是楚王闻之,引太阿之剑,登城而麾之。三军破败,士卒迷惑,流血千里,猛兽欧瀹,江水折扬,晋、郑之头毕白。"

不留行 《庄子·杂篇·说剑》:"臣之剑十步一人,千里不留行。"

拂拭 详四卷《剑化为龙》诗。

摩挲 郭茂倩《乐府诗集·横吹曲辞·琅琊王歌辞第一首》:"新买五尺剑,悬著中梁柱。一日三摩挲,剧于十五女。"

比连城 李白《上韩荆州书》:"使青萍结绿,长价于薛卞之门。"

露团庭绿

王 绂

自注:"李白《古风·第二十三首》:'秋露白如玉,团团下庭绿。'"

秋意生丛薄,寒烟幕夜扃。露华凝澹白,木叶变深青。映月偏如泫,因风半欲零。蝉疏吟乍断,鹤警梦微醒。弱植依丹地,仙盘近紫庭。承恩歌湛湛,晚节抱微馨。

以"庭"字起,以"庭"字收,看题不苟。中间写"露团"字、"绿"字,亦明秀。

丛薄 《淮南子·俶真训》:"兽走丛薄之中。"高诱注:"聚木曰丛,深草曰薄。"

夜扃 阮籍《清思赋》:"是时,羲和既颓,元夜始扃。"

澹白 《礼·月令》:"仲秋之月,凉风至,白露降。"田锡《依韵和吕杭州早秋赋》:"肃风日之澹白。"

深青 苏轼《东栏梨花》诗:"梨花淡白柳深青。"

蝉 吟 李商隐《蝉》诗:"五更疏欲断,一树碧无情。"

鹤警 李昉《太平御览·羽族部三》:"《风土记》曰:'鸣鹤戒露。此鸟警,至八月白露降,流于草上,滴滴有声,因即高鸣相警,徙所宿处。'"

弱植 薛逢《咏柳》诗:"弱植惊风急自伤。"按:《左传·襄公二十三年》"其君弱植",言幼稚也。颜延之《和谢监灵运》诗"弱植慕端操",言树立浅薄也。意皆相近而义小别。

丹地 《梁书·朱异传》:"升紫霄之丹地。"

仙盘 见一卷《清高金茎露》诗。

紫庭 《宋书·符瑞志》:"成王援琴而歌曰:'凤凰翔兮于紫庭。'"

湛湛 见前《饮酎用礼乐》诗。

晚节 见一卷《菊残犹有傲霜枝》诗。

微馨 杜甫《湘夫人祠》诗："微馨借渚蘋。"

春日迟迟

叶观国

《诗·豳风·七月》篇："春日迟迟。"毛苌《传》："迟迟，舒缓也。"孔颖达疏："迟迟者，日长而暄之意，故为舒缓。计春秋漏刻，多少正等。而秋言'凄凄'，春言'迟迟'者，阴阳之气感人不同。张衡《西京赋》云：'人在阳则舒，在阴则惨。'然则人遇春暄，则四体舒泰。春觉昼景之稍长，谓日行迟缓，故以'迟迟'言之。及遇秋景，四体褊躁，不见日行急促，唯觉寒气袭人，故以'凄凄'言之。'凄凄'，是'凉迟迟'，非'暄'。二者观文似同，本意实异也。"

上林清昼永，澹沱正三春。暖气微烘树，和风解倦人。晴丝空际转，浮黛远中皴。迤逦雕栏影，悠扬绮陌尘。屡听啼鸟换，不觉检书频。试验莲花漏，铜签过几巡？

题极廓落，亦极细腻，诗能以言外传神。

上林 见一卷《禁林闻晓莺》诗。

澹沱 见二卷《早春残雪》诗。

丝　转 李程《登春台》诗："风慢游丝转。"

黛　皴 蔡襄《序宾亭》诗："前峰古黛皴。"

雕阑 见前《平秩南讹》诗。

绮陌 梁简文帝《登烽火楼》诗："三条绮陌平。"

啼鸟换 王维《从岐王过杨氏别业应教》诗："兴阑啼鸟换。"按：换，刊本或误作缓。

检书频 杜甫《夜宴左氏庄》诗："检书烧烛短。"

莲花漏 李肇《国史补》:"越僧灵澈,得莲花漏于庐山,传江西观察使韦丹。初,惠远以山中不知更漏,乃取铜叶制器,状如莲花。置盆水之上,底孔漏水,半之则沉;每昼夜十二沉,为行道之节。虽冬夏短长,云阴月黑,亦无差也。"《莲社十八高贤传》"慧远法师"条:"释惠安,患山中无刻漏,乃于水上立十二叶芙蓉,因波随转,分定昼夜,以为行道之节,谓之莲花漏。"按:李肇以漏为惠远作,《高贤传》以为惠安。安,远公弟子也。未详孰是。所言漏法亦不同,因并存之。

铜签 高启《明皇秉烛夜游园图》:"知更宫女报铜签。"

秦大士三首

风软游丝重

绣陌风光软,悠扬见一丝。依依来碧汉,袅袅过清池。无力飘难定,含情去故迟。行踪眠柳伴,心事落花知。游骑停鞭处,深林纵目时。斜牵明夕照,微动媚轻飔。不逐长空尽,相看细影移。帝城春树满,徐上万年枝。

"无力"四句,穷形尽态,刻苦之至,乃得自然;"心事"句,妙在可解与不可解之间,此所谓不落言诠。

绣陌 见一卷《农事遍东皋》诗。

风光 见二卷《含薰待清风》诗。

悠扬 韦庄《思归》诗:"暖丝无力自悠扬。"

碧汉 江总《高楼看妓》诗:"起楼侵碧汉。"

清池 《汉书·司马相如传》:"怠而后游于清池。"

眠柳 许颉《彦周诗话》:"李义山赋云:'岂如河畔牛星,隔年只闻一过。不及苑中人柳,终朝剩得三眠。'注:汉苑中有人形柳,一日三起三眠。"

落花知 南唐嗣主李璟《浣溪沙》词:"此情惟有落花知。"

帝城春树 王维《奉和圣制从蓬莱向兴庆阁道中留春雨中春望之作》:“云里帝城双凤阙,雨中春树万人家。”

万年枝 何晏《景福殿赋》:“缀以万年,綷以紫榛。或以嘉名取宠,或以美材见珍。”李善注:“《晋宫阁铭》曰:‘华林园,万年树十四株。’”程大昌《演繁露》:“谢诗‘风动万年枝’之句,凡宫词多承用之,然莫知其为何种木也。或曰冬青树,长不凋谢,即万年之谓,亦无明据。而世间植物,如槠、松、桧、柏,皆经冬不凋,何独冬青之枝得名万年也?”按,《西京杂记》:“初修上林苑,群臣远方各献名果异木,亦自制为美名,以标奇丽。其品有万年长生树,有千年长生树,各十株。虽有异名,亦不解何物。”越石氏藏书中有吴兴方勺所著《泊宅编》者曰:“徽宗兴画学,问诸生以‘万年枝上太平雀’为题,在试无能识其何木,遂皆黜不取。或默以叩中贵,中贵曰:‘万年枝,冬青木也;太平雀,类伽鸟也。’惟此书指冬青木为万年枝,又不知何所本也。”按,韩驹《冬青树》诗曰:“离宫见尔近天墀,雨露常私养种时。惆怅一枝岚气里,无人知是万年枝。”子苍自言天墀曾见,则万年枝为冬青,信矣。

野含时雨润

好雨应时降,郊坰生意多。绿塍春涨活,翠岭湿云过。薄霭笼桑柘,轻阴养麦禾。新泥拖燕剪,深柳隐渔蓑。渥泽千村足,泠风万圳和。宸衷欣茂对,击壤听衢歌。

三、四句生趣宛然,真写得“含”字意出。

郊坰 《尔雅·释地》:“邑外谓之郊,郊外谓之牧,牧外谓之野,野外谓之林,林外谓之坰。”邢昺疏:“邑外谓之郊者,邑,国都也;谓国都城之外名郊也。云林外谓之坰者,言林外之地最为远野,名坰。《鲁颂》云:‘駉駉牧马,在坰之野。’《毛传》云:‘坰,远野是也。’”沈约《郊居赋》:“亘绕州邑,款跨郊坰。”

生意 见一卷《野含时雨润》诗。

绿塍 苏颋《奉和恩赐乐游园宴应制》诗:“绿塍际山尽。”

春涨 司空图《光启四年春戊申》诗:“孤屿池痕春涨满。”

翠岭 谢惠连《三月三日曲水集》诗:“蜚云兴翠岭。”

湿云 李颀《同宋少府东溪泛舟》诗:“湿云带残暑。”

燕剪 释惠洪《次韵真觉大师瑞香花》诗:“应持燕尾剪,破此麝脐囊。”

泠风 《吕氏春秋·任地》篇:“子能使子之野尽为泠风乎?”高诱注:“泠风,和风,所以成谷也。”

万圳 《吕氏春秋·任地》篇:“天以六尺之耜,所以成亩也;其博八寸,所以成圳也。”高诱注:“耜六尺,其刃广八寸。古者以耜耕广六尺为亩,五尺为圳。”《汉书·食货志》:“后稷始圳田,以二耜为耦,广尺、深尺曰圳,长终亩。一亩三圳,一夫三百圳,而播种于三圳中。”师古曰:“圳,垄也。”

茂对 见一卷《野含时雨润》诗。

击壤 见一卷《农事遍东皋》诗。

衢歌 《列子·仲尼》篇:“尧治天下五十年,不知天下治欤,不治欤?不知亿兆之愿戴己欤,不愿戴己欤?顾问左右,左右不知;问外朝,外朝不知;问在野,在野不知。尧乃微服游于康衢,闻儿童谣曰:‘立我蒸民,莫非尔极。不识不知,顺帝之则。’尧喜问曰:‘谁教尔为此言?’童儿曰:‘我闻之大夫。’问大夫,大夫曰:‘古诗也。’”

松柏有心

亭亭推木长,拔地依孤踪。黛染千年柏,髯飞五粒松。贞心天鉴在,劲节岁寒逢。香叶曾栖凤,苍鳞欲化龙。冰霜常自厉,桃李漫为容。夕照崖前落,流云涧底封。幽怀欲抱石,本性不知冬。圣代深培护,倾忱问九重。

“香叶”二句,点缀极工。题既有“松柏”二字,须要清还,方见周到;通首写“有心”二字,亦合乎此种题。易作豪语,须有此淳实气象。

木长 褚少孙《补史记·龟策传》:"松柏为百木长,而守门闾。"

黛染 江淹《杂词·悦曲池》:"北山兮黛柏。"

五粒 周密《癸辛杂识》:"凡松叶皆双股,故世以为松钗。独栝松每穗三须,而高丽所产每穗以五鬣焉,今所谓华山松是也。李贺有《五粒小松歌》,陆龟蒙诗云:'松斋一夜怀贞白,霜外空闻五粒风。'李义山诗:'松暄翠粒新。'刘梦得诗:'翠粒晴悬露。'皆以粒言松也。《酉阳杂俎》:五粒者当言鬣。自有一种名五鬣,皮无鳞甲而结实多,新罗所种云然。则所谓粒者,鬣也。"

贞心 范云《咏寒松》诗:"负雪见贞心。"

劲节 见二卷《松柏有本性》诗。

香叶 亦见二卷《松柏有本性》诗。

苍鳞 刘禹锡《和兵部郑侍郎省中四松》诗:"苍鳞雨起苔。"

冰霜 见一卷《松柏有心》诗。

桃李 何逊《暮秋答朱记室》诗:"桃李尔繁华,松柏余本性。"

抱石 范成大《青青涧上松送致远入官》诗:"柏局抱幽石。"

九重 《楚词·天问》:"圜则九重,孰营度之?"王逸注:"言天圜而九重,谁营度而知之乎?"又《九辩》:"岂不郁陶而思君兮,君之门以九重。"

桐叶知闰

范棫士

罗泌《路史·疏仡纪》:"陶唐氏桐挺东厢,蓂生下庭,龟书乃来。于是稽蓂以正月,访桐以定闰,录龟字而示之,是曰龟历。"李昉《太平御览·木部五》:"《遁甲经》曰:'梧桐不生,则九州异。'原注:梧桐可知日月正闰,生十二叶,一边有六叶,自下数一叶为一月,至上十二叶。有闰则十三叶;视叶小者,即知闰何月也。不生,九州各异,君天下不同者也。"按:注与正文不相应,疑传刻讹脱。然陆佃《埤雅》、王应麟《困学纪闻》、苏颂

《本草》、陈翥《桐谱》，所引皆如此。

十二新桐叶，增来闰岁青。知秋元自异，纪月更称灵。两两皆成偶，双双忽有零。一珪生最小，五载候重经。添节还同藕，占辰亦类蓂。归奇符易象，岐指应枢星。高耸龙门干，斜排雁柱形。陶唐方御宇，瑞牒颂千龄。

"两两"四句，清空如话。凡难于写状之题，须如此自然显豁为佳。

知秋 王象《晋群芳谱·木谱》："立秋之日，如某时立秋至期，一叶先坠，故云梧桐一叶落，天下尽知秋。"按："一叶落而知天下之秋"，乃《淮南子》语，以为梧桐，未详所本。然程子诗已以"一叶知秋"指梧桐。

两两 《史记·天官书》："魁下六星，两两相比者，名曰三能。"

双双 《公羊传·宣公五年》："子公羊子曰：'其诸为其双双而俱至者与。'"何休注："言其双行匹至。"

一珪 《吕氏春秋·重言》篇："成王与唐叔虞燕居，援梧叶以为珪，而授唐叔虞曰：'余以此封女。'"虞世南《奉和日午》诗："桐珪影未斜。"按：成王戏以桐叶为珪，非谓桐叶即珪形也。此误应自永兴始，至今沿之。

五载 《易·系辞传上》："五岁再闰。"韩伯注："凡闰十九年七闰为一章，五岁再闰者二，故略举其凡也。"

同藕 陆佃《埤雅·释草》："俗云藕生应月，月生一节，闰辄益一。"

类蓂 见一卷《应岁早梅》诗"叶转尧阶荚"句。

归奇 详后《大衍虚其一》诗。

岐指 《逸周书·周月解第五十一》："闰无中气，斗指两辰之间。"

龙门 枚乘《七发》："龙门之桐，高百尺而无枝。"李善注："《周礼》曰：'龙门之琴瑟。'孔安国《尚书传》曰：'龙门山在河东之西界。'"

雁柱 李商隐《昨日》诗："十三弦柱雁行斜。"

瑞牒 见二卷《仁寿镜》诗。

千龄 见一卷《乾坤为天地》诗。

樵夫笑士

卢文弨

扬雄《长杨赋》:"今朝廷纯仁,遵道显义。并包书林,圣风云靡。英华沉浮,洋溢八区。普天所覆,莫不沾濡。士有不谈王道,则樵夫笑之。"

圣代盛薪槱,昌言赞大猷。翻令缄默辈,取笑采樵流。枝叶元无用,英华独未收。艺林空捃摭,书圃漫锄耰。讵识栽培意,宁堪磥砢求。章缝虽见列,山泽若为羞。帝道齐尧舜,儒风遍鲁邹。刍荛犹欲献,况乃士人俦。

刻画"樵夫",点染"笑"字,皆属摸索皮毛。中四韵,直抉所以见笑之由,微以"樵夫"映带,最为大雅。起二句,为不谈王道斡旋;结二句,从"樵夫"挽转"士"字,俱见识力。

薪槱 见一卷《蚕月条桑》诗。

昌言 《书·大禹谟》:"禹拜昌言曰:'俞。'"孔安国《传》:"昌,当也。"

大猷 《书·君陈》:"允升于大猷。"《诗·小雅·巧言》篇:"秩秩大猷,圣人莫之。"郑玄笺:"猷,道也。大猷,治国之礼法。"

缄默 《宋史·张泊传》:"倘君父焦劳于上,臣子缄默于下,不能引大体以争,则忠良之心,有所不至矣。"

采樵 《左传·桓公十二年》:"请无扞采樵者以诱之。"

枝叶 《礼·表记》:"天下有道,则行有枝叶;天下无道,则辞有枝叶。"徐幹《中论·艺纪第七》:"艺者,德之枝叶也;德者,人之根干也。"

英华 班固《答宾戏》:"浮英华,湛道德。"李善注:"英华,草木之美,故以喻帝德也。《礼·斗威仪》曰:'帝者,德其英华。'"

艺林 《魏书·常爽传》:"顷因暇目,属意艺林。"

捃摭 《史记·十二诸侯年表》:"及如荀卿、孟子、公孙固、韩非之徒,各往往捃摭《春秋》之文以著书,不可胜纪。"

书圃 司马相如《上林赋》:"翱翔乎书圃。"江总《特进光禄大夫徐孝穆墓铭》:"耕耘书圃。"

锄耰 《吕氏春秋·简选》篇:"锄耰白梃,可以胜人之长铫利兵。"

磥砢 《晋书·和峤传》:"峤少有风格,慕舅夏侯玄之为人,厚自崇重,有盛名于世。太傅从事中郎庾颛见而叹曰:'峤森森如千丈松,虽磥砢多节目,施之大厦,有栋梁之用。'"又《庾峻传》:"颛有重名,为搢绅所推,而聚敛积实,谈者讥之。都官从事温峤奏之,颛更器峤,目峤森森如千丈松,虽磥砢多节,施之大厦,有栋梁之用。"按:此必一事重出,考《世说新语》作"和峤"。

章缝 《礼·儒行》:"鲁哀公问于孔子曰:'夫子之服,其儒服与?'孔子对曰:'丘少居鲁,衣缝掖之衣。长居宋,冠章甫之冠。'"郑玄注:"缝,犹大也。大掖之衣,大袂禅衣也,此君子有道艺者所衣也。"

鲁邹 《庄子·杂篇·天下》:"其在于《诗》《书》《礼》《乐》者,邹鲁之士、搢绅先生多能明之。"王安石《哭梅圣俞》诗:"栖栖孔孟葬鲁邹。"

刍荛 《诗·大雅·板》篇:"先民有言,询于刍荛。"毛苌《传》:"刍荛,薪采者。"

钱载四首

芙蓉始发池

谢灵运《游南亭》诗:"泽兰渐被径,芙蓉始发池。"

碧藕新抽蒻,华池未涨烟。波明原似镜,叶小只如钱。刺水心微卷,凌风影渐圆。清芬犹约略,翠色已芳鲜。洛浦堪承袜,湘皋有坠钿。即看敷冉冉,浑欲采田田。乐府江南续,恩波太液连。薰风调舜瑟,呈瑞托珠泉。

极写"始发"二字。"波明"二句,尤清丽而自然。

碧藕 王嘉《拾遗记》:“郁水在磅磄山东,其水小,北注大陂之下,所谓沉流,亦名重泉。生碧藕,长千常,七尺为常也。”

蒻 《尔雅·释草》:“荷,芙蕖,其本蔤。”郭璞注:“茎下白蒻,在泥中者。”

华池 《楚词·七谏》:“鸡鹜满堂坛兮,鼃黾游乎华池。”王逸注:“华池,芳华之池也。”孙绰《游天台山赋》:“漱以华池之泉。”李善注:“《史记》:‘昆仑其上有华池。’”案:华池有此二解。卢照邻《曲池荷》诗曰:“浮香绕曲岸,圆影覆华池。”亦作“芳华”之池用。

似镜 郦道元《水经注·瀔水》:“南门表二石阙之下,斩山累结御路,下望灵泉宫池,皎若圆镜矣。”

叶小 杜甫《为农》诗:“圆荷浮小叶。”

如钱 见一卷《鱼戏新荷动》诗。

清芬 鲍照《芙蓉赋》:“抱兹性之清芬。”

承袜 曹植《洛神赋》:“凌波微步,罗袜生尘。”

坠钿 皮日休《木兰后池三咏浮萍》诗:“明朝拟附南风信,寄与湘妃作翠钿。”朱淑真《新荷》诗:“平波浮动洛妃钿,翠色娇圆小更鲜。”

冉冉 杜甫《狂夫》诗:“雨浥红蕖冉冉香。”

田田 见二卷《清露点荷珠》诗。

江南 吴兢《乐府古题要解》:“《江南》古辞,盖美芳辰丽景,嬉游得时。若梁简文‘桂楫晚应旋’,唯歌游戏也。”按:梁武帝作《江南弄》,以代西曲,有《采莲》《采菱》,盖出于此。

恩波 丘迟《侍宴乐游苑送张徐州应诏》诗:“肃穆恩波被。”

太液 《汉书·昭帝纪》:“始元元年春二月,黄鹄下建章宫太液池中。”注:“如淳曰:‘谓之液者,言天地和液之气所为也。’臣瓒曰:‘太液池,言承阴阳津液以作池也。’师古曰:‘如瓒说,非也。太液池者,言其津润所及广也。’”王仁裕《开元天宝遗事》:“太液池,千叶白莲开,帝与妃子共赏。”

舜瑟 《吕氏春秋·古乐》篇:"昔古朱襄氏之治天下也,多风而阳气蓄积,万物散解,果实不成。故士达作为五弦瑟,以来阴气,以定群生;瞽叟乃拌五弦之瑟,作以为十五弦之瑟,命之曰大章,以祭上帝。舜立,乃拌瞽叟之所为瑟,益之八弦,以为二十三弦之瑟。"

珠泉 沈约《高松赋》:"涌宝思于珠泉。"

梅雨洒芳田

唐太宗《咏雨》诗:"和风吹绿野,梅雨洒芳田。"

似罫平田展,如丝密雨催。江禽飞白鹭,林果熟黄梅。蛙喜连陂水,农知昨夜雷。麦疏收未既,秧软插犹才。漠漠寒兼暖,蒙蒙往复来。村容青若雾,野色翠于苔。酞化乘时布,良畴应候栽。自天皆圣泽,千耦乐滋培。

写来确是梅雨。"江禽"一联,"漠漠"一联,尤为高唱。"林果"句,人知切"梅雨",不知"江禽"句藏得"芳田"意在。

似罫 韩愈《奉和虢州刘给事使君三堂新题二十一咏·稻畦》诗:"罫布畦堪数。"韦昭《博弈论》:"所务不过方罫之间。"李善注:"《新论》曰:'俗有围棋,或言是兵法之类也。及为之上者,张置疏远,多得道而为胜;中者,务相绝,遮要以争便利;下者,守边趋作罫,自生于小地。'"

如丝 李端《送路司谏侍从叔赴洪州》诗:"梅雨细如丝。"

白鹭 王维《积雨辋川庄作》:"漠漠水田飞白鹭。"

林果 耿湋《与清江上人及诸公宿李八昆季宅》诗:"惊风林果少。"

黄梅 详五卷《梅逐雨中黄》诗。

蛙喜 按:此用赵紫芝诗"黄梅时节家家雨,青草池塘处处蛙"意。

昨夜雷 徐光启《农政全书·占候》:"梅里一声雷,时中三日雨。"

若雾 胡仔《苕溪渔隐丛话》:"潘子真《诗话》云:世推方回所作'梅子黄

时雨’为绝唱,盖用寇承公语也。寇诗云:‘杜鹃啼处血成花,梅子黄时雨如雾。’”按:二语乃范文正《和葛闳寺丞接花歌》,此作寇承公,误。

酞化 左思《魏都赋》李善注:“仲长子《昌言》曰:淑清穆和之风既宣,醇酞之化既浃。”陆机《辨亡论下》:“虽酞化懿纲,未齿乎上代。”

良畴 《晋书·伏滔传》:“龙泉之陂,良畴万顷。”

千耦 见前《簦笠聚东菑》诗。

既雨晴亦佳

杜甫《喜晴》诗:“皇天久不雨,既雨晴亦佳。出郭眺西郊,萧萧春增华。”

远岫朝初沐,深林晚更澄。尚留余点洒,未碍薄暄蒸。砌水清多响,帘云绿几层?天随芳节转,人可夹衣胜。爽气融阑墅,阳光澹麦塍。农催桑下耒,渔歇柳阴罾。兑泽深恩布,离明至治登。缠绵绥万汇,酞化接时承。

杜诗此句“既”字、“亦”字本承久旱喜雨而来,然回抢来脉,殊难下笔。题有不得尽拘出处者,此类是也。诗摹写新晴之景,正自入微。

远岫 谢朓《郡内高斋闲望答吕法曹》诗:“窗中列远岫。”按:《说文》岫本山穴,自元晖误以为山峰,至今沿用。

砌水 王安石《次韵吴季野题岳上人澄心亭》诗:“砌水乱流穿石底。”

帘云 杜牧《题刘秀才新竹》诗:“欲碍入帘云。”

芳节 梁元帝《屋名》诗:“含情戏芳节。”徐坚《初学记·岁时部》:“梁元帝《纂要》曰:‘春曰青阳,节曰华节、芳节、良节、嘉节、韶节、淑节。’”

夹衣 梁简文帝《梅花赋》:“怜早花之惊节,讶春光之遣寒,夹衣始薄,罗袖初单。”

爽气 《晋书·王羲之传》:“冲尝谓徽之曰:‘卿在府日久,比当相料理。’

徽之初不酬答,直高视,以手版拄颊云:‘西山朝来,致有爽气耳。’”

阳光　蔡邕《述行赋》:“见阳光之颢颢兮,怀少弭而有欣。”

兑泽　《易·说卦传》:“兑为泽。”孔颖达疏:“取其阴卦之小地类卑也。”

离明　《易·说卦传》:“离也者,明也。万物皆相见,南方之卦也。圣人南面而听天下,向明而治,盖取诸此也。”

万汇　《乾坤凿度·太古文目》篇:“天阴阳,正易大行,万汇生。”曹植《冬至献袜履表》:“四方交泰,万汇昭苏。”

酞化　见前《梅雨洒芳田》诗。

日向壶中特地长

韩偓《六月十七日召对自辰及申方归本院》诗:“花应洞里常时发,日向壶中特地长。”

晷刻添铜漏,居游占画图。昌辰当化日,乐境即蓬壶。峦雨凉才午,溪烟淡未晡。帘香迟碧藕,亭荫卓青梧。静许楸枰换,慵休笋簟俱。絜量年大小,摹绘世唐虞。岁月诸天有,神仙一事无。紫皇勤访道,砖影直文儒。

“絜量”四句,兴到之笔。

铜漏　见一卷《禁林闻晓莺》诗。

画图　杜甫《返照》诗:“松门入画图。”

昌辰　谢庄《上封禅仪注奏》:“臣等生接昌辰,肃懋明世。”

化日　见一卷《迎岁早梅新》诗“乘时熙化日”句。

蓬壶　王嘉《拾遗记》:“东方朔乃作《宝瓮铭》曰:‘宝云生于露坛,祥风起于月馆。望三壶如盈尺,视八鸿如萦带。’三壶,则海中三山也。一曰方壶,则方丈也;二曰蓬壶,则蓬莱;三曰瀛壶,则瀛洲也。形如壶器,此三山上广、中狭、下方,皆如工制,犹华山之似削成。”

未晡 宋玉《神女赋》:“晡夕之后。”李善注:“晡,日昳时也。”《淮南子·天文训》:“至于悲谷,是谓晡时。”按,《玉篇》:“晡,申时也。”《吕氏春秋》作俌,今《淮南》刻本亦或作餔,盖二字通用。

碧藕 见前《芙蓉始发池》诗。

青梧 《三辅黄图》:“青梧观在五柞宫之西,观有三梧桐树。”

楸枰 温庭筠《观棋》诗:“闲对楸枰倾一壶。”按,虞喜《志林》曰:“信安山有石室。王质入其室,见二童子方对棋。看之,局未终,视其所执伐薪斧柯已烂朽,遽归乡里,已非矣。”此句暗用此事。

笋簟 《书·顾命》:“西夹南向,敷重笋席。”孔安国《传》:“筍,蒻竹。”孔颖达疏:“《释草》云:‘笋,竹萌。’孙炎曰:‘竹初萌生谓之笋,是笋为蒻竹。取笋竹之皮,以为簟也。’”赞宁《笋谱》:“说笋席者,多或云以蒻竹为席,今详蒻竹笋新成,岂堪起而为篾?非篾安能织席?此恐不然。知用笋皮壳,破而编簟也。”按,《宋史·陈抟传》曰:“移居华山云台观,又止少华石室。每寝处,多百余日不起。”此句暗用此事。

年大小 《庄子·内篇·逍遥游》:“小知不及大知,小年不及大年,奚以知其然也?朝菌不知晦朔,蟪蛄不知春秋,此小年也。楚之南有冥灵者,以五百岁为春,五百岁为秋;上古有大椿者,以八千岁为春,八千岁为秋。而彭祖乃今以久特闻,众人匹之,不亦悲乎?”

世唐虞 孔子《获麟歌》:“唐虞世兮麟凤游。”按:此歌见《孔丛子》,盖后人依托。

诸天 段成式《酉阳杂俎·玉格》:“道列三界诸天,与释氏同,但名别耳。”按,《楞严经》:“佛告阿难有四天王天、忉利天、须焰摩天、兜率陀天、乐变化天、他化自在天,是为欲界;梵众天、梵辅天、大梵天,名为初禅;少光天、无量光天、光音天,名为二禅;少净天、无量净天、遍净天,名为三禅;福生天、福爱天、广果天、无想天,名为四禅;无烦天、无热天、善见天、善观天、色究竟天,为五不还天,皆为色界;空处、识处、无所有处、非想非非想处,名四空天,为无色界。”此释氏诸天也。《度人经》载:“东方八天曰:太皇黄曾天、太明玉完天、清明何童天、元胎平育天、元明文举天、上明七曜摩夷天、虚无越衡天、太极蒙翳天;南方八天曰:赤明和阳天、元明恭华天、耀明宗飘天、竺落皇笳天、虚明堂曜天、观明端靖天、元明恭庆天、太焕极瑶天;西方八天曰:元载孔升天、太安皇崖天、显定极风天、始皇孝芒天、太皇翁重浮容天、无思江由天、上楪阮乐天、无极昙誓天;北方八天曰:皓庭霄度天、渊通元洞天、太文翰宠妙成天、太素秀乐禁上天、太虚无上常容天、太释玉隆腾胜天、龙变梵度天、太极平育贾弈天。”此道家诸天也。《云笈七签》称太皇黄曾以下六天为欲界;虚无越衡以下十天为色界;皓庭霄度以下四天为无色界;太虚无上常容以下四天为四梵天。大概与释氏同,并文多不录,略存其名以备考。

神仙 苏易简《续翰林志》:“太宗曰:‘词臣实神仙之职也。’玉堂东四壁悉画水,以布之风涛浩渺瀛洲之象也。”

一事无 李昉《禁林春直》诗:“一院有花春昼永,八方无事诏书稀。”

紫皇 沈约《郊居赋》:“降紫皇于天阙。”李白《飞龙引·第二首》,杨齐贤注:“紫皇,紫微宫大帝也。”黄庭坚《以团茶洮州绿石砚赠无咎文潜》诗:“紫皇访问富春秋。”

访道 庾信《周五声调曲·商调曲·第一首》:“有熊为政,访道于容成。”

砖影 李肇《翰林志》:“北厅前阶有花砖道,冬中日及五砖,为入直之候。李程性懒,好晚入,恒过八砖乃至,众呼为八砖学士。”按:此事《唐书》亦载,然《文苑英华》载沈询《授韦博淄青节度使制》已有“顷自移曹九棘缓步八砖”语,不应以同时谐戏,入之王言。疑《翰林》别有八砖故事,而李肇附会于程,《新唐书》喜采小说,故载入本传耳。

吉梦熊二首

鼓琴得其人

《家语·辨乐解》:“孔子学琴于师襄子,襄子曰:‘吾虽以击磬为官,然能于琴。今子于琴已习，可以益矣。'孔子曰：'丘未得其志也。'有间曰：'已习其数，可以益矣。'孔子曰：'丘未得其数也。'有间曰：'已习其志，可以益矣。'孔子曰：'丘未得其人也。'有间，孔子有所缪然思焉，有所睾然高望而远眺曰：'丘迨得其为人矣。黮而黑，颀然长，旷如望羊，掩有四方，非文王其孰能为此？'师襄子避席叶拱而对曰：'君子，圣人也。其传曰文王操。'"韩婴《诗外传》："孔子学鼓琴于师襄子而不进。师襄子曰：'夫子可以进矣。'孔子曰：'丘已得其曲矣，未得其数也。'有间曰：'夫子可以进矣。'曰：'丘得其数矣，未得其意也。'有间复曰：'夫子可以进矣。'曰：'丘已得其人矣，未得其类也。'有间曰：'邈然远望，洋洋乎，翼翼乎，必作此乐也。默然思，戚然而怅，以王天下，以朝诸侯者，其惟文王乎？'"按：二说不同，审音知政，以韩婴所言为近理。然嵇康《声无哀乐论》曰："师襄奉操，而仲尼睹文王之容。"则王肃之说亦未必尽出杜撰，此诗亦主肃说。

道接闻知统，心通太古琴。望羊舒远眺，鸣凤入高吟。象貌空中得，精神指下沉。浃旬徽妙契，雅奏晤幽襟。西土榛苓杳，东山岁月侵。后先元合轨，歌咏有同音。智轶钟期听，清宜贺若寻。珠宫调玉轸，素抱洽缁林。

起句先抉题之所以然，通首便有根柢；次句紧扣定"鼓琴"，通首便有眉目。语虽平淡，而笔力千钧。次联至四联，俱从"鼓琴"做出"得其人"；五六两联，复畅发首二句之旨。

太古琴 赵希鹄《洞天清录》："古琴惟夫子、列子二样，若太古琴。或以一段木为之，并无胁腰，惟加岳，亦无焦尾；安焦尾处则横嵌坚木以承弦。"

望羊 按，《晏子·谏上》篇曰："杜扃望羊待于朝。"《庄子·秋水》篇曰："盳洋向若而叹。"陆德明曰："盳，莫纲反，本亦作望洋。"司马崔云："盳洋，犹望羊，仰视貌。"《左氏·哀公十四年传》曰："有陈豹者，长而上偻，望视。"杜预注曰:“视望阳。”盖仰则向明,故曰望阳。羊、阳古字通用,欧阳尚书《汉熊君碑》作“欧羊”是也。或解为如羊之望者,非。

鸣凤　何晏《景福殿赋》:“故能翔岐阳之鸣凤,纳虞氏之白环。”李善注:“《国语》:周内史过曰:‘周之兴也,鸑鷟鸣于岐山。’”

浃旬　卢思道《城南隅宴》:“平原宴浃旬。”按,郑玄《周礼》注曰:“从甲至甲谓之挟日,凡十日。”《释文》曰:“字又作浃,浃旬即浃日也。”

妙契　司空图《诗品·形容第二十》:“俱以大道,妙契同尘。”

雅奏　谢偃《观舞赋》:“既而曲变,终雅奏阕。”

幽襟　杨师道《春朝闲步》诗:“兰芷袭幽襟。”

榛苓杳　《诗·邶风·简兮》篇:“山有榛,隰有苓。云谁之思?西方美人。”

岁月侵　陆机《豫章行》:“前路既已多,后途随年侵。”李善注:“言前路已多而罕至,后涂随年侵而又尽,言无几何也。”庾信《卧疾穷愁》诗:“穷愁岁月侵。”

钟期　《列子·汤问》篇:“伯牙善鼓琴,钟子期善听。伯牙鼓琴,志在登高山,钟子期曰:‘善哉,峨峨兮若泰山!’志在流水,钟子期曰:‘善哉,洋洋兮若江河!’”

贺若　僧文莹《续湘山野录》:“太宗尝酷爱宫词中十小调子,乃隋贺若弼所撰。其声与意及用指取声之法,古今无能加者。一曰:不博金;二曰:不换玉;三曰:夹泛;四曰:越溪吟;五曰:越江吟;六曰:孤猿吟;七曰:清夜吟;八曰:叶下闻蝉;九曰:三清。外一调最优古,忘其名,琴家只命曰贺若。”程大昌《续演繁露》:“琴中有贺若,乃文宗时贺若夷善琴也。”按:程氏所说贺若,与《湘山野录》不同。唐段安节《乐府杂录》曰:“贞元中,成都雷生善凿琴,其业精妙,天下无比也!弹者亦众焉;太和中,有贺若夷尤能。后为待诏,对文宗弹一调,上嘉赏之,仍赐朱衣,至今为赐绯调。”其事与程氏所说合,而《隋书》列传不云。贺若弼能琴知文,莹以贺若姓稀,弼名颇显,因而附会其说也。

珠宫　崔国辅《奉和华清宫观行香应制》诗:“天子蕊珠宫。”杜甫《太子张舍人遗织成褥段》诗:“煌煌珠宫物。”

玉轸 见二卷《焦桐入听》诗。

缁林 《庄子·杂篇·渔父》:“孔子游于缁帷之林,休坐乎杏坛之上。弟子读书,孔子弦歌鼓琴。”陆德明《经典释文》:“缁帷,司马云:‘黑林名也。’”

春日迟迟

绛鹤春容媚,铜龙日影迟。才暄三秀草,徐上万年枝。水作溶溶转,风将细细移。静中浮远黛,空里漾游丝。莲漏添清历,花砖度迤逦。彩融低燕掠,红暖带莺窥。化国无殊晷,阳和正及时。分阴知共惜,持以报昌期。

细皴淡染,题气宛然。结意尤得体。

绛鹤 徐陵《玉台新咏·序》:“绛鹤晨严,铜蠡画静。”吴兆宜注:“江总集为《陈六宫谢表鹤籥晨启》。”

铜龙 《汉书·成帝纪》:“上尝急召太子出龙楼门。”注,张晏曰:“门楼上有铜龙,若白鹤飞廉之为名也。”

三秀草 《楚词·九歌·山鬼》:“采三秀兮于山间。”王逸注:“三秀,谓芝草也。”《尔雅·释草》:“茵芝。”郭璞注:“芝,一岁三华,瑞草。”

万年枝 见前《风软游丝重》诗。

莲漏 见前《春日迟迟》诗。

花砖 见前《日向壶中特地长》诗。

化国 见一卷《迎岁早梅新》诗“来时熙化日”句。

阳和 见二卷《早春残雪》诗。

分阴 《晋书·陶侃传》:“常语人曰:‘大禹圣者,乃惜寸阴。至于众人,当惜分阴。’”

昌期 卢照邻《登封大酺歌·第四首》:“千年圣主应昌期。”

得意忘言

翁方纲

《庄子·杂篇·外物》:“筌者所以在鱼,得鱼而忘筌。蹄者所以在兔,得兔而忘蹄。言者所以在意,得意而忘言。吾安得夫忘言之人,而与之言哉?”

但识真诠妙,谁烦费许辞?画前原有易,象外更传诗。山碧云生处,天青鹤点时。此中皆活泼,以后总支离。自得无弦操,宁劳日出卮。拈花方欲笑,应手不须为。水縠何心涣,风箫一任吹。鸢鱼超圣契,即与漆园期。

起四句抉题之根。“山碧”四句,写“得意”;“自得”句,承“得意”;“宁劳”句,拍“忘言”;“拈花”四句,正写“忘言”;结颂扬,即补出处,章法最清,意思亦萧然高寄。

真诠 见一卷《千潭一月印》诗“庶得会真诠”句。

画前 有易 杨时《龟山语录二·京师所闻》:“问邵尧夫云:‘谁信画前原有《易》,自从删后更无《诗》。画前有《易》何以见?’曰:‘画前有《易》,其理甚微。然即用孔子之已发明者言之,未有画前,盖可见也。如云:神农氏之耒耜,盖取诸《益》;日中为市,盖取诸《噬嗑》;黄帝、尧、舜之舟楫,盖取诸《涣》;服牛乘马,盖取诸《随》。《益》《噬嗑》《涣》《随》,重卦也。当神农、黄帝、尧、舜之时,重卦未画,此理真圣人有以见天下之赜,故通变以宜民,而《易》之道得矣。然则非画前元有《易》乎?’”按:此二句,《击壤集》不载。

象外 传诗 司空图《诗品·雄浑第一》:“超以象外,得其环中。持之匪强,来之无穷。”

云生 大川《五灯会元·南岳下十世》“潭州石霜楚圆慈明禅师”条:“万法本闲,唯人自闹。所以山僧居福严,只见福严境界;晏起早眠,有时云生碧嶂,月落寒潭。”

鹤点 戴表元《游阳明洞天呈王理得诸君》诗:“初晴鹤点青边嶂。”

活泼 大川《五灯会元·五祖下四世》“益州保唐寺无住禅师”条:“何名识心见性?师曰:‘真心者,念生亦不顺生,念灭亦不依寂。不来不去,不空不乱,不取不舍,不沉不流;无为无相,活泼泼,平常自在。此心体毕竟不可得,无可知觉。触目皆如,无非见性也。’”《朱子语类·一百二十六·释氏》:“‘活泼泼地’是禅语否?曰:不是禅语,是俗语。”

支离 扬子《法言·五百》篇:“或问天地简易而圣人法之,何五经之支离?曰:支离,盖其所以为简易也。已简已易,焉支焉离?”“离”,李轨注:“嫌难了。”宋咸注:“支离,犹委曲也。”吴秘注:“支离,犹言分散也。各有科条,分散而难通。”司马光注:“支离,犹扶疏繁多之貌。”按:支离,谓言不亲切,如有物支吾于其间,使离而不附也。四注皆非。

无弦操 梁昭明太子《陶靖节传》:“渊明不解音律,而蓄无弦琴一张,每酒适,辄抚弄,以寄其意。”

日出卮 《庄子·杂篇·寓言》:“卮言日出,和以天倪。”郭象注:“夫卮满则倾,空则仰,非持故也。况之于言,因物随变,唯彼之从,故曰日出。日出,谓新则尽其自然之分,自然之分日新也,日尽则和也。”

拈花 大川《五灯会元》“七佛”条:“世尊在灵山会上,拈花示众。是时众皆默然,唯迦叶尊者破颜微笑。世尊曰:‘吾有正法眼藏,涅槃妙心,实相无相,微妙法门;不立文字,教外别传。付嘱摩诃迦叶。’”

应手 《庄子·外篇·天道》:“轮扁曰:臣也以臣之事观之。斫轮,徐则甘而不固,疾则苦而不入;不徐不疾,得之于手而应于心。口不能言,有数存焉于其间。臣不能以喻臣之子,臣之子亦不能受之于臣。”

水縠 刘禹锡《竹枝词·第三首》:“瀼西春水縠文生。”

何心涣 《易·象传下》:“风行水上,涣。”孔颖达疏:“风行水上,激动波涛,散释之象。”苏洵《仲兄字文甫说》:“今夫风水之相遭乎大泽之陂也。纡余委蛇，蜿蜒沦涟；安而相推，怒而相凌；舒而如云，蹙而如鳞；疾而如驰，徐而如徊；揖让旋辟，相顾而不前。其繁如縠，其乱如雾；纷纭郁扰，百里若一；汩乎顺流，至乎沧海之滨。滂薄汹涌，号怒相轧；交横绸缪，放乎空虚；掉乎无垠，横流逆折；渍旋倾侧，宛转胶戾；回者如轮，萦者如带；直者如燧，奔者如焰；跳者如鹭，投者如鲤。殊状异态，而风水之极观备矣！故曰：'风行水上，涣。'此亦天下之至文也。然而此二物者，岂有求乎文哉？无意乎相求，不期而相遭，而文生焉。是其为文也，非水之文也，非风之文也；二物者，非能为文而不能不为文也，物之相使而文出乎其间也。故此天下之至文也。今夫玉非不温然美矣，而不得以为文；刻镂组绣，非不文矣，而不可与论乎自然。故夫天下之无营而文生之者，唯水与风而已。"

风箫 见二卷《昭文不鼓琴》诗。

漆园 《史记·老庄申韩列传》："庄子者，蒙人也，名周。周尝为蒙漆园吏。"张守节《正义》："《括地志》云：'漆园，故城在曹州冤句县北十七里。'"

披沙拣金

谢 墉

沙际精金在，披寻始出尘。恒河宁可数，丽水不教沦。敢谓光难掩，缘知少更珍。推求心以慎，弃取术斯神。价合双南重，荣逾九牧陈。陆离辞土壤，的皪耀星辰。莫讶泥途贱，能邀天鉴真。从兹欣地宝，三品荷陶甄。

"敢谓"四句，发"披"字、"拣"字，极精透。从此用意，自无敷衍之弊。

恒河 《金刚般若波罗蜜经·无为福胜分第十一》："'须菩提，如恒河中所有沙数，如是沙等恒河，于意云何？是诸恒河沙宁为多不？'须菩提言：'甚多，世尊。但诸恒河尚多无数，何况其沙。'"

丽水 见一卷《追琢其章》诗。

双南 见一卷《披沙拣金》诗。

九牧 见一卷《追琢其章》诗。

陆离 《楚词·离骚经》:“班总总其离合兮,纷陆离其上下。”王逸注:“陆离,犹参差众貌。”按:颜师古又训“陆离”为“分散”。似皆未然。《九章·涉江》曰:“带长铗之陆离兮,冠切云之崔嵬。”如训以参差,分散,于长铗形状未符;今相承用为光采焕发意,于古无征,而于义为允。

的皪 详后《清露点荷珠》诗。

地宝 《礼·礼运》:“故天不爱其道,地不爱其宝,人不爱其情。”郑玄注:“言嘉瑞出,人情至也。”《宋史·汪纲传》:“纲为桂阳军平阳县令。桂阳岁贡银二万九千余两,而平阳当其三分之二。纲谓,向者银矿坌发价轻,故可勉以应。今地宝已竭,市于他郡,其价倍蓰,力请痛蠲损之。”

三品 见一卷《披沙拣金》诗。

陶甄 毋丘俭《承露盘赋》:“采名金于昆丘,斩扶桑以为薪。诏烛龙使吐火,运混元以陶甄。”按,《汉书·董仲舒传》:“如泥之在钧,惟甄者之所为。”如淳曰“甄人作瓦器为之甄”,则甄本训合土;然《典引》“甄殷陶周”,蔡邕训以“模范”,则亦为范金之通称。此赋盖本蔡训。夏侯湛《釭灯赋》亦有“取光藏烟,致巧金铜。融冶甄流,陶形定容”之语。

黄目上尊

蒋和宁

《礼·郊特牲》:“黄目,郁气之上尊也。黄者,中也。目者,气之清明者也。言酌于中而清明于外也。”郑玄注:“黄目,黄彝也。周所造,于诸尊为上也。”孔颖达疏:“黄目者,以黄金镂其外以为目,因取名也。因将置郁鬯酒,故云郁气也。祭祀时列之,最在诸尊之上,故云上也。言酌于中而清明于外也者,言酒清明在尊中而可斟酌,示人君虑于祭事,必斟酌尽于中也。目在尊外而有清明,示人君行祭,必外尽清明洁净也。”沈括

《梦溪笔谈·器用》:"《礼》书所载黄彝,乃画人目为饰,谓之黄目。予游关中,得古铜黄彝,殊不然。其刻画甚繁,大体似缪篆,又如栏楯间所画回波曲水之文。中间有二目,如大弹丸突起,煌煌然,所谓黄目也。视其文,仿佛有牙角口吻之象。"

历代殊彝斝,成周制独隆。畴从三曰视,数应六居中。瞿鼎文相似,黄流色正同。涂金辉百炼,翦水映双瞳。酒以苞茅缩,香因郁鬯通。求阴理可格,灌地礼攸崇。正位能居体,清明本在躬。由来蠲洁意,契合颂昭融。

刻画"黄"字、"目"字,极警切。

殊彝斝 《礼·明堂位》:"灌尊,夏后氏以鸡夷,殷以斝,周以黄目。"郑玄注:"夷,读为彝。"

三曰视 《书·洪范》:"二五事,一曰貌,二曰言,三曰视。"

六居中 《国语·周语下》:"夫六,中之色也,故名之曰黄钟。"韦昭注:"十一月,曰黄钟,乾初九也。六者,天地之中。天有六气,降生五味。天有六母,地有五子,十一而天地毕矣。而六为中,故六律、六吕而成天道。黄钟初九,六律之首,故以六律正色为黄钟之名,重元正始之义也。"

瞿鼎 《宣和博古图·商·瞿父鼎铭》:"二字'瞿父'。商器以父铭者多矣,瞿则莫详其为谁。然瞿作两目,与商瞿祖丁卣之两目相似,固未易以名氏考也。"

黄流 《诗·大雅·旱麓》篇:"瑟彼玉瓒,黄流在中。"毛苌《传》:"玉瓒,圭瓒也,黄金所以饰流鬯也。"郑玄笺:"黄流,秬鬯也。"孔颖达疏:"瓒者,盛鬯酒之器。以黄金为勺,而有鼻口,鬯酒从中流出,故云黄金所以流鬯;以器是黄金,照酒亦黄,故谓之黄流也。"

涂金 《汉书·外戚传》:"切皆铜沓,冒黄金涂。"师古曰:"涂,以金涂铜上也。"

百炼 《晋书·舆服志》:"应劭《汉官》云:'说者以为金取刚强,百炼不耗。'"

剪水 李贺《唐儿歌》:"一双瞳人剪秋水。"

包茅 《左传·僖公四年》:"尔贡包茅不入,王祭不共,无以缩酒。"杜预注:"包,裹束也;茅,菁茅也。束茅而灌之以酒为缩酒。"

郁鬯 《礼·郊特牲》:"周人尚臭。灌用鬯臭,郁合鬯,臭阴达于渊泉。"孔颖达疏:"郁合鬯者,郁,郁金草也;鬯,谓鬯酒。煮郁金草和之,其气芬芳调鬯也;又以捣郁汁和合鬯酒,使香气滋甚,故云郁合鬯也。"马氏说:"郁,草名。知郁金香草合为鬯也。"

求阴　灌地 《礼·郊特牲》:"既灌,然后迎牲,致阴气也。"孔颖达疏:"既灌,然后迎牲者,先求神后迎牲也;致阴气也者,解所以先灌,是先求阴也。先致气于阴,故云致阴气也。"

正位　居体 《易·文言传》:"君子黄中通理,正位居体,美在其中而畅于四支,发于事业,美之至也。"孔颖达疏:"黄中通理者,以黄居中,兼四方之色,奉承臣职,是通晓物理也。正位居体者,居中得正,是正位也;处上体之中,是居体也。黄中通理,是美在其中。有美在于中,必通畅于外,故云畅于四支。四支犹人手足,比于四方物务也。外内俱善,能宣发于事业。所营谓之事,事成谓之业,美莫过之,故云美之至也。"

清明　在躬 见前《山川出云》诗。

昭融 《诗·大雅·既醉》篇:"昭明有融,高朗令终。"毛苌《传》:"融,长朗明也。"孔颖达疏:"毛以为,天既光大,汝成王以昭明之道,甚有长也。言与之明道,未有极已之时。"

春服既成

赵　佑

春怜风日美,服爱绮罗清。冶袖宜新制,单衫称缓行。殷勤燕子语,催促剪刀声。永昼裁缝就,良宵熨贴平。寻花三月暮,吹袂五铢轻。既适温暾候,还摅咏浴情。微和随意扇,佳兴偶然成。衣被皆天泽,衢歌祝圣明。

前半,善为"既"字取势;后半,亦含得"舞雩沂水"意思。不泛作"春服满汀洲"诗。

冶袖 徐陵《玉台新咏·序》:"惊鸾冶袖,时飘韩掾之香。"

单衫 《晋杂曲歌词·西洲曲》:"单衫杏子红。"

裁缝 《周礼·天官·缝人》:"女工八十人。"郑玄注:"女工,女奴。晓裁缝者。"

熨贴 杜甫《白丝行》:"美人细意熨贴平,裁缝灭尽针线迹。"

五铢 谷神子《博异记》"岑文本"条:"又问曰:'衣服皆轻细,何土所出?'对曰:'此上清五铢服。'又问曰:'所闻六铢者天人衣,何五铢之异?'对曰:'尤细者,则五铢也。'"

温暾 见一卷《春从何处来》诗。

微和 陶潜《拟古诗·第七首》:"日暮天无云,春风扇微和。"

佳兴 李嘉祐《晚登江楼有怀》诗:"独坐南楼佳兴新。"

衣被 见一卷《春蚕作茧》诗"衣被万方咸"句。

衢歌 见前《野舍时雨润》诗。

清露点荷珠

吴以镇

风池清露滴,荷伞绿云扶。沾处差同雨,排来略似珠。走盘光莫定,入掌色难逾。玓瓅真堪玩,匀圆总不殊。惊风离更合,映月有还无。柳线穿何用,松钗缀岂须?未宜量斛价,幸许叠钱沽。照乘归宸鉴,含光贮玉壶。

亦微欠发挥“露”字,而刻画“荷珠”自佳,“惊风”二句,尤摹写入微。“叠钱”句绾合“荷”字,巧甚。然巧句只可如此而止,再过则纤矣。

凤池 见一卷《鱼戏新荷动》诗。

荷伞 陆佃《埤雅·释草》:“万荷贴水生藕者也。芰荷无藕卷荷也,与华偶生,出乎水上,亭亭如伞者是。”

绿云 硒贤《月湖竹枝词·第二首》:“团团荷叶绿云扶。”

走盘 见二卷《清露点荷珠》诗。

入掌 傅玄《短歌行》:“昔君视我如掌中珠。”刘勰《文心雕龙·书记》篇:“至于陈琳谏辞,称掩目捕雀;潘岳哀辞,称掌珠伉俪,并引俗说而为文辞者。”

玓瓅 司马相如《上林赋》:“明月珠子,的皪江靡。”李善注:“《说文》曰:玓瓅,明珠光也。‘玓瓅’与‘的皪’,音义同。”

匀圆 杜甫《野人送朱樱》诗:“万颗匀圆讶许同。”

柳线 **松钗** 并见二卷《清露点荷珠》诗。

量斛 刘恂《岭表录异记》:“绿珠井在白州双角山下。昔梁氏之女有容质,石季伦为交趾采访使,以真珠三斛买之。”

叠钱 见一卷《鱼戏新荷动》诗。

照乘 《史记·田敬仲世家》:“梁王曰:‘若寡人之小国,尚有径寸之珠,照车前后各十二乘者十枚。’”

玉壶 《文选》鲍照《白头吟》。李善注:“秦子曰:‘玉壶必求其以盛。’”

昆吾刀切玉如泥

鞠 恺

《山海经·中山经》:“昆吾之山,其上多赤铜。”郭璞注:“此山出名铜,色赤如火,以之作刀,切玉如割泥也。周穆王时,西戎献之。尸子所谓‘昆吾之剑’也。”

昔有昆吾剑,来从月窟西。岂惟钟可刜,直使玉如泥。脱匣才抽水,成方已作珪。练吹三尺过,肪截一痕齐。宛尔沙堪画,居然土受犁。连环知立解,合璧好分携。望气锋无敌,摧刚理可稽。天弧今远震,纳贶定频赍。

"切"字殊难取似;"成方""肪截"二句,可云"笔有化工"。

月窟 见一卷《西王母献益地图》诗。

钟可刜 见一卷《锥处囊》诗。

脱匣 抽水 徐渭《琉球刀》诗:"脱匣水堪抽。"

成方 作珪 见一卷《华月照方池》诗。

练吹 见前《欧冶子铸剑》诗。

肪截 魏文帝《与钟大理书》:"窃见玉书,称美玉白如截肪。"

沙堪画 见一卷《锥处囊》诗。

土受犁 刘熙《释名·释器用第二十一》:"犁,利也。利则发土,绝草根也。"

连环 《战国策·齐策》:"始皇尝遣使者,遗君王后连环曰:'齐多智,而解此环不?'君王后以示群臣,群臣不知解。君王后引锥椎破之,谢秦使曰:'谨以解矣。'"

合璧 见一卷《日升月恒》诗。

天弧 《史记·天官书》:"厕下一星,曰天矢。矢黄则吉;青、白、黑,凶。其西有句曲九星,三处罗:一曰天旗,二曰天苑,三曰九斿。其东有大星曰狼。狼角变色,多盗贼。下有四星曰弧,直狼。"张守节《正义》:"弧九星,在狼东南,天之弓也。以伐叛怀远,又主备贼盗,知奸邪。弧矢向狼动移,多盗;明大变色,亦如之。矢不直狼,多盗;引满,则天下尽兵也。"扬雄《羽猎赋》:"荧惑司命,天弧发射。"

飞鸿响远音

万廷兰

谢灵运《登池上楼》诗:“潜虬媚幽姿,飞鸿响远音。”

凉风吹迥野,旅雁带秋音。关塞寒应早,潇湘水正深。凄清初入耳,嘹唳最惊心。细雨芦花岸,孤村月夜砧。依稀如有和,断续杳难寻。影入寥天没,声随远角沉。几重黄叶渡,万里碧云阴。好待春光暖,呼群到上林。

着意“响”字、“远”字,深得凄清寥廓之神。康乐此诗本作于初春,故有“池塘生春草”诸句,诗竟赋秋鸿。此种题原不拘出处。

关塞 刘长卿《闻虞沔州有替将归上都登汉东城寄赠》诗:“翔雁初辞旧关塞。”

潇湘 温庭筠《瑶瑟怨》:“雁声远过潇湘去。”

凄清 潘岳《秋兴赋》:“露凄清以凝冷。”

嘹唳 谢惠连《秋怀》诗:“嘹唳度云雁。”

上林 孟浩然《自浔阳泛舟经明海》诗:“遥怜上林雁,冰泮也回翔。”

秋月照寒水

张 模

朱子《斋居感兴诗·第十首》:“放勋始钦明,南面亦恭己。大哉精一传,万世立人纪。倚欤叹日跻,穆穆歌敬止。戒獒光武烈,待旦起周礼。恭惟千载心,秋月照寒水。”

霁宇无边净,长江见底寒。沧波何处尽?明月古来看。岸阔芦飘雪,秋高桂吐丹。更无云点缀,低见影团圞。皎洁开银界,晶莹洗玉盘。一轮随意照,万象此中宽。夜气澄余滓,心源得静观。明明千载意,妙理试穷殚。

水月是题面，千载心是题意。先浑写而后明点，唐人旧法；妙于浑写处俱含本意，方不画作两橛。

见底寒 羊士谔《郡中即事》诗："城下秋江寒见底。"

芦飘雪 大川《五灯会元·青原下十四世》"真州长芦妙觉慧悟禅师"条："僧问：'雁过长空，影沉寒水；雁无遗踪之意，水无沉影之心。还端的也？'无师曰：'芦花两岸雪，江水一天秋。'"

云点缀 见一卷《千潭一月印》诗"无云微点缀"句。

银界 苏舜钦《中秋松江新桥对月和柳令》之诗："佛氏解为银色界。"

玉盘 李白《古朗月行》："小时不识月，呼作白玉盘。"

一轮 见一卷《日升月恒》诗。

万象 大川《五灯会元·南岳下二世》"盘山宝积禅师"条："夫心月孤圆，光吞万象。"

余滓 陶潜《己酉岁九月九日》诗："清气澄余滓，杳然天界高。"

心源 见一卷《千潭一月印》诗"心源符太极"句。

静观 详五卷《昭文不鼓琴》诗。

万紫千红总是春

博　明

见一卷《春从何处来》诗。

暖入三三径，寒消九九天。春光无远近，花意总便娟。丽紫晴烘日，酣红晓破烟。柔枝都旖旎，老树亦新鲜。隔水浓如画，寻源望若仙。是谁工设色，使尔巧争妍？众窍风吹万，长江月印千。发生由一气，此理妙难传。

铺排千红万紫，便为买椟还珠，着意"总是春"三字，乃使传神写照在阿堵间。

三三径 杨万里《三三径诗序》:“东园新开九径,江梅、海棠、桃、李、橘、杏、红梅、碧桃、芙蓉,九种花木各植一径,命曰三三径云。”

九九天 周遵道《豹隐纪谈》:“石湖居士戏用乡语,云土俗以二至后九日为寒燠之候,故谚有‘夏至未来莫道热,冬至未来莫道寒’之语。又一说夏至后云:‘一九至二九,扇子不离手。三九二十七,吃茶如蜜汁。四九三十六,争向路头宿。五九四十五,树头秋叶舞。六九五十四,乘凉不入寺。七九六十三,夜眠寻被单。八九七十二,被单添夹被。九九八十一,家家打炭墼。’冬至后云:‘一九二九,相唤不出手。三九二十七,篱头吹筚篥。四九三十六,夜眠如路宿。五九四十五,太阳开门户。六九五十四,贫儿争意气。七九六十三,布衲两尴尬。八九七十二,猫儿寻阴地。九九八十一,犁爬一齐出。’范公吴人,不免用乡语。”

远近 袁昂《古今书评》:“萧子云书如上林春花,远近瞻望,无处不发。”

便娟 《楚词·七谏·初放》:“便娟之修竹兮,寄生乎江潭。”王逸注:“便娟,好貌。”

丽紫 黄庭坚《白山茶赋》:“丽紫妖红,争春而取宠。”

烘日 杨亿《后苑赏花应制》诗:“艳烘晓日迷天仗。”

酣红 范成大《州宅堂前荷花》诗:“也带酣红学醉妆。”

破烟 范成大《次韵徐提举游石湖三绝·第二首》:“日脚烘晴已破烟。”

风吹万 详四卷《乐出虚》诗。

月印千 大川《五灯会元·青原下六世》“韶州龙光諲禅师”条:“问:‘宾头卢一身为什么赴四天下供?’师曰:‘千江同一月,万户总逢春。’”

卷　四

莺声细雨中

庄培因

刘长卿《海盐官舍早春》诗:“柳色孤城里,莺声细雨中。”

春色沾微雨,莺啼带远郊。廉纤飞处密,睍睆听来淆。细缕金衣湿,轻簧珠点敲。携柑愁滑滑,隔叶但交交。徐啭昏烟外,还藏弱柳梢。鸠呼声似和,蝶宿翅慵捎。待霁看求友,迎风尚恋巢。上林新泽渥,刷羽傍螭坳。

“莺声”“细雨”,如逐层分写,神味索然。着意一“中”字,遂使难状之景笔端如画。

远郊　《周礼·地官·载师》:“以官田、牛田、赏田、牧田任远郊之地。”郑玄注:“杜子春云:‘五十里为近郊,百里为远郊。’”

廉纤　韩愈《晚雨》诗:“廉纤晚雨不能晴。”

睍睆　见三卷《新莺隐叶》诗。按:《凯风》睍睆、黄鸟句注疏,皆指鸟之容色。惟《朱子集传》曰:“睍睆,清和圆转之意。”此从《集传》说。

金衣　王仁裕《开元天宝遗事》:“明皇每于禁苑中见黄莺,常呼之为金衣公子。”

珠点　毛滂《何满子》词:“急雨初收珠点。”

携柑　见一卷《禁林闻晓莺》诗。

滑滑　梅尧臣《禽言》第四首《竹鸡》:“泥滑滑,苦竹冈。雨萧萧,马上郎。”李时珍《本草纲目·禽之二》:“竹鸡,蜀人呼为鸡头鹘,南人呼为泥滑滑。”

隔叶 杜甫《蜀相》诗:“隔叶黄鹂空好音。”

交交 《诗·秦风·黄鸟》篇:“交交黄鸟,止于棘。”毛苌《传》:“交交,小貌。”孔颖达疏:“黄鸟,小鸟也,故以交交为小貌。桑扈笺云:‘交交,犹佼佼,飞而往来貌。’则此亦当然,故云往来得其所,是交交为往来状也。”按:此诗黄鸟,非仓庚。交交乃往来之状,亦不训鸟声。然晋夏侯湛《春可乐赋》曰:“莺交交以弄音,翠翩翩以轻翔。”则借为莺声,有自来矣。

鸠　和 见一卷《农事遍东皋》诗。

蝶　捎 杜甫《重过何氏诗·第一首》:“花妥莺捎蝶。”

求友 见一卷《禁林闻晓莺》诗。

上林 亦见一卷《禁林闻晓莺》诗。

刷羽 沈约《咏湖中雁》诗:“刷羽同摇漾。”刘象《早春池亭独游诗·第二首》:“莺刷初迁羽。”

螭坳 《新唐书·百官志》:“贞观初,以给事中、谏议大夫兼知起居注,或知起居事。每仗下,议政事,起居郎一人执笔记录于前,史官随之。其后,复置起居舍人,分侍左右,秉笔随宰相入殿;若仗在紫宸内阁,则夹香案分立殿下,直第二螭首,和墨濡笔,皆即坳处,时号螭头。”叶梦得《石林燕语》:“唐起居郎、舍人,皆随宰相入殿。预闻奏事,仗在紫宸,则立殿下,直第二螭头,即其坳处,和墨以记事,故号螭头,或曰螭坳。”

残月如初月

王鸣盛

庾信《拟咏怀诗·第十八首》:“虽言梦蝴蝶,定自非庄周。残月如初月,新秋似旧秋。”按:坊刻作“残月如新月”,盖缘唐试律而误,不知唐诗此题亦误刊也。

半魄留金镜,纤痕剩玉蜍。穿帘斜似玦,挂树曲成梳。只讶蓂才吐,宁知桂渐虚。难分弦上下,堪悟理乘除。澹澹辉将掩,微微影尚余。欣逢久照日,惟颂月恒如。

“残月”有二解:一曰向晓之月,一曰望后之月。望后之说较长。唐诗“佳人应误拜,栖鸟反求安”,二说并用。非也。礼堂在余绿意轩作此诗,本限六韵,坊本欲足八韵之数,摭唐诗语益之,遂致两解骑墙,今从原稿。

半魄 张子容《碧池望秋月》诗:“半魄落银钩。”

金镜 朱华《海上生明月》诗:“影开金镜满。”

玉蜍 方岳《秀锦楼赋》:“挹浮丘之欲仙兮,抚玉蜍以盘桓。”

似玦 陆龟蒙、皮日休《寒夜联句》诗:“月魄方似玦。”原注:日休。

成梳 陆游《游山诗·第二首》:“殷勤一梳月,十里照还家。”

蓂 见一卷《迎岁早梅新》诗“叶转尧阶荚”句。

桂 见一卷《千潭一月印》诗“深深桂影圆”句。

弦上下 《诗·小雅·天保》篇,孔颖达疏曰:“日月在朔交会,俱右行于天,日迟月疾。从朔而分,至三日,月去日已当二次,始死魄而出,渐渐远日,而月光稍长。八日、九日,大率月体正半,昏而中,似弓之张而弦直,谓上弦也。后渐进,至十五、十六日,月体满,与日正相当,谓之望,云体满而相望也。从此后渐亏,至二十三日、二十四日,亦正半在,谓之下弦。”

乘除 见二卷《大衍虚其一》诗。按:此用《易》“日中必昃,月盈必虚”之意,故用“理”字。

久照 《易·彖传下》:“日月得天,而能久照。”

月恒 见一卷《日升月恒》诗。

野含时雨润

倪承宽

正是黄梅候,郊原雨乍过。阴将晴各半,寒与暖相和。芳树红英落,平芜绿意多。三篙新涨软,一带湿烟拖。鸠妇遥呼侣,鱼苗细漾波。欣欣观物化,长养颂南讹。

细贴之极,妙于活泼。“含”字、“润”字,生趣宛然。结亦不落丰年套语。

黄梅 王安石《再游齐安寺》诗,李壁注:“《风土记》曰:‘夏至前雨为黄梅雨。’”

阴晴寒暖 周邦彦《清明三台》词:“正轻寒轻暖漏永,半阴半晴云暮。”

芳树 陆机《答张士然》诗:“芳树发华巅。”

红英 沈约《郊居赋》:“抽红英于紫带。”

平芜 高适《田家春望》诗:“春色满平芜。”

绿意 韩琦《北堂春雨》诗:“烟外垂杨绿意多。”

三篙 温庭筠《池塘七夕》诗:“万家砧杵三篙水。”按:注引潘岳“楚浪三篙碧”句,潘诗无此语。

新涨 杜牧《街西长句》:“碧池新涨浴娇鸦。”

软 刘禹锡《淮阴行·第五首》:“无奈挑菜时,清淮春浪软。”

一带 元稹《度门寺》诗:“门临溪一带。”

湿烟 陆贽《御园芳草》诗:“湿烟摇不散。”

鸠妇 见一卷《农事遍东皋》诗。

鱼苗 唐庚《江涨》诗:“池溢走鱼苗。”叶梦得《避暑录话》:“浙东土人,率以陂塘养鱼。乘春鱼初生时,取种于江外,长不过半寸。以木桶置水中,细切草为食,如食蚕,谓之鱼苗。”

欣欣 陶潜《归去来辞》:“木欣欣而向荣。”

观物化 陈子昂《感遇诗·第十三首》:“闲卧观物化。”

长养 见三卷《平秩南讹》诗。

列子御风

汪永锡

《庄子·内篇·逍遥游》:“夫列子御风而行,泠然善也,旬有五日而后反。彼于致福者,未数数然也。此虽免乎行,犹有所待者也。”按:御风事,《列子》亦载,然诗正用《庄子》意,故置彼引此。

绝迹无行地,逍遥信所之。俯看真一气,飙举与谁期?倏尔成千里,超然谢九逵。有声来木末,吹影过天涯。神马空羁靮,尻轮任指麾。飘飘黄鹄远,杳杳白云移。有待虽难定,无心自不知。蜩鸠莫相讶,适意总如斯。

题原缥缈,诗亦意境洒然。起切《南华》本旨,结以郭象“注”意足之,尤为圆彻。

绝迹无行地 《庄子·内篇·人间世》:“绝迹易,无行地难。”郭象注:“不行则易,欲行而不践地,不可能也。”

逍遥 《庄子·内篇·逍遥游》郭象注:“夫小大虽殊,而放于自得之场,则物任其性,事称其能,各当其分,逍遥一也。”

一气 杜甫《同诸公登慈恩寺塔》诗:“俯视但一气。”

九逵 《尔雅·释宫》:“九达谓之逵。”郭璞注:“四道交出,复有旁道。”邢昺疏:“《诗·周南》云:‘施于中逵。’《毛传》云:‘逵,九达之道是也。’案,《左传·隐十一年》云:‘及大逵。’桓十四年,焚渠门入及大逵。庄二十八年,众军入自纯门及逵市。宣十二年,入自皇门,至于逵路。杜预皆以为道,并九轨。

案,《周礼》:‘经涂九轨。’不名曰逵。杜意盖以郑之城内不应有九出之道,故以为并九轨于此则不合也。”

木末 详五卷《高摘屈宋艳》诗。

天涯 汉无名氏《古诗·第一首》:“相去万余里,各在天一涯。”

神马 尻轮 《庄子·内篇·大宗师》:“浸假而化予之尻以为轮,以神为马,余因而乘之,岂更驾哉!”郭象注:“浸,渐也。夫体化合变,则无往而不因,无因而不可也。”

黄鹄 《战国策·楚四》:“黄鹄因是以。游于江海,淹乎大沼,俯啄鳝鲤,仰啮菱蘅,奋其六翮而凌清风,飘摇乎高翔。”

白云 见二卷《白云无心》诗。

蜩鸠 《庄子·内篇·逍遥游》:“蜩与鸒鸠笑之曰:‘我决起而飞,抢榆枋,时则不至而控于地而已矣,奚以之九万里而南为?’”郭象注:“苟足于其性,则虽大鹏无以自异于小鸟,小鸟无羡于天地,而荣愿有余矣。故小大虽殊,逍遥一也。”

上苑春莺随柳啭

汪存宽

萨都剌《西宫春日》诗:“上苑春莺随柳啭,西宫午漏隔花深。”

宫柳千丝袅,林莺百啭随。由来多好语,只在最高枝。晓日眠初起,浓阴坐每移。低昂原不定,宛转恰相宜。叶底声声滑,风前故故欹。似将歌节奏,巧趁舞腰肢。阁道千门外,春阴二月时。上林欣得借,愿杂凤笙吹。

纯从“随”字着笔,自然不似“柳浪闻莺”。结四句归结“上苑”,字字精工。

千丝 郑谷《柳》诗:“千丝万绪惹春风。”

百啭　见一卷《禁林闻晓莺》诗。

最高枝　曹植《公宴》诗："好鸟鸣高枝。"温庭筠《题柳》诗："流莺百啭最高枝。"

眠初起　见三卷《风软游丝重》诗。

坐每移　杜甫《遣闷戏呈路十九曹长》诗："黄莺并坐交愁湿。"仇兆鳌注："《古乐府》：'乌生八九子，端坐秦氏桂树间。'坐字本此。"

滑　白居易《琵琶行》："间关莺语花底滑。"

故故　杜甫《月诗·第三首》："故故满青天。"按：故故者，作意如此之义，犹言"特特"也。

节奏　见三卷《风过箫》诗。

腰肢　隋炀帝《望江南词·第二首》："湖上柳，东风摇弄好腰肢。"

阁道　千门　王维《奉和圣制从蓬莱向兴庆阁道中，留春雨中春望之作》："銮舆迥出千门柳，阁道回看上苑花。"

春阴　二月　见一卷《禁林闻晓莺》诗。

上林　得借　亦见一卷《禁林闻晓莺》诗。

凤笙　李白《从宜春苑奉诏赋龙池柳色初青听新莺百啭歌》："新莺飞绕上林树，愿入箫韶杂凤笙。"

野含时雨润

钱大昕

甘泽依旬降，东皋生意多。如酥笼翠柳，积润长青莎。薄雾蒙蒙澹，油云渰渰过。浓添螺髻绿，肥涨曲尘波。湿压烟千缕，斜披雨一蓑。太平天泽早，节候近清和。

第一句便紧切"时雨"字，二句便紧切"野"字、"含"字、"润"字，一切喜雨肤词，无从栏入矣。三、四句，先描"润"字；五、六、七、八句，妙写"含"字。而五、六是天上之景，是远景，是乍晴之景；七、八是地下之景，是近景,是既晴之景。层次亦最分明。

依旬 唐明皇帝《同刘晃喜雨》诗:“膏雨自依旬。”

生意 见一卷《野含时雨润》诗。

如酥 韩愈《早春呈水部张十八员外诗·第一首》:“天街小雨润如酥。”

翠柳 王融《长歌引》:“翠柳荫通街。”

积润 骆宾王《在江南赠宋五之问》诗:“韫珠澄积润。”

青莎 见一卷《荷净纳凉时》诗“夹岸长青莎”句。

湆湆 见三卷《秋云似罗》诗。

螺髻绿 见二卷《雨后山光满郭青》诗。

肥 苏轼《次韵沈长官诗·第三首》:“风来震泽帆初饱,雨入松江水渐肥。”王十朋注:“帆饱、水肥,皆方言。”按,扬子《太玄文》曰:“山杀瘦,泽增肥。”范望注曰:“山以高峻,故杀瘦;泽以卑下,受山之腴,故增肥。”则以肥言水,亦古矣,不得谓之方言。

曲尘波 白居易《春江闲步赠张山人》诗:“春水迎尘波。”《周礼·天官·内司服》,郑玄注:“鞠衣,黄桑服也,色如鞠尘。”贾公彦疏云:“色如鞠尘者,鞠尘不为曲字者,古通用。”《礼·月令》孔颖达疏:“郑注《内司服》云:‘鞠衣,黄桑服也。色如鞠尘,象桑始生。’菊者,草名,花色黄。故季秋之月云‘菊有黄华’,是鞠衣黄也。”按:贾以“鞠”通“曲”字;孔以“鞠”通“菊”字。曲可为尘,菊无成尘之理,当以贾为是。故诗家相承用“曲”字。

太平 《汉书·食货志》:“三考黜陟,余三年食,进业曰登;再登曰平,余六年食;三登曰泰平,二十七岁,遗九年食。然后功德流洽,礼乐成焉。”

清和 见一卷《野含时雨润》诗。

大衍虚其一

朱 筠

欲究灵蓍德,圆神信有诸。阴阳非外判,奇耦自中储。穆若天元始,渊然太极初。端倪虽恍惚,品汇此权舆。静里还成动,亏时乃得余。四营生挂扐,二策起乘除。是万原根一,无盈不用虚。圣心应合契,至理在图书。

浑发"虚一"之理,不规规于刻画,又是一格。最为大雅。

灵蓍 《鬼谷子·外篇·本经阴符》:"损兑法灵蓍。"扬雄《太玄经》:"童次二:错于灵蓍,焯于龟资。"

圆神 《易·系辞传上》:"是故,蓍之德圆而神,卦之德方以知。"韩伯注:"圆者,运而不穷;方者,止而有分。言蓍以圆象神,卦以方象知也。唯变所适,无数不周,故曰圆;卦列爻分,各有其体,故曰方也。"

天元 扬子《太玄·莹第十》:"天元咫步,日月纪数。"注:"八尺为咫,六尺为步。元,起于天元。甲子朔旦冬至,始于牵牛之初。自咫及步,运行不息。周天三百六十五度,四分度之一,三十日为月,十二月为岁,故加闰以定四时。"

太极 见二卷《大衍虚其一》诗。

端倪 《庄子·内篇·大宗师》:"反覆终始,不得端倪。"

恍惚 《老子·第二十一章》:"道之为物,唯恍惟惚。惚兮恍兮,其中有像;恍兮惚兮,其中有物。"河上公注:"道之于万物,独恍忽往来于其无所定也。道唯忽恍无形之中,独为万物法像。道唯恍忽,其中有一,经营主化,因气立质。"

品汇 《晋书·孝友传》:"资品汇以顺名,功包万象。"

权舆 《诗·秦风·权舆》篇:"吁嗟乎,不乘权舆。"毛苌《传》:"权舆,始也。"严粲《诗缉》:"陈氏曰:'造衡自权始,造车自舆始。'"《尔雅·释诂》,邢昺疏:“权舆者,天地之始也,天圆而地方,因名之。”

四营 《易·系辞传上》:“是故四营而成易。”韩伯注:“分而为二,以象两,一营也。挂一以象三,二营也。揲之以四,三营也。归奇于扐,四营也。”

挂扐 《易·系辞传上》:“大衍之数五十,其用四十有九。分而为二以象两,挂一以象三,揲之以四以象四时,归奇于扐以象闰,五岁再闰,故再扐而后挂。”陆德明《经典释文》:“挂,卦贾反,别也。王肃音卦;扐,郎得反,下同。马云‘指间也’,荀柔之云‘别也’;后挂之挂,京作卦,云再扐而后布卦。”孔颖达疏:“‘分而为二以象两’者:五十之内,去其一,余有四十九,合同未分,是象太一也。今以四十九分而为二,以象两仪也。‘挂一以象三’者:就两仪之间,于天数之中,分挂其一,而配两仪,以象三才也。‘揲之以四以象四时’者:分揲其蓍,皆以四四为数,以象四时。‘归奇于扐以象闰’者:奇谓四揲之余,归此残奇于所扐之策而成数,以法象天道;归残聚余,分而成闰也。‘五岁再闰’者:凡前闰后闰,相去大略三十二月,在五岁之中,故五岁再闰。‘再扐而后挂’者:既分天地,天于左手,地于右手,乃四四揲天之数,最末之余,又合于前所归之扐;而总挂之,是再扐而后挂也。”

二策 《易·系辞传上》:“乾之策,二百一十有六;坤之策,百四十有四。凡三百有六十当期之日。二篇之策,万有一千五百二十,当万物之数也。”

根一 见一卷《千潭一月印》诗“是万还为一”句。

用虚 关朗《易传·大衍义第三》:“物有两大,必曰虚盈。昼极则夜进,盈于此则虚于彼,盈于小必虚其大,此用所以不穷也。”程大昌《演繁露》:“《正易心法》之论大衍曰:‘挂一之在四十九,元不入用,则虽去之无欠也。’其意以为揲蓍之初,此一既挂左指,则自不预揲数之数矣。及其四已定,此一又归奇扐,则又不入七八九六之用,故曰‘去之无欠也’。此盖以象数,言《易》于有爻之后,而不知超象数以求《易》于未爻之前也。‘道生一,一生二,二生三,三生万物。’一之生二,是虚一之能生天生地者也。夫天地得此之生于太极也,其象在蓍,则分一为二,是其形容已然。此之分二者,从何而来?岂非从一握则四十九用，皆藏一握之内，及其分一握以为两握，则一已生二，而一遂无见，圣人于是即五十蓍中，取其一蓍挂之左指者，既不以揲，又不循数，其意盖示四十九用之上，此之一数处总无为。而四十九者，各以七八九六听令而受数焉耳。故此一虽虚，而天下之实，莫不由之以出，则安可知有用之用，而不知无用之用也。故知此说不能求诸未爻之前也。”

图书 《易·系辞传上》：“河出图，洛出书，圣人则之。”《汉书·五行志》：“刘歆以为虑羲氏继天而王，受《河图》，则而画之，八卦是也；禹治洪水，赐《雒书》，法而陈之，《洪范》是也。”又：“以为《河图》《雒书》相为经纬，八卦、九章相为表里。”

如石投水

卫 肃

李康《运命论》：“张良受黄石之符，诵《三略》之说，以游于群雄。（其言也）如以水投石，莫之受也。及其遭汉祖也，其言也，如以石投水，莫之逆也。非张良之拙说于陈项，而巧言于沛公也。然则张良之言一也，不识其所以合离。合离之由，神明之道也。”

契合诚非偶，风云缅汉初。千秋明主遇，一卷老人书。帝德孚咸有，臣心矢介如。嘉言金作砺，大度海归墟。精卫衔应屡，韩陵语未疏。补天原有用，若谷妙能虚。诗咏他山石，欢同得水鱼。汪洋钦圣量，听纳总无余。

刻画雕锼，巧不伤雅，妙无一字无来历。

契合 袁宏《三国名臣论》：“君臣相体，若合符契。”沈佺期《奉和户部岑尚书参迹枢□》诗：“风云神契合。”

风云 《易·文言传》：“云从龙，风从虎。”孔颖达疏：“龙是水畜，云是水气，故龙吟则景云出，是云从龙也；虎是威猛之兽，风是震动之气，此亦是同类相感,故虎啸则谷风生,是风从虎也。”

老人书 《史记·留侯世家》:“良尝闲从容步游下邳圯上,有一老父,衣褐,至良所,直堕其履圯下,顾谓良曰:‘孺子,下取履!’良愕然,欲殴之,为其老,强忍,下取履。父曰:‘履我!’良业为取履,因长跪履之。父以足受,笑而去。良殊大惊,随目之。父去里所,复还,曰:‘孺子可教矣。后五日平明,与我会此。’良固怪之,跪曰:‘诺。’五日平明,良往。父已先在,怒曰:‘与老人期,后,何也?’去,曰:‘后五日早会。’五日鸡鸣,良往。父又先在,复怒曰:‘后,何也?’去,曰:‘后五日复早来。’五日,良夜未半往。有顷,父亦来,喜曰:‘当如是。’出一编书,曰:‘读此则为王者师矣。’”

咸有 《书·咸有一德》:“惟尹躬暨汤咸有一德。”

介如 《易·上经豫卦》:“六二,介于石,不终日,贞吉。”孔颖达疏:“介于石者,得位履中;安夫贞正,不苟求逸豫。上交不谄,下交不渎,知几事之初始,明祸福之所生;不苟求逸豫,守志耿介,似于石然。”又《系辞传下》:“《易》曰:‘介于石,不终日,贞吉。’介如石焉,宁用终日,断可识矣。”

嘉言 《书·大禹谟》:“嘉言罔攸伏。”

金作砺 见三卷《木从绳》诗。

大度 《史记·高祖本纪》:“常有大度,不事家人生产作业。”

海归墟 见一卷《学然后知不足》诗。

精卫 见一卷《精卫衔石填海》诗。

韩陵 张鷟《朝野佥载》:“梁庾信从南阳初至北方,文士多轻之。信将《枯树赋》以示之,于后,无敢言者。时温子昇作《韩陵山寺碑》,信读而写其本,南人问信曰:‘北方文士何如?’信曰:‘惟有韩陵山一片石堪共语。薛道衡、卢思道少解把笔,自余驴鸣犬吠,聒耳而已。’”按:张溥《百三家集》作《寒陵山寺碑》。

补天 见一卷《精卫衔石填海》诗。

若谷 《老子·第四十一章》:“上德若谷。”王弼注:“不德其德,无所怀也。”

他山石 《诗·小雅·鹤鸣》篇:“他山之石,可以为错。”毛苌《传》:“错,石也,可以琢玉。”

得水鱼 《蜀志·诸葛亮传》:“于是与亮情好日密,关羽、张飞等不悦,先主解之曰:‘孤之有孔明,犹鱼之有水也,愿诸君勿复言。’”

蝉以翼鸣

沈业富

周密《齐东野语》:“蝉以翼鸣,不啻若自其口出。”按:郑玄注《考工记》,以蝉为肋鸣之属,是亦翼鸣之义。然未明出翼字,故置彼引此。

藐尔野蝉清,先秋试一鸣。蜕原连薄翼,飞亦曳残声。自觉孤高甚,难容口舌争。一丸聊羽化,两腋任风生。冷露何时饱?斜阳无限情。犹胜虫策策,独以叩头名。

隐寓深情,自成别调;试帖有此,亦山谷《江瑶柱》也。

先秋 裴迪《夏日过青龙寺谒操禅师》诗:“蝉噪已先秋。”

薄翼 骆宾王《在狱咏蝉诗序》:“有翼自薄,不以浴厚而易其直。”

残声 方干《旅次洋州寓居郝氏林亭》诗:“蝉曳残声过别枝。”

孤高 萧颖士《听早蝉赋》:“体孤高而自适。”

口舌争 《史记·留侯世家》:“吕泽强要为我画计。留侯曰:‘此难以口舌争也。’”

一丸 魏文帝《折杨柳行》:“与我一丸药,光耀有五色。服药四五日,身体生羽翼。”罗愿《尔雅·翼·释虫一》:“蜣螂,黑甲虫,能以土包粪,转而成丸,圆正无斜角。《庄子》曰:‘蛣蜣之智,在于转丸。’《抱朴子》曰:‘元蝉洁,饥不羡蜣螂秽饱。’然世或言蜣螂能化为蝉,所谓转丸者,借以变化也。”

羽化 见二卷《蝉始鸣》诗。

两腋风生　卢仝《走笔谢孟谏议寄新茶》诗:“七碗吃不得也,唯觉两腋习习清风生。”

冷露　见二卷《蝉始鸣》诗。

斜阳　王沂孙《咏蝉齐天乐》词:“病叶难留,纤柯易老,空忆斜阳身世。”

策策　韩愈《秋怀诗·第一首》:“秋风一拂披,策策鸣不已。”

叩头名　晋傅咸《叩头虫赋序》:“叩头虫,虫之微细者。然教之,辄叩头。人以其叩头伤,不祥,故莫之害也。”刘敬叔《异苑》:“有小虫,形色如大豆,咒令叩头,又咒令吐血,皆从所教。如似请放稽颡,辄七十而有声,故俗呼为‘叩头虫’也。”

风泉清道心

阿　肃

刘长卿《龙门八咏石楼》诗:“夜静群动息,风泉清道心。”

何处夜琤然?丁东响佩环。幽人惊独梦,明月满空山。秋入千岩里,声来万壑间。凉添风飒飒,清带水潺潺。虚籁喧弥静,高情澹转闲。此心真似洗,余事讵相关。松韵相酬答,琴声与往还。渺焉遗世意,身在列仙班。

前八句挥斥自如,异常超妙。后八句亦写得清道心出,不泛泛作听泉诗。

丁东　详后《夜雨滴空阶》诗。

佩环　《礼·经解》:“行步则有环佩之声。”王丘《咏史》诗:“松风鸣佩环。”杜牧《题池州弄水亭》诗:“縢泉落环佩。”

千岩　万壑　《晋书·文苑传》:“人问以会稽山川之状,恺之云:‘千岩竞秀,万壑争流。’”

飒飒　《楚词·九歌·山鬼》:“风飒飒兮木萧萧。”

潺潺 魏文帝《丹霞蔽日行》:“谷水潺潺。”

虚籁 杜甫《游龙门奉先寺》诗:“阴壑生虚籁。”

高情 见二卷《云卧八极》诗。

列仙 详后《海日照三神山》诗。

络纬鸣

平圣台

崔豹《古今注·鱼虫第五》:“莎鸡,一名促织,一名络纬,一名蟋蟀。促织,谓鸣声如急织络纬,谓其鸣声如纺绩也。”陆游《老学庵笔记》:“《诗正义》云:‘络纬鸣,懒妇惊。’”按:《诗正义》无此二语,殆误记陆元恪疏。

络角星河转,秋虫始作声。未成床下入,已近户间鸣。凄切音何急?清寒气渐生。似催机札札,不畏露盈盈。屡破愁人梦,凭教懒妇惊。天凉偏入耳,夜永最关情。草际风微咽,篱根月自明。一般天地德,布谷报春耕。

一结婉而多风,诗人之笔。

络角 罗隐《七夕》诗:“络角星河菡萏天。”

床下 户间 《诗·豳风·七月》篇:“七月在野,八月在宇,九月在户,十月蟋蟀入我床下。”

懒妇惊 陆玑《毛诗草木鸟兽虫鱼疏》:“蟋蟀似蝗而小,正黑有光泽如漆,有角翅;一名蛩,一名蜻蛚。楚人谓之王孙,幽州人谓之趋织,督促之言也。俚语曰:‘趋织鸣,懒妇惊。’是也。”

草际 陈傅良《寄题陈同甫抱膝亭》诗:“愁吟草际蛩,儿女泪盈臆。”

篱根 郝经《咏络纬》诗:“牵牛风露满篱根。”

布谷 《尔雅·释鸟》:“鸤鸠鴶鵴。”郭璞注:“今之布谷也,江东呼为获谷。”

报春耕 师旷《禽经》:“鸣鸠,戴胜,布谷也。亦曰鴶鵴,亦曰获谷。春耕候也。”张华注:“扬雄曰:‘鸣鸠,戴胜,生树穴中,不巢生。’《尔雅》曰:‘鵖鴔戴鵀。’鵀,即首上胜也。头上尾起,故曰戴胜。而农事方起,此鸟飞鸣于桑间,云五谷可布种也,故曰布谷。《月令》曰:‘戴胜降于桑,一名桑鸠,仲春鹰所化也。’”按:布谷,即《月令》之鸣鸠,此以为即戴胜,误;《月令疏》又以鸣鸠为鶌鸠,亦误。当以郭璞说为正。《尔雅》亦用郭说。

轩广月容开

曹学闵

谢朓《奉和随王殿下诗·第十首》:“云生树阴远,轩广月容开。”

信道层轩广,都教皎月铺。一奁悬水镜,半夜浸冰壶。不隔窗三面,全窥室四隅。空明遮未得,澄彻翳都无。斜影飞檐落,微痕曲槛纡。满帘筛碧筱,匝地映红毹。寥廓光先得,高寒境迥殊。遥知璇阁外,扬彩彻天衢。

“广”字、“开”字,一一写到。“不隔”四句用浑写,“斜影”四句用细写,亦极有次第。

层轩 刘孝标《金华山楼志》:“层轩引景。”

月铺 白居易《东南行一百韵》诗:“沙白月平铺。”

水镜 按:“水镜”字出谢庄《月赋》。然赋以“柔祇雪凝”对“圆灵水镜”,言如雪之聚,如水之照,非以镜为实字也。唐人《圆灵水镜》诗,始实赋“镜”字,至今沿之。

冰壶 袁桷《澄怀录》:“眉州象耳山,上有李白留题云:‘夜来月下卧醒,花影零乱,满人襟袖,疑如濯魄于冰壶也。’”

三面 段成式《闲中好》词:“坐对当窗木,看移三面阴。”

四隅 《尔雅·释言》:“西南隅谓之奥,西北隅谓之屋漏,东北隅谓之宧,东南隅谓之窔。”

澄彻　谢灵运《怨晓月赋》:“房栊兮澄彻。”

飞檐　张衡《西京赋》:“飞檐钀钀”。薛综注:“檐板承落也。”

曲槛　薛道衡《老氏碑》:“曲槛丛楹。”

碧筱　见三卷《入帘残月影》诗。

红毹　《三辅黄图》:“设火齐屏风,鸿羽帐。规地以罽宾氍毹。”陈旅《次韵陈景忠见寄》诗:“花雨落红毹。”

寥廓　《楚词·远游》:“下峥嵘而无底兮,上寥廓而无天。”

光先得　见一卷《秋澄万景清》诗。

高寒　阮籍《咏怀诗·第二首》:“月明星稀,天高气寒。”

扬彩　谢庄《月赋》:“扬彩轩宫。”

天衢　见二卷《江涵秋影雁初飞》诗。

荷喧雨到时

苏　缏

温庭筠《卢氏池上遇雨赠同游》诗:“萍皱风来后,荷喧雨到时。”

何处帘纤响,红亭万柄荷。塘边风影动,叶上雨声多。错落明珠溅,回旋翠盖摩。乍闻催羯鼓,远听杂菱歌。清簟惊蝴蝶,方池乱鸐鹅。虚衷原不扰,偶触本无他。倏尔收残暑,依然静碧波。余芳留未歇,凉影弄婆娑。

前四句写“到”字,精神;后六句撒手游行,却是从背面烘出“到”字,蹊径绝高。

帘纤　见前《莺声细雨中》诗。

红亭　岑参《早春陪崔中丞同泛浣花溪宴》诗:“红亭移酒席。”

明珠　见一卷《荷净纳凉时》诗“如拭露珠罗”句。

翠盖　见一卷《荷净纳凉时》诗“翠盖影婆娑”句。

羯鼓　南卓《羯鼓录》:“头如青山峰,手如白雨点。此即羯鼓之能事也。山峰取不动,雨点取碎急。”

菱歌　《楚词·招魂》:“阵钟按鼓,造新歌些。涉江采菱,发阳阿些。”王逸注:“楚人歌曲也。”罗愿《尔雅·翼·释草六》:“古者,洲泽之利,与民共之。吴楚之风俗,当菱熟时,士女相与采之。故有采菱之歌以相和,为繁华流荡之极。《招魂》云:‘涉江采菱,发阳阿。’阳阿者,采芰之曲也。《淮南子》曰:‘欲学讴者,必先徵羽乐风;欲美和者,必先始于阳阿采菱。’许叔重曰:‘阳阿,采菱乐曲之和。’”

清簟　江淹《别赋》:“夏簟清兮昼不暮。”杜甫《七月一日题终明府水楼诗·第二首》:“清簟疏帘看弈棋。”

蝴蝶　详后《庄周梦蝶》诗。

方池　见一卷《华月照方池》诗。

鹳鹅　《左传·昭公二十一年》:“郑翩愿为鹳,其御愿为鹅。”杜预注:“鹳、鹅,皆陈名。”按:此借用。

紫玉见南山

周升桓

按:唐李觐有《紫玉见南山赋》。

何处彩斓斑?光腾霄汉间。星垣连北斗,寿域启南山。方折潆蓝水,晴虹映翠鬟。德孚君子贵,瑞自圣人颁。光并黄银吐,精含朱鸟殷。封泥辉汉玺,望气讶秦关。价定逾苍璧,珍应比白环。不贪原是宝,三五共追攀。

“紫”字、“南”字,一一精到。

星垣　《晋书·天文志》:“紫宫垣十五星,其西蕃七,东蕃八。在北斗北,一曰紫微,大帝之坐也,天子之常居也。”

寿域 《汉书·礼乐志》:“孔子曰:‘安上治民,莫善于礼。’非空言也。愿与大臣延及儒生,述旧礼,明王制,驱一世之民,跻之仁寿之域。”注:“师古曰:‘言以仁道治之,皆得其性,则寿考也。域,界也。’”薛道衡《老氏碑》:“纳蒸民于寿域。”

南山 《诗·小雅·天保》篇:“如南山之寿。”

方折 见一卷《华月照方池》诗。

蓝水 杜甫《九日蓝田崔氏庄》诗:“蓝水远从千涧落。”钱谦益注:“《长安志》:‘霸谷,古滋水也,亦名蓝田谷水,即秦岭水之下流也。’《汉书》:‘霸水出蓝田谷入渭。’又:‘蓝谷水自秦岭西流,经蓝关、蓝桥,过王顺山,水下出蓝谷,西北流入霸水。’”

晴虹 李峤《玉》诗:“方水晴虹媚。”按:此用气如白虹意。

翠鬟 见一卷《月衔楼间峰》诗。

君子贵 圣人颁并见一卷《追琢其章》诗。

黄银 《宋书·符瑞志》:“王者不藏金玉,则黄银紫玉见于深山。”

朱鸟 《史记·天官书》:“南宫朱鸟。”司马贞《索隐》:“《文耀钩》云:‘南宫赤鸟,其精为朱鸟也。’”

殷 《左传·成公二年》:“左轮朱殷。”杜预注:“朱,血色。血色久则殷。殷,音近烟。今人谓赤黑为殷色。”陆德明《经典释文》:“殷,于闲反。”

封泥 葛洪《西京杂记》:“中书以武都紫泥为玺室,加录绨其上。”

望气 《史记·老庄申韩列传》司马贞《索隐》:“又按《列异传》:‘老子西游,关令尹喜望见其有紫气浮关,而老子果乘青牛而过。’”

苍璧 《周礼·大宗伯》:“以玉作六器,以礼天地四方:以苍璧礼天,以黄琮礼地。”郑玄注:“礼神者必象其类,璧圆象天,琮八方象地。”贾公彦疏:“《易》云:‘天玄而地黄。’今地用黄琮,依地色;而天用苍者,苍、玄皆是天色,故用苍也。”

白环 见一卷《西王母献益地图》诗。

不贪 《左传·襄公十五年》:"宋人或得玉,献诸子罕。子罕弗受。献玉者曰:'以示玉人,玉,人以为宝也,故敢献之。'子罕曰:'我以不贪为宝,尔以玉为宝。若以与我,皆丧宝也。不若人有其宝。'"

三五 《史记·孔子世家》:"楚令尹子西曰:'今孔子述三五之法,明周召之业。'"班固《东都赋》:"勋建乎在昔,事勤乎三五。"李善注:"《春秋元命苞》曰:'伏羲,女娲、神农为三皇。'《史记·五帝本纪》曰:'黄帝、颛顼、帝喾、帝尧、帝舜也。'"李商隐《韩碑》诗:"公之斯文不示后,曷与三五相攀追。"

池草暗生春

朱棻元

李白《宫中行乐词·第五首》:"宫花争笑日,池草暗生春。"

春意生何处,依稀在玉池。风来花信过,气动草心知。漏泄何曾觉,微茫若有期。欣欣随物化,隐隐识天时。破腊输梅早,垂丝傲柳迟。圣恩多雨露,蕃庑庆华滋。

一写草色,便不是"暗生"意矣。总在无形处着笔,方得题神。

何处 见一卷《春从何处来》诗。

玉池 傅玄《秋兰》篇:"秋兰荫玉池。"

花信 见二卷《含薰待清风》诗。

草心 见二卷《风软游丝重》诗。

漏泄 杜甫《腊日》诗:"漏泄春光有柳条。"

微茫 林逋《山村冬暮》诗:"春气已微茫。"

破腊 杜甫《江梅》诗:"梅蕊腊前破。"释惠洪《临川康乐亭碾茶观女优拨琵琶坐客索诗》:"雪梅一枝初破腊。"

垂丝 卢思道《赠刘仪同西聘》诗:"垂丝被柳陌。"

蕃庑 详五卷《五者来备》诗。

华滋 汉无名氏《古诗·第九首》:“庭中有奇树,绿叶发华滋。”

夜雨滴空阶

陈圣时

何逊《从镇江州与故游别》诗:“夜雨滴空阶,晓灯暗离室。”

凉雨零深夜,萧条馆舍空。拂檐珠错落,绕砌玉丁东。秋老猿声里,寒生蝶梦中。湿云三径黑,老屋一灯红。切切听逾急,潇潇响未终。伴人惟络纬,隔牖是梧桐。侧耳迷清漏,披衣待晓风。明朝会开霁,天净日曈昽。

“野径云俱黑,江船火独明”,工部咏春雨诗也。七、八句从此脱胎而写来,确是秋雨,确是空阶,所谓运用之妙,存乎一心。

“伴人”句结足“空阶”,“隔牖”句结足“滴”字。收裹完密,措语亦微妙可思。

题太萧索,作试帖难于收束。后四句翻转结之,最为得法。

丁东 李商隐《上杜仆射诗·第二首》:“王佩玉丁东。”黄公绍《韵会举要·平声下》:“丁当,玉声。《诗缉》云:‘佩声或谓丁当,或谓丁东。东即当也。’”

猿声 吴融《雨夜帝里闻猿声》诗:“雨滴秦山夜,猿闻峡外声。”

蝶梦 详后《庄周梦蝴蝶》诗。

湿云 见前《野舍时雨润》诗“翠岭湿云过”句。

老屋 赵抃《书院》诗:“风高老屋斜。”

络纬 《汉乐府·古八变歌》:“络纬响空阶。”

梧桐 温庭筠《更漏子词·第六首》:“梧桐树,三更雨,不道离情正苦。一叶叶,一声声,空阶滴到明。”

清漏 谢朓《酬德赋》:“忘清漏之不缓。”喻凫《夜雨滴空阶》诗:“清将玉漏偕。”

开霁 《南史·宋本纪中》:“自冬至春,常东北风,连阴不霁。其日牙立之后,风转而西南,景色开霁。”

天净 崔曙《奉试明堂火珠》诗:“天净光难灭。”

曈昽 见一卷《日浴咸池》诗。

二月黄鹂飞上林

秦泰钧

见一卷《禁林闻晓莺》诗。

宫苑晓苍苍,宫莺一点黄。翩翾清禁里,掩映好时光。迁早辞幽谷,流应下建章。御园捎绣羽,迟日弄圆吭。迎跸花间出,穿梭柳底藏。万年枝许借,下上及春芳。

“二月”“上林”,分配到底,细腻绝伦。

晓苍苍 贾至《早朝大明宫呈两省僚友》诗:“禁城春色晓苍苍。”

宫莺 沈佺期《晦日浐水应制》诗:“宫莺啭不疏。”

一点黄 南唐后主《秋莺》诗:“深黄一点入烟流。”

清禁 傅咸《申怀赋》:“穆穆清禁。”

好时光 唐明皇帝《好时光》词:“莫负好时光。”

幽谷 见一卷《禁林闻晓莺》诗。

建章 亦见一卷《禁林闻晓莺》诗。按,王楙《野客丛书》曰:“章茂深常得其妇翁所书《贺新郎》词,首曰:‘睡起啼莺语。’章疑其误,颇诘之。石林曰:‘老夫尝得之矣。流莺不解语,啼莺解语,见《禽经》。’”据此,则“流莺”自是一种莺名,不得折用“流”字。然贾至以流莺百啭为言,则“流莺”非不解语,当是取来往如流之意。

御园 陆贽《御园芳草》诗："阴阴御园里。"

绣羽 贺朝《赋得春莺送友人诗·第二首》："流莺拂绣羽，二月上林期。"

迟日 见三卷《春日迟迟》诗。

圆吭 苏轼《西斋》诗："黄鸟亦自喜，新音变圆吭。"《尔雅·释鸟》："亢，鸟咙。"郭璞注："咙，谓喉咙。亢，即咽。"按：李善注《蜀都赋》"哢吭清渠"引此文，则"吭"即"亢"字；鲍照《舞鹤赋》"引员吭之纤婉"，亦作"吭"。

万年枝 见三卷《风软游丝重》诗。

许借 见一卷《禁林闻晓莺》诗。

下上 《诗·邶风·燕燕》篇："燕燕于飞，下上其音。"毛苌《传》："飞而上曰上音，飞而下曰下音。"

簦笠聚东菑

蔡以台

平畴春正及，禹甸尽南东。绣陌随溪转，黄冠入望同。一犁新雨足，万井晓烟空。半弁斜障日，微欹不碍风。田歌红树外，人影绿云中。驱犊前山湿，分秧细溜通。豳诗图可上，谢朓句能工。遥祝青旗外，恩膏异岁丰。

"半弁"四句，写景如画。

平畴 详五卷《风不鸣条》诗"平畴远自交"句。

春　及 陶潜《归去来辞》："农人告余以春及，将有事于西畴。"

禹甸 《诗·小雅·信南山》篇："信彼南山，维禹甸之。"毛苌《传》："甸，治也。"郑玄笺："信乎南山之野，禹治而丘甸之。"又："六十四井为甸，甸方八里。"

南东 《诗·小雅·信南山》篇："我疆我里，南东其亩。"毛苌《传》："或东或南。"孔颖达疏："足于土物之宜，须纵须横，故或东或南也。"

绣陌 见一卷《农事遍东皋》诗。

黄冠 《礼·郊特牲》:“黄衣黄冠而祭,息田夫也。野夫黄冠。黄冠,草服也。”郑玄注:“言祭以息民,服象其时,物之色季秋而草木黄落。”孔颖达疏:“此解上息田夫用黄衣黄冠之意。田夫,则野夫也。野夫着黄冠。黄冠是季秋之后草色之服,故息田夫而服之也。”按:黄冠为借祭之服,此乃借用。然鲍照《园葵赋》曰:“主人拂黄冠,拭藜杖,布蔬种,平圻壤。”江淹《建平王太妃周氏行状》曰:“窃闻侯服之誉,非黄冠能敷。”则用为野人之服有自矣。

一犁 詹敦仁《清隐堂记》:“春而耕一犁雨足。”

万井 《汉书·刑法志》:“一同百里,提封万井。”李郢《江亭春霁》诗:“晓色凄凉万井烟。”

驱犊 王绩《野望》诗:“牧人驱犊返。”

前山 庾肩吾《饯张孝总应令》诗:“前山黄叶起。”

分秧 苏轼《东坡诗·第四首》:“分秧及初夏,渐喜风叶举。”

细溜 郑谷《题庄严寺休公院》诗:“疏钟和细溜。”

豳诗图 《元史·高实传》:“英宗居东宫,塔失不花撰集前代嘉言善行,名曰《承华事略》,并画《豳风图》以进。”

青旗 《礼·月令》:“孟春之月,天子居青阳左个。乘鸾路,驾苍龙,载青旗,衣青衣。”孔颖达疏:“旗与衣云青者,欲见人功所为,故以近色言也。”

刻桐为鱼扣石鼓

彭元瑞

《晋书·张华传》:“吴郡临平岸崩,出一石鼓,槌之无声,帝以问华。华曰:‘可取蜀中桐材,刻为鱼形,扣之则鸣矣。’于是如其言,果声闻数里。”

物类原相感,从知博识功。如何吴郡石?偏应蜀中桐。寂寞音能叩,铿訇响未终。本为琴瑟质,乃与鼓鼙通。乍跃琴高鲤,如闻马援铜。

鱼游看戢戢,鼍吼讶逢逢。猎碣形将泐,鸣球戛竟同。张华留轶事,妙理定谁穷?

桐、鱼何以能鸣石鼓?其理未闻,无从阐发。起结以不解解之,最为得法。中间刻画点缀,亦精警绝伦。

二“琴”字各自为义,不妨叠见。

马援,“援”字读去声,今人多以为平声,误。“援”字自有平声,非伏波名也。

物类　相感　《楚词·七谏·谬谏》:“音声之相和兮,言物类之相感也。”《宋史·艺文志·小说类》:“释赞宁《物类相感志》五卷。”

博识　《晋书·张华传》:“华学业优博,辞藻温丽,朗赡多通,图纬方伎之书,莫不详览。”又:“秘书监挚虞撰定官书,皆资华之本以取正焉。天下奇秘,世所希有者,悉在华所。由是博物洽闻,世无与比。”

寂寞　见三卷《风过箫》诗。

铿訇　魏文帝《沧海赋》:“铿訇隐潾。”唐无名氏《刻桐为鱼扣石鼓赋》:“叩寂寞而大音斯发,中铿訇而余韵不殚。”

琴瑟　陆玑《毛诗草木鸟兽虫鱼疏》:“桐,有青桐、白桐、赤桐。白桐宜琴瑟。”

鼓鼙　《礼·乐记》:“君子闻鼓鼙之声,则思将帅之臣。”

琴高鲤　刘向《列仙传》:“琴高者,赵人也。以鼓琴为宋康王舍人,行涓彭之术,浮游冀州涿郡之间二百余年。后辞入涿水中取龙子,与诸弟子期曰:‘皆洁斋待于水旁,设祠。’果乘赤鲤鱼来,出坐祠中,旦有万人观之。留一月余,复入水去。”

马援铜　范成大《桂海虞衡志·志器》:“铜鼓,古蛮人所用。南边土中时有掘得者,相传为马伏波所遗。其制如坐墩而空其下,满鼓皆细花纹,极工致。四角有小蟾蜍,两人舁行。以手拊之,声全似鞞鼓。”

戢戢 杜甫《又观打鱼》诗:“小鱼脱漏不可记,半死半生犹戢戢。”

鼍吼 杜甫《暂如临邑至㟥山湖,奉怀李员外率尔成兴》诗:“鼍吼风奔浪。”

逢逢 《诗·大雅·灵台》篇:“鼍鼓逢逢。”毛苌《传》:“鼍,鱼属;逢逢,和也。”陆佃《埤雅·释鱼》:“《诗》曰‘鼍鼓逢逢’。先儒以为鼍皮坚厚,取以冒鼓,故曰‘鼍鼓’。盖鼍鼓非特有取于皮,亦其鼓声‘逢逢’然,象鼍之鸣,故谓之‘鼍鼓’也。《晋安海物记》曰:‘鼍宵鸣如桴鼓,今江淮之间谓鼍鸣为鼍鼓。’”

猎碣 张彦远《法书要录》,唐窦臮《述书赋上》窦蒙注:“岐州雍城南,有周宣王猎碣十枚,并作鼓形,上有篆文。”

泐 《考工记》:“石有时以泐。”郑玄注:“郑司农云:‘泐,读如再扐而后卦之扐;泐,谓石解散也。夏时盛暑,大热则然。’”

鸣球 见二卷《泗滨浮磬》诗。

轶事 《史记·管晏列传》:“其书世多有之,是以不论,论其轶事。”

停琴伫凉月

李　翊

谢朓《移病还园示亲友》诗:“停琴伫凉月,灭烛听归鸿。”

乘凉横绿绮,待月上青林。别有飘然思,谁知静者心。一钩光欲吐,三叠响微沉。寂寂朱弦歇,迟迟素魄临。楼台依水近,松石寄情深。露湿中庭白,秋澄万木阴。所怀真淡泊,此夕最萧森。若问丝桐意,飞鸿自远音。

题有“琴”字。然云“停琴”,是缺琴也;题有“月”字,然云“伫月”,是无月也。“琴”“月”字,概不刻画,惟以“停”字、“伫”字,写萧然自远之神,最为得解。末以嵇叔夜语还到本诗下句作收,亦丽洒而自然。

乘凉 潘岳《上客舍议》:“乘凉竞进,发榀写鞍。”

绿绮 傅玄《琴赋序》:“神农氏造琴,所以协和天下人性,为至和之主。齐王有鸣琴曰‘号钟’,楚王有琴曰‘绕梁’,司马相如有‘焦尾’,蔡邕有‘绿绮’,皆名器也。”王应麟《困学纪闻》:“《宋书·乐志》曰:‘焦尾,伯喈琴。以傅氏言之,非伯喈也。’今按:《蔡邕传》注引《琴赋序》‘相如绿绮,蔡邕焦尾’,《宋志》恐误。”

青林 白居易《宿灵岩寺上院》诗:“高高白月上青林。”

飘然思 杜甫《春日忆李白》:“飘然思不群。”

静者心 杜甫《寄张十二山人彪三十韵》诗:“静者心多妙。”

一钩 见二卷《新月误惊鱼》诗。

三叠 见二卷《昭文不鼓琴》诗。

朱弦 《礼·乐记》:“清庙之瑟,朱弦而疏越。”郑玄注:“朱弦,练朱弦。”伏生《尚书大传·虞夏传》:“大琴练弦达越,大瑟朱弦达越。”郑玄注:“练弦、朱练互文。”

素魄 见一卷《日升月恒》诗。

楼台 见一卷《秋澄万景清》诗。

松石 《宋书·萧思话传》:“从太祖登钟山北岭,中道有磐石清泉。上使于石上弹琴,因赐以银钟酒,曰相赏有松石间意。”

中庭白 王建《中秋》诗:“中庭地白树栖鸦,冷露无声湿桂花。”

万木阴 常建《江上琴兴》诗:“泠泠七弦遍,万木澄幽阴。”

淡薄 《淮南子·主术训》:“非淡薄无以明德,非宁静无以致远。”按:诸葛武侯《戒子书》引此二句,世遂传为武侯语,不知实本淮南也。

萧森 张协《杂诗·第九首》:“荒楚郁萧森。”

丝桐 欧阳询《艺文类聚·乐部四》:“桓谭《新论》曰:‘神农氏继庖牺而王天下,于是始削桐为琴,绳丝为弦,以通神明之德,合天人之和焉。’”

飞鸿 见二卷《江涵秋影雁初飞》诗。

远音 见三卷《飞鸿响远音》诗。

角 黍

钱大经

贾思勰《齐民要术·粽糧法第八十三》:"《风土记》注云:'俗先以二节日用菰叶裹黍米,以淳浓灰汁煮之令烂熟,于五月五日夏至啖之。黏黍,一名粽,一名角黍,盖取阴阳尚相裹未分散之时象也。'"

良辰分玉粽,嘉味入金盘。宛转缠菰叶,晶莹斗粉团。传来三楚俗,赐下五云端。圭角无嫌露,觚棱喜未刓。不知搏黍得,错作采菱看。益智何劳寄,含香正可餐。雀风催艾绿,龙雨破榴丹。化宇含饴遍,蒲觞好共欢。

起四句虚笼;五、六句序明来历;七句至十句,刻画"角"字;十一、十二句,剔清"黍"字;末切时令作收。极为清整。

良辰 《楚词·九歌·东皇太一》:"吉日兮辰良。"

玉粽 段成式《酉阳杂俎·酒食》:"庾家粽子白莹如玉。"章得象《端午帖子》:"九子黏筒玉粽香。"

粉团 王仁裕《开元天宝遗事》:"宫中每到端午节,造粉团角黍贮于金盘中。以小角造弓子,纤妙可爱。驾箭射盘中粉团,中者得食。盖粉团滑腻而难射也,都中盛为此戏。"

三楚俗 宗懔《荆楚岁时记》:"夏至节日食粽。"杜公瞻注:"周处谓为角黍。"方以智《通雅·地舆类》:"三楚,淮北沛、陈、汝南,此西楚也;彭城以东,东海吴广陵,此东楚也;衡山,九江,江南豫章、长沙,此南楚也。或曰楚文王都郢,楚昭王都鄂,楚考烈王都寿春,故曰三楚。"

赐下 李肇《翰林志》:"每岁内赐端午衣一副,金花银器一事,百索一轴,青团镂竹大扇一柄,角粽三,服粆蜜。"周密《乾淳岁时记》:"端午,大臣贵邸,均被细葛、香罗、蒲丝、艾朵、彩团、巧粽之赐。而贵邸节物,大率效焉。”

圭角　《礼·儒行》郑玄注:“毁方而瓦合,去已之大圭角,下与众人小合也。”孔颖达疏:“圭角,谓圭之锋铓有楞角。”

觚棱　详五卷《角黍》诗。

未刓　《楚词·九章·怀沙》:“刓方以为圆兮,常度未替。”王逸注:“刓,削。”

搏黍　《仪礼·特牲馈食礼》:“佐食抟黍授祝。”陆德明《经典释文》:“抟,无官反。”《吕氏春秋·异宝》篇:“今以百金与抟黍以示儿子,儿子必取抟黍矣。”

采菱　见前《荷喧雨到时》诗。又,元稹《酬乐天东南行》诗:“绿粽新菱实。”

益智　嵇含《南方草木状》:“益智子如笔毫,长七八分,二月花,色若莲,着实五六月熟,味辛,杂五味,中芬芳,亦可盐曝,出交趾合浦。建安八年,交州刺史张津,常以益智子粽饷魏武帝。”

含香　详五卷《角黍》诗。

雀风　徐坚《初学记·天部》:“周处《风土记》曰:‘五月大雨,名为濯枝;五月风发,六日乃止,曰黄雀风。是时海鱼变为黄雀,因以名之。’”

艾绿　宗懔《荆楚岁时记》:“五月五日,采艾以为人,悬门户上,以禳毒气。”王曾《端午帖子》:“仙艾垂门绿。”

龙雨　罗愿《尔雅·翼·释鱼一》:“自夏四月之后,龙乃分方,各有区域,故两亩之间而雨旸异焉。又多暴雨,说者云:‘细润者,天雨;猛暴者,龙雨也。’”

榴丹　蔡邕《翠鸟》诗:“庭前有若榴,绿叶含丹荣。”

化宇　许敬宗《奉和执契静三边应诏》诗:“辍肴观化宇。”

含饴　《后汉书·马皇后纪》:“吾但当含饴弄孙。”章怀太子注:“《方言》曰:‘饴,饧也。陈、楚、宋、卫之间通语。’”按:此借用。

蒲觞 陶宗仪《说郛·六十九》,孙思邈《千金月令》:"端午以菖蒲,或缕或屑以泛酒。"

露叶散林光

那穆齐礼

韦应物《精舍纳凉》诗:"夕风吹高殿,露叶散林光。"

秋色澄遥夜,凉天露满林。荧荧分远树,薿薿动疏阴。隐约微明泫,高低碎影沉。无声潜滴沥,有气总萧森。玓瓅光相杂,玲珑望转深。鹤栖时欲警,萤度杳难寻。最爱良宵静,何须淡月临?三珠闲倚遍,梦寐尚清吟。

露易写,露光难写,着一"散"字,尤难写。诗可谓穷形尽相。

遥夜 《楚词·九辩》:"靓杪秋之遥夜兮,心憭戾而有哀。"

荧荧 刘向《说苑·敬慎》篇:"荧荧不灭,炎炎奈何。"

薿薿 韩愈《秋怀诗·第一首》:"众叶光薿薿。"

微明 孙顾《清露被皋兰》诗:"临水泫微明。"

碎影 王维《秋日悬清光》诗:"碎影入闲流。"

无声 见前《停琴伫凉月》诗。

滴沥 沈约《庭前竹》诗:"风动露滴沥。"

气 萧森 杜甫《秋兴诗·第一首》:"玉露凋伤枫树林,巫山巫峡气萧森。"

玓瓅 见二卷《清露点荷珠》诗。

玲珑 岑参《冬夜宿仙游寺南凉堂呈谦道人》诗:"空山满清光,水树相玲珑。"

鹤 警 见三卷《露团庭绿》诗。

萤度 陈师道《老柏诗·第三首》:"辉辉垂重露,点点缀流萤。"方回《瀛奎律髓》："尾句谓柏叶之上'辉辉垂重露'，遥见之者如'点点缀流萤'也，试尝于月下看，树木皆然。"按：此诗《律髓》误以序为题，今考本集改正。

三珠 李商隐《寄永道士》诗："君今并倚三珠树，不记人间落叶时。"按：珠树，详五卷《江海出明珠》诗"种似分玄圃"句。

梦寐 清吟 苏轼《湖上夜归》诗："清吟杂梦寐，得句旋已忘。"

春服满汀洲

袁 鉴

王维《三月三日曲江应制》诗："画旗摇浦溆，春服满汀洲。"

上巳传佳节，清游日几巡？往来修禊地，多少看花人。觞咏兰亭渚，衣冠洛水滨。欢逢桃李月，艳说绮罗春。隔浦红桥映，临风白袷新。踏青邀队队，拾翠见频频。遥听提壶鸟，相携垫角巾。同将风浴意，迤逦问前津。

七、八句天然凑泊，结意亦超逸。

上巳 《周礼·春官·女巫》："掌岁时，祓除衅浴。"郑玄注曰："岁时祓除，如今三月上巳如水上之类。"贾公彦疏："岁时祓除者，非谓岁之四时，惟为岁之三月之时，故郑君云'如今三月上巳'解之。一月有三巳，据上旬之巳而为祓除之事，见今三月三日水上戒浴是也。"《后汉书·礼仪志》："是日上巳，官民皆絜于东流水上，曰洗濯祓除，去宿垢灰，为大絜。絜者，言阳气布畅，万物讫出，始絜之矣。"刘昭注："谓之禊也。"《风俗通》曰："《周礼》：'女巫掌岁时，以祓除疾病。'禊者，絜也。春者，蠢也。蠢，摇动也。《尚书》'以殷仲春，厥民析'，言人解析也。蔡邕曰：'《论语》暮春者，春服既成，冠者五六人，童子六七人，浴乎沂，风乎舞雩，咏而归。自上及下，古有此礼。今三月上巳，祓禊于水滨，盖出于此。'杜笃《祓禊赋》曰：'巫咸之徒，秉火祈福。'则巫祝也。一说云，后汉有郭虞者，三月上巳产二女，二日中并不育，俗以为大忌。至此月日,讳止家皆于东流水上为祈禳自洁濯,谓之禊祠。引流行觞,遂成曲水。《韩》诗曰:‘郑国之俗,三月上巳之溱、洧两水之上,招魂续魄,秉兰草,祓除不祥。’《汉书》‘八月祓灞水’,亦斯义也。”

看花人 杨巨源《城东早春》诗:“出门俱是看花人。”

觞咏兰亭 王羲之《兰亭集诗序》:“虽无丝竹管弦之盛,一觞一咏,亦足以畅叙幽情。”

衣冠洛水 张协《洛禊赋》:“故新服之将成,将禊除于水滨。”

桃李月 鲍照《学刘公幹体》诗:“艳阳桃李节。”李善注:“《吕氏春秋》曰:‘仲春之月,桃李华。’”薛稷《饯唐永昌》诗:“更思明年桃李月,花红柳绿宴浮桥。”

绮罗春 江淹《别赋》:“罗与绮兮娇上春。”韩愈《韶州留别张端公使君》诗:“别离一醉绮罗春。”

红桥 张说《清明日诏宴宁王山池》诗:“红桥度舞旂。”

白袷 李颀《送康洽入京进乐府歌》:“白袷青衫仙吏赠。”

踏青 隋炀帝《望江南词·第六首》:“踏青斗草事青春。”陶九成《说郛第六十九·孙思邈〈千金月令〉》:“三月三日,上踏青鞋履。”

拾翠 曹植《洛神赋》:“或拾翠羽。”

提壶鸟 白居易《早春闻提壶鸟因题邻家》诗:“喜闻春鸟劝提壶。”

垫角巾 《后汉书·郭太传》:“尝于陈梁间行,遇雨,巾一角垫,时人乃故折巾一角,以为‘林宗巾’。其见慕如此。”

竹外一枝斜更好

蒋士铨

苏轼《和秦太虚梅花》诗:“江头千树春欲暗,竹外一枝斜更好。”

嫩寒江上晓,疏芷竹边欹。忽到萧森处,遥看静好枝。缟衣惊乍见,翠袖倚多时。宛尔重帘隔,嫣然一笑窥。孤标真绰约,半面倍风姿。

倭堕梳偏好，玲珑映转宜。此君如结伴，彼美最堪思。拟乞徐熙样，移来画里披。

题七字，无一字可略。诗能逐细雕锼，虚实并到，措语亦风致可观。

嫩寒　惠洪《冷斋夜话》："衡州华光仁老，以墨为梅花。鲁直观之，叹曰：'如嫩寒春晓，行孤山篱落间，但欠香耳。'"

萧森　谢灵运《山居赋·自注》："修疏便娟，萧森蓊蔚，皆竹貌也。"

静好　曾幾《雪后梅花盛开折置灯下》诗："窗几数枝逾静好。"

缟衣　苏轼《十一月二十六日松风亭下梅花盛开》诗："海南仙云娇堕砌，月下缟衣来扣门。"

翠袖　杜甫《佳人》诗："天寒翠袖薄，日暮倚修竹。"高观国《咏梅花·金人捧露盘》词："天寒翠袖，可怜是，倚竹依依。"

重帘　李商隐《楚宫诗·第二首》："倾城消息隔重帘。"

一笑　宋玉《登徒子好色赋》："嫣然一笑，惑阳城，迷下蔡。"周密《咏梅·台城路》词："竹外凝情，墙阴照影，谁见嫣然一笑。"

孤标　崔道融《梅》诗："孤标画更难。"

绰约　《庄子·内篇·逍遥游》："藐姑射之山，有神人居焉。肌肤若冰霜，绰约若处子。"王安石《次韵徐仲元咏梅》诗："肌冰绰约如姑射。"

半面　张翥《忆梅·东风第一枝》词："依稀梦里，记半面、浅窥珠箔。"

风姿　张道洽《梅花诗·第十九首》："世上非无好颜色，诗人所赏是风姿。"

倭堕　汉《相和曲·陌上桑》："头上倭堕髻。"崔豹《古今注·杂注第七》："长安妇人好为盘桓髻，到于今其法不绝。堕马髻，今无复作者；倭堕髻，一云'堕马髻'之余形也。"

玲珑　韩愈《题百叶桃花》诗："窥窗映竹见玲珑。"

此君　《晋书·王羲之传》："徽之尝寄居空宅中，便令种竹。或问其故，徽之但啸咏,指竹曰:‘何可一日无此君耶?’”

彼美 《诗·邶风·简兮》篇:“彼美人兮,西方之人兮。”

徐熙 苏轼《红梅诗·第三首》:“乞与徐熙新画样,竹间璀璨出斜枝。”

红药当阶翻

诸重光

谢朓《直中书省》诗:“红药当阶翻,苍苔绿砌上。”

紫省薰风扇,秾华绕砌舒。开当春信晚,韵入午晴初。飐叶琉璃似,翻梢火齐如。狂香飘冉冉,暖艳弄徐徐。槛外笼烟处,帘前挹露余。照窗摇彩笔,承佩拂仙裾。品重修花谱,名标采药书。睿情欣茂对,芳气满丹除。

三、四句确是红药。“飐叶”四句,写“翻”字;“槛外”四句,写“当阶”字。俱极周到,气韵亦修洁自喜。

紫省 《新唐书·百官志》:“中书省,中书令二人,正二品。掌佐天子执大政,而总判省事。”原注:“武德三年,改内书省曰中书省;内书令曰中书令。龙朔元年,改中书省曰西台;中书令曰右相。光宅元年,改中书省曰凤阁;中书令曰内史。开元元年,改中书省曰紫微省;中书令曰紫微令。”

秾华 《诗·召南·何彼秾矣》篇:“何彼秾矣,唐棣之华。”毛苌《传》:“秾,犹戎戎也。”孔颖达疏:“戎戎者,华形貌,故重言之,犹《柏舟》以‘泛’为泛泛之义。言戎戎者,毛以华状物色,言之不必有文。”按:张衡《冢赋》“乃树灵木,灵木戎戎”,盖汉人有此语。

春信晚 详后《红叶当阶翻》诗。

午晴初 司空图《光启四年春戊申》诗:“小阑花韵午晴初。”

琉璃 元稹《红芍药》诗:“烟轻琉璃叶。”

火齐 班固《西都赋》:“翡翠火齐,流耀含英。”李善注:“《韵集》曰:‘玫瑰,火齐珠也。’”

狂香　韩愈《芍药》诗:“浩态狂香昔未逢。”

暖艳　杨万里《芍药》诗:“暖艳晴香正可怜。”

彩笔　见三卷《灯缘起草挑》诗。

承佩　杜甫《紫宸殿退朝口号》:“细草霏霏承委佩。”

仙裾　王融《谢敕赐御裘等启》:“云衣降授,仙裾委曲。”

修花谱　姜夔《咏芍药·侧犯》词:“后日西园,绿阴无数。寂寞刘郎,自修花谱。”刘攽《芍药谱·序》:“天下名花,洛阳牡丹,广陵芍药,为相侔埒。故因次序为谱三十一种,皆使画工图写,而示未尝见者,使知之。”

采药书　陶弘景《名医别录·序》:“有《桐君采药录》,说其花叶形色。”张九龄《苏侍郎紫微庭各赋一物,得芍药》诗:“名见《桐君箓》。”

茂对　见一卷《野舍时雨润》诗。

丹除　钱起《奉和中书常舍人晚秋集贤院即事,寄徐薛二侍御》诗:“地肃近丹除。”

王道荡荡

刘权之

《书·洪范》:“无偏无党,王道荡荡。”孔安国《传》:“言开辟。”

共仰纯王治,群知大道公。化从双阙布,象似九逵通。路辟随刊外,人游轨物中。万年彝训在,四海会归同。尔我町畦泯,山川险阻空。天包垣左右,地尽亩南东。次五尊皇极,函三体化工。近光皆有愿,戴斗望空桐。

三、四剔醒双关之意,以下竟拈“道”字,便不鹘兀。“尔我”四句,“荡荡”意亦写得出妙,切开辟之意,不混作平平正直。

大道公　《礼·礼运》:“大道之行也,天下为公。”

化从双阙 《周礼·天官·冢宰》:“正月之吉,始和布治于邦国都鄙,乃县治象之法于象魏,使万民观治象。”郑玄注:“郑司农云:‘象魏’,阙也。”贾公彦疏:“郑司农云:‘象魏,阙也’者,周公谓之‘象魏’。雉门之外,两观阙高魏魏然。”《尔雅·释宫》:“观,谓之阙。”郭璞注:“宫门双阙。”邢昺疏:“以门之两旁相对为双,故名双阙。”

象似九逵 见前《列子御风》诗。又,荀悦《申鉴·杂言下》:“圣人之道,其中道乎?是为九逵。”

随刊 《书·禹贡》:“禹敷土,随山刊木。”孔安国《传》:“随行山林,斩木通道。”

轨物 《左传·隐公五年》:“君将纳民于轨物者也,故讲事以度轨量谓之轨,取材以章物采谓之物。”孔颖达疏:“人君,一国之主,在民之上,当直己而行之,以法驱民而纳之于善,故云:‘人君将纳民于轨物者也。’”

彝训 《书·洪范》:“皇极之敷言,是彝是训。”孔安国《传》:“言以大中之道,布陈言教,不失其常,则人皆是顺矣。”

会归 《书·洪范》:“会其有极,归其有极。”孔安国《传》:“言会其有中而行之,则天下皆归其有中矣。”孔颖达疏:“会集其有中之道而行之,若其行必得中,则天下归其中矣。言人皆谓此人为大中之人也。”

町畦 《庄子·内篇·人间世》:“彼且为无町畦,亦与之为无町畦。”

险阻 《史记·秦始皇本纪》:“决通川防,夷去险阻。”

垣左右 见前《紫玉见南山》诗。

亩南东 见前《簦笠聚东菑》诗。

次五 详五卷《王者来备》诗。

函三 见二卷《大衍虚其一》诗。

近光 《书·洪范》:“是训是行,以近天子之光。”

空桐 《尔雅·释地》:“北戴斗极为空桐。”郭璞注:“戴,植。”邢昺疏:“北戴斗极为空桐者,斗,北斗也;极者,中宫天极星其一明者,太乙之常居也。

以其居天之中,故谓之极。极,中也。北斗拱极,故云‘斗极’。植北斗极之下,其处名空桐。”

鲛人潜织

赵　升

海客重渊下,居邻古岸坳。为鱼羞懒妇,结伴有潜鲛。藕绛轻堪擷,冰丝净不淆。绢随龙女织,手引凤梭抛。雾縠层层卷,花纹缕缕交。烟波迷岛屿,机杼响菰茭。生计原依水,行踪偶近郊。清时思利见,长愿隶舟鲛。

起二句拍“鲛人”,三句暗点“织”字,四句借点“潜”字,五句至十句写“织”字。十一、十二句,挽回“潜”字。十三句至末,借“潜”字,翻剔引出颂语。妙于仍是鲛人本事。末句押“鲛”字,亦自然。

懒妇　任昉《述异记》:“淮南有懒妇鱼,俗云,昔杨氏家妇,为姑所溺而死,化为鱼焉。其脂膏可燃灯烛,以之照鸣琴博奕,则烂然有光。及照纺绩,则不复明焉。”

潜鲛　苏轼《前赤壁赋》:“舞幽壑之潜蛟。”

藕绛　康翊仁《鲛人潜织》诗:“丝萦藕绛添。”按:绛,缭,本训衣声,此藕绛未详所本,其意则指藕丝耳。

冰丝　尹世珍《琅嬛记》:“沈休文雨夜斋中独坐,风开竹扉,有一女子携络丝具,入门便坐。风飘细雨如丝,女随风引络,络绎不断;断时亦就口续之,若真丝焉。烛未及跋,得数两。起赠沈曰:‘此谓冰丝,赠君造以为冰纨。’忽不见。沈后织成纨,鲜洁明净,不异于冰。制扇,当夏日,甫携在手,不摇而自凉。”原注:《贾氏说林》。

龙女　《绵州巴歌》:“下白雨,取龙女。织得绢,二丈五。”

凤梭　见三卷《梭化龙》诗。

雾縠 见三卷《入帘残月影》诗。

花纹 刘孝威《秋闺》诗:"帘下织花纹。"

岛屿 左思《吴都赋》刘逵注:"岛,海中山也;屿,海中洲,上有小石。"魏武《沧海赋》曰:"览岛屿之所有。"

菰茭 苏轼《西山戏题武昌王居士》诗:"篙竿系舸菰茭隔。"

利见 见一卷《鲛人潜织》诗。

舟鲛 《左传·昭公二十年》:"泽之萑蒲舟鲛守之。"孔颖达疏:"舟是行水之器,鲛是大鱼之名。泽中有水有鱼,故以'舟鲛'为官名也。"

裘麟八首

太阿如秋水

按:贾悚有《太阿如秋水赋》,《锦绣万花谷·前集·剑门》引《越绝书》曰:"太阿剑,其色如秋水。"今《越绝书》无此句。

谁泻澄江练?寒铓瞥眼过。一痕秋色净,三尺水光拖。气冷如相逼,锋铦不待磨。只疑塘乍溢,未敢手频摩。映月真无影,凌风欲起波。藏应射牛斗,挥定断蛟鼍。自古称欧冶,由来重太阿。倘令天外倚,直是挽银河。

前路只写"如秋水"之神,直至篇末方促出"太阿"。章法矫变,不减画龙之点睛。陈伯玉《感遇》诗"汉甲三十万,曾以事匈奴"句;杜工部《赠重表侄王砅》诗"秦王时在坐,真气惊户牖"句,皆用此法。

澄江练 谢朓《晚登三山还望京邑》诗:"澄江净如练。"

寒铓 曹唐《望九华寄池阳杜员外》诗:"差差玉剑寒铓利。"

水光 见三卷《昆吾刀切玉如泥》诗。

塘乍溢 见三卷《欧冶子铸剑》诗。

射牛斗 详后《剑化为龙》诗。

断蛟鼍 韩愈《石鼓歌》:“快剑斫断生蛟鼍。”

欧冶 见三卷《欧冶子铸剑》诗。

天外倚 宋玉《大言赋》:“长剑耿耿倚天外。”

挽银河 杜甫《洗兵马》:“安得壮士挽天河。”

洞庭张乐

《庄子·外篇·天运》:“北门成问于黄帝曰:‘帝张《咸池》之乐于洞庭之野,吾始闻之惧,复闻之怠,卒闻之而惑,荡荡默默,乃不自得。’帝曰:‘汝殆其然哉!吾奏之以人,征之以天,行之以礼义,建之以大清。’”郭象注:“由此观之,知夫至乐者,非音声之谓也。必先顺乎天,应乎人,得于心而适于性,然后发之以声,奏之以曲耳。故《咸池》之乐,必待黄帝之化而后成焉。”

广乐咸池盛,高张在洞庭。烟波浮大野,钟鼓降群灵。逸韵流空润,繁音动杳冥。鼍鸣秋浪涌,龙出晚风腥。衡雁惊还起,湘云遏欲停。半天声渺渺,极浦响泠泠。楚水犹含白,君山不断青。重歌轩后德,遗律叶千龄。

“张乐”难以缕叙,不得不从空际取神;佳在运思雄阔自然,不似《湘灵鼓瑟》。

归到“德”字结,明郭注“必待轩帝之化”意方有收束。

广乐 《史记·赵世家》:“简子寤。语大夫曰:‘我之帝所甚乐,与百神游(于)钧天,广乐九奏万舞,不类三代之乐,其声动人心。’”

高张 扬雄《解难》:“今夫弦者,高张急徽。”

大野 吕安《与嵇茂齐书》:“龙睇大野。”

群灵 见一卷《西王母献益地图》诗。

鼍鸣 陆佃《埤雅·释鱼》:“赵辟公《杂说》曰:‘鼍闻鼓声则鸣。’”

龙　腥　温庭筠《秋雨》诗:“池凉龙气腥。”

衡雁　庾信《和侃法师诗·第三首》:“近学衡阳雁,秋分俱渡河。”

湘云　皇甫冉《送柳八员外赴江西》诗:“楚树入湘云。”

楚水　贾至《送李侍郎赴常州》诗:“楚水吴山道路难。”

君山　郦道元《水经注·湘水》:“《山海经》云:‘洞庭之山,帝之二女居焉。’沅、澧之风,交湘之浦,出入多飘风暴雨。湖中有君山、编山。君山有石穴,潜通吴之包山,郭景纯所谓巴陵地道者也。是山湘君之所游处,故曰君山矣。”

千龄　见一卷《乾坤为天地》诗。

昭文不鼓琴

成亏何处起?泊尔对瑶琴。自得无弦趣,闲听众窍吟。一堂人寂寂,四壁夜愔愔。流水妙于止,高山静始深。声希安用叩,味淡正堪寻。真我原非我,元音不在音。风涛闻汩没,鱼鸟任飞沉。会得昭文意,冲虚是道心。

此种题,无刻画题面之法,离形得似,庶几斯人。

成亏　见三卷《昭文不鼓琴》诗。

瑶琴　鲍照《拟古诗·第七首》:“瑶琴生网罗。”

无弦　见三卷《得意忘言》诗。

众窍　见三卷《风过箫》诗。

寂寂　傅咸《萤火赋》:“潜空馆之寂寂兮,意遥遥而靡宁。”

愔愔　柳恽《长门怨》:“玉户夜愔愔。”按:李善注《琴赋》“琴德愔愔”句,引韩《诗》曰:“愔愔,和悦貌。”又引《声类》曰:“和静貌。”此“愔愔”,当训为静意,故置彼引此。

流水　高山　见三卷《鼓琴得其人》诗。

声希　味淡　见一卷《黄钟宫为律本》诗。

真我　严遵《道德指归论·圣人无常心》篇:"《庄子》曰:'我之所以为我者,岂我也哉？我犹为身者非身。身之所以为身者,以我存也;而我之所以为我者,以有神也;神之所以留我者,皆道使然也。'"

元音　见二卷《峄阳孤桐》诗。

风涛　按:此用成连刺舟事。见二卷《昭文不鼓琴》诗。

鱼鸟　《列子·汤问》篇:"瓠巴鼓琴而鸟舞鱼跃。"

冲虚　阮籍《咏怀诗·第四十一首》:"列仙停修龄,养志在冲虚。"《隋书·经籍志》:"汉时诸子道书之流,有三十七家,大旨皆去健羡,处冲虚而已。"

查客至斗牛

张华《博物志·杂说下》:"天河与海通,近世有人居海渚者,年年八月有浮查,去来不失期。人有奇志,立飞阁于查上,多赍粮,乘查而去。十余日中,犹观星月日辰,自后芒芒忽忽,亦不觉昼夜。去十余日,奄至一处,有城郭状,屋舍甚严;遥望宫中,多织妇,见一丈夫牵牛,渚次饮之。牵牛人乃惊问曰:'何由至此?'此人具说来意,并问此是何处。答曰:'君还至蜀郡,访严君平,则知之。'竟不上岸,因还如期。后至蜀,问君平,曰:'某年月日,有客星犯牵牛宿。'计年月,正是此人到天河时也。"白居易《六帖·石部》:"《集林》曰:昔有人寻河源,见妇人浣纱,问之,曰:'此天河也。'乃与一石而归。问严君平,君平曰:'此织女支机之石。'"按:《隋志·集林》,乃宋临川王义庆作,则此说起晋、宋间。然《博物志》不载支机石,《集林》不言乘查,各不相属。惟唐何类瑜《查客至斗牛赋》曰:"客有远人,寰家海汭。喜仙查之千里,每秋风之八月,知必至之不欺,乃乘流以长发。"又曰:"饮牛于津者谁子？弄杼于室者何人？忽愕眙以相顾,虽婉娈而不亲。既持石以赠子,令致问于严遵。"乃以乘查、赠石合为一事,莫省所出。又考唐赵璘《因话录》曰:"《汉书》载张骞穷河源,言其奉使之远,实无天河之说。惟张茂先《博物志》说:'近世有人居海上,每年八月见海查来,不违时。赍一年粮,乘之到天河。'后人相传云:'得织女支机石,持以问君平。'都是凭虚之说。今成都严真观有一石,俗呼为'支机石',皆目云当时君平留之。宝历中,余下第还家,于京洛途中,逢官差递夫舁张骞查,先在东都禁中,今准诏索有司取进,不知是何物也。前辈诗往往有用张骞查者,相袭谬误矣。纵出杂书,亦不足据。"乃知当时已不知出处,特据俗传命题,亦"莺出谷"之类耳。

随意断查浮,谁知近斗牛?黄河通曲曲,碧落去悠悠。玉宇遥相望,银潢不尽流。白榆临渡口,丹桂傍溪头。乍到疑无地,微寒似欲秋。何人牵犊饮?有女抱机愁。回首诸天隔,归装片石留。还家问消息,应向卜帘求。

起四句叙将至,次四句叙甫至,次四句叙已至,次四句叙归后。层次分明,用笔亦灵气恍惚。

"何人"二句,不说明牛女,最妙。有此含蓄,末二句方收得有味。

碧落 《度人经》:"昔于始青天中,碧落空歌,大浮黎土。受元始度人,无量上品。"李白《陵阳山登天柱石酬韩侍御见招隐黄山》诗,萧士赟注:"道书,老君于东极碧落之天,浮黎之国。书冥文于青空之林,成紫宇之文。复授青童天君重书修行二十四事。"翟楚贤《碧落赋》:"其动也,风雨如晦,雷电共作;其静也,体象皎镜,是开碧落。"按:《道经》碧落,乃诸天之一名,翟楚贤赋,则以天之碧色为碧落。后来多从翟赋之说。

玉宇 张君房《云笈七签·三洞经教部·三十九章经·第五章》:"太微天帝君曰:'九天真人呼风为浮。金房在明霞之上,九户在琼阙之内,此皆太微之所馆,天帝之玉宇也。'"

银潢 《史记·天官书》:"汉中四星曰天驷,旁一星,曰王良。旁有八星,绝汉,曰天潢。"司马贞《索隐》:"潢主河渠,所以度神,通四方。宋均云:'天潢，天津也。津，凑也，主计度也。'"按：天潢虽连天汉，而自为八星，故张衡《思玄赋》曰："乘天潢之泛泛兮，浮云汉之扬扬。"马融《广成颂》曰："历云汉，横天潢。"皆分为二事。沈约《为始兴王让仪同表》有"室等天潢"语，庾信《周大将军萧太墓志铭》有"派别天潢"语，盖以宗室分派于帝王，犹天潢分派于河汉也。何逊《七夕》诗，始误以"天汉""天潢"为一，后人又因"天汉"称"银汉"，并"天潢"牵连称"银潢"。唐有银潢宫，见魏元忠《侍宴》诗；东坡《天汉台》诗亦有"银潢左界上通灵"句，皆误也。然至今沿用，不可复正。

白榆　丹桂　《汉琴调曲·陇西行》："天上何所有？历历种白榆。桂树夹道生，青龙对道隅。"

诸天　见三卷《日向壶中特地长》诗。

卜帘　皇甫谧《高士传》："严遵，字君平，蜀人也。隐居不仕，常卖卜于成都市，日得百钱以自给。卜讫，则闭肆下帘，以著书为事。"

海日照三神山

按：唐纥干俞有《海日照三神山赋》。

境在有无间，船风引却还。五更先吐日，万顷欲浮山。叠嶂分如鼎，重轮抱似环。烟岚凝绀碧，海水映朱殷。鳌背开金镜，乌踆挂翠鬟。琪花明玓瓅，贝阙射孱颜。灵药何人种？扶桑此路攀。往来随绛节，只有列仙班。

起四句点题缥缈，次四句"日"与"山"分写，次四句"日"与"山"合写，次四句总收，亦各壮丽称题。

船风　《史记·封禅书》："自威、宣、燕昭，使人入海求蓬莱、方丈、瀛洲。此三神山者，其传在渤海中，去人不远；患且至，则船风引而去。盖尝有至者，谓仙人及不死之药皆在焉。其物禽兽尽白，而黄金银为宫阙。未至，望之如云。及到，三神山反居水下。临之，风辄引去，终莫能至焉。"

五更　吐日　《后汉书·祭祀志》刘昭注："应劭《汉官》：'马第伯《封禅仪记》曰：东山名曰日观。日观者，鸡一鸣时，见日始欲出，长三丈所。'"

叠嶂　王筠《北寺寅上人房望远岫玩前池》诗："开窗延叠嶂。"

如鼎　《管子·大匡第十八》："吾三人者之于齐国也，譬之犹鼎之有足也。"蒋防《登天坛山望海日初出赋》："照三山而鼎足相向。"

重轮　陈后主《日出东南隅行》："重轮上瑞晖。"按：《初学记·天部》引《管子》曰："盛魄重轮，六合俱照，非日月能乎？"今本《管子》无此语，《太平御览》引作《符子》。

似环　黄辉《日重光赋》："三千里之围径，蔺贯连环。"

绀碧　范成大《初归石湖》诗："晓雾朝暾绀碧烘。"

朱殷　见前《紫玉见南山》诗。

鳌背　见三卷《门对浙江潮》诗。

金镜　唐无名氏《登天坛山望海日初出赋》："愕群仙于金镜。"

乌踆　见一卷《日浴咸池》诗。

翠鬟　见二卷《月衔楼间峰》诗。

琪花　《山海经·海内西经》："开明北有视肉、珠树、文玉树、玕琪树。"郭璞注："玕琪，赤玉属也。"钱起《送柳道士》诗："琪树几枝花。"罗邺《献池州庾员外》诗："琪花玉蔓应相笑。"

玓瓅　见二卷《清露点荷珠》诗。

贝阙　见一卷《鲛人潜织》诗。

孱颜　见二卷《月衔楼间峰》诗。

灵药　东方朔《十洲记》："长洲，一名青丘。一洲之上，专是林木，又有仙草灵药，甘液玉英，靡所不有。"

扶桑　见二卷《海人献冰蚕》诗。

绛节　李益《登天坛夜见海日》诗："霞梯赤城遥可分，霓旌绛节倚彤云。"

列仙　《史记·司马相如传》："相如以为，列仙之传居山泽间，形容甚臞者,非帝王之仙意也,乃遂就《大人赋》。”

曲江观涛

枚乘《七发》:“将以八月之望,与诸侯远方交游兄弟,并往观涛乎广陵之曲江。”李善注:“《汉书》:‘广陵国属吴也。’”《浙江通志·山川一》:“钱塘江,万历《钱塘县志》:‘在县东南,本名浙江。’又名曲江。枚乘《七发》曰:‘观涛于广陵之曲江。’今名钱塘江,其源发黟县,曲折而东以入于海。潮水昼夜再上,奔腾冲激,声撼地轴。”

一线海门遥,灵胥涌怒潮。势从龛赭束,声到富春消。素练排空曳,明珠涌地跳。乾坤共轩豁,风雨似飘萧。两岸声频激,群山势欲摇。西来吞晓日,东望荡层霄。橐籥机相鼓,晨昏候最调。今逢翠华幸,海若自来朝。

起四句清出“曲江”题上二字,方不落空;中间写潮壮阔,结到“观”字,亦完密。

一线海门 并见三卷《门对浙江潮》诗。

灵胥 左思《吴都赋》:“槁工楫师,选自闽禺。习御长风,狎玩灵胥。”刘逵注:“灵胥,伍子胥神也。昔吴王杀子胥,沉其尸于江,后为神。江海之间莫不尊畏子胥。将济者,皆敬祠其灵,以为性命。”

怒潮 王充《论衡·书虚》篇:“儒书言,吴王夫差杀伍子胥,煮之于镬,乃以鸱夷橐投之于江。子胥恚恨,驱水为涛,以溺杀人。今时会稽、丹徒大江,钱塘浙江,皆立子胥之庙,盖欲慰其恨心,止其猛涛也。”

龛赭 姚宽《西溪丛语》:“或问曰:‘四海潮来皆有渐,惟浙江涛至,则亘如山岳,奋如雷霆,水岸横飞,雪崖傍射,澎腾奔激。吁,可畏也!其涨怒之理,可得闻乎?’曰:‘或云夹岸有山,南曰龛,北曰赭。二山相对,谓之海门;岸狭势逼,涌而为涛耳。’”

富春 《后汉书·严光传》:"除为谏议大夫,不屈,乃耕于富春山。"章怀太子注:"今杭州富阳县也。本汉富春县,避晋简文帝郑太后讳,改曰富阳。"杨万里《甲午出知漳州晚发船龙山暮宿桐庐诗·第一首》:"海潮也怯桐江净,不遣涛头过富春。"

乾坤 风雨 并见三卷《门对浙江潮》诗。

层霄 见二卷《白云无心》诗。

橐籥 《老子·第六章》:"天地之间,其犹橐籥乎?虚而不屈,动而愈出。"王弼注:"橐,排橐也;籥,乐籥也。橐籥之中空洞,无情无为,故虚而不可穷屈,动而不可竭尽。"

晨昏 赵彦卫《云麓漫抄》:"江海之有潮,辰刻不移,昔人尝论之。《山海经》则以为海鳅出入穴之度;浮屠书以为神龙之变化;窦叔蒙《海峤志》以为水随月之盈亏;卢肇《海潮赋》以为日出于海,冲击而成;王充《论衡》以为水者地之血脉,随气进退;独徐明叔、傅墨卿《高丽录》云:'天包水,水承地,而一元之气升降于太空之中。地乘水力以自峙,且与元气升降互为抑扬。而人不觉,亦犹坐于船中者,不知船之自运也。方其气升而地浮,则海水溢上而为潮;及其气降而地沉,则海水缩下而为汐。计日十二辰:由子至巳,其气为阳,而阳之气又自有升降,以运乎昼;由午至亥,其气为阴,而阴之气又自有升降,以运乎夜。一昼夜合阴阳之气,再升再降,故一日之间,潮汐皆再焉。'"

翠华 见二卷《金梶》诗。

海若 《庄子·外篇·秋水》:"于是焉,河伯欣然自喜,以天下之美为尽在己。顺流而东行,至于北海,东面而视,不见水端。于是焉,河伯始旋其面目,望洋向若而叹。"陆德明《经典释文》:"司马云:'若,海神。'"《楚词·远游》:"令海若舞冯夷。"

青归柳叶新(二首)

杜甫《奉酬李都督表丈早春作》:"红入桃花嫩,青归柳叶新。"

何处蔼芳菲?春从柳上归。几枝新缕挂,一带淡烟微。袅袅黄犹嫩,丝丝绿渐肥。东风重婀娜,南陌记依稀。凤沼添清荫,龙池媚晓晖。和风披拂处,先染侍臣衣。

新柳易于赋咏,着意"归"字,方为中窾。七、八句最警。

柳上归 李白《宫中行乐词·第七首》:"春风柳上归。"

黄犹嫩 李白《宫中行乐词·第二首》:"柳色黄金嫩。"

绿渐肥 李清照《如梦令》词:"知否,知否?应是绿肥红瘦。"

东风 见二卷《清露点荷珠》诗。

婀娜 魏文帝《柳赋》:"柔条婀娜而蛇伸。"

南陌 李贺《花游曲》:"春柳南陌态。"

凤沼 见一卷《鱼戏新荷动》诗。

龙池 见三卷《龙池春禊》诗。

染 衣 冯贽《云仙散录》:"李固言,未第前行古柳下,闻有弹指声。固言问之,应曰:'吾柳神九烈君也,已用柳汁染子衣矣,科第无疑。果得蓝袍,当以枣糕祀我。'固言许之。未几,状元及第。"原注:出《三峰集》。

顿觉春如许,无嫌叶尚稀。乍添新黛色,未减旧腰围。拾翠迷芳径,揉蓝护钓矶。几番风有信,一夜雁同归。青粉栖鸦带,红桥落照微。三眠更三起,莫便作花飞。

直接前首,而起不另点题,此为章法。第二联、第四联写"新"字、"归"字,警策。后四句一往情深,殆于成谶。

春如许 陆游《幽居春晚》诗:"石帆山下春如许。"

黛色 卢照邻《折杨柳》:"露叶凝愁黛徐桂。"《新柳》诗:"黛色和烟半有无。"

腰围 杜甫《绝句漫兴诗·第九首》:"隔溪杨柳弱袅袅,恰似十五女儿腰。"刘镇《咏柳·行香子》词:"恼人春思,正自无聊。赖敛愁眉,酣醉眼,减围腰。"

拾翠 见前《春服满汀洲》诗。

揉蓝 王安石《春景·渔家傲》词:"揉蓝一水萦花草。"

有信 见二卷《含薰带清风》诗。

雁同归 《礼·月令》:"孟春之月,鸿雁来。"

青粉 周密《癸辛杂识》:"无名《女仙诗·第一首》:'柳条金嫩不胜鸦,青粉墙西道韫家。'"

红桥 白居易《杨柳枝词·第四首》:"红板江桥青酒旗,馆娃宫暖日斜时。"

三眠　三起 见三卷《风软游丝重》诗。

作花飞 隋无名氏《送别》诗:"杨柳青青著地垂,杨花漫漫搅天飞。柳条折尽花飞尽,借问行人归不归?"

附录联句一首

促织鸣东壁

汉无名氏《古诗·第七首》:"明月皎夜光,促织鸣东壁。"

何处寒虫急?酸吟动客情周长发。墙阶丛络纬,岁月转玑衡潘乙震。滴露心同警,含秋韵倍清王秉和。余光穿壁引,细韻趁鸡鸣胡国楷。一夕征鸿影,满庭落叶声陶思深。卢家梭欲歇,窦氏锦初成汤聘。出手霜侵剪,调砧月满城徐垣。罗帷灯灺后,尚使梦魂惊余文仪。

联句诗一气浑成,最为难得。尤妙于纯以意运,句外传神。

酸吟 贾岛《病蝉》诗:"酸吟尚极清。"

络纬 见前《络纬鸣》诗。

玑衡 《甘石星经》:"北斗星谓之七政,天之诸侯,亦谓帝车,魁四星为璇玑,杓三星为玉衡。"

滴露 见三卷《露团庭绿》诗。

含秋 详五卷《蟋蟀居壁》诗。

余光 见二卷《凿壁偷光》诗。

细韾 冯惟讷《诗纪·前集·琴操·神人畅》:"有韾在坐。"按:"韾"字,诸书不载,惟《字汇》云与"响"同;《乐府诗集》载此词,正作"响"字。

卢家 梁武帝《河中之水歌》:"河中之水向东流,洛阳女儿名莫愁。莫愁十三能织绮,十四采桑南陌头。十五嫁为卢家妇,十六生儿似阿侯。"

窦氏 《晋书·列女传》:"窦滔妻苏氏,始平人也,名蕙,字若兰。善属文。滔,苻坚时为秦州刺史,被徙流沙。苏氏思之,织锦为回文旋图诗以赠滔。宛转循环以续之,词甚凄惋,凡八百四十字。文多不录。"唐则天皇后《璇玑图诗序》:"前秦苻坚时,秦州刺史扶风窦滔妻苏氏,陈留人武功苏道贤第三女也。名蕙,字若兰。初,滔有宠姬赵阳台,歌舞之妙,无出其右。滔置之别所。苏氏知而获焉,苦加棰辱,滔深以为憾。及滔将镇襄阳,邀苏氏同往。苏氏忿之,不与偕行。乃携阳台之任,绝苏氏音问。苏氏悔恨自伤,因织锦为回文,五彩相宣,莹心耀目。纵广八寸,题诗二百余首,计八百余言;纵横反覆,皆为文章。其文点画无缺,才情之妙,超今迈古,名曰《璇玑图》。"按:二说不同,以图中诗意推之,后说为近。

出手 庾信《梅花》诗:"枝高出手寒。"

调砧 王勃《秋夜长》诗:"调砧乱杵思自伤。"

灯灺 许慎《说文解字》第十:"灺,烛烬也,从火,也声。"

高树早凉归

陈　锷

沈佺期《酬苏员外味道夏晚寓直省中见赠》诗:“小池残暑退,高树早凉归。”

华省良宵直,重垣绿荫围。高枝闻瑟瑟,凉意动微微。阒寂三更后,飘萧一叶飞。故人如久别,清夜喜相依。月夕曾延伫,秋期竟不违。此时对芳树,随意敞朱扉。乔木风来早,仙曹暑到稀。殷勤凭侍史,好为护朝衣。

妙处在一“归”字,中幅能不负题。

华省　见二卷《含薰待清风》诗。

一叶　《淮南子·说山训》:“以小明大,见一叶落而知岁之将暮;睹瓶中之冰而知天下之寒。”

故人　杜牧《早秋》诗:“清风来故人。”

秋期　《诗·卫风·氓》篇:“秋以为期。”

乔木　杜甫《向夕》诗:“乔木易高风。”

仙曹　李商隐《迎寄韩鲁州》诗:“圣朝推卫索,归日动仙曹。”

侍史　本诗第二联“侍史护朝衣”。洪刍《香谱·香之事》:“应劭《汉官仪》曰:‘尚书郎入直台中,给女侍史二人,皆选端正。指使从直女侍史执香炉烧薰,以从入台中给使护衣。’”

迎岁早梅新

马　燝

老干绕生意,凌寒报好春。一枝留古色,数朵合天真。羲驭迟迟转,韶华冉冉新。皴烟疑入画,笼月恍如神。先得三春气,何来一点尘?

东风寻旧约,朔雪记前因。已识阳和早,还知煦育均。和羹方有待,调鼎属何人?

前八句写“早梅新”,后八句透发“迎岁”之意。结以内阁试,关合亦有致。

老干 韩琥《探梅》诗:“纵饶老干摧幽谷,也胜繁华倚市门。”

生意 见一卷《迎岁早梅新》诗“柳色争生意”句。

一枝 释齐己《早梅》诗:“前村深雪里,昨夜一枝开。”

古色 范成大《梅谱》:“古梅,会稽至多,四明、吴兴亦间有之。其枝樛曲万状,苍藓鳞皴,封满花身。又有苔须,垂于枝间,或长数寸。风至,绿丝飘飘可玩。”

数朵 杨万里《戊申元日题道山堂前梅花》诗:“不妨数朵且微破。”

天真 侯夫人《看梅诗·第二首》:“清香寒艳好,谁惜是天真。”

羲驭 见一卷《日浴咸池》诗。

韶华 见一卷《迎岁早梅新》诗。

调鼎 《书·说命下》:“若作和羹,尔惟盐梅。”孟浩然《都下送辛大之鄂》诗:“未逢调鼎用,徒有济川心。”

十月先开岭上梅

申 甫

樊晃《南中感怀》诗:“四时不变江头草,十月先开岭上梅。”

十月春犹小,南枝暖意回。水边全未放,岭上忽先开。秀出千林外,香随一雁来。望中如有雪,高处本无埃。抱节同寒竹,敷荣异冻荄。尚期成实早,或以副盐梅。

“望中”二句,写“岭上”二字,入神。

春犹小 欧阳修《渔家傲词·第二首》:"十月小春梅蕊绽。"

南枝 见一卷《迎岁早梅新》诗。又韩偓《冬至夜作》:"中宵忽见动葭灰,料得南枝有早梅。"

水边 林逋《梅花诗·第一首》:"水边篱落忽横枝。"

抱节 张正见《赋得阶前嫩竹》诗:"欲知抱节成龙处,当于山路葛陂中。"苏轼《此君庵》诗:"寄语庵前抱节君。"王十朋注:"名竹为抱节君,先生新语也。"

寒竹 高启《梅花诗·第一首》:"寒依疏影萧萧竹。"

敷荣 见一卷《迎岁早梅新》诗"万卉乐敷荣"句。

冻荄 杨万里《腊里立春蜂蝶辈出》诗:"嫩日催青出冻荄,小风吹白落疏梅。"

盐梅 见前《迎岁早梅新》诗。

金在镕

褚寅亮

《汉书·董仲舒传》:"夫上之化下,下之从上,犹泥之在钧,惟甄者之所为;犹金之在镕,惟冶者之所铸。绥之斯俫,动之斯和,此之谓也。"注:师古曰:"镕,谓铸器之模范也。镕,音容。"按:李善注任昉《上萧太傅固辞夺礼启》引《仓颉》篇:"镕,炉炭所以行销铁也。"与师古说异。今赋此题者,皆兼用二说。

至治调群类,良金宛在镕。乍因淘汰得,更觉范围容。矿璞刚能克,陶钧革自从。红光千铤合,紫焰一炉封。意象方员造,神明鼓铸供。双南精闪闪,百炼液溶溶。早已销戈戟,行看勒鼎钟。荆扬贡三品,披拣倘相逢。

起句即点明正意,与唐李频《振振鹭》诗同法。"矿璞"二句,极警切。后四句,立意不俗。

淘汰 见一卷《披沙拣金》诗。

范围 《易·系辞传上》:“范围天地之化而不过。”孔颖达疏:“范,谓模范;围,谓周围。言圣人所为所作,模范周围天地之化养。”

矿璞 王褒《四子讲德论》:“精炼藏于矿璞,庸人视之忽焉。巧冶铸之,然后知其干也。”李善注:“精炼,金也。金百炼不耗,故曰精炼也。《说文》曰:‘矿,铜铁璞也。矿与鑛同,瓜并切。’”按:矿字,《说文》本作卝,亦或作磺。

刚能克 《书·洪范》:“六,三德:一曰正直,二曰刚克,三曰柔克。”陆德明《经典释文》:“克,马云:‘胜也。’”

陶钧 《史记·鲁仲连邹阳列传》:“是以圣王制世御俗,独化于陶钧之上。”裴骃《集解》:“骃案:《汉书音义》曰:‘陶家名模下圆转者为钧,以其能制器为大小,比之于天。’”司马贞《索隐》:“张晏云:‘陶,冶;钧,范也。作器,下所转者名钧。’韦昭曰:‘陶,烧瓦之灶;钧,木长七尺,有弦,所以谓为器具也。’崔浩云:‘以钧制器万殊,故如造化之运转裁成也。’”白居易《喜与韦左丞同入南省因叙旧以赠之》诗:“早年同遇陶钧主,利钝精粗共在镕。”按:陶钧,本抟泥之器,自乐天始以范金用之。

革自从 《书·洪范》:“金曰从革。”孔安国《传》:“金,可以改更者,可销铸以为器也。”

红光 郭震《古剑》篇:“君不见昆吾铁冶飞焰烟,红光紫气俱赫然。”

紫焰 韩愈《元和圣德》诗:“紫焰嘘呵。”

意象 王弼《周易略例·明象》:“象生于意,故可寻象以观意。”李峤《上巡察覆囚使张明府书》:“组织身文,筌蹄意象。”

方圆 王符《潜夫论·德化第三十三》:“民之生世也,犹烁金之在炉也。从笃变化,惟冶所为;方圆薄厚,随镕制尔。”

神明 按:此用《越绝书》“因天之精神”意,见三卷《欧冶子铸剑》诗。坊注谓神明,指人心,关合化民正意。然如指君心,则复出句;如指民心,则出句双关,对句突入正意。"双南"二句,仍赋题面,又不承正意说下,作者必不如此首尾衡决。

鼓铸 《史记·货殖列传》:"即铁山鼓铸。"按:鼓铸,谓鼓鞲。而铸鞲即橐也,今谓之风箱。

闪闪 《周礼·春官·大司乐》郑玄注:"《礼运》曰:'龙以为畜,故鱼鲔不淰。'"贾公彦疏:"案:彼注云'淰之为言,闪也。'言鱼鲔不闪。闪,畏人也。"又《礼运》:"鱼鲔不淰。"疏:"闪是忽有忽无,故字从门中人也,人在门,或见或不见。"

销戈戟 《家语·致思》篇:"回愿得明王圣主辅相之,敷其五教,导之以礼乐,使民城郭不修,沟池不越,铸剑戟以为农器,放牛马于原薮。"

鼎钟 《墨子·鲁问策第四十九》:"则书之于竹帛,镂之于金石,以为铭于钟鼎,传遗后世子孙。"魏文帝《与钟繇五熟釜书》:"并以功德,勒名钟鼎。"

三品 **披拣** 并见一卷《披沙拣金》诗。

庄周梦蝴蝶

蒋宗海

李白《古风·第九首》:"庄周梦蝴蝶,蝴蝶为庄周。一体更变易,万事良悠悠。"《庄子·内篇·齐物论》:"昔者,庄周梦为蝴蝶,栩栩然蝴蝶也。自喻适志与,不知周也。俄然觉,则蘧蘧然周也。不知周之梦为蝴蝶与,不知蝴蝶之梦为周与?周与蝴蝶,则必有分矣。此之谓物化。"

物化元无着,何分蝶与周?忽然随梦觉,聊复得归休。栩栩三春暮,蘧蘧一枕幽。适来宁异体,真我信难求。偶以情相适,应知境不留。隍中藏鹿去,濠上对鱼游。道本超名象,言非逞谬悠。尻轮神作马,寂寞任天游。

透抉《南华》本意,正面只"栩栩"二句一点,笔墨绝高。此种题最忌拖泥带水。

归休 《庄子·内篇·逍遥游》："归休乎君，余无所用天下为！"

适来 见二卷《昭文不鼓琴》诗。

真我 见前《昭文不鼓琴》诗。

隍中 鹿 《列子·周穆王》篇："郑人有薪于野者，遇骇鹿御而击之毙。恐人见之也，遽而藏诸隍中，覆以蕉，不胜其喜。俄而，遗其所藏之处，遂以为梦焉，顺途而咏其事。傍人有闻者，顺其言而取之。既归，告其室人曰：'向薪者，梦得鹿而不知其处。吾今得之，彼直真梦者矣。'室人曰：'若将是梦见薪者之得鹿耶？讵有薪者耶？今真得鹿，是若之梦真耶？'夫曰：'吾据得鹿，何用知彼梦我梦耶？'薪者之归，不厌失鹿，其夜真梦藏之处，又梦得之之主。爽旦，按所梦而寻得之。遂讼而争之，归之士师。士师曰：'若初真得鹿，妄谓之梦；真梦得鹿，妄谓之实。彼真取若鹿，而与若争鹿。室人又谓梦认人鹿，无人得鹿。今据有此鹿，请二分之。'以问郑君，郑君曰：'嘻！士师将复梦分人鹿乎？'访之相国，相国曰：'梦与不梦，臣所不能辨也。'欲辨觉梦，唯黄帝、孔丘。今亡黄帝、孔丘，孰辨之哉？且恂士师之言可也。"张湛注："圣人之辨，觉梦何也，真知其不异耳。"

濠上 鱼 《庄子·外篇·秋水》："庄子与惠子游于濠梁之上。庄子曰：'儵鱼出游从容，见鱼乐也。'惠子曰：'子非鱼，安知鱼之乐？'庄子曰：'子非我，安知我不知鱼之乐？'"

名象 陆倕《天光寺碑》："思洞渊微，言穷名象。"

谬悠 《庄子·杂篇·天地》："以谬悠之说，荒唐之言，无端崖之辞，时恣纵而不傥，不以觭见之也。"

尻轮 神 马 见前《列子御风》诗。

天游 见二卷《云卧八极》诗。

红药当阶翻

赵 翼

掖垣膏露渥,红药灿庭除。色应朱明节,名参《素问》书。婆娑依砌近,旖旎殿春余。送影移雕槛,流光漾绮疏。将离仍似返,非谑亦相于。墀讶丹将染,泥嫌紫不如。醉痕风力后,艳彩日华初。恰比阶蓂瑞,霏香傍帝居。

"将离"二句,从芍药生情写"翻"字;"墀讶"二句,就中书生情,写"红"字。题本谢朓《直中书省》诗也。余亦字字周到。

掖垣 见三卷《灯缘起草挑》诗。

朱明 《尔雅·释天》:"夏为朱明。"郭璞注:"气赤而光明。"

素问 黄帝《素问·四气调神大论》王冰注:"次春分气,初五日,玄鸟至。次五日,雷乃发声,芍药荣。"林亿等新校正:"详'芍药荣',今《月令》无。"按:《素问》无"芍药"之名,而以"芍药"纪节,实始于唐人。《素问注》,亦可云名《参素问》矣。

婆娑 见一卷《荷净纳凉时》诗"翠盖影婆娑"句。

旖旎 《楚辞·九辩》:"窃悲夫蕙华之曾敷兮,旖旎乎都房。"王逸注:"被服盛饰于宫殿也。旖旎,盛貌也。《诗》云:'旖旎其华。'"按:今《诗》作"猗傩"。

殿春 陶穀《清异录·百花门》:"胡嵩诗'瓶里数枝婪尾春',时人罔喻其意。桑惟翰曰:唐末文人,有谓芍药为'婪尾春'者。'婪尾酒'乃最后之杯,芍药殿春亦得是名。"

雕槛 杜牧《鹦鹉》诗:"雕槛系红绦。"

绮疏 《后汉书·梁统传》:"窗牖皆有绮疏青琐。"章怀太子注:"绮疏,谓镂为绮文。"

将离 崔豹《古今注·问答·释义第八》:“牛亨问曰:‘将离别,相赠以芍药者何?’答曰:‘芍药,一名可离,故将别以赠之。’”《诗·郑风·溱洧》篇,陆德明《释文》:“芍药,香草也。韩《诗》云‘离草’也,言将离别。”

非谑 《诗·郑风·溱洧》篇:“维士与女,伊其相谑,赠之以芍药。”郑玄笺:“士与女往观,因相与戏谑,行夫妇之事,其别则送女以芍药,结恩情也。”

相于 方以智《通雅·释诂类》:“相于,犹阿与也。杜诗‘良友幸相于’,曹子建《乐府》曰‘广情故心相于’,向以为‘相于’二字如此。智阅《孔北海集·与韦甫休书》曰:‘间僻疾动,不得与足下岸帻广坐,举杯相于,以为邑邑。’则汉末常语也。《字书》说尔汝之‘汝’作‘女’,女者,相于之辞,后人借汝水以别之。《方言》:诬、𫍲,与也。荆楚曰𫍲与,犹秦晋言阿与。阿与、阿𫍲,皆口声。朴言之曰‘阿与’,文言之曰‘相于’,即如今人称交好为‘相与’,‘于’字之转也。”按:何景明《还自别业》诗有“富贵岂常于”句。《柳亭诗话》曰:“于字甚古,始于班大家《离思赋》‘况骨肉之相与兮,永缅邈而两绝’。则后汉之初,已有此语,不但始于汉末。”

墀丹 张衡《西京赋》:“青琐丹墀。”李善注:“《汉官典职》曰:丹漆地,故称丹墀。”

泥紫 见前《紫玉见南山》诗。又,白居易《草词毕遇芍药初开偶成十六韵》:“罢草紫泥诏,起吟红药诗。”

阶蓂 见一卷《迎岁早梅新》诗“叶转尧阶蓂”句。

韦谦恒二首

剑化为龙

《晋书·张华传》:“初,吴之未灭也,斗牛之间常有紫气,道术者皆以吴方强盛未可图也,惟华以为不然。及吴平之后,紫气愈明。华闻豫章人雷焕妙达纬象,乃要焕宿,屏人曰:‘可共寻天文,知将来吉凶。’因登楼仰观。焕曰:‘仆察之久矣。惟斗牛之间颇有异气。’华曰:‘是何祥也?’焕曰:'宝剑之精,上彻于天耳。'华曰:'君言得之。'因问曰:'在何郡?'焕曰:'在豫章丰城。'华曰:'欲屈君为宰,密共寻之,可乎?'焕许之。华大喜,即补焕为丰城令。焕到县,掘狱屋基,入地四丈余,得一石函。光气非常,中有双剑,并刻题,一曰'龙泉',一曰'太阿'。其夕,斗牛间气不复见焉。焕取南昌西山北岩下土以拭剑,光芒艳发。大盆盛水,置剑其上,视之者,精芒炫目。遣使送一剑并土与华,留一自佩。或谓焕曰:'得两送一,张公岂可欺乎?'焕曰:'本朝将乱,张公当受其祸。此剑当系徐君墓树耳。灵异之物,终当化去,不永为人服也。'华得宝剑,爱之,常置坐侧。华以南昌土不如华阴赤土,报焕书曰:'详观剑文,乃"干将"也,"莫邪"何复不至?虽然天生神物,终当合耳。'因以华阴土一斤致焕,焕更以拭剑,倍益精明。华诛,失剑所在。焕卒,子华为州从事,持剑行经延平津,剑忽于腰间跃出堕水。使人没水取之,不见剑,但见两龙,各长数丈,蟠萦有文章,没者惧而反。须臾,光彩照水,波浪惊沸,于是失剑。华叹曰:'先君化去之言,张公终合之论,此其验乎?'"

神物原难晦,飞腾任所遭。藏犹射牛斗,去必作波涛。渺矣归秋水,翩然谢锦绦。辘轳三尺跃,风雨一潭高。电影飘难定,河声怒乍号。精芒从此逝,求索竟徒劳。两美灵终合,千年首重搔。腰间有佩剑,更拭鹧鸪膏。

"风雨一潭高"五字,在可解不可解间,而境象宛然,即工部"四海之水皆立"意。

后四句精神坌涌,意旨遥深。

作波涛 谢维新《合璧事类·地理门》:"唐宣宗微时,以武宗忌之,遁迹为僧,游方外。至黄檗,与黄檗禅师同观瀑布。黄檗得一韵云:'千岩万壑不辞劳,远看方知出处高。'宣宗续之曰:'溪涧岂能留得住?终归大海作波涛。'王者气象可见也。"

锦绦 见二卷《屈刀为镜》诗。

辘轳 《汉相和曲·陌上桑》:“腰中鹿卢剑,可直千万余。”《汉书·隽不疑传》:“不疑冠进贤冠,带櫑具剑。”注:“应劭曰:‘櫑具,木标首之剑。’櫑落,壮大也。晋灼曰:‘古长剑首,以玉作井辘轳形,上刻木作山形,如似莲花初生未敷时。今大剑木首,其状似此。’师古曰:‘晋说是也。’”方以智《通雅·杂用类》:“《古衣服令》曰:‘辘轳玉具剑,今见其物,盖方环上有辘轳铜转纽耳。’”

三尺 《汉书·高帝纪》:“吾以布衣,提三尺取天下。”注:师古曰:“三尺,剑也。下《韩安国传》所云‘三尺’亦同,而流俗书本或云‘提三尺剑’。‘剑’字,后人所见耳。”

求索 《吕氏春秋·察今》篇:“楚人有涉江者,其剑自舟中坠于水。遽契其舟曰:‘是吾剑之所从坠。’舟止,从其所契入水求之。舟已行矣,而剑不行,求剑若此,不亦惑乎?”

两美 《楚辞·离骚经》曰:“两美其必合兮,孰信修而慕之?”

首重搔 《诗·郑风·静女》篇:“爱而不见,搔首踟蹰。”

鹏鹈 《尔雅·释鸟》:“鹈须鸁。”郭璞注:“鹈,鹏鹈,似凫而小,膏中莹刀。”王台卿《度关山》:“剑莹鹏鹈膏。”

晓树流莺满

见三卷《新莺隐叶啭》诗。

古木朝烟出,空山晓气生。好音何处到?幽抱忽然清。调舌喧春暖,呼群弄早晴。冲花偏宛转,织柳更分明。公子歌金缕,仙家按玉笙。疏林都呖呖,深谷尽嘤嘤。断续原无定,间关最有情。直将千百啭,并作两三声。似趁蜂衙闹,羞同燕语争。征人愁易湿,孤客梦难成。鼓吹添新句,丁宁责旧盟。几时温室树,也许一闻莺。

“直将”二句写“满”字,入神。诗家体物之妙,岂在抄撮《类书》、搜寻《韵府》耶?

晓气　李百药《渡汉江》诗:“川长晓气高。”

好音　见三卷《新莺隐叶啭》诗。

幽抱　谢朓《奉和竟陵王同沈右率过刘先生墓》诗:“鸣钟霁幽抱。”

调舌　见三卷《新莺隐叶啭》诗。

冲花　见一卷《春从何处来》诗。

织柳　见一卷《鱼戏新荷动》诗。

金缕　杜牧《杜秋娘》诗:“秋持玉斝醉,与唱金缕衣。”自注:“劝君莫惜金缕衣,劝君须惜少年时。花开堪折直须折,莫待无花空折枝。”李锜长唱此辞。陈孚《柳塘春》诗:“芳草日长飞燕燕,绿阴人静语莺莺。临风忽听歌金缕,隔水时闻度玉笙。”

玉笙　刘孝威《奉和简文帝太子应令》诗:“浮丘侍玉笙。”南唐后主《秋莺》诗:“浏亮如笙碎在缑。”

呖呖　丁度《集韵·入声下》:“呖呖,声也。”吴激《春从天上来》词:“似林莺呖呖。”

嘤嘤　《诗·小雅·伐木》篇:“鸟鸣嘤嘤。”毛苌《传》:“嘤嘤,惊惧也。”郑玄笺:“嘤嘤,两鸟声也。”

断续　陶翰《柳陌听早莺》诗:“断续若频惊。”

间关　陈子昂《居延海树闻莺同作》:“边地无芳树,莺声忽听新。间关如有意,愁绝若怀人。”按:“间关”字出《诗·小雅·车辖》篇,《毛传》训为设牵,笺、疏俱无明解。《初学记》载蔡邕《琴赋》有“间关九弦,出入律吕”语,始以状琴声;卢谌《燕赋》有“啁哳间关”句,始相沿用为鸟声。

千百啭　王宠《白雀返棹李王二子送余过虞山下作》:“可奈流莺千百啭。”

两三声　梁简文帝《春日看梅花》诗:“今旦闻春鸟,何啻两三声。”白居易《春尽日》诗:“春归似遣莺留语,好住园林三两声。”

蜂衙 陆佃《埤雅·释虫》:“蜂有两衙应潮,其主之所在,众蜂为之旋绕如卫。诛罚征令绝严,有君臣之义。《化书》曰:‘蜂有君礼也。’”

鼓吹 见一卷《禁林闻晓莺》诗。

丁宁 《后汉书·郎觊传》:“惟陛下丁宁再三留神于此。”杜甫《绝句漫兴·第一首》:“便教莺语太丁宁。”

温室树 《汉书·孔光传》:“沐日归休,兄弟妻子燕语,终不及朝省政事。或问光:‘温室省中树,皆何木?’光默不应。”注:“晋灼曰:‘长乐宫中有温室殿。’”陆扆《禁林闻晓莺》诗语,当温室近。

润物细无声

吴 宽

杜甫《春夜喜雨》诗:“随风潜入夜,润物细无声。”

好雨连朝至,条风暗与俱。廉纤宁破块,淅沥不成珠。似雾笼芳树,和烟入画图。卷帘看未厌,隔幔听疑无。渐觉桃鬟重,旋催草梦苏。娇花应莫怯,眠柳那须扶?绿爱蕉窗静,青瞻麦陇腴。无言敷美利,抃舞遍康衢。

有声易写,无声难写;穷形尽相,可谓传神手矣。

“重”字、“苏”字、“静”字、“腴”字,俱炼得。

条风 《淮南子·天文训》:“距冬至四十五日,条风至。”《史记·律书》:“条风居东北,主出万物。条之言条,治万物而出之,故曰条风。”

与俱 陶潜《读山海经诗·第一首》:“微雨从东来,好风与之俱。”

廉纤 见前《莺声细雨中》诗。

破块 葛洪《西京杂记》:“元光元年七月,京师雨雹。鲍敞问董仲舒曰:‘雹何物也?何气而生之?’仲舒曰:‘太平之世,则风不鸣条,开甲散萌而已;雨不破块,润叶津茎而已。’”

淅沥 见一卷《山空气相合》诗。

成珠 魏收《喜雨》诗:“滴下如珠落。”

似雾 谢朓《观朝雨》诗:“空蒙如薄雾。”

和烟 欧阳修《珠帘卷》词:“烟雨蒙蒙如画,轻风吹旋收。”

桃鬟 李商隐《燕台诗·第一首》:“暖蔼辉迟桃树西,高鬟立共桃鬟齐。”

重 按:“重”字用本诗“晓看红湿处,花重锦官城”句。杜又本梁简文帝《入阶雨》诗“渍花枝觉重”句也。

草梦 自注:吴镜《秋》词:“掠地软风醒草梦。”按:杨恢《满江红》词曰:“啼鸟惊回芳草梦。”吴用“草梦”字本此。

蕉窗 杨万里《闲居初夏午睡起二绝句·第一首》:“芭蕉分绿上窗纱。”

麦陇 魏文帝《登城赋》:“嘉麦被陇,缘路带衢。”王僧达《答颜延年》诗:“麦垄多秀色。”

美利 《易·文言传》:“乾始能以美利利天下。”孔颖达疏:“谓能以生长美善之道,利益天下也。”

康衢 见一卷《野舍时雨润》诗。

苍苔绿砌上

吴恩诏

见前《红药当阶翻》诗。

一片苔纹绣,薇垣绕砌滋。鬖髿微似发,羃历散如丝。旧点离离长,新痕渐渐移。依稀涂翠黛,宛转傍丹墀。履迹侵阶乱,帘旌近户窥。隔花红药映,衬步绿茵宜。屐齿粘犹浅,墙腰到尚迟。中书清切地,长得惠风吹。

“绿砌上”三字,刻画无遗。

鬖髿 郭璞《江赋》:“绿苔鬖髿乎研上。”李善注:“《风土记》曰:石发,水苔也。青绿色,皆生于石。《通俗文》曰:发乱曰鬖髿。”

羃历 杨炯《青苔赋》:“尔其为状也,羃历绵密,浸淫布濩。”左思《吴都赋》,刘逵注:“羃历,分布覆被貌。”

如丝 沈约《咏青苔》诗:“微根如欲断,轻丝似更联。”

丹墀 见前《红药当阶翻》诗“墀讶丹将染”句。

履迹 骆宾王《冬日过故人任处士书斋》诗:“苔深履迹残。”

帘旌 《南史·柳世隆传》:“屏人,命典签李党取笔及高齿屐,题帘箔旌曰:‘永明十一年。’”

红药 见前《红药当阶翻》诗。

绿茵 顾况《送友人失意南归》诗:“屋古布苔茵。”

屐齿 《晋书·谢安传》:“心喜甚,不觉屐齿之折。”文彦博《提举端明宠示三月三十日雨中书怀,辄次原韵》诗:“屐齿被苔粘。”按:《群芳谱·苔部·散句》载王维“屐齿印苔深”句,今《右丞集》无之。考陈景沂《全芳备祖》,乃韩维句也,故置彼引此。

墙腰 姜夔《除夜自石湖归苕溪诗·第十首》:“古苔留雪卧墙腰。”

清切 见三卷《灯缘起草挑》诗。

惠风 张衡《东京赋》:“惠风广被,泽洎幽荒。”薛综注:“惠,恩也。”

乐出虚

王 昶

《庄子·内篇·齐物论》:“乐出虚,蒸成菌。”郭象注:“此盖事变之异也。自此以上,略举天籁之无方;自此以下,明无方之自然也。物各自然,不知所以然而然,则形虽弥异,自然弥同也。”吕惠卿注:“乐之出虚,蒸之成菌。求其所萌,而不可得。不乃似风济窍虚,调调刁刁而不知所归乎?”

大乐传千古,元音本太虚。天倪通窈窈,人籁应徐徐。消息从空出,阴阳以气嘘。函三非迹象,吹万是权舆。响在刁调际,声含橐籥初。

风箫谁所感？山水偶相于。转毂机常运，无弦韵自储。庄生《齐物》意，好证漆园书。

“虚”字、“出”字，一一精到。尤妙于切定“乐”字，不泛作杳杳冥冥语。

大乐 《礼·乐记》：“大乐与天地同和。”

元音 见二卷《峄阳孤桐》诗。

太虚 见三卷《大衍虚其一》诗。

天倪 《庄子·内篇·齐物论》：“和之以天倪，因之以曼衍，所以穷年也。”郭象注：“和之以自然之分，任其无极之化。寻斯以往，则是非之境自泯，而性命之致自穷也。”谢灵运《山居赋》自注：“庄周云‘和以天倪’，‘倪’者，崖也。”

窈窈 《庄子·外篇·在宥》：“至道之精，窈窈冥冥。至道之极，昏昏默默。”郭象注：“窈冥昏默，皆了无也。”

人籁 见二卷《昭文不鼓琴》诗。

函三 见二卷《大衍虚其一》诗。

吹万 《庄子·内篇·齐物论》：“夫吹万不同，而使其自已也。咸其自取，怒者其谁邪？”郭象注：“物皆自得之耳，谁主怒之使然哉？此重明天籁也。”

权舆 见前《大衍虚其一》诗。

刁调 见三卷《风过箫》诗。

橐籥 见前《曲江观涛》诗。

风箫 **山水** 并见二卷《昭文不鼓琴》诗。

转毂 《淮南子·原道训》：“钧旋毂转，周而复运。”《晋书·天文志上》：“《浑天仪》注云：‘天如鸡子，地如鸡中黄，孤居于天内，天大而地小。天表里有水，天地各乘气而立，载水而行。周天三百六十五度四分度之一，又中分之，则半覆地上,半绕地下,故二十八宿半见半隐,天转如车毂之运也。’”

无弦 牟融《理惑论》:“师旷虽巧,不能鼓无弦之琴。”

漆园 见三卷《得意忘言》诗。

卷　五

水始冰

边廷抡

《礼·月令》:“孟冬之月……水始冰。”

玄冥方载律,朔候欲成冰。浅渚流初涩,方塘气早凝。白添霜意重,寒对月华澄。密织江心练,平揩镜面菱。向阳犹澹沱,入暮转凌兢。听夜狐仍怯,翘凉鹭未胜。纳阴应有待,始冻已先征。圣泽殷调燮,《豳》诗义可凭。

刻画“始”字,极细腻。

玄冥　《礼·月令》:“孟冬之月……其神玄冥。”郑玄注:“玄冥,少皞氏之子,曰修,曰熙,为水官。”

浅渚　谢灵运《山居赋》:“缘岸测深,相渚知浅。”储光羲《采莲》词:“浅渚荇花繁。”

方塘　刘桢《杂诗》:“方塘含白水。”

江心练　见四卷《太阿如秋水》诗。

镜面菱　伶元《飞燕外传》:“七出菱花镜一奁。”陆佃《埤雅·释草》:“旧说镜谓之菱花,以其面平光影所成如此。”庾信赋“日照壁而菱花自生”是也。赵抃《蜀倅杨瑜邀游罨画池》诗:“水光菱在鉴。”

澹沱　郭璞《江赋》:“随风猗萎,与波潭沲。”李善注:“潭沲,随波之貌。”按:后来用“澹沱”字,本此而转。

凌兢 《汉书·扬雄传》:"登椽栾而狃天门兮,驰阊阖而入凌兢。"注:师古曰:"入凌兢者,言冻凉战栗之处也。"李白《鸣皋歌送岑征君》:"洪河凌兢,不可以径度。"

听夜狐 郦道元《水经注·河水一》:"《述征记》曰:'盟津河津恒浊,方江为狭,比淮、济为阔。寒则冰厚数丈。冰始合,车马不敢过,要须狐行,云此物善听,冰下无水乃过。人见狐行方渡。'"

翘凉鹭 王禹偁《东风解冻》诗:"鹭翘休映白。"陆佃《埤雅·释鸟》:"鹭,色雪白。头上有丝毵毵然,长尺余,青脚。喜翘高尺七八寸。"

纳阴 《诗·豳风·七月》篇:"二之日凿冰冲冲,三之日纳于凌阴。"毛苌《传》:"凌阴,冰室也。"

始冻 《礼·月令》:"孟冬之月……地始冻。"

《豳》诗义 《左传·昭公四年》:"古者日在北陆而藏冰,西陆朝觌而出之。其藏冰也,深山穷谷,固阴冱寒,于是乎取之;其出之也,朝之禄位,宾食丧祭,于是乎用之。其藏之也,黑牡秬黍,以享司寒;其出之也,桃弧棘矢,以除其灾。夫冰以风壮,而以风出。其藏之也周,其用之也遍。则冬无愆阳,夏无伏阴。春无凄风,夏无苦雨。雷出不震,无菑霜雹,疠疾不降。《七月》之卒章,藏冰之道也。"

鲛人卖绡

戈　源

见一卷《鲛人潜织》诗。

海底灵鲛宅,清晨出卖绡。蛮烟通野市,蜃雨载轻舠。水喷沧溟砉,波凌白沫跳。织来冰一片,牵出练千条。宾主依然具,比邻或共邀。泣成珠颗颗,归向水迢迢。高浪摊钱去,斜风挥手遥。可能知计日,五匹断崇朝。

前八句,自水中说到"卖绡";后八句,自"卖绡"说到归去。正面不多着笔,纯从前后烘托,若离若合,灵气往来,特比芥舟。正似轼之有辙。

蛮烟 张咏《舟次辰阳》诗:“村连古洞蛮烟合。”

蜑雨 苏轼《十一月二十六日松风亭下梅花盛开》诗:“蛮风蜑雨愁黄昏。”

轻舠 李白《送当涂赵少府赴长芦》诗:“送客回轻舠。”《诗·卫风·河广》篇:“谁谓河广,曾不容刀。”郑玄笺:“小船曰刀。”陆德明《经典释文》:“刀如字。《字书》作‘舠’。”《说文》作䑼,并音刀。孔颖达疏:“《释名》曰:‘二百斛以上曰艇,三百斛曰刀。’”江南所谓短而广安,不倾危者也。

沧溟 班固《武帝内传》:“诸仙玉女聚居沧溟。”

砉 《庄子·内篇·养生主第三》:“砉然响然,奏刀砉(騞)然。”陆德明《经典释文》:“砉然,向呼鶪反,徐许鶪反。崔音画,又古鶪反。李又呼历反。司马云:‘皮骨相离声。’”

白沫 刘孝标《金华山楼志》:“白波跳沫,汹涌成音。”王安石《久雨》诗:“白沫上岸吹鱼龙。”

比邻 《汉书·盖诸葛刘郑孙毋将何传》:“祭灶请比邻。”按:此字师古无音。东坡《初到杭州寄子由》诗用此事曰:“吾方祭灶请比邻。”读为平声。考《广韵》:“比,房脂切,并也。”又:“匕、鼻、郯三音,则比字。”本平仄兼读,故王勃《送杜少府》诗用“天涯若比邻”,杜甫《寄严郑公》诗用“不教鹅鸭恼比邻”,各就声律用之。又,王以“比邻”对“知己”,杜以“比邻”对“俗客”,皆为虚字。此用与宾主作对,则为实字。《礼·大司徒》“五家为比”,又,《遂人》“五家为邻”,则皆以实字用之,亦无不可。

摊钱 杜甫《夔州歌第七首》:“长年三老长歌里,白昼摊钱高浪中。”李济翁《资暇录》:“钱戏有每以四文为一列者,即史传所云‘意钱’是也。俗谓之‘摊钱’,亦曰‘摊铺其钱’,不使叠映欺惑也。”

挥手 谢灵运《过始宁墅》诗:“挥手告乡曲,三载期归旋。”

五匹 见一卷《鲛人潜织》诗。

崇朝 《诗·鄘风·蝃蝀》篇:"崇朝其雨。"毛苌《传》:"崇,终也。从旦至食时为终朝。"孔颖达疏:"以朝者早旦之名,故《尔雅》山东曰'朝阳'。今言终朝。故至食时矣。《左传》曰:'子文治兵,终朝而毕,子玉终日而毕。'是终朝非竟日也。"

王道荡荡

姚左垣

有道归皇极,遵王颂圣功。步趋皆就范,遐迩尽从风。体并三为大,尊惟五在中。山川无险设,郊野有人同。合辙车堪造,交衢舞易工。途虽分左右,地不限西东。丹阙排空上,青云得路通。曲江连雁塔,多少杏花红。

"体并"句用语恰合,对句挽合"皇极",斤能两亦称。后四句以试事作关合,唐人旧法。

三为大 《老子·第二十五章》:"故道大,天大,地大,王亦大。域中有四大,而王居其一。"王弼注:"天地之性,人为贵。而王是人之主,虽不职大,亦复为大。与三匹,故曰王亦大也。"徐陵《劝进梁元帝表》:"拟兹三大,宾是四门。"

五在中 《朱子语类·尚书二》:"九数自一至五,五在中;自九至五,五亦在中。戴九履一,左三右七,五亦在中。"又曰:"若有前四者,则方可以建极。一五行,二五事,三八政,四五纪是也。后四者却自皇极中出。三德是皇极之权。人君所向用五福,所威用六极,此曾南丰所说。诸儒所说,惟此说好。"

山川 《易·彖传上》:"天险不可升也,地险山川丘陵也,王公设险以守其国。"

郊野 《易·上经·同人卦》:"同人于野,亨。"孔颖达疏:"同人,谓和同于人;于野亨者,野是广远之处,借其野名,喻其广远。言和同于人,必须宽广,无所不同,用心无私,处非近狭,远至于野,乃得亨通,故云'同人于野,亨。'"又《同人卦》:"上九,同人于郊。"王弼注:"郊,外之极也。"

合辙 大川《五灯会元·青原下六世》"杭州大钱山从袭禅师"条:"问:'闭门造车,出门合辙,如何是闭门造车?'师曰:'造车即不问,作么生是辙?'"

交衢舞 《周礼·地官·保氏》,郑玄注:"五驭:鸣和鸾,逐水曲,过君表,舞交衢,逐禽左。"贾公彦疏:"云舞郊衢者,衢,道也。谓御车在道,车旋应于舞节。"

左右 《礼·王制》:"道路,男子由右,妇人由左,车从中央。"卫湜《礼记集说》:"郑氏曰:'道有三途,远别也。'长乐陈氏曰:'男女嫌于无别,故男右女左;车患于阽危,故从中央。孔子为中都宰,其民至于男女别途,盖以此也。设弧帨,男左门女右门拜,男尚左,女尚右。鬌亦男左女右。祭则君在阼,夫人在房,此阴阳之理也。道路则男右女左者,地道尊右故也。'《诗·葛屦》曰:'宛然左辟。'严陵方氏曰:'道路,所以通四方。四方者,男子所有事也,女子则深宫固门而已。右有力,而左无为,故其所由如此。'"

西东 《山海经·海外东经》:"帝命竖亥步,自东极至于西极,五亿十选九千八百步。竖亥右手把算,左手指青丘北。一曰:禹令竖亥;一曰:五亿十万九千八百步。"郭璞注:"竖亥,健行人选万也。"

丹阙 唐太宗《秋日即目》诗:"爽气浮丹阙。"

青云 《史记·范雎蔡泽列传》:"须贾顿首言死罪,曰:'贾不意君能自致于青云之上。'"王定保《摭言·慈恩寺题名游赏赋咏杂记》:"唐进士会燕曲江,崔象请告假不赴,乃以雕幰载妓游观,为团司所发,崔沆为主罚录事。判云:'紫陌寻春,便隔同年之面;青云得路,可知异日之心。'"

曲江 雁塔 李肇《国史补》:"进士为时所尚久矣。既捷,列书其姓名于慈恩寺之塔,谓之'题名会';大燕于曲江亭,谓之'曲江会'。"

杏花 康骈《剧谈录》:"曲江池,本秦世隑州。开元中疏凿,遂为胜境。其南有紫霞楼、芙蓉苑，其南(西)有杏园、慈恩寺；花卉环周，烟水明媚。都人游玩，盛于中和、上巳之节。”

萍始生

崇士锦

《礼·月令》：“季春之月……萍始生。”郑玄注：“萍，萍也，其大者曰蘋。”陆德明《经典释文》：“萍，步丁反，水上浮萍也。”

曲沼波如镜，浮萍乍长初。三分春色后，一夜柳花余。有水皆堪活，无根且暂居。雨斜才点点，风约自徐徐。摇漾行难整，参差叶尚疏。柔茵刚泛鸭，薄罽未遮鱼。本是随飘泊，何妨任卷舒？傥然能结实，还向瑞图书。

字字刻画，句句熨贴，第二联、第六联尤佳。

三分春色 苏轼《次韵章质夫咏杨花·水龙吟》词：“晓来雨过，遗踪何在？一池萍碎。春色三分，二分尘土，一分流水。”

一夜柳花 陆佃《埤雅·释草》：“《月令》‘季春月，萍始生。’旧说萍善滋生，一夜七子；一曰：萍浮于流水则不生，于止水则一夕生九子，故谓之九子萍也。世说杨花入水化为浮萍。”苏轼《再和曾仲锡荔支》诗：“柳花着水万浮萍。”自注：“柳至易成飞絮，落水中，经宿即为浮萍。”

无根 《楚词·九怀·尊嘉》：“窃哀兮浮萍，泛淫兮无根。”

点点 李商隐《微雨》诗：“点细未开萍。”

风约 韩愈《独钓诗·第三首》：“风约半池萍。”

柔茵 冯贽《云仙杂记》：“浮光多美鸭，太原少尹樊千里买百只置后池，载数车浮萍入池，使为鸭作茵褥。”原注：《云林异景志》。

薄罽 陆龟蒙《和木兰后池浮萍》诗：“晚来风约半池明，重叠侵沙绿罽成。”

结实　《家语·致思》篇:"楚昭王渡江,江中有物大如斗,圆而赤,且触王舟。舟人取之,王大怪之,遍问群臣,莫之识。王使使聘于鲁,问于孔子。孔子曰:'此所谓萍实者也,可剖而食之。吉祥也,惟霸者为能获焉。'"

瑞图　班固《东都赋·白雉》诗:"启灵篇兮披瑞图。"《隋书·经籍志·五行家》:"《瑞应图》二卷,《瑞图赞》二卷,《祥瑞图》十一卷。"

李文藻二首

王道荡荡

建极伦攸叙,遵王轨尽同。无偏无党处,是训是行中。大海群流赴,天门一望通。八荒归帝则,四达畅皇风。乐御驰何速,罇尊饮莫穷。象占行地马,爻叶渐逵鸿。巍焕瞻尧德,平成颂禹功。圣朝方锡福,率土入帲幪。

三、四句本地风光,天然凑泊。"大海"二句最警切,"象占"二句亦佳。

是训是行　见四卷《王道荡荡》诗。

大海　《汉书·礼乐志·唐山夫人安世房中歌第五章》:"大海荡荡水所归,高贤愉愉民所怀。"注,师古曰:"言海以广大之故,众水归之。王者,有和乐之德,则人皆思附也。"

天门　《汉书·礼乐志·郊祀歌·天门十一》:"天门开,詄荡荡。"注,如淳曰:"詄,读如迭。詄荡荡,天体竖清之状也。"

八荒　《史记·秦始皇本纪》:"有席卷天下,包举宇内,囊括四海之志,并吞八荒之心。"

帝则　见三卷《野含时雨润》诗。

四达　《礼·乐记》:"礼乐刑政,四达而不悖,则王道备矣。"

皇风　班固《东都赋》:"扬缉熙,宣皇风。"

乐御　《礼·礼运》:"天子以德为车,以乐为御。"孔颖达疏:"以乐为御,谓用要道以行之。乐,要道也,行孝悌之事,须行之礼乐如车行之,须人御也。”

衢尊　《淮南子·缪称训》:“圣人之道,犹中衢而致尊耶。过者斟酌多少不同,各得其所宜。”

行地马　《易·彖传上》:“牝马地类,行地无疆。”

渐逵鸿　《易·下经·渐卦》:“上九,鸿渐于陆,其羽可用为仪,吉。”程子传:“安定胡公以‘陆’为‘逵’。‘逵’,云路也,谓虚空之中。”《尔雅》:“九达谓之‘逵’。‘逵’,通达无阻蔽之义。”按:此说本义亦采之,实胡氏臆见也。说见后《鹤鸣九皋》诗。

平成　《书·大禹谟》:“地平天成。”孔安国《传》:“水土治曰‘平’,五行叙曰‘成’。”

锡福　《书·洪范》:“敛时五福,用敷锡厥庶民。”

帡幪　杨子《法言·吾子》篇:“震风陵雨,然后知夏屋之为帡幪也。”李轨注:“帡幪,盖覆也。”

白露为霜

《诗·秦风·蒹葭》篇:“蒹葭苍苍,白露为霜。”

颢气澄仙掌,清风度野塘。乍漙丰草露,已点曙袍霜。远岸微含白,深丛欲变黄。飞来才薄薄,望去渐苍苍。人迹天初晓,乌啼夜未央。阳晞三径湿,月落一林光。稍觉寒蛩歇,新开晚菊香。授衣当此月,砧杵几家忙?

着意“为”字,相题不苟;“阳晞”二句,写“霜”字,工绝。

颢气　班固《西都赋》:“轶埃堨之混浊,鲜颢气之清英。”

仙掌　见二卷《清高金茎露》诗。

清风　《国语·周语中》:“驷见而陨霜,火见而清风戒寒。”

野塘　白居易《画竹歌》:“野塘水边碕岸侧。”

丰草露 《诗·小雅·湛露》篇:“湛湛露斯,在彼丰草。”毛苌《传》:“丰,茂也。”

曙袍霜 宋祁《九日》诗:“飙馆轻霜拂曙袍。”

薄薄 马戴《府试水始冰》诗:“薄薄流澌聚。”

人迹 温庭筠《商山早行》诗:“人迹板桥霜。”

乌啼 张继《枫桥夜泊》诗:“月落乌啼霜满天。”

阳晞 《诗·小雅·湛露》篇:“湛湛露斯,匪阳不晞。”毛苌《传》:“阳,日也;晞,干也。”又《齐风·东方未明》篇:“东方未晞。”毛苌《传》:“晞,明之始升。”孔颖达疏:“晞,是日之光气。《湛露》云‘匪阳不晞’,谓见日之光而物干,故以晞为干。《诗·蒹葭》‘白露未晞’,言露在朝旦,未见日气,故亦为干意。此言东方未明,无取于干,故言明之始升。谓将旦之时,日之光气始生,与上未明为一事也。”按:晞,本日之光气,取义于干者,借用耳。此盖用本义。

授衣 《诗·豳风·七月》篇:“九月授衣。”毛苌《传》:“九月,霜始降,妇功成,可以授冬衣矣。”

王道荡荡

刘焕章

锡福群黎遍,遵王至治隆。圣朝偏党化,绝徼训行同。周道瞻遐轨,康衢见古风。则天原有象,配地本无穷。载咏夷庚化,如归大海中。自然重译至,不待五丁通。白草龙沙迥,黄云雁碛空。梯航随处达,长此颂神功。

起四句不脱《洪范》本旨。“载咏”二句,极精切。“自然”二句,递入时事无痕。

三句、九句复“化”字,然三句乃“消化”之“化”,九句乃“治化”之“化”,迥不侔也。“雪里高山头白早”,“于公必有高门庆”,刘中山之论详矣。

锡福 见前《王道荡荡》诗“圣朝方锡福”句。

绝徼 《史记·司马相如传》:“西至沫若水,南至牂牁为徼。”司马贞《索隐》:“张缉云:‘徼,塞也。以木栅水,为蛮夷界。’”马缟《中华古今注》:“徼者,绕也。所以绕沌蛮夷,使不得侵入中国也。”李商隐《因书》诗:“绝徼南通栈。”

训行 见四卷《王道荡荡》诗。

周道 《诗·小雅·四牡》篇:“周道倭迟。”

康衢 见三卷《野含时雨润》诗。

夷庚 束皙《补亡诗·由庚》篇:“荡荡夷庚,物则由之。”李善注:“毛苌《诗传》曰:‘夷,常也。万物由之以行也。喻王者之德,群生仰之以安也。’”王应麟《困学纪闻》:“《文选·补亡诗》:‘荡荡夷庚。’李善注:‘夷,常也。’《辨亡论》:‘旋皇舆于夷庚。’注引繁钦《辨惑》:‘吴人以船楫为舆马,以巨海为夷庚。庚者,藏车之所。’愚按:《左传·成十八年》:‘披其地以塞夷庚。’《正义》谓‘平道’也。二字出于此。《选》注误。”

大海 见前注《王道荡荡》诗“大海群流赴”句。

重译 韩婴《诗外传》:“周公居摄二年,制礼作乐,天下和平。越裳氏以三象重译而献白雉。”《礼·王制》:“北方曰译。”孔颖达疏:“其通传北方语官,谓之曰译者。译,陈也,谓陈说外内之言。”

五丁 见一卷《巨灵擘太华》诗。

白草 《汉书·西域传》:“鄯善国,本名楼兰国。出玉,多葭苇、柽柳、胡桐、白草。”注:“孟康曰:‘白草,似莠而细,无芒。其干熟时,正白色,牛马所嗜也。’”

龙沙 《后汉书·班超传赞》:“定远慷慨,专功西遐。坦步葱雪,咫尺龙沙。”章怀太子注:“葱岭、雪山、白龙堆,沙漠也。”

黄云 江淹《杂体诗·古离别》:“远与君别者,乃至雁门关。黄云蔽千里,游子何时还?”

雁碛 梅尧臣《送司马谏使北》诗:“雁碛遥知道路难。”

梯航 梁简文帝《大法颂序》:“航海梯山,奉白环之使。”令狐楚《贺赦表》:“百蛮梯航以内面。”

王道荡荡

李常吉

治被寰瀛内,人归轨度中。彝伦九畴叙,和会四方同。大丙随仙驭,由庚咏化工。尧尊知共酌,周道已全通。地尽三千界,天开十二宫。有星皆拱极,无草不从风。廖廓真难状,名言总莫穷。惟欣云路阔,一气接鸿蒙。

前四韵写“王道”,字极精切;又四韵写“荡荡”,字极雄阔。

寰瀛 《晋书·地理志》:“昔大禹观于浊河而受绿字,寰瀛之内可得而言也。”

轨度 《史记·秦始皇本纪》:“皆遵轨度,和安敦勉。”

彝伦 《书·洪范》:“天乃锡禹洪范九畴,彝伦攸叙。”

和会 《书·康诰》:“周公初基,作新大邑于东国洛,四方民大和会。”

大丙 《淮南子·原道训》:“昔者冯夷、大丙之御也,乘云车,入云蜺,游微雾,骛怳惚,历远弥高以极往。”高诱注:“冯夷、大丙,二人名,古之得道能御阴阳者。”

仙驭 见一卷《日升月恒》诗。

由庚 《诗序》:“由庚,万物得由其道也。”束皙《补亡诗》李善注:“由,从也;庚,道也。言物并得从阴阳道理而生也。”

化工 见一卷《好雨知时节》诗。

尧尊 《孔丛子·儒服第十三》:“昔有遗谚:‘尧舜千钟,孔子百觚,子路嗑嗑,尚领十榼。'"杜审言《望春亭侍游应诏》诗:"尧樽随步辇。"按:此用"衢尊"之意。

周道 见一卷《河源飞鸟外》诗。

三千界 见一卷《千潭一月印》诗"大千昭法象"句。

十二宫 《史记·天官书》:"环之匡卫十二星,藩臣,皆曰紫宫。"司马贞《索隐》:"《元命包》曰:'紫之言此也,宫之言中也。言天神运动,阴阳开闭,皆在此中也。'宋均又以为十二宫中外位各定,总谓之紫宫。"

廖廓 见四卷《轩广月容开》诗。

名言 《书·大禹谟》:"名言兹在兹。"孔颖达疏:"名目言谈此事,必在此事之义而名言也。"

云路 郦道元《水经注·沔水上》:"公房升仙之日,婿之行未还。不获同阶云路。"

鸿蒙 见一卷《日浴咸池》诗。

渔舟绕落花

葛正华

刘孝威《登覆舟山望湖北》诗:"荇浦浮秋叶,渔舟绕落花。"

桃浪生春渚,苔矶放钓舟。绿蓑行画里,红雨落溪头。笭箵飘飘去,胭脂片片浮。花须飞两岸,人影在中流。风縠吹还散,菱丝冒更留。未应妨打桨,浑欲碍垂钩。渔父缨堪濯,仙源路可求。一竿谁独倚?恐是志和俦。

"落花"易写,难在不脱"绕"字;"舟"字易写,难在不脱"渔"字。

桃浪 骆宾王《送郭少府探得忧字》诗:"贝阙桃花浪。"

苔矶 赵嘏《长安月夜与友人话故山》诗:"宅边秋水浸苔矶。"

红雨 李贺《将进酒》:"桃花乱落如红雨。"胡仔《苕溪渔隐丛话》:"《复斋漫录》云:长吉有‘桃花乱落如红雨’之句,以此名世。余观刘禹锡云:‘花枝满空迷处所,摇动繁英坠红雨。’刘、李出一时,决非相为剽窃。”

笭箵 陆龟蒙《渔具诗·序》:“所载之舟曰舴艋,所贮之器曰笭箵。”胡仔《苕溪渔隐丛话》:“《元次山集》自释云:‘带笭箵而画船。’注云:‘上,郎丁切;下,桑荒切。竹器也。’故《唐书·音训》曰:‘读作郎桑。’见结本集音训。又音,上,力丁切;下,息拯切。取鱼龙也,盖有平仄两音。然《广韵·集韵》:于‘庚、清、青’三韵中,不收此‘箵’字,并于上声迥字韵中收之。”

胭脂 见一卷《好雨知时节》诗。

花须 左思《蜀都赋》刘逵注:“蕊或谓之华,或谓之实,一曰花须头点也。”

人影 刘希夷《公子行》:“人影摇动绿波里。”

风縠 见三卷《得意忘言》诗。

菱丝 见二卷《饮马投钱》诗。

打桨 《宋·西曲歌·莫愁乐第一首》:“艇子打两桨,催送莫愁来。”

垂钩 李沛《四水合流》诗:“羡鱼犹未已,临风欲垂钩。”

渔父 《楚词·渔父》:“沧浪之水清兮,可以濯我缨。”

仙源 陶潜《桃花源记》:“晋太元中,武陵人捕鱼为业。缘溪行,忘路之远近。忽逢桃花林,夹岸数百步,中无杂树,芳草鲜美,落英缤纷,渔人甚异之。复前行,欲穷其林。林尽水源,便得一山,山有小口,仿佛若有光。便舍船,从口入。初极狭,才通人。复行数十步,豁然开朗。土地平旷,屋舍俨然,有良田美池桑竹之属。阡陌交通,鸡犬相闻。其中往来种作,男女衣着,悉如外人。黄发垂髫,并怡然自乐。”

志和 沈汾《续仙传》:“元真子,姓张,名志和。会稽山阴人。博学能文,进士擢第,善画,饮酒三斗不醉。守真养气,卧雪不冷,入水不濡,天下山水皆所游览,鲁国公颜真卿与之友善。真卿为湖州刺史,日与门客会饮,乃唱和为《渔父》词。其首唱即志和之词,曰:‘西塞山边白鸟飞,桃花流水鳜鱼肥。青箬笠，绿蓑衣，斜风细雨不须归。'”

月印万川

陆锡熊

见一卷《千潭一月印》诗“心源符太极”句。

月皎冰壶净，含辉印万川。清光随处见，妙悟此中传。人对虚明境，形窥色相前。应知千里共，都是十分圆。有本皆如是，同归岂不然？但能呈法象，何必辨天渊？圣学超神表，皇情运物先。仰观兼俯察，微契证鱼鸢。

“应知”六句，十分圆透。以文句入诗，妙于不腐。

冰壶　见一卷《华越照方池》诗。

清光　魏伯阳《参同契·晦朔合符章第十七》：“始于东北，箕斗之乡。旋为右转，呕轮吐明。潜潭见象，发散清光。”

妙悟　崔鸿《十六国春秋·后秦录·僧叡传》：“及从罗什受业，妙悟绝伦。”

虚明　见一卷《千潭一月印》诗“虚明象已传”句。

色相　见一卷《千潭一月印》诗“宁从色相参”句。

千里共　谢庄《月赋》：“隔千里兮共明月。”

十分圆　梅尧臣《中秋与希深别后月下寄》诗：“桂吐十分圆。”

同归　《易·系辞传下》：“天下同归而殊途。”韩伯注：“途虽众，其归则同。”

法象　见一卷《千潭一月印》诗“大千昭法象”句。

仰观　俯察　《易·系辞传上》：“仰以观于天文，俯以察于地理。”

月印万川

范锡圭

皎洁生华月,空明映碧川。一轮如印印,万派见渊渊。到处清流阔,同时素魄圆。光原无间隔,人各对澄鲜。非色非空际,成形成象先。鸢鱼观所察,鸿雪悟其全。宛在清虚府,常通太极泉。自然窥道妙,此意与谁传?

不粘不脱,最合双关题做法。

"空"字、"清"字皆重见,诗之工拙不在此,古人亦不甚避忌。要之,不犯更佳耳。

印印 刘勰《文心雕龙·物色》篇:"故巧言切状,如印之印泥,不加雕削,而曲写毫芥。"大川《五灯会元·南岳下十世》"潭州石霜楚圆慈明禅师"条:"祖师心印,一印印空,一印印水,一印印泥。"又《青原下十五世》"荆门军玉泉思达禅师"条:"僧问:'如何是一印印空?'师曰:'万象收归古鉴中。'曰:'如何是一印印水?'师曰:'秋蟾影落千江里。'曰:'如何是一印印泥?'曰:'细观文彩未生时。'"

清流 班固《西都赋》:"祛黼帷,镜清流。"

素魄 见一卷《日升月恒》诗。

澄鲜 见二卷《空水共澄鲜》诗。

非色非空 《护命经》:"非色为色,非空为空。"杨起元注:"非色为色者,此言大道冲虚,无物不贯;天地神明,无处不存。本无形色之可睹,不可执其非色而为色者也。非空为空者,此言成道之人,变化自在,劫物常存。本来非空而实有,不可执着为虚无也。"

成形成象 见一卷《乾坤为天地》诗。

鸿雪 苏轼《和子由渑池怀旧》诗:"人生到处知何似?应似飞鸿踏雪泥。

泥上偶然留爪指，鸿飞那复计东西？”

清虚府 柳宗元《龙城录》：“开元六年，上皇与申天师、道士鸿都客，八月望日夜，因天师作术，三人同在云上游月中。过一大门，在玉光中飞浮，宫殿往来无定，寒气逼人，露濡衣袖皆湿。顷见一大宫府榜曰：‘广寒清虚之府’。”

太极泉 《宋书·孝武帝本纪》：“思散太极之泉，以福无方之外。”杨慎《升庵外集》：“太极之泉，不知何语？后阅《酉阳杂俎》：‘仙药有太极泉，盖神瀵盎浆之类也。’宋齐六代文人每好用僻事例如此。”

蚁穿九曲珠

陈桂森

灵玑藏诘屈，微物妙钻研。路比羊肠转，形同蚁磨旋。无心随往复，有隙乍延缘。似引千钧发，摇开一线天。旁通河九折，斜贯月孤圆。险仄真难度，回环竟得穿。肖翘皆负智，葑菲莫轻捐。岂但无终马，知途事可传。

事本荒唐，然既已命题，即须与斡旋妥贴。后四句小中见大，立意绝高，不但求工于点染。

诘屈 魏武帝《短歌行》[①]：“羊肠坂诘屈。”

钻研 《后汉书·郑玄传》：“咨尔茕茕一夫，曾无同生相依。其勖求君子之道，研讚(赞)勿替。”刘攽《刊误》按：“文‘讚(赞)’，当作‘鑽(钻)’。”

羊肠 《史记·魏世家》：“昔者魏伐赵，断羊肠，拔阏与。”张守节《正义》：“羊肠坂道在太行山上，南口怀州，北口潞州。”梁《陇头流水歌》：“西上陇坂，羊肠九回。”

蚁磨 王充《论衡·说日》篇：“问日月之行也，系着于天也。日月附天而

---

① 底本误刊，应为《苦寒行》。

行,不直行也。何以言之?《易》曰:‘日月星辰丽乎天,百果草木丽乎土。’‘丽’者,‘附’也。附天所行,若人附地而匍行。其取喻若蚁行于硙上焉。”《晋书·天文志》,又周髀家云:“天圆如张盖,地方如棋局。天旁转如推磨而左行,日月右行,随天左转,故日月实东行,而天牵之以西没。譬之于蚁行磨石之上,磨左旋而蚁右去,磨疾而蚁迟,故不得不随磨以左回焉。”

往复 韩愈《送李愿归盘谷序》:“缭而曲,如往而复。”

延缘 《庄子·杂篇·渔父》:“乃刺船而去,延缘苇间。”

千钧发 《列子·仲尼》篇:“发引千钧。”

一线天 方凤《金华洞天行纪下》:“又入,有天池深广,四畔峻壁,不可下池之里。有崖如两扉,而启其一极,黑暗中远望石扉启处,天光下烛,盖洞天漏明,而人莫知其处,名‘一线天’。”

九折 见二卷《蚁穿九曲珠》诗。

孤圆 吴少微《长门怨》:“月出映层城,孤圆上太清。”

肖翘 《庄子·外篇·胠箧》:“惴耎之虫,肖翘之物。”陆德明《经典释文》:“肖翘,音消,下音祁饶反。崔云:‘肖翘,植物也。’李云:‘翾飞之属。’”

葑菲 《诗经·邶风·谷风》篇:“采葑采菲,无以下体。”毛苌《传》:“葑,须也。菲,芴也。下体,根茎也。”郑玄笺:“此二菜者,蔓菁与葍之类也。皆上下可食,然而其根有美时有恶时,采之者不可以根恶时并弃其叶。”

无终马 《韩非子·说林上第二十二》:“管仲、隰朋从于桓公而伐孤竹,春往冬反,迷惑失道。管仲曰:‘老马之智可用也。’乃放老马而随之,遂得道。行山中无水,隰朋曰:‘蚁冬居山之阳,夏居山之阴。蚁壤一寸而仞有水。’乃掘地,遂得水。以管仲之圣而隰朋之智,至其所不知,不难师于老马与蚁。”

江海出明珠

陆应元

李昉《太平御览·珍宝部一》:“《礼斗威仪》曰:‘王(者)政平,德至渊泉,则江海出明珠。’”

明珠何处出?巨浸望无边。淼淼江浮地,茫茫海接天。波镕银万顷,影映月双圆。忽遇鲛人吐,浑疑合浦旋。夜光浮玓瓅,宝气溢澄鲜。神女游还弄,冯夷舞欲前。逢时应照乘,见赏肯藏渊。象罔如相采,明堂正待悬。

起处不略“江海”字,中间不略“出”字,最为有体。

巨浸 王勃《拜南郊颂》:“辽河巨浸。”

镕银 苏轼《中秋月诗第二首》:“镕银百顷湖。”

双圆 唐无名氏《月照寒泉赋》:“轮照底而双圆。”

鲛人 见一卷《鲛人潜织》诗。

合浦 见二卷《月衔楼间》诗。

夜光 **玓瓅** 并见一卷《清露点荷珠》诗。

宝气 见一卷《披沙拣金》诗。

澄鲜 见二卷《空水共澄鲜》诗。

神女 张衡《南都赋》:“游女弄珠于汉皋之曲。”李善注:“《韩诗外传》曰:‘郑交甫将南适楚,遵波汉皋台下,乃遇二女,佩两珠,大如荆鸡之卵。’”

冯夷 谢惠连《雪赋》:“尔其流滴垂冰,缘溜承隅。粲兮若冯夷,剖蚌列明珠。”李善注:“《抱朴子·释鬼》篇曰:‘冯夷,华阴人。以八月上庚日度河,溺死。天帝署为河伯。’”

照乘 见四卷《清露点荷珠》诗。

藏渊 见二卷《披沙拣金》诗。

象罔　《庄子·外篇·天地》篇:"黄帝游乎赤水之北,登乎昆仑之丘而南望,还归,遗其玄珠。使知索之而不得,使离朱索之而不得,使吃诟索之而不得也。乃使象罔,象罔得之。黄帝曰:'异哉!象罔乃可以得之乎?'"郭象注:"明得真者,非用心也,象罔然即真也。"

明堂　按:《咏珠》诗多用"明堂"字,盖据唐崔曙有《明堂火珠》诗。然火珠以铜铸之,施于屋上,即今宫殿之金顶,非蚌珠也。此误相沿已久,虽工拙不系于此,而源委亦不可不知者。

江海出明珠

施凤起

月魄澄江映,星精碧海躔。鲛宫珠耀彩,碕岸水浮天。泽讶藏时媚,波看折处圆。呈辉当此日,毓秀已多年。煜爚璇源启,晶莹火齐然。只应珊并网,未许蚁频穿。种似分玄圃,珍宜献御筵。知无鱼目混,喜见夜光悬。

五、六句天然凑合,遂为高唱;结能开合试事,亦不泛然。

月魄　按:此用"明月珠"意,见一卷《锥处囊》诗。

澄江　见四卷《太阿如秋水》诗。

星精　王锜《苦暑》诗:"繁星聚若珠。"

碧海　东方朔《十洲记》:"扶桑在东海之东岸。岸直,陆行登岸一万里,东复有碧海。海广狭浩汗,与东海等;水既不咸苦,正作碧色,甘香味美。"王嘉《拾遗记》:"昆仑山者,西方曰'须弥山'。对七星之下,出碧海之中。"

鲛宫　见一卷《鲛人潜织》诗。

碕岸　左思《吴都赋》:"其琛赂则琨瑶之阜,铜锴之垠。火齐之宝,骇鸡之珍。赪丹明玑,金华银朴。紫贝流黄,缥碧素玉。隐赈崴𡾋,杂插幽屏。精曜潜颖,硩陊山谷。碕岸为之不枯,林木为之润黩。"李善注:"许慎《淮南子注》曰:‘碕,长边也。巨依切。’”

藏时媚 朱子《杂感诗·第三首》:“珠藏泽自媚。”

折处圆 《淮南子·地形训》:“水圆折者有珠,方折者有玉。”高诱注:“圆折者,阳也。珠,阴中之阳。方折者,阴也。玉,阳中之阴。皆此类也。”

璇源 详后《水怀珠而川媚》诗“璇源秘亦彰”句。

火齐 见四卷《红药当阶翻》诗“翻梢火齐如”句。

珊并网 《世说新语·汰侈第三十》刘孝标注:“《南州异物志》曰:‘珊瑚生大秦国,有洲在涨海中,距其国七八百里,名珊瑚树洲。底有盘石,水深二十余丈。珊瑚生于石上,初生白,软弱似菌。国人乘大船载铁网先没在水下,一年便生网目中。其色尚黄,枝柯交错,高三四尺,大者围尺余。三年色赤,便以铁砂发其根,系铁网于船,绞车举网还,裁凿恣意所作;若过时不凿,便枯索虫蠹。其大者输之王府,细者卖之。’”

蚁频穿 见二卷《蚁穿九曲珠》诗。

县圃 《淮南子·地形训》:“掘昆仑(虚)以下地,中有增城九重,其高万一千里百一十四步二尺六寸。上有木禾,其修五寻;珠树、玉树、璇树、不死树在其西。”高诱注:“在木禾之西也。”

御筵 李商隐《野菊》诗:“不取霜栽近御筵。”

鱼目 **夜光** 并见一卷《清露点荷珠》诗。

秋水长天一色

喻宗泽

物色经秋爽,凭栏意渺然。空明都讶水,莹净总如天。四面波无际,中央路几千。横来惟白鸟,尽处只苍烟。碧想三山接,清涵一镜圆。何由穷浩渺,且喜对澄鲜。绝岛浮云外,孤舟落照边。伊人谁宛在?圣主正求贤。

“空明”二句妙写“一色”二字,结意亦脱落恒蹊。

空明 见一卷《千潭一月印》诗“只以空明悟”句。

莹净 梁简文帝《道澄法师书》:“戒珠莹净。”

无际 木华《海赋》:“洪涛澜汗,万里无际。”

几千 梁元帝《荡妇秋思赋》:“登楼一望,惟见远树含烟。平原如此,不知道路几千?”

三山 见四卷《海日照三神山》诗。

一镜 李澂《华月照方池赋》:“一镜合而内外澄鲜。”

浩渺 宋之问《江亭晚望》诗:“浩渺浸云根。”

澄鲜 见二卷《空水共澄鲜》诗。

伊人 **宛在** 《诗·秦风·蒹葭》篇:“所谓伊人,在水一方。溯洄从之,道阻且长。溯游从之,宛在水中央。”郑玄笺:“宛,坐见貌。”

白露为霜

韩式邵

上苑犹承露,平皋忽戒霜。迎宵方湛湛,拂曙乍茫茫。拟雪形差薄,如珠质渐刚。板桥人有迹,沙岸月分光。秋老丹枫外,烟沉古渡旁。寒声催雁去,劲气厉鹰扬。温肃权相济,阴阳理互藏。德威符帝治,震叠被遐方。

“拟雪”二句实做“为”字有力。结处关合时事,运意甚别妙。以“寒声”句承上,以“劲气”句暗作转轴,脱卸无痕。

上苑 见一卷《禁林闻晓莺》诗。

承露 见二卷《清高金茎露》诗。

平皋 司马相如《哀二世赋》:“汩淢噏习以永逝兮,注平皋之广衍。”

板桥 见前《白露为霜》诗。

沙岸 谢灵运《初去郡》诗:“旷野沙岸净,天高秋月明。”

丹枫 谢灵运《晚出西射堂》诗:“晓霜枫叶丹。”罗愿《尔雅翼·释木三》:“枫似白杨,甚高大,厚叶弱枝而善摇。叶圆而岐,霜后丹色可爱。”

古渡 王维《归嵩山作》:“荒城临古渡。”

催雁去 陶宗仪《说郛·五·诗纪历枢》:“天霜树叶落,而鸿雁南飞。”

厉鹰扬 陶宗仪《说郛·五·春秋感精符》:“霜,杀伐之表。秋季霜始降,鹰隼击,王者顺天行诛,以成肃杀之威。”

互藏 张子正《蒙·参两》篇:“阴阳之精互藏其宅,则各得其所安。故日月之形,万古不变。若阴阳之气,则循环迭至,聚散相荡,升降相求,絪缊相揉,盖相兼相制,欲一之而不能。”

震叠 《诗·周颂·时迈》篇:“薄言震之,莫不震叠。”毛苌《传》:“震动叠惧。”郑玄笺:“其兵征伐,甫动之以威,则莫不动惧而服者。言其威武,又见畏也。”

水怀珠而川媚

冯文止

> 陆机《文赋》:“或苕发颖树,离众绝致。形不可逐,响难为系。块孤立而特峙,非常音之所纬。心牢落而无偶,意徘徊而不揥。石韫玉而山辉,水怀珠而川媚。彼榛楛之勿剪,亦蒙荣于集翠。缀《下里》于《白雪》,吾亦济夫所伟。”李善注:“虽无嘉偶,因而留之。譬若水石之藏珠玉,山川为之辉媚也。”

巨壑千寻澈,明玑百琲藏。一湾秋印月,几点夜浮光。鲛室潜虽久,璇源秘亦彰。遥知珠径寸,宛在水中央。宝气深深映,波纹淼淼长。自然含秀润,不待露精芒。影闷重渊下,辉生两岸旁。片言标警策,可以譬文章。

着意“怀”字、“媚”字,方不泛作“珠”诗。结亦能不失本旨。

三、四句人以为佳，不知十一、十二句尤得神。

巨鼇 见一卷《日浴咸池》诗。

明玑 见前《江海出明珠》诗“碕岸水浮天”句。

百琲 王嘉《拾遗记》：“尔非细骨轻躯，那得百琲真珠。”左思《吴都赋》：“珠琲阑干。”刘逵注：“琲，贯也。十贯为一琲。”

鲛室 见一卷《披沙拣金》诗。

璇源 颜延年《赠王太常》诗：“玉水记方流，璇源载圆折。蓄宝每希声，虽秘犹彰彻。”

珠径寸 见四卷《清露点荷珠》诗。

水中央 见前《秋水长天一色》诗。

宝气 见一卷《披沙拣金》诗。

波纹 张正见《衰桃赋》：“苔画波纹。”

秀润 薛逢《与崔秀才书》：“远想淮山秀润，水木幽奇。”

精芒 见三卷《欧冶子铸剑》诗。

重渊 见二卷《鱼登龙门》诗。

两岸 《淮南子·说山训》：“渊生珠而岸不枯。”

警策 《文赋》：“立片言而居要，乃一篇之警策。”

水怀珠而川媚

蔺怀玑

玓瓅圆珠映，沦涟曲渚长。澄波何处尽？至宝此中藏。微溜晴含态，奇珍夜吐芒。月开龙女镜，水净蜑人乡。巨鼇深难测，清晖久自彰。沉渊犹莫掩，入掌定生光。岛屿浮空阔，云涛隔淼茫。江妃如爱惜，好取作明珰。

“沉渊”二句绝佳。结语开合祈请，唐人旧法。

玓瓅 见二卷《清露点荷珠》诗。

沦涟 《诗·魏风·伐檀》篇:"河水清且涟猗。"又:"河水清且沦猗。"毛苌《传》:"风行水成文曰涟。"陆德明《经典释文》:"沦,音伦。韩《诗》:'顺流而风曰沦。沦,文貌。'"孔颖达疏:"涟猗,沦猗,论水波之异。"《易·乾坤凿度·立坎离震兑四正》篇:"月者,阙水道。圣人究得源脉。浰涉沦涟,上下无息,在上曰汉,在下曰脉。"

曲渚 刘孝绰《发建兴渚示刘陆二黄门》诗:"洛桥分曲渚。"

龙女镜 谢宗可《水中月》诗:"鲛人泣罢珠犹湿,龙女妆成镜未收。"

蜑人乡 范成大《桂海虞衡志·志虫鱼》:"珠出合浦海中,有珠池。蜑户没水采蚌取之。"

巨鳌 见一卷《日浴咸池》诗。

清晖 见一卷《山气日夕佳》诗。

沉渊 见一卷《披金拣沙》诗。

入掌 见三卷《清露点荷珠》诗。

岛屿 见四卷《鲛人潜织》诗。

空阔 张九龄《自豫章南还江上作》:"转逢空阔处。"

云涛 曹毗《观涛赋》:"瞻沧津之腾起,观云涛之来征。"

淼茫 郭璞《江赋》:"状滔天以淼茫。"

江妃 郭璞《江赋》:"江妃含嚬而矊眇。"

明珰 《汉乐府·艳歌》:"姮娥垂明珰。"

水怀珠而川媚

路如逵

淼淼平川阔,迟迟媚态长。细看流水意,知有宝珠藏。秀色潜相映,微澜静不扬。一痕添月影,十里借波光。远景明丹屿,余辉彻碧塘。

汀沙全带润,岸草亦含芳。有美难终秘,怀奇自必彰。璇源圆折处,至理试推详。

写“媚”字极细润。末四句认定题窾,自无从阑入肤词。

秀色 见二卷《雨后山光满郭青》诗。

微澜 陆机《招隐诗·第一首》:“玉泉涌微澜。”

一痕 黄铸《秋蕊香令》词:“烟际一痕月净。”

十里 沈括《梦溪笔谈·异事》:“嘉祐中,扬州有一珠,甚大,天晦多见。初出于天长县陂泽中,后转入甓社湖,又后乃在新开湖中。予友人书斋在湖上,一夜忽见其珠甚近,初微开其房,光自吻中出,如横一金线。俄倾,忽张壳,其大如半席;壳中白光如银,珠大如拳,烂然不可正视,十余里间林木皆有光。”

丹屿 梁简文帝《鸳鸯赋》:“夕归丹屿。”

碧塘 皮日休《鲁望以轮钩相示缅怀高致,因作诗第二首》:“一线飘然下碧塘。”

有美 《易·文言传》:“阴虽有美含之。”

怀奇 韩愈《试大理评事王君墓志铭》:“怀奇负气,不肯随人后。”

璇源圆折 见前《水怀珠而川媚》诗“璇源秘亦章”句。

明月照高楼

曹 垣

汉无名氏《拟李陵录别诗·第四首》:“明月照高楼,想见余光辉。”按:曹植《怨歌行》、宋南平王铄《拟孟冬寒气至》诗、汤惠休《怨歌行》、谢燮《明月子》皆有“明月照高楼”句。

皎皎凉宵月,清辉照绮楼。雕甍千尺峻,圆魄一轮秋。银烛停兰焰,珠帘上玉钩。绛河如练挂,碧尾有波流。牛斗窗前逼,关河望里收。空明知地阔,孤迥讶身浮。出海光先得,衔山影尚留。泬廖天万里,仿佛广寒游。

题中“高”字写得出,“明”字、“照”字自写得透。若竟写“明月”,则“高楼”字必不得神。

“银烛”句用谢灵运《怨晓月赋》“灭华烛兮弄晓月”意;坊本改“停”字为“摇”字,失其旨矣。

“出海”二句,从侧面写“高”字,用笔曲折,并“照”字亦推阐无余。

绮楼 韦应物《拟古诗·第四首》:“绮楼何氛氲。”

雕甍 庾信《登州中新阁》诗:“雕甍鹏翅张。”

圆魄 梁武帝《明月照高楼》诗:“圆魄当虚闼。”

银烛 《穆天子传》曰:“天子之珤,玉果、璿珠、烛银、黄金之膏。”郭璞注:“银有精光如烛。”鲍照《芙蓉赋》:“辉葱河之银烛。”

兰焰 刘禹锡《浙西李大夫述梦》诗:“兰焰凝芳泽。”按:此用《楚词》“兰膏”之意。

珠帘 详后《风帘入双燕》诗。

玉钩 《楚词·招魂》:“砥室翠翘,挂曲琼些。”王逸注:“曲琼,玉钩也。”

绛河 班固《汉武帝内传》:“上元夫人遣一侍女答问云:‘阿环再拜。’上问起居,远隔绛河,扰以官事,遂替颜色。近五千余年。”白居易《六帖·天河部》:“天河谓之天汉、银汉、银河、河汉、天津、绛河、明河。”

碧尾 李商隐《令狐舍人说昨夜西掖玩月戏赠》诗:“清凉波冲碧。”

牛斗 孙逖《宿云门寺阁》诗:“纱窗宿斗牛。”

身浮 齐己《登祝融峰》诗:“猿鸟共不到,我来身欲浮。”

先得 见一卷《秋澄万景清》诗。

衔山 见二卷《月衔楼间峰》诗。

泬廖 见一卷《秋澄万景清》诗。

广寒 见前卷《月印万川》诗“宛在清虚府”句。

玉韫山含辉

何明礼

见二卷《被褐怀玉》诗。

昆山钟秀异,玄圃毓菁英。抱璞神还敛,含瑜气自莹。路回千嶂合,彩彻半岩明。讶是烟岚色,殊深琬琰情。涧阿怀大隐,草木媚余清。至宝终难閟,奇珍岂漫呈?无瑕思砥砺,有美待裁成。圣世劳搜采,天球伫一鸣。

"讶是"四句,写"韫"字、"含辉"字俱好。

昆山　玄圃　《书·允征》:"火炎昆冈,玉石俱焚。"孔安国《传》:"昆山出玉。"《山海经·西山经》:"又西方三百二十里,曰槐江之上。丘时之水出焉,而北流注于泑水。其中多蠃母,其上多青雄黄,多藏琅玕、黄金、玉,其阳多丹粟,其阴多采黄金银。实惟帝之平圃。"郭璞注:"即玄圃也。《穆天子传》曰:'乃为铭迹于玄圃之上。'"

抱璞　蔡邕《释诲》:"颜歜抱璞。"

烟岚　贾岛《登江亭晚望》诗:"烟岚没远村。"

琬琰　《书·顾命》:"宏璧琬琰。"《周礼·春官·典瑞》:"琬圭以治德,以结好;琰圭以易行,以除慝。"郑玄注,郑司农云:"琬圭无锋芒,琰圭有锋芒。"

涧阿　《诗·卫风·考盘》篇:"考槃在涧。"又:"考槃在阿。"

大隐　王康琚《反招隐》诗:"小隐隐陵薮,大隐隐朝市。"

草木　《淮南子·说山训》:"故玉在山而草木润。"高诱注:"玉,阳中之阴也,故能润泽草木。"

余清　谢灵运《游南亭》诗:"密林含余清。"

无瑕　见一卷《追琢其章》诗。

砥砺 《礼·儒行》:"近文章砥砺廉隅。"

裁成 《易·象传上》:"天地交泰,后以财成天地之道,辅相天地之宜,以左右民。"陆德明《经典释文》:"财,音才。荀作裁。"

天球 见二卷《泗滨浮磬》诗。

玉韫山含辉

陈赓

何事嵚崎处,偏饶紫翠明。云根凝石髓,地宝秘琼英。到岭天全别,披榛客欲惊。岚虚青霭合,日暖碧烟生。隐隐虹藏白,粼粼水映清。夜深光自照,秋老色同莹。不负看山眼,难忘献玉情。愿因追琢力,声价重宸京。

"到岭"四句,先写"含辉";"隐隐"四句,倒找出"韫玉",因而以"不负"四句收到祈请。取径颇别,布置极得势。

嵚崎 王延寿《王孙赋》:"处崭岩之嵚崎。"

紫翠 杜牧《早春阙下寓直萧九舍人亦直内署,因寄书怀四韵》诗:"千峰横紫翠。"

云根 见一卷《巨灵擘太华》诗。

石髓 《晋书·嵇康传》:"康遇王烈,共入山。烈尝得石髓如饴,即自服半,余半与康,皆凝而为石。"

地宝 见三卷《披沙拣金》诗。

琼英 《诗·齐风·著》篇:"尚之以琼英乎而。"毛苌《传》:"琼英,美石似玉者。"

披榛 赵至《与嵇茂齐书》:"披榛觅路。"

岚虚 杜甫《大历二年九月三十日》诗:"草敌虚岚翠。"

日暖 王应麟《困学纪闻》:"司空表圣云:戴容州谓诗家之景,如蓝田日暖，良玉生烟，可望而不可置于眉睫之前也。李义山‘玉生烟’之句，盖本于此。”

虹　白　见一卷《追琢其章》诗。

粼粼　《诗·唐风·扬之水》篇：“扬之水，白石粼粼。”毛苌《传》：“粼粼，清澈也。”

水　清　李商隐《玉山》诗：“玉山高与阆风齐，玉水清流不贮泥。”

夜　光　《史记·李斯列传》：“则是夜光之璧，不饰朝廷。”班固《西都赋》：“悬黎垂棘，夜光在焉。”李善注：“许慎《淮南子注》曰：‘夜光之珠有似明月，故曰明月也。’”高诱以“隋侯”为“明月”，许慎以“明月”为“夜光”；班固上云“隋侯明月”，下云“悬黎垂棘，夜光在焉”。然则班固以“夜光”非“隋珠明月”矣，以二者合为一宝。经典不载“夜光”本末，故说者参差矣。《西京赋》曰：“流悬黎之夜光。”《吴都赋》曰：“隋侯于是，鄙其夜光。”邹阳云：“夜光之璧。”刘琨曰：“夜光之珠。”《尹文子》曰：“田父得宝玉径尺，置于庑下，其夜照明一室。”然则“夜光”为通称，不系之于珠与璧。

看山眼　郑谷《读故许昌薛尚书诗集》诗：“属思看山眼。”

献玉情　见一卷《追琢其章》诗。

追琢　亦见一卷《追琢其章》诗。

浓薰班马香

张天植

杜牧《冬至日寄小侄阿宜诗》：“高摘屈宋艳，浓薰班马香。”

作史推班马，缣缃阐秘文。岂惟词烂熳，实觉气氤氲。玉轴时微启，金炉讶细焚。兰台清饮露，蚕室暖留云。试以心灵瀹，居然鼻观闻。生花知梦笔，辟蠹胜蕤芸。好取蔷薇盥，休言艾叶薰。和香方纵好，犹未比奇芬。

题殊难于取似。句句双关，可云细巧；结以蔚宗烘托“班马”，尤警切。

班马 《晋书·徐广传》:“丘明既没,班、马迭兴。”

缣缃 骆宾王《上兖州刺史启》:“颇游简素,少阅缣缃。”

秘文 见二卷《云卧八极》诗。

玉轴 庾信《哀江南赋》:“乃使玉轴扬灰。”

金炉 洪刍《香谱·香之事》:“魏武《上杂物疏》曰:御物三十种,有纯金香炉一枚。”

兰台 《后汉书·班固传》:“召诣校书郎,除兰台令史。”

饮露 见一卷《菊残犹有傲霜枝》诗。

蚕室 《汉书·司马迁传》:“李陵既生降,隤其家声,而仆又茸以蚕室。”注:苏林曰:“茸,次也。若人相俾次。”师古曰:“此说非也。茸,音人勇反,推也。蚕室,乃(初)腐刑所居温密之室也。谓推置蚕室之中也。”《后汉书·光武帝纪》章怀太子注:“蚕室,宫刑狱名。有罪者畏风,须暖,作窨室,蓄火如蚕室,因以名焉。”

留云 《梁元帝·香炉铭》:“苏合氤氲,非烟若云。”

心灵 魏伯阳《参同契·法象成功章第三十一》:“神明或告人兮,心灵本自悟。”钟嵘《诗品·上》:“凡斯种种,感荡心灵,非陈诗何以展其义?非长歌何以聘其情?”

鼻观 苏轼《和黄鲁直烧香诗·第一首》:“四句烧香偈子,随香遍满东南。不是闻思所及,且令鼻观先参。”施宿注:“《楞严经》:‘孙陀罗难陀白佛言:世尊教我,(乃)拘绨罗,观鼻端白。我初谛观,经三七日,见鼻中气,出入如烟,烟相渐消,鼻息成白。’”

生花 王仁裕《开元天宝遗事》:“李太白少时梦所用之笔,头上生花,后天才赡逸,名闻天下。”

辟蠹 李石《续博物志》:“《仓颉解诂》云:‘芸蒿似邪蒿,可食鱼豢。’《典略》云:‘芸香辟纸鱼蠹,故藏书台称“芸台”。’”

蔷薇盥 孔传《续六帖·露部》:“柳宗元得韩愈所寄诗,先以蔷薇露灌手,然后发读。”

艾叶薰 龙衮《江南野录》:“韩熙载性好谑浪,有投贽荒恶者,使妓炷艾薰之俟来,嗅曰:‘子之卷轴何多艾气也。’”

和香方 《宋书·范(晔)蔚宗列传》:“撰《和香方》,其序之曰:‘麝本多忌,过分必害;沈实易和,盈觔无伤。零藿虚燥,詹唐黏湿。甘松、苏合、安息、郁金捺多、和罗之属,并被珍于外国,无取于中土。又枣膏昏钝,甲煎浅俗,非唯无助于馨烈,乃当弥增于尤疾也。’此序所言,悉以比类朝士。‘麝本多忌’,比庾炳之;‘零藿虚燥’,比何尚之;‘詹唐黏湿’,比沈演之;‘枣膏昏钝’,比羊玄保;‘甲煎浅俗’,比徐湛之;‘甘松、苏合’,比慧琳道人;‘沈实易和’,以自比也。”

奇芬 韩愈《醉赠张秘书》诗:“天葩吐奇芬。”

阮葵生三首

秋澄万景清

秋宵涵万景,凉夜气初澄。碧落三千界,丹霄十二层。听来莲漏永,望去桂轮升。皎洁连银汉,清辉引玉绳。凉飔潜欲度,爽籁静偏增。渐觉微云淡,全无宿霭蒸。天光真似水,人意总如冰。点笔惭垂露,含毫赋未能。

“万景”如何铺叙?不得不从空际落墨矣。妙于“碧落”二句取境开阔,包得“万”字。“听来”二句,切定题之出处,全篇俱纳入月色中,方不浮泛。“渐觉”四句亦警动。

碧落 见四卷《查客至斗牛》诗。

三千界 见一卷《千潭一月印》诗“大千昭法象”句。

丹霄 湛方生《庐山神仙》诗:"饮露丹霄。"

十二层 李商隐《九成宫》诗:"十二层城阆苑西。"白居易《酬微之开拆新楼初毕,相报,末联见戏之作》:"南临瞻部三千界,东对蓬宫十二层。"

莲漏 见三卷《春日迟迟》诗"试验莲花漏"句。

桂轮 见一卷《千潭一月印》诗"深深桂影圆"句。

银汉 鲍照《夜听妓》诗:"银汉倾露落。"

玉绳 见二卷《海人献冰蚕》诗。

凉飔 潘岳《怀县》诗:"凉飔自远集。"

爽籁 殷仲文《南州桓公九井作》诗:"爽籁警幽律。"

微云 王士源《孟浩然集·序》:"闲游秘省,秋月新霁,诸英华赋诗作会。浩然句曰:'微云淡河汉,疏雨滴梧桐。'举坐叹其清绝。"

宿霭 韩愈、孟郊《秋雨联句》诗:"安得发商飙,廓然吹宿霭。"原注:"愈。"

似水 白居易《酬集贤刘郎中对月见寄,兼怀元浙东》诗:"月在洛阳天,天高静如水。"

如冰 梁武帝《净业赋》:"心清冷其若冰。"

垂露 庾信《谢赵王示新诗启》:"笔非秋而垂露。"

含毫 束皙《玄居释》:"含毫散藻,考撰同异。"陆机《文赋》:"或含毫而邈然。"李善注:"毫,谓笔毫也。"王逸《楚词注》曰:"锐毛,谓毫也。"

瑾瑜匿瑕

瑾瑜方在握,珍袭并琅玕。未惜微瑕掩,须知太璞完。白虹光有耀,素质点应难。讵觉声华减,何妨别白看。奇光犹皎皎,清韵自珊珊。鸿宝呈非偶,良工鉴自宽。错攻知有待,珉贱岂同观?房序腾辉处,璘㻞列敦槃。

三、四句宾主分明,五句至十句完题面。十一句至末另进一意,寓祈诗。唐人旧法也。

在握 见一卷《被褐怀玉》诗。

珍袭 欧阳询《艺文类聚·地部》:“阚子曰:宋之愚人得燕石于梧台之东,归而藏之,以为宝。周客闻而观焉。主人斋七日,端冕玄服以发宝,革匮十重,缇巾十袭。客见之,掩口而笑曰:‘此燕石也,其与瓦甓不殊。’”

微瑕 梁昭明太子《陶靖节集·序》:“白璧微瑕,惟在闲情一赋。”《礼·聘义》:“瑕不掩瑜,瑜不掩瑕。”

太璞 《战国策·齐策》:“夫玉生于山,制则破焉,非弗宝贵矣。然太璞不完。”

白虹 见一卷《追琢其章》诗。

光有耀 见二卷《凿壁偷光》诗。

素质 孙绰《贺司空循像赞》:“素质玉洁。”

点应难 见二卷《瑾瑜匿瑕》诗。

声华 任舫《宣德太后再敦劝梁王令》:“客游梁朝,则声华籍甚。”

别白 王融《永明九年策秀才问·第一首》:“其骊翰改色,寅丑殊建,别白书之。”

奇光 陶潜《读山海经诗·第四首》:“白玉凝素液,瑾瑜发奇光。”

清韵 钱起《片玉》篇:“独使虹光天子识,不将清韵世人知。”

珊珊 杜甫《郑驸马宅宴洞中》诗:“时闻杂佩声珊珊。”黄公绍《古今韵会举要·平声上》:“珊珊,佩声。”

鸿宝 权德舆《王公神道碑》:“常与故太师颜鲁公及柳郎中芳、陆员外据、殷永宁寅为莫逆之交。陆尝言:‘王之庄、柳之辩、殷之介,皆希代鸿宝。’”按:“鸿宝秘书”本汉淮南王事,然乃书名所言皆黄白之术,故置彼引此。

良工 《晏子春秋·杂上》:“和氏之璧,井里之困也。良工修之则为存国之宝。”

错攻 见二卷《泗滨浮磬》诗。

珉贱 《礼·聘义》:“子贡问于孔子曰:‘敢问君子,贵玉而贱珉者,何也?为玉之寡而珉之多与?’”郑玄注:“珉石似玉,或作玟也。”

房序 《书·顾命》:“赤刀、大训、弘璧、琬琰,在西序。大玉、夷玉、天球、河图,在东序。允(胤)之舞衣、大贝、鼖鼓,在西房。兑之戈、和之弓、垂之竹矢,在东房。”按:此则玉在东西序,不在东西房;诗盖互文言之,不以词害意,可也。

敦槃 《周礼·天官·玉府》:“若合诸侯,则共珠槃玉敦。”郑玄注:“敦,槃类,珠玉以为饰。古者以槃盛血,以敦盛食。合诸侯者必割牛耳,取其血歃之以盟。珠槃以盛牛耳,尸盟者执之。故《书》珠为夷。”郑司农云:“夷槃,或为珠槃;玉敦,歃血玉器。”陆德明《经典释文》:“敦,音对。”

风不鸣条

桓宽《盐铁论·水旱第三十六》:“古者,政有德,则阴阳调,星辰理,风雨时。故循行于内,声闻于外;为善于下,福应于天。周公载纪而天下太平。国无夭伤,岁无荒年。当此之时,雨不破块,风不鸣条,旬而一雨,雨必以夜,无丘陵高下,皆熟。”

骀荡微和扇,祥风协巽爻。飘飘起蘋末,寂寂过林梢。薄暖潜开甲,无声暗拆苞。花摇铃自响,竹亚玉停敲。春水吹还皱,平畴远自交。那闻松谡谡,但有鸟咬咬。淑气回三月,芳尘静四郊。薰弦调万类,清韵彻螭坳。

以险韵写难状之景,挥洒自如,故为高手。

骀荡 谢朓《直中书省》诗:“春物方骀荡。”李善注:“庄子曰:‘惠施之林骀荡,而不得逐物。’不及司马彪曰:‘骀荡,犹弛散也。’”

微和扇 见三卷《春服既成》诗。

巽爻 《易·说卦传》:“巽为风。”

蘋末 见二卷《风软游丝重》诗。

林梢 王粲《凉风至赋》:“掠林梢而声疾。”

铃自响 王仁裕《开元天宝遗事》:“天宝初,宁王日侍,好声乐,风流蕴藉,诸王弗如也。至春时,于后园中纫红丝为绳,密缀金铃,系于花梢之上。每有鸟鹊翔集,则令园吏掣铃索以惊之,盖惜花之故也。诸宫皆效之。”

玉停敲 王仁裕《开元天宝遗事》:“岐王宫中于竹林内悬碎玉片子。每闻玉片子相触之声,既知有风,号为‘占风铎’。”

吹还皱 冯延巳《谒金门》诗:“风乍起,吹皱一池春水。”

远自交 陶潜《葵卯岁始春怀古田舍诗·第二首》:“平畴交远风。”

谡谡 见一卷《松柏有心》诗。

咬咬 《汉乐府·平调曲·长歌行》:“黄鸟飞相追,咬咬弄音声。”

淑气 陆机《悲哉行》:“蕙草饶淑气。”

芳尘 谢灵运《石门新营所住四面高山回溪石濑修竹》诗,李善注:“庾阐《杨都赋》曰:‘结芳尘于绮疏。’”

四郊 见一卷《折槛旌直臣》诗。

薰弦 见一卷《西王母献益地图》诗。

螭坳 见四卷《莺声细雨中》诗。

阮芝生三首

细葛含风软

杜甫《端午日赐衣》诗:“细葛含风软,香罗叠雪轻。”

赐衣传令节,细葛启琼函。羲御方行比,薰风正自南。柔丝千缕薄,爽气一身含。服美期无斁,芳敷忆始覃。乍披轻似叶,不畏暑如惔。著体何嫌腻?迎凉信亦堪。授时逢夏五,却热想秋三。欲献宵衣颂,当叨圣泽涵。

逐细刻画，不见窘韵束缚之迹。“芳敷”句押韵甚工，对法亦活变。

琼函 陶弘景《许长史旧馆坛碑》：“琼函玉检。”

行比 《书·洪范》：“日月之行，则有冬有夏。”孔颖达疏：“日月之行，四时皆有常法，变冬夏为南北之极，故举以言之。张衡、蔡邕、王蕃等说‘浑天仪’者皆云：周天三百六十五度四分度之一，天体圆如弹丸，北高南下，北极出地上三十六度，南极入地下三十六度。北极去南极直径一百二十二度弱，其依天体隆曲。南极去北极一百八十二度强，正当天之中央。南北二极中等之处谓之赤道，去南北极各九十一度。春分日行赤道，从此渐北。夏至赤道之北二十四度，去北极六十七度，去南极一百一十五度，日行黑道。从夏至日以后，日渐南。至秋分，还行赤道，与春分同。冬至行赤道之南二十四度，去南极六十七度，去北极一百一十五度，其日之行处谓之黄道。”

自南 计敏夫《唐诗纪事》：“文宗夏日与诸学士联句曰：‘人皆苦炎热，我爱夏日长。’公权续曰：‘薰风自南来，殿阁生微凉。’五学士属和，帝独讽公权两句，辞清意足，不可多得，乃令公权题于壁上。”

无斁 《诗·周南·葛覃》篇：“为絺为绤，服之无斁。”毛苌《传》：“斁，厌也。”郑玄笺：“服整也。女在父母之家，未知将所适，故习之以絺绤烦辱之事，乃能整治之无厌倦。是其性贞专。”严粲《诗辑》：“缉绩以为絺绤而服之，无有厌斁之心。躬亲其事，知女工勤劳，故服之。无厌心也。”按：严、郑二说不同，此从严说。

始覃 《诗·周南·葛覃》篇：“葛之覃兮，施于中谷。”毛苌《传》：“覃，延也。”

如惔 《诗·小雅·云汉》篇：“旱魃为虐，如惔如焚。”毛苌《传》：“惔，燎之也。”又《诗·小雅·节南山》篇：“我心如惔。”陆德明《经典释文》：“惔，徒蓝反，又音炎。韩《诗》作‘炎’字，《书》作‘焱’。”《说文》：“作‘灵’字，才廉反，小熟也。”

夏五 《春秋·桓公十有四年夏五》杜预注:“不书月阙文。”

秋三 王逵《蠡海集》:“或问曰:‘三春九夏之说。’又曰:‘三冬九秋者何?’答曰:‘《易》,于东北为阳,南西为阴。故有三冬三春九秋九夏。三为阳始,九为阳终。始为阳中之阳,终为阳中之阴。故也仍有三秋之说者。春为阳始,秋为阴始,所以始皆称阳数。至于冬则不称九,夏则不称三也。’”按:此说似辨而不确。盖每季三月而九旬,以月计之则曰三,以旬计之则曰九。前人偶尔标名,后人遂成惯语。犹之四时皆有风,而有春风秋风之说。后无东风、夏风之月。四时皆有云,而有春云、夏云、秋云之号,从无冬云之称。皆由沿用使然,不必定有意义也。

宵衣 《唐书·李德裕传》:“德裕《上丹扆六箴》。其一曰:‘宵衣讽视,朝希晚也。’”

书带草

宋白《太平广记·草木三》:“郑司农常居不其城南山中教授。黄巾乱,乃避。遣生徒崔琰、王经诸贤于此,挥涕而散。所居山下草如薤叶,长尺余许,坚韧异常。时人名作‘康成书带’。”原注:出《三齐记》。按:郑司农乃郑众,礼家所谓“先郑”是也,不应及见黄巾。《艺苑》雌黄,引《三齐略记》云:“不其城东有鲎山,郑玄删注《诗》《书》,栖于此山。上有古井不竭,傍生细草,如薤叶长尺余,坚韧异常,土人谓之:‘康成书带。’”与《广记》所引不同。伏琛《三齐记》,今已轶。《说郛》刊有数纸,载此事,与《广记》同。盖《广记》本多误字,而《说郛》又误抄之耳。

经神娱义圃,异草秀庭除。冉冉芳无尽,垂垂带有余。偏疑缃帙散,动讶锦函舒。绿砌看初上,当门岂畏锄?化萤宜映读,辟蠹共依书。劝学编蒲似,临文倒薤如。青葱依棐几,摇曳傍琱疏。缅想康成宅,应殊仲蔚庐。

首句原题,次句点题。三、四句承“草”字,落出“带”字,五六句承明

"书带",七、八句申足"草"字,九句至十二句点缀,以取色泽意,亦人人所有而措语特稳惬。十三、十四句咏叹足题,末乃以本事作结。

经神 王嘉《拾遗记》:"京师谓郑康成为'经神',何休为'学海'。"

义圃 庾信《微调曲第六首》:"黎人耕植于义圃。"

带有余 《诗·小雅·都人士》篇:"匪伊垂之,带则有余。"

缃帙 昭明太子《文选·序》:"飞文染翰,则卷盈乎缃帙。"吕向注:"缃,浅黄色也。帙,书衣。"

绿砌 见四卷《苍苔绿砌上》诗。

当门 《蜀志·周群传》:"蜀郡张裕亦晓占候,而天才过群。先主常衔其不逊,加忿其漏言,乃显裕谏争汉中不验,下狱,将诛之。诸葛亮表请其罪,先主答曰:'芳兰生门,不得不钼。'"袁淑《种兰》诗:"种兰忌当门。"

化萤 见一卷《腐草为萤》诗。

辟蠹 见前《浓熏班马香》诗。

劝学 《左传·闵公二年》:"敬教劝学。"孔颖达疏:"劝学,劝民学问也。"

编蒲 《汉书·贾邹枚路传》:"路温舒,字长君,巨鹿东野人也。父为里监门。使温舒牧羊,温舒取泽中蒲,截以为牒编,用写书。"注:"师古曰:'小简曰牒,编联次之。'"

临文 《礼·曲礼上》:"临文不讳。"

倒薤 庾肩吾《书品·序》:"参差倒薤,既思种柳之谣。"朱长文《墨池编唐元度十体书》:"倒薤,篆仙人务光辞汤之禅隐,于清冷之陂,植薤而食。清风时至,见叶交偃象为此,书以写《太上紫经》三卷,光遂远游。时有得此者,因传焉。"

棐几 《晋书·王羲之传》:"尝诣门生家,见棐几滑净,因书之,真草相伴。"

仲蔚庐 皇甫谧《高士传》:"张仲蔚者,平陵人也。与同郡魏景卿,俱修道德,隐身不仕。明天官博物,善属文,好诗赋,常居穷素,所处蓬蒿没人,闭门养性,不治荣名,时人莫识。惟刘龚知之。"庾信《奉报穷秋寄隐士》诗:"空枉平原骑,来过仲蔚庐。"

九月授衣

岁序逢秋晏,豳风令不违。正逢零露候,早授御寒衣。风冷初传讯,霜严渐作威。献裘时已届,挟纩愿宁非。试启西人服,曾劳织女机。凉随披褐减,暖想负暄微。卒岁欢乡井,知寒感禁闱。春台群乐煦,圣主念民依。

首四两截破题。"风冷"二句,正还"九月";"献裘"二句,引起"授衣";"试启"二句,正写"授"字;"凉随"二句,足"授"字一笔。结处亦不泛作颂语。

霜　威　陆机《园葵》诗:"严霜有凝威。"李善注:"《汉书》曰:'孙宝曰:当从天气以成,严霜之威。'"

献裘　《周礼·天官·司裘》:"中秋,献良裘,王乃行羽物。季秋,献功裘,以待颁赐。"郑玄注:"良,善也。中秋,鸟兽毨毨,因其良时而用之。"郑司农云:"良裘,王所服也。功裘,人功微粗,谓狐青麛裘之属。"郑司农云:"功裘,卿大夫所服。"

挟纩　《左传·宣公十二年》:"冬,楚子伐萧,申公巫臣曰:'师人多寒,王巡三军,拊而勉之,三军之士皆如挟纩。'"杜预注:"纩,绵也。"

西人服　《诗·小雅·大东》篇:"西人之子,粲粲衣服。"毛苌《传》:"西人,京师人也。粲粲,鲜盛貌。"

披褐　见二卷《披褐怀玉》诗。

负暄　《列子·杨朱》篇:"昔者宋国有田夫,常衣缊黂,仅以过冬。暨春东作,自曝于日,不知天下之有广厦隩室,绵纩狐貉。顾谓其妻曰:'负日之暄,人莫知者;以献吾君,将有重赏。'"

卒岁 《诗·豳风·七月》篇:"无衣无褐,何以卒岁?"

知寒 《晏子春秋·谏上》:"婴闻古之贤君,饱而知人之饥,温而知人之寒。"

禁闱 《后汉书·周举传》:"在禁闱,有密静之风。"

春台 《老子·第二十章》:"众人熙熙,如享太牢,如登春台。"河上公注:"春,阴阳交通,万物感动,登台观之志,意淫淫然。"

民依 《书·无逸》:"君子所其无逸,先知稼穑之艰难;乃逸,则知小人之依。"孔颖达疏:"能知稼穑之艰难,则知小人之所依怙。"

高摘屈宋艳

孟生蕙

见前《浓薰班马香》诗。

风雅声谁续?奇文郁楚骚。词虽殊美稗,艳更溢锱毫。杜若山中远,芙蓉木末高。芳馨如可折,情理一何劳?义圃寻湘水,词条撷汉皋。秘应藏蕙帐,读合照兰膏。剧爱花盈箧,真堪锦制袍。诗才推小杜,铅椠尚频操。

题无深意,正应以点缀见长。组织精工,题中字字精到。

三、四以刘勰生造语作对,铢两极匀。

风雅 刘勰《文心雕龙·辨骚》篇:"自风雅寝声,莫或抽绪,奇文郁起,其《离骚》哉!"

美稗 刘勰《文心雕龙·诠赋》篇:"风归丽则,辞剪美稗。"

锱毫 刘勰《文心雕龙·辨骚》篇:"金相玉式,艳溢锱毫。"

杜若 《楚词·九歌·山鬼》:"中人兮芳杜若。"

芙蓉 《楚词·九歌·湘君》:"搴芙蓉兮木末。"

芳馨 《楚词·九歌·山鬼》:"折芳馨兮遗所思。"

情理 刘勰《文心雕龙·辨骚》篇:"山川无极,情理实劳。"

义圃 见前《书带草》诗。

湘水 《史记·屈原贾生列传》:"自屈原沉汨罗后百有余年,汉有贾生,为长沙王太傅,过湘水,投书以吊屈原。"

词条 刘义庆《世说新语·文学第四》:"谢镇西少时,闻殷浩能清言,故往造之。殷未遇有所通,为谢标榜诸义,作数百语,既有佳致,兼词条丰蔚,甚足以动心骇听。"

汉皋 见前《江海出明珠》诗"神女游还弄"句。

秘藏 《后汉书·王充传》章怀太子注:"袁山松书曰:'充所作《论衡》,中土未有传者。蔡邕入吴,始得之,恒秘玩,以为谈助。'"《抱朴子》曰:"时人嫌蔡邕得异书,或搜求其帐中隐处,果得《论衡》,抱数卷持去。邕丁宁之曰:'唯我与尔共之,勿广也。'"

蕙帐 孔稚圭《北山移文》:"蕙帐空兮夜鹤怨。"

兰膏 见三卷《灯缘起草挑》诗。

花盈箧 徐陵《玉台新咏·序》:"清文满箧,非惟芍药之花。"

锦制袍 刘悚《隋唐嘉话》:"武后游龙门,命群臣赋诗,先成者赏锦袍。左史东方虬既拜赐,坐未安,宋之问诗复成。文理兼美,左右莫不称善,乃就夺袍衣之。"

小杜 见二卷《江涵秋影雁初飞》诗。

铅椠 扬雄《答刘歆书》:"会者雄常把三寸弱翰,赍油素四尺,问其异语。归即以铅摘次之于椠。二十七岁于今矣。"

葭灰应律

王金英

见一卷《黄钟宫为律本》诗。

缇室重帷护,葭灰六管匀。天风应不到,地气已更新。按节求无爽,乘时候最真。短长分律吕,寒暖验冬春。冉冉飘疑雾,霏霏动若尘。吹嘘如有力,呼吸自相因。橐籥功谁测?风箫感最神。始知方寸里,足以运洪钧。

十二月皆可候气,不必于月始。然正如分至启闭,必书云物,不必南至登台也,承讹已久。此诗乃得分明。

六管 杜甫《小至》诗:“吹葭六管动飞灰。”仇兆鳌注:“六管,举律以该吕也。”

天风 蔡邕《饮马长城窟行》:“枯桑知天风。”

地气 《礼·月令》:“孟春之月,天气下降,地气上腾。”

短长 见一卷《黄钟宫为律本》诗。

冬春 沈约《新安江至清浅深见底贻京邑游好》诗:“皎镜无冬春。”

橐籥 见四卷《曲江观涛》诗。

风箫 见二卷《昭文不鼓琴》诗。

方寸 陆机《演连珠·第三十三首》:“臣闻示应于近,远有可察;托验于显,微或可包。是以寸管下傃,天地不能以气欺;尺表逆立,日月不能以形逃。”刘峻注:“寸,管黄钟九寸之律,以灰飞所以辨天地之数,即示近之义也。”

洪钧 张华《答何劭诗·第二首》:“洪钧陶万类。”

梅逐雨中黄

万光泰

庾信《奉和夏日应令》诗:“麦随风里熟,梅逐雨中黄。”

五月江南雨,迎梅又送梅。绕林垂葰果,一夜走轻雷。滴翠侵帘额,分黄映酒杯。迷离金弹坠,取次蜡书开。和鼎知相待,倾筐已渐催。满城风絮湿,惆怅贺方回。

七、八句善于写状,后四句寓意殊深。

迎梅　送梅　陆佃《埤雅・释木》:“今江湘二浙四五月之间,梅欲黄落,则水润土溽,础壁皆汗。蒸郁成雨,其霏如雾,谓之‘梅雨’。沾衣服,皆败黦。故自江以南,三月雨谓之‘迎梅’,五月雨谓之‘送梅’。”

葰果　司马相如《上林赋》:“夸条直畅,实叶葰楙。”李善注:“葰,大也,音峻。”

轻雷　李商隐《无题诗・第二首》:“飒飒东风细雨来,芙蓉塘外有轻雷。”

帘额　李贺《宫娃歌》:“彩鸾帘额著霜痕。”

金弹　葛洪《西京杂记》:“韩嫣好弹,常以金为丸,所失者日有十余,长安为之语云:‘苦饥寒,逐金丸。’”柳中庸《春思赠人》诗:“落雁情金弹。”

蜡书　《新唐书・颜真卿传》:“肃宗已即位灵武,真卿数遣使,以蜡丸裹书陈事。”

和鼎　潘岳《金谷集作》:“玉生和鼎实。”李善注:“应劭《汉官仪》曰:‘太尉、司空、司徒、长史,号为毗佐三台,助鼎和味。’”

倾筐　《诗・召南・摽有梅》篇:“摽有梅,倾筐塈之。”郑玄笺:“谓夏已晚,倾筐取之于地。”

贺方回　贺铸《青玉案》词:“一川烟草,满城风絮,梅子黄时雨。”《庚溪诗话》:“贺方回尝作《青玉案》词,有‘梅子黄时雨’之句。人皆服其工,士大夫谓之‘贺梅子’。”

芳芸应节馥

顾　鉴

傅亮《冬至》诗:“柔荔迎时萋,芳芸应节馥。”

嫩挺才抽荔,微香渐吐芸。候从冬至应,名似夜来闻。春信梅花共,新苗苜蓿分。一阳初朕兆,七里欲氤氲。小草灵先觉,孤芳气自薰。无嫌多采摘,辟蠹有奇芬。

句句数典,不嫌粘带。题境甚枯,不如此则不切。

三、四句弄笔狡侩,小题无所不可,不以此为专门耳。

抽荔　《礼·月令》:“仲冬之月,芸始生,荔挺出。”

微香　傅玄《芸香赋序》:“始以微香选入,终于损弃黄壤。”

夜来　王嘉《拾遗记》:“文帝所爱美人,姓薛,名灵芸,常山人也。咸熙元年,谷习出守常山郡。闻亭长有美女,而家甚贫,习以千金宝赂聘之。既得,乃以献之文帝。灵芸未至京师十里,帝乘雕玉之辇以望。车徒,感嗟曰:‘昔者言朝为行云,暮为行雨。今非云非雨,非朝非暮。’改灵芸之名曰:‘夜来。’”

梅花　梁简文帝《梅花赋》:“年归气新,摇芸动尘,梅花特早,偏能识春。”

苜蓿　许慎《说文解字·第一》:“芸,草也,似苜蓿,从艸,云声。”《淮南子·说芸草》:“可以死复生。”

一阳　罗愿《尔雅翼·释草三》:“老子曰:‘夫物芸芸,各归其根。’芸当一阳初起,《复》卦之时,于是而生。又,《淮南·说芸》:‘可以死而复生。’此则归根复命,取之于芸。”

七里　沈括《梦溪笔谈·故事二》:“古人藏书辟蠹,用芸。芸,香草也,今人谓之‘七里香’者是也;叶类,豌豆作,小丛生。其叶极芬香。秋后,叶间微白,粉污辟蠹殊验。”

小草 晋《清商曲词·吴声歌曲·前溪歌第六首》:“黄瓜是小草。”刘基《清平乐》词:“春风欲到,小草先知道。”

孤芳 沈约《谢齐竟陵王教撰高士传启》:“孤芳随山壑共远。”

天骥呈才

刘龙麟

颜延之《赭白马赋》:“汉道亨,而天骥呈才。”李善注:“《天马歌》曰:‘天马来,从西极。’《汉书》曰:‘武帝元鼎四年,马生渥洼水中。’”

青海攻驹处,乌孙效贡年。新收八骏马,不待九方歅。太乙灵频贶,房星象早悬。北风思蹀足,东道喜朝天。苜蓿经春长,桃花耀日鲜。龙文原有种,虎脊定无前。功在驰驱际,恩深驾驭先。金台遗意在,圣代宝惟贤。

五、六句写“天”字,警切;七、八句写“呈”字,透足;结四句,意亦正大。

青海 《隋书·西域传》:“青海周围千余里中有小山,其俗,至冬辄放牝马于其上,言得龙种。吐谷浑尝得波斯草马放入海,因生骢驹,能日行千里,故称‘青海骢马’。”

攻驹 《周礼·夏官·庾人》:“教駣攻驹。”郑玄注:“教駣,始乘习之也;攻驹,制其蹄啮者。”

乌孙 《史记·大宛列传》:“初,天子发书《易》,云:‘神马当从西北来。’得乌孙马好名曰‘天马’。及得大宛汗血马,益壮,更名乌孙马曰‘西极’,名大宛马曰‘天马’云。”

八骏马 《穆天子传》:“丙寅,天子属官效器。乃命正公郊父受敕宪,用伸目八骏之乘,以饮于枝洔之中、积石之南河。天子之骏:赤骥、盗骊、白义、踰伦、山子、渠黄、华骝、绿耳。”

九方歅 《淮南子·道应训》:“秦缪公请伯乐曰:‘子之年长矣,子姓有可使求马者乎?’对曰:‘良马者,可以形容筋骨相也。相天下之马者,若灭若失,若亡其一,若此马者,绝尘弭辙。臣之子皆下财也,可告以良马,而不可告以天下之马。臣有所与供担缠采薪者,九方歅,此其于马,非臣之下也。’”高诱注:“九方歅,人姓名也。”

太乙 《史记·乐书》:“又尝得神马渥洼水中,复次以为《太乙之歌》,歌曲曰:‘太乙贡兮天马下。’”司马贞《索隐》按:《礼·乐志》:“‘贡’,作‘况’。‘况’与‘贡’意亦通。”张守节《正义》:“太乙,北极大星也。”

房星 《尔雅·释天》:“天驷,房也。”郭璞注:“龙为天马,故房四星,谓之天驷。”《史记·天官书》:“房为府,曰‘天驷’,其阴,右骖。”司马贞《索隐》:“《诗记历枢》云:房为天马,主车驾。”张守节《正义》:“房星,君之位,亦主左骖,亦主良马,故为驷。王者恒祠之,是马祖也。”

北风 赵晔《吴越春秋·阖闾内传》:“胡马望北风而立,越莺向日而熙。”

蹀足 颜延之《赭白马赋》。李善注:“曹频远《围棋赋》曰:‘良马蹀足。’”

东道 《汉书·礼乐志·郊祀歌·天马十》:“天马徕,历无早。经千里,循东道。”

苜蓿 《史记·大宛列传》:“俗嗜酒,马嗜苜蓿。汉使取其实来,于是天子始种苜蓿、蒲陶肥饶地。及天马多,外国使来众,则离宫别观旁尽种蒲陶、苜蓿极望。”

桃花 《尔雅·释畜马属》:“黄白杂毛駓。”郭璞注:“今之桃花马。”

龙文 《北齐书·杨愔传》:“愔从父兄,黄门侍郎昱,特相器重。曾谓人曰:‘此儿驹齿未落,已是我家龙文。更十岁后,当求之千里外。’”

虎脊 《汉书·礼乐志·郊祀歌·天马十》:“虎脊雨化若鬼。”应劭曰:“马毛色如虎脊者,有两也。”

驾驭 庾信《平邺都表》:“驾驭风云,驱驰龙虎。”杜甫《醉歌行赠公安颜十少府》:“天马长鸣待驾驭。”

金台 《战国策·燕策》:“郭隗先生曰:‘臣闻古之君人,有以千金求千里马者,三年不能得。涓人言于君曰:“请求之。”君遣之,三月,得千里马,马已死,买其首五百金,返以报君。君大怒曰:“所求者生马,安事死马,而捐五百金?”涓人对曰:“死马且买之五百金,况生马乎?天下必以王为能市马,马今至矣!”于是不能期年,千里马之至者三。今王诚欲致士,先从隗始。隗且见事,况贤于隗者乎?岂远千里哉!’于是昭王为隗筑宫,而师之。”周密《齐东野语》王文公诗云:“功谢萧规惭汉第,恩从隗始诧燕台。”然《史记》止云:“为隗改筑宫而师事之。”《白氏六帖》,梁任舫《述异记》:“燕昭为郭隗筑台,今在幽州燕王故城中。土人呼‘贤士台’,亦为‘昭贤台’。”又:“汉孔文举《论盛孝章书》曰:‘昭筑台以延郭隗。’然皆无黄金字。宋鲍照《放歌行》云:‘岂伊白屋赐,将起黄金台。’然则‘黄金台’之名,始见于此。《李善注》引王隐《晋书》:‘段匹磾讨石勒,屯故燕太子丹黄金台。’又引《上谷郡图经》曰:‘黄金台在易水东南十八里,昭王置千金台上,以延天下之士。’余后见《水经注》云:‘固安县有黄金台者,旧言昭王礼贤,广延方士,故修建下都馆之南陲。燕昭创于前,子丹踵于后。’云云,以此知王隐以为燕丹者,盖如此也。”

宝惟贤 《书·旅獒》:“不宝远物,则远人格。所宝惟贤,则迩人安。”

王堡二首

腐草为萤

生机参物化,朽质倏成萤。夏夜看流火,春风记染青。微姿诚草草,照眼恰星星。乍出低绿砌,斜飞巧入庭。枯虽同夕句,化亦似螟蛉。雨歇明修竹,秋来逗画屏。原头休更忆?河畔好重经。若使邻书带,开囊证旧形。

三、四逆挽法。李商隐《马嵬》诗云:“此日六军同驻马,当时七夕笑牵牛。”温庭筠《苏武》诗云:“归日楼台非甲帐,去时冠剑是丁年。”皆用此格,最为脱跳。

"草草""星星",属对工妙,此为才人之笔。

朽质 曾幾《萤火》诗:"浑忘生朽质。"

草草 苏轼《和子由记园中草木诗·第三首》:"天工巧有几?肯尽为汝耗。君看藜与藿,生意常草草。"

星星 谢灵运《游南亭》诗,李善注:"左思《白发赋》:'星星白发,生于鬓垂。'"

夕句 《政和经史·证类·备用本草·草部》:"夏枯草,一名'夕句'。"注:唐本注云:"此草生平泽,叶似旋复,首春即生。四月穗出。其花紫白,似丹参花,五月便枯。"

螟蛉 《诗·小雅·小宛》篇:"螟蛉有子,蜾蠃负之。"毛苌《传》:"螟蛉,桑虫也;蜾蠃,蒲卢也。"郑玄笺:"蒲卢取桑虫之子负持而去,煦妪养之,以成其子。"

修竹 范椁《苍山感秋》诗:"雨止修竹间,流萤夜深至。"

画屏 杜牧《秋夕》诗:"银烛秋光冷画屏,轻罗小扇扑流萤。"

原头 欧阳修《归田乐》诗:"南风原头吹百草。"

河畔 汉无名氏《古诗·第二首》:"青青河畔草。"

书带 见前《书带草》诗。

开囊 见二卷《凿壁偷光》诗。

迎岁早梅新

节序嘉平候,凌晨见早梅。光风随腊转,暖气领春来。东阁裁诗末,南枝破蕊才。萧萧疏影瘦,馥馥暗香催。韵入椒花颂,芬流柏叶杯。琼姿真酝藉,淑景与徘徊。拟待和羹用,先因向日开。瑶阶饶雨露,上苑荷滋培。

"东阁"二句,刻画"早"字;"琼姿"二句,唱叹"迎岁",俱佳。

嘉平 见一卷《迎岁早梅新》诗“正值月嘉平”句。

东阁 杜甫《和裴迪登蜀州东亭送客,逢早梅相忆见寄》诗:“东阁官梅动诗兴。”

南枝 见一卷《迎岁早梅新》诗“傍岭最分明”句。

暗香 疏影 见一卷《迎岁早梅新》诗“暗香犹蕴蓄”句。

椒花颂 见一卷《迎岁早梅新》诗“椒花斗艳情”句。

柏叶杯 宗懔《荆楚岁时记》:“正月一日,长幼悉正衣冠,以次拜贺,进椒栢酒。”

琼姿 骆宾王《上兖州刺史启》:“琼姿玉立。”梅尧臣《依韵和叔治晚春梅花》诗:“却惊春半见琼姿。”

酝藉 《汉书·隽疏于薛平彭传》:“广德为人,温雅有酝藉。”注,服虔曰:“宽博有余也。”师古曰:“酝,言如酝酿也;藉,有所荐藉也。酝,音于问反。藉,才夜反。”

淑景 见一卷《迎岁早梅新》诗“凿坡淑景催”句。

和羹 见四卷《迎岁早梅新》诗。

瑶阶 谢惠连《雪赋》:“庭列瑶阶。”李善注:“瑶阶,玉阶也。”

上苑 见一卷《禁林闻晓莺》诗。

霜中能作花

吴泰来

古干芳葩坼,先春淑气蒸。一枝斜影入,数点暗香凝。傲雪凭谁赏?凌霜独汝能。空山低挂月,曲涧半含冰。向暖情偏淡,冲寒力自胜。红梨犹莫比,乌桕讵同称。格韵清逾劲,风姿冷更增。晓来吟兴剧,策蹇访高棱。

题出鲍照《梅花落》,故通篇俱切“梅花”。此决不可泛咏之题也。

五、六句押“能”字,落纸有声;“向暖”二句写“能”字,亦有力。

一枝 林逋《梅花诗·第一首》:“屋檐斜入一枝低。”

数点 见一卷《迎岁早梅新》诗:“天心凭发现”句。

傲雪 凌霜 杨补之《柳梢青》词:“傲雪凌霜,爱他梅蕊才借春光。”

挂月 苏轼《十一月二十六日,松风亭下,梅花盛开》诗第二首:“纷纷初疑月挂树。”

含冰 张怀瓘《书断》“王僧虔”条:“若溪涧含冰,冈峦被雪。”

向暖 晁端礼《水龙吟》词:“故人赠我,江头春信,南枝向暖。”

冲寒 杜甫《小至》诗:“山意冲寒欲放梅。”

红梨 杜甫《冬日洛城北谒玄元皇帝庙》:“红梨迥得霜。”

乌桕 黄镇成《东阳道中》诗:“前村乌桕熟,疑是早梅花。”

格韵 范成大《梅谱后续》:“梅以韵胜,以格高。”

风姿 见四卷《竹外一枝斜更好》诗。

策蹇 《楚词·七谏·谬谏》:“驾蹇驴而无策兮,又何路之能极?”王逸注:“蹇,跛也;策,箠也。”温子昇《西河王谢太尉表》:“策蹇载驰,功微送日。”

高棱 韩愈《秋怀诗第四首》:“南山见高棱。”

鹤鸣九皋

李中理

《诗·小雅·鹤鸣》篇:“鹤鸣于九皋,声闻于野。”毛苌《传》:“兴也。皋,泽也。言身隐而名著也。”郑玄笺:“皋,泽中水溢出所为坎,自外数至九,喻深远也。鹤在中鸣焉,而野闻其鸣声。兴者,喻贤者虽隐居,人咸知之。”

清唳随风彻,胎禽在九皋。乘轩非有意,警露一何劳?万里心长在,三珠树自高。偶同霜隼下,耻共晓鸡号。远势盘孤屿,寒流浴半篙。

时闻声一一,不类怨嗷嗷。渐陆多鸿羽,鸣岗有凤毛。上林枝许借,结伴好翔翱。

正意在隐跃之间,竟不说破,笔墨绝高。

清唳 鲍照《舞鹤赋》:"唳清响于丹墀。"李善注:"唳,鹤声也。"吴均《主人池前鹤》诗:"清唳有奇音。"

胎禽 鲍照《舞鹤赋》:"散幽经以验物,伟胎化之仙禽。"

乘轩 《左传·闵公二年》:"卫懿公好鹤,鹤有乘轩者。"杜预注:"轩,大夫车。"

警露 见三卷《露团庭绿》诗。

万里心 杜甫《遣兴诗·第一首》:"老鹤万里心。"

三珠树 司空图《自河归山诗·第二首》:"鹤群长绕三珠树。"自注:"《山海经》曰:'在厌火国北,生赤水上。树上有柏叶,皆为珠。'"

霜隼下 按:唐无名氏有《霜隼下晴皋》诗。

晓鸡号 韩愈《奉和库部卢四兄长曹元日朝回》诗:"春云送色晓鸡号。"按:此暗用鹤立鸡群之意。

孤屿 方干《旅次洋州寓居郝氏林亭》诗:"鹤盘远势投孤屿。"

半篙 李郢《山行》诗:"蓼花沟水半篙强。"

一一 计敏夫《唐诗纪事》:"杨衡初隐庐山。有盗其文登弟者,衡因诣阙亦登第。见其人,盛怒曰:'一一鹤声飞上天,在否?'答曰:'此句知兄最惜,不敢偷。'"

嗷嗷 《诗·小雅·鸿雁》篇:"鸿雁于飞,哀鸣嗷嗷。"

渐陆 《易·下经·渐卦》:"上九,鸿渐于陆,其羽可用为仪,吉。"王弼注:"进处高洁,不累于位,无物可以屈其心而乱其志。峨峨清远,仪可贵也。故曰:其羽可用为仪,吉。"孔颖达疏:"鸿渐于陆者,上九与三,皆处卦上,故并称陆。"按:旧说如此。今皆从胡安定说,改"陆"为"逵"。毛氏刊《东坡易传并经文》改为"逵"字矣。天云中之"逵",谓之"云逵",犹天上之"衢",谓之"天衢"。不能凡"逵"皆训"云逵",凡"衢"皆训"天衢"也。胡氏强为臆说,于古无征,且仪古音,俄与逵韵本不相叶,本义以今韵断之,亦不足据。

鸣岗 《诗·大雅·卷阿》篇:"凤凰鸣矣,于彼高冈。"郑玄笺:"凤凰鸣于山脊之上者,居高视下,观所集止。喻贤者待礼乃行,翔而后集。"

许借 见一卷《禁林闻晓莺》诗。

昭文不鼓琴

嵩 贵

妙解琴中趣,天倪得静观。谁于三叠外,别识五音寒。岑寂声初歇,萧疏意似阑。浑忘操缦巧,秖作据梧看。物我相忘久,成亏欲辨难。未须惊鹤舞,非惜对牛弹。大海风涛阔,空山雨雪残。无弦原有悟,莫语董庭兰。

细贴庄子本意,自无泛语,结意尤高。

妙解琴中趣 并见二卷《焦桐入听》诗。

天倪 见四卷《乐出虚》诗。

静观 刘禹锡《宿成禅师山房题赠诗·第一首》:"众音徒起灭,心在静中观。"

三叠 见二卷《昭文不鼓琴》诗。

五音 崔珏《席间咏琴客》诗:"七条弦上五音寒。"

岑寂 鲍照《舞鹤赋》:"去帝乡之岑寂。"李善注:"岑寂,犹高静也。"

萧疏 见二卷《槐夏午阴清》诗。

操缦 《礼·学记》:"学,不学操缦,不能安弦。"郑玄注:"操缦,杂弄。"孔颖达疏:"弦,琴瑟之属,学之须渐。言人将学琴瑟,若不先学调弦、杂弄,则手指不便;手指不便,则不能安正其弦。先学杂弄,然后音曲乃成也。"

据梧 见二卷《昭文不鼓琴》诗。

惊鹤舞 《韩非子·十过第十》:“昔者卫灵公将之晋,至濮水之上。夜分,而闻鼓新声者而说之。乃召师涓而告之,曰:‘子为听而写之。’遂去之晋。晋平公觞之于施夷之台,乃召师涓,令坐师旷之旁,援琴抚之。平公问师旷曰:‘此所谓何声也?’师旷曰:‘此所谓清商也。’公曰:‘清商固最悲乎?’师旷曰:‘不如清徵。’公曰:‘清徵可得而闻乎?’师旷曰:‘不可。古之听清徵者,皆有德义之君也。今吾君德薄,不足以听。’平公曰:‘寡人之好者,音也。愿试听之。’师旷不得已,援琴而鼓。一奏之,有玄鹤二八,道南方来,集于郎门之垝;再奏之,而列;三奏之,延颈而鸣,舒翼而舞,音中宫商之声,声闻于天。”

对牛弹 牟融《理惑论》:“公明仪为牛弹清角之操,伏食如故。非牛不闻,不合其耳。转为蚊虻之声,孤犊之鸣,即掉尾奋耳,蹀躞而听。”

大海 见二卷《昭文不鼓琴》诗。

空山 王昌龄《听弹风入松》诗:“空山多雨雪,独立君始悟。”

无弦 见三卷《得意忘言》诗。

董庭兰 《旧唐书·房琯传》:“但与庶子刘秩、谏议李揖、何忌等,高谈虚论,说释氏因果、老子虚无而已。此外,则听董庭兰弹琴,大招集琴客筵宴。朝官往往因庭兰以见琯。”

张熙纯三首

江远欲浮天

苏轼《同王胜之游蒋山》诗:“峰多巧障日,江远欲浮天。”

振策钟山顶,岷江万里流。水天横一气,吴楚豁双眸。树暗西津渡,云开北固楼。鱼龙时隐现,日月共沉浮。出没千帆影,苍茫六代愁。溟蒙连岛屿,空阔失汀洲。形势尊前合,波涛望里收。登临怀玉局,千载共悠悠。

雄阔称题。凡此种空旷之题,不得以琐屑点缀。

振策 陆云《九愍·征》曰:“望紫薇以振策。”按:萧士赟注李太白诗,引秦嘉诗曰:“振策陟长衢。”今此诗不传,未详所据。

钟山 张敦颐《六朝事迹·形势门》:“钟阜,《图经》云:‘在县东北,周回六十里,高一百五十八丈。东连青龙山,西邻清溪,南自钟浦,下入秦淮,北接雉亭山。汉末有秣陵尉蒋子文逐盗,死于钟山。吴大帝为立庙,封曰蒋侯。’《吴录》云:‘大帝祖讳钟,因改名曰蒋山。’”按:《丹阳记》云:“京师南北并连山岭,而蒋山岧峣嶷异,其形象龙,实作杨都之镇。诸葛亮至京,观秣陵山阜,云‘钟山龙盘’,盖谓此也。”《一统志·江南江宁府·山川》:“钟山在上元县东北朝阳门外。”

岷江 见二卷《清济贯浊河》诗。

万里流 夏侯湛《江上泛歌》:“江水兮浩浩,长流兮万里。”

西津渡 陈孚《瓜州》诗:“急鼓西津渡。”《一统志·江南镇江府·山川》:“府志有西津渡,在丹徒县西北九里,与瓜州对岸,即古西渚,唐时谓之‘蒜山渡’。”

北固楼 《梁书·武帝纪》:“大同十年三月己酉幸京口城北固楼,改名北顾。”《一统志·江南镇江府·古迹》:“北固楼在丹徒县北固山上。”

千帆 韦应物《登鹳雀楼》诗:“去远千帆小。”

六代 李白《赠升州王使君忠臣》诗:“六代帝王国。”杨齐贤注:“唐升州,‘六代’吴、晋、宋、齐、梁、陈所都也。”

玉局 《宋史·苏轼传》:“徽宗立,移廉州,改舒州团练副使,徙永州。更三大赦,还提举玉局观,复朝奉郎。轼自元祐以来,未尝以岁课乞迁,故官止于此。”《锦绣万花谷前集·古人称号门》:“峨眉先生,玉堂仙,玉局翁,并东坡。”

老树饱经霜

杜甫《怀锦水居止诗·第二首》:“层轩皆面水,老树饱经霜。”

老树何年有?繁霜几度经?杈丫留古色,萧瑟对空庭。浅绿多时换,疏黄一夜零。苍凉分月影,偃蹇绕龙形。侵骨寒初透,封条气尚青。根深原耐冷,岁久自含灵。冻雀依林宿,惊鸿隔浦听。春阳回律后,生意遍郊坰。

“老树”字写出力量,“饱经霜”三字自写出精神。此争上流之法,不尔便作“秋山落叶”诗。

何年有 苏轼《中隐堂诗·第二首》:“树从何代有?”

繁霜 《诗·小雅·正月》篇:“正月繁霜。”毛苌《传》:“繁,多也。”

杈丫 王廷寿《鲁灵光殿赋》:“枝掌杈丫而斜据。”李善注:“杈丫,参差之貌。”

古色 梅尧臣《寄题绛叟园池》诗:“老柏麝不食,古色侵青冥。”

萧瑟 见二卷《秋色正清华》诗。

空庭 杜甫《秦州杂诗·第十二首》:“老树空庭得。”

浅绿 唐高宗《首岁》诗:“浅绿柳轻春。”

疏黄 见一卷《山空气相合》诗。

苍凉 温庭筠《宿松门寺》诗:“落月苍凉登阁在。”

偃蹇 见二卷《桂林一枝》诗。

龙形 齐己《小松》诗:“谁于千岁后,吟绕老龙形。”

侵骨 沈炯《归魂赋》:“霜微凝而侵骨。”

封条 张协《七命》:“霏霜封其条。”

耐冷 李商隐《霜月》诗:“青女素娥俱耐冷。”

含灵 《楞严经》:“如是乃至,大地草木,蠕动含灵,本元真如,即是如来,成佛真体。”

冻雀 方回《大雪》诗:“冻雀愁鸢噤不哗。”

惊鸿 曹植《洛神赋》:“翩若惊鸿。”

生意 见一卷《野含时雨润》诗。

郊坰 见三卷《野含时雨润》诗。

鱼戏水知春

王勃《仲春郊外》诗:“鸟飞村觉曙,鱼戏水知春。”

二月银塘渌,晴波漾曲尘。纤鲦何发发,浅渚自粼粼。矶畔时浮鬣,槎头每跃鳞。悠然濠上乐,宛尔镜中春。微漾靴纹细,徐吹縠影匀。此时含碧溜,几日长青蘋。游泳天机活,暄妍物候新。何当乘画舸?幽赏在烟津。

此以“鱼戏”而知“水春”,非咏“水春”而“鱼戏”也。七、八句自分明,此系春水初融,故曰“知春”,非春深之水也。十一、十二句亦不苟。

银塘 见三卷《柳桥晴有絮》诗。

曲尘 见四卷《野含时雨润》诗“肥涨曲尘波”句。

纤鲦 沈约《郊居赋》:“其鱼则赤鲤青鲂,纤鲦巨鳠。”

发发 《诗·卫风·硕人》篇:“鳣鲔发发。”毛苌《传》:“发发,盛貌。”

浅渚 见前《水始冰》诗。

粼粼 见前《玉韫山含辉》诗“粼粼水映清”句。

槎头 胡仔《苕溪隐丛话》:“《襄阳耆旧传》:岘山下汉水中出鳊鱼,味极肥美。常禁人采捕,以槎断水,因谓之‘槎头鳊’。宋张敬儿为刺史,作六橹船献齐高帝曰:‘奉槎头缩项鳊一千八百头。’孟浩然尝有诗云:‘试垂竹竿钓,果得槎头鳊。’用此事也。”

跃鳞 潘尼《东武馆赋》:“游鳞双跃。”李白《古风·第一首》:“乘运共跃鳞。”

濠上乐 见四卷《庄周梦蝴蝶》诗。

镜中春 沈佺期《钓竿》篇:“鱼似镜中悬。”温庭筠《鸡鸣埭歌》:“鱼跃莲东荡宫沼,蒙蒙御柳悬栖鸟。红妆万户镜中春,碧树一声天下晓。”

靴文 苏轼《游金山寺》诗:“微风万顷靴文细。”

縠影 见三卷《得意忘言》诗。

碧溜 武平一《奉和幸新丰温泉宫应制》诗:“灵泉碧溜温。”

青蘋 见二卷《风软游丝重》诗。

游泳 《诗·邶风·谷风》篇:“就其浅矣,泳之游之。”郑玄笺:“潜行为泳。”颜延之《三月三日曲水诗序》:“游泳之所攒萃。”

暄妍 见三卷《新莺隐叶啭》诗。

画舸 梁元帝《赴荆州泊三江口》诗:“画舸覆缇油。”

烟津 陆游《谒凌云大像》诗:“径呼艇子载烟津。”

柳 稊

顾宗泰

《大戴礼记·夏小正·第四十七·正月》:“柳稊,稊也者,发孚也。”

玉律阳回早,韶光到柳堤。带烟添嫩叶,和雪长柔荑。似被春风剪,新垂碧瓦齐。未堪藏紫燕,时欲露黄鹂。画入妆楼细,颦窥舞榭低。杏花应作伴,红雨半溪西。

着意刻画“稊”字,结亦有风致。

玉律 《晋书·律历志》:“黄帝作律,以玉为管,长尺,六孔,为十二月音。至舜时,西王母献昭华之琯,以玉为之。及汉章帝时,零陵文学奚景,于泠道舜祠下得白玉琯。又,武帝太康元年,汲郡盗发六国时魏襄王冢,亦得玉律。则古者又以玉为管矣。以玉者,取其体含廉润也。”

春风 见三卷《秋云似罗》诗。

碧瓦 温庭筠《杨柳枝词·第四首》:“金缕毵毵碧瓦沟。”

紫燕 **黄鹂** 杜甫《柳边》诗:“紫燕时翻翼,黄鹂不露身。”

读书秋树根

杨其禄

杜甫《孟氏》诗:“负米夕葵外,读书秋树根。”

老树空庭茂,高秋可读书。何人同啸咏?此景最萧疏。翠柏围三径,丹枫隐一庐。未妨终日坐,恰称闭门居。倦爱斜柯倚,声和落叶徐。会时心不远,掩后味犹余。物化观荣落,胸怀自卷舒。即看明月续,清景入窗虚。

起四句笔墨超逸。“会时”四句不规规于肖题,而神味自在即离间。

空庭 见前《老树饱经霜》诗。

啸咏 《晋书·阮籍传》:“正应端拱啸咏,以乐当年耳。”

萧疏 见二卷《槐夏午阴清》诗。

三径 陶潜《圣贤群辅录》:“求仲、羊仲。右二人,不知何许人?皆治车为业,挫廉逃名。蒋元卿之去兖州,还杜陵,荆棘塞门。舍中有三径,不出,惟二人从之游,时人谓之二仲。见嵇康《高士传》。”

终日 梁昭明太子《答晋安王书》:“吾静然终日,披古为事,泛观六籍,杂玩文史。”

闭门 《晋书·阮籍传》:“或闭户视书,累月不出。”

心不远 刘义庆《世说新语·言语第二》:“简文入华林园,顾谓左右曰:‘会心处不必在远,翳然林水,便有濠濮间想也。’”

味犹余 陆游《晚兴》诗:“睡余书味在胸中。”

窗虚 孟浩然《岁暮归南山》诗:“松月夜窗虚。”

飞鸿响远音

王　纮

霜气澄空宇，鸿飞出远林。欹斜排短翮，嘹呖有遗音。乍唤闲人梦，先惊旅客心。低随黄叶落，高度白云深。避缴衔芦去，呼群隔浦寻。秋生湘水瑟，怨入女媭砧。倾耳情何极？搔头思不禁。丹霄千万里，输尔纵长吟。

多用缥缈之笔，题境宛然。此种题无板做法也。“低随”二句，不言“鸿”而确是“鸿”音；“秋生“二句，不言远而自有远意。

短翮　沈约《酬谢宣城朓》诗：“短翮屡飞翻。”

遗音　张九龄《同綦毋学士闻雁》诗：“长途未及半，中夜有遗音。”

衔芦　《淮南子·修务训》：“夫雁顺风受力，衔芦而翔，以备矰弋。”

湘水瑟　《楚词·远游》：“使湘灵鼓瑟兮，令海若舞冯夷。”钱起《归雁》诗：“潇湘何事等闲回，水碧沙明两岸苔。二十五弦弹夜月，不胜清怨却飞来。”

女媭砧　《楚词·离骚经》：“女媭之婵媛兮，申申其詈予。”王逸注：“女媭，屈原姊也。”桑钦《水经·江水》：“江水又东径石门滩，又东过姊归县之南。”郦道元《水经注》：“县东北数十里，有屈原旧田宅，虽畦堰縻漫，犹保屈田之称也。县北一百六十里，有屈原故宅，累石为室基，名其地曰‘乐平里’。宅之东北六十里，有女媭庙，捣衣石犹存。”李商隐《念远》诗：“杵冷女媭砧。”

倾耳　《礼·孔子闲居》：“倾耳而听之。”

搔头　按：搔头，字出《后汉书·李固传》，然别一意。此盖用“搔首踟蹰”意，改首为头，以就声病耳。

丹霄　见前《秋澄万景清》诗。

首夏犹清和

王如椿

良辰维首夏，景色正清酣。暑气蒸犹浅，春情晚尚婪。雏莺争上下，乳燕试呢喃。见说农登麦，传闻户足蚕。陌头还斗草，树底更携柑。暮雨寒微剩，朝烟暖半含。窗虚应近北，风习恰披南。好把蒲葵扇，开襟对远岚。

着意"犹"字，自无泛词。

清酣　见二卷《空水共澄鲜》诗。

犹浅　韦应物《假中对雨，呈县中僚友》诗："残莺知夏浅。"

尚婪　按：此用"婪尾春意"，见四卷《红药当阶翻》诗。"婪"，训为"贪婪"。尾者，过而未已之意。吕东莱《诗律武库》曰："'婪尾'，犹吴越人称'临尾'，盖乡语也。"又自为一说，但未详所本。

登麦　《礼·月令》："孟夏之月，农乃登麦。"

足蚕　见三卷《平秩南讹》诗。

斗草　宗懔《荆楚岁时记》："五月五日，四民并蹋百草，又有斗百草之戏。"

携柑　见一卷《禁林闻晓莺》诗。

近北　陶潜《与子俨等疏》："常言五、六月中，北窗下卧，遇凉风暂至，自谓羲皇上人。"

披南　见一卷《西王母献益地图》诗。

蒲葵扇　《晋书·谢安传》："安少有盛名，时多爱慕。乡人有罢中宿者，还诣安。安问其归资，答曰：'有蒲葵扇五万。'安乃取其中者捉之，京师士庶竞市，价增数倍。"

细葛含风软

俞开甲

天中逢令节，被服锡瑶函。细葛随身称，薰风遍体含。成丝经越女，为绤忆周南。叠处铢才五，披时伏恰三。开襟临水槛，吹袂到花潭。蝉翼看相似，鲛绡比未堪。轻怜舒卷便，凉觉性情耽。佩德歌无斁，缁衣泽永涵。

圆净妥帖，不见布置之迹；“三”字、“潭”字，俱押得自然。

天中 谢维新《合璧事类前集·节序门》：“《提要录》：‘五月五日午时，为天中节。’”

瑶函 司空图《月下留丹灶》：“瑶函真迹在。”

随身称 《本》诗末联：“意内称长短，终身荷圣情。”

成丝 赵晔《吴越春秋·勾践归国外传第八》：“越王曰：‘吴王好服之离体，吾欲采葛，使女工织细布献之，以说吴王之心。’乃使国中男女入山采葛，以作黄丝之布，欲献之。采葛之妇，伤越王用心之苦，乃作《苦之》诗，曰：‘葛不连蔓棻台台，我君心苦命更之。尝胆不苦甘如饴，令我采葛以作丝。女工织兮不敢迟，弱于罗兮轻霏霏，号絺素兮将献之。’”

为绤 见前《细葛含风软》诗。

铢才五 见三卷《春服既成》诗。

伏恰三 《史记·秦本纪》：“德公二年初伏。”裴骃《集解》：“孟康曰：‘六月伏日初也，周时无，至此乃有之。’”张守节《正义》：“六月三伏之节，起秦德公为之，故云‘初伏’。伏者，隐伏避盛暑也。《历忌释》云：‘伏者何？以金气伏藏之日也。四时代谢，皆以相生：立春，木代水，水生木；立夏，火代木，木生火；立冬，水代金，金生水；立秋，以金代火，故至庚日必伏。庚者金，故曰伏也。’”黄超英《靖康缃素杂记》：“曹植《大暑赋》云：‘席季夏之三伏。’《潘岳赋》云:‘初伏启新节。’按:《阴阳书》云:‘夏至后第三庚为初伏,第四庚为中伏,立秋后初庚为末伏。’”

蝉翼 张衡《七辩》:“京城阿缟,譬之蝉羽。”史游《急就篇·第八》:“绨络缣练素帛蝉。”颜师古注:“蝉,谓缯之轻薄者,有若蝉翼也。”

鲛绡 见一卷《鲛人潜织》诗。

缁衣 《礼·缁衣》:“好贤如《缁衣》,恶恶如《巷伯》,则爵不渎而民作愿,刑不试而民咸服。”孔颖达疏:“此一节明好贤、恶恶,赏罚得中,则为民下所信。‘好贤如缁衣’者,缁衣,朝服也。诸侯视朝之服,缁衣素裳。郑武公、桓公父子并为周司徒,善于其职,郑人善之,倾君久留郑国,服此缁衣。衣服败破,则又作新衣以授之。故以歌此诗,是好贤之诗也。诗人以《缁衣》为《郑风》之首,故云‘好贤如缁衣’也。君若好贤如《缁衣》,则爵不滥而民皆谨悫也。”

腐草为萤

邱 渼

小草繁庭际,乘除似有灵。从芳曾拾翠,根腐忽流萤。熠耀看新影,芊眠变旧形。井栏怜个个,河畔忆青青。郁燠蒸三伏,菁华聚数星。光浮藜上火,化胜水中萍。芳意知无尽,生机岂暂停?贮囊资照读,有客抱遗经。

每联以“腐草”与“萤”对勘,夹出“为”字,细密之极。“郁燠”二句,尤能抉出“为”字之根。

小草 见五卷《芳芸应节馥》诗。

乘除 见二卷《大衍虚其一》诗。

拾翠 已见四卷《春服满汀州》诗。又郑谷《春草碧色》诗:“料得寻芳径,应迷拾翠人。”

熠耀　见三卷《腐草为萤》诗。

芊眠　《楚词·九思·悼乱》:“菅蒯兮壄莽,雚苇兮千眠。”陆机《文赋》李善注:“千眠,光色盛貌。”

个个　杜甫《见萤火》诗:“却绕井栏添个个。”

青青　见前《腐草为萤》诗。

郁燠　王褒《圣主得贤臣颂》:“故服絺绤之凉者,不苦盛暑之郁燠。”

藜上火　见三卷《灯缘起草挑》诗。

水中萍　见前《萍始生》诗。

贮囊　见二卷《凿壁偷光》诗。

抱遗经　韩愈《寄卢仝》诗:“独抱遗经究终始。”

月涌大江流

华振宗

杜甫《旅夜书怀》诗:“星垂平野阔,月涌大江流。”

万顷正茫然,凉秋月满天。长江浮净练,皓魄破苍烟。水急重轮漾,波翻倒影悬。漩洄无定彩,激宕不成圆。光逼潜蛟窟,凉侵贾客船。潮声残夜寂,神女弄珠旋。

一气鼓荡,风骨殊高。中四句,写得“涌”字出。

万顷　茫然　苏轼《前赤壁赋》:“纵一苇之所如,凌万顷之茫然。”

净练　见四卷《太阿如秋水》诗。

苍烟　鲍照《石帆铭》:“徒悲猿鹤,空驾苍烟。”

重轮　见一卷《千潭一月印》诗“霁宇重轮映”句。

倒影　见二卷《雨后山光满郭青》诗。

无定彩　唐太宗《赋得秋日悬清光赐房玄龄》诗:“临波无定彩。”

不成圆　梁元帝《望江中月影》诗:“澄江涵皓月,水影若浮天。风来如可泛,流急不成圆。”

潜蛟窟 见四卷《鲛人潜织》诗。

贾客船 戴叔伦《南宾送蔡侍御游蜀》诗:“月照高唐峡,人随贾客船。”

神女弄珠 孟浩然《登安阳城楼》诗:“向夕波摇明月动,更疑神女弄珠游。”

卷幔天河入

汪 缙

沈佺期《酬苏员外味道夏晚寓直省中见赠》诗:“卷幔天河入,开窗月露微。”

阁迥青冥合,窗虚碧汉悬。中宵妆绮幔,一水泻凉天。宿海光摇栋,银潢势倒筵。乍疑龙尾接,还讶鹊桥连。清浅殊堪挹,迢遥未可缘。灵查如许借,拟欲问张骞。

“卷幔”字无可摹写,三、四剔清足矣。“入”字颇难形状:首二句先为聚势,“一水”句趁势涌出,神气宛然;中四句俱抱定“入”字,不泛咏“天河”。末以乘槎作去路,亦必然之法。

青冥 见二卷《风软游丝重》诗。

碧汉 见三卷《风软游丝重》诗。

绮幔 司马相如《长门赋》:“张罗绮之幔帷兮,垂楚组之连纲。”崔颢《邯郸宫人怨》:“纱窗绮幔暗闻香。”

宿海 《宋史·河渠志》:“至元二十七年,世祖皇帝命学士蒲察笃实西穷河源,始得其详。今西蕃朵甘思南鄙曰‘星宿海’者,其源也。”

银潢 见四卷《查客至斗牛》诗。

龙尾 《尔雅·释天》:“析木谓之津,箕斗之间潢津也。”郭璞注:“即汉津也。箕,龙尾;斗,南斗,天汉之津。”梁邢昺疏:“刘炫谓是天汉即天河也。天河在箕斗二星之间,箕在东方木位;斗,在北方水位。分析水木,以箕星为隔,隔河须津梁以渡,故谓此次为析木之津也。郭云:'箕,龙尾;斗,南斗,天汉之津梁。'以四方皆有七宿,各成一形:东方成龙形,西方成虎形,皆南首而北尾;南方成鸟形,北方成龟形,皆西首而东尾。箕在苍龙之末,故云'龙尾';斗至南方即见,故云'南斗'。"

鹊桥 见一卷《精卫衔石填海》诗。

清浅 汉无名氏《古诗·第十首》:"河汉清且浅,相去复几许。盈盈一水间,脉脉不得语。"

灵查 见四卷《查客至斗牛》诗。

杨柳月中疏

费宏勋

颜之推《家训·文章》篇:"兰陵萧悫,梁宗室上黄侯之子,工于篇什。尝有《秋》诗云:'芙蓉露下落,杨柳月中疏。'时人未之赏也。吾爱其萧散,宛然在目。颍川荀仲举、琅琊诸葛汉,亦以为尔。而卢思道之徒,雅所不惬。"

秋月当空满,长条入望疏。三更斜挂处,几树细垂初。不碍清光照,微看弱缕舒。烟消清欲瘦,露滴澹含虚。翠黛微窥镜,青丝欲倩梳。轻阴分历历,纤影转徐徐。小立人方静,相思意有余。夜凉眠未得,张绪态何如?

杨柳本"疏","月中"益见其"疏",故须与"月"合写,方能烘出神韵。"烟消"二句,尤妙远。

窥镜 韦承庆《折杨柳》:"叶似镜中眉。"按:此以"月如镜"意关合。

青丝 白居易《种柳诗·第二首》:"青丝拂绿波。"

倩梳 司马光《垂柳》诗:"春风不动整如梳。"按:此以"月如梳"意关合。

小立　王安石《岁晚》诗:“小立伫幽香。”

张绪　《南史·张裕传》:“刘悛之为益州,献蜀柳数株。枝条甚长,状若纷缕。时旧宫芳林苑始成,武帝以之植于太昌灵和殿前,常赏玩,咨嗟曰:‘此杨柳风流可爱,似张绪当年时。’其见赏爱如此。”

一览众山小

费奎勋

杜甫《望岳》诗:“会当凌绝顶,一览众山小。”

泰岳巍然峙,登临渺众山。振衣千仞上,纵目万峰间。天下犹疑小,群峦讵足攀?览时形点点,望处影斑斑。但觉同坧垤,何知耸髻鬟?蓬壶浮海曲,凫绎带沙湾。白鸟时明灭,孤云自往还。不因跻岱顶,那得豁心颜?

切本诗以泰岳立言,盖非泰山不称此语,不可泛咏也。气脉高阔,风骨遒上,不减张乔《月中桂》诗。此题须此笔写之。

“白鸟”二句,化用本诗“荡胸生层云,决眦入归鸟”意。

振衣　左思《咏史诗·第五首》:“振衣千仞冈。”

纵目　张镜《观象赋序》:“乃仰观太虚,纵目远览。”

髻鬟　范成大《上清宫》诗:“破碎岷山千髻鬟。”

蓬壶　按:“蓬壶”有二解。《拾遗记》:“蓬莱,一名蓬壶,为形似壶也。”此与“凫绎”相对,则仍指蓬莱、方壶二山。

凫绎　《诗·鲁颂·閟宫》篇:“保有凫绎。”毛苌《传》:“凫,山也。绎,山也。”

心颜　李白《梦游天姥吟留别》:“使我不得开心颜。”

飞鸿响远音

杨兆麟

万里乘秋发,联翩度碧岑。天高行欲断,声急响微沉。避弋遥相引,呼群杳莫寻。风凄随落叶,灯暗闻疏砧。几处芦花岸,无边枫树林。迢迢栖未定,切切意何深?欲振冲霄翮,常悬就日心。白云迷不见,江上有余音。

从“飞”字做出“远”字,最得题神。结亦妙有远致,不减“江上峰青”。鸿雁随阳,故云“就日”。

风花高下飞

申兆定

杜甫《寒食》诗:“寒食江村路,风花高下飞。”

寒食东风急,残英万点赊。吹来三径满,飐起一帘遮。微雨经榆荚,余春到楝花。过墙争趁蝶,扫户正啼鸦。白惜香飘雪,红怜水浸霞。流应归别浦,去定落谁家?莫恨莺衔尽,从教燕蹴斜。傥飞芝盖上,犹得傍云车。

只写“飞”字,而“高下”字自然俱到不脱。“寒食”尤得脉。结亦挽回有体。

寒食 宗懔《荆楚岁时记》:“去冬节一百五日,即有疾风甚雨,谓之寒食,禁火三日。”杜公瞻注:“据历,合在清明前二日;亦有去冬至一百六日者。《琴操》曰:‘晋文公与介子绥俱亡,子绥割股以啖文公。文公复国,子绥独无所得。子绥作《龙蛇之歌》而隐,文公求之不肯出,乃燔左右木。子绥抱木而死,文公哀之,令人五月五日不得举火。’又,周举《移书》及魏明帝《罚令》、陆翙《邺中记》并云:‘寒食断火,起于子推。’《琴操》所云‘子绥’即‘推’也。又云,

‘五月五日’,于今有异,皆因流俗所传。据《左传》及《史记》,并无介子推被焚之事。按:周官司烜氏仲春以木铎循火,禁于国中。注云:‘为季春将出火也。’今寒食准节气,是仲春之末,清明是三月之初,然则禁火,盖周之旧制。”

万点 杜甫《曲江诗·第一首》:“一片花飞减却春,风飘万点正愁人。”

三径 见前《读书秋树根》诗。

一帘 高士谟《睡起》诗:“一帘红雨杏花风。”

榆荚 徐坚《初学记·岁时部》:“《氾胜之书》曰:‘三月榆荚雨,高地强土可种禾。’”

楝花 见二卷《含熏待清风》诗。

趁蝶 王驾《晴景》诗:“雨前初见花间蕊,雨后兼无叶底花。蛱蝶纷纷过墙去,应疑春色在邻家。”

啼鸦 李白《扶风豪士歌》:“东方日出啼早鸦,城门人开扫落花。”

香飘雪 李白《宫中行乐词·第二首》:“梨花白雪香。”

水浸霞 许顗《彦周诗话》:“有李氏女者,字少云,本士族,尝适人。夫死无子,弃家着道士服,往来江淮间。仆顷年见之金陵。其诗有云:‘几多柳絮风翻雪,无数桃花水浸霞。’”

归别浦 韩偓《春尽》诗:“细水漾花归别浦。”

落谁家 刘希夷《代悲白头翁》:“洛阳城东桃李花,飞来飞去落谁家?”

莺衔 雍陶《天津桥春望》诗:“宫莺衔出上阳花。”

燕蹴 杜甫《城西陂泛舟》诗:“燕蹴飞花落舞筵。”

芝盖 庾信《三月三日华林园马射赋序》:“落花与芝盖齐飞。”

云车 王建《宫词·第九十一首》:“太平天子朝元日,五色云车驾六龙。”

绕屋树扶疏

郑邦柱

衡门嘉树密,高士赋爰居。浓荫全侵径,芳丛半绕闾。林香吹不断,松籁听相于。影暗云遮处,阴移月上初。枝底通鹿柴,叶密隐蜗庐。佳境羊求似,幽怀箕颍如。披襟欣雨过,当暑爱风疏。肥遁谐幽尚,忘机自荷锄。

"绕"字、"扶疏"字俱到,尤妙于隐切"屋"字,不但作深林密箐诗。

衡门 《诗·陈风·衡门》篇:"衡门之下,可以栖迟。"毛苌《传》:"衡门,横木为门,言浅陋也。"

爰居 《诗·小雅·斯干》篇:"爰居爰处。"毛苌《传》:"爰,于也,于是居于是处。"

林香 沈佺期《奉和春日幸望春宫应制》诗:"林香酒气元相入。"

不断 见三卷《龙池春禊》诗。

松籁 白居易《白羽扇》诗:"飒如松起籁。"

相于 见四卷《红药当阶翻》诗"非谑亦相于"句。

鹿柴 王维《辋川集·序》:"余别业在辋川山谷,其游止有孟城坳、华子岗、文杏馆、斤竹岭、鹿柴。"赵殿成注:"柴,土迈切,音与'砦'同,栅也;一作寨。凡师行野次,立木为区落,谓之'柴';别墅有篱落者,亦谓之'柴'。"

蜗庐 《魏志·管宁传》裴松之注,"臣松之按,《魏略》云:焦先及杨沛,并作瓜牛庐,止其中。以为'瓜'当作'蜗';蜗牛,螺虫之有角者也,俗或呼为'黄犊'。先等作圜舍,形如蜗牛蔽,故谓之'蜗牛庐'。"

羊求 见前《读书秋树根》诗。

箕颍 《吕氏春秋·求人》篇:"昔者尧朝许由于沛泽之中,曰:'十日出而焦火不息,不亦劳乎? 夫子为天下,而天下已治矣,请属天下于夫子。'许由辞曰:‘为天下之不治与?而既已治矣。自为与?啁噍巢于林,不过一枝;偃鼠饮于河,不过满腹。归已君乎,恶用天下?’遂之箕山之下,颍水之阳。”

披襟 见一卷《荷净纳凉时》诗“披襟对薜萝”句。

风疏 《后汉书·逸民传》:“远性风疏,逸情云上。”

肥遁 见三卷《绕屋树扶疏》诗。

忘机 见二卷《新月误惊鱼》诗。

荷锄 陶潜《归田园居诗·第三首》:“带月荷锄归。”

春风扇微和

张四教

见三卷《春服既成》诗。

晼晚春光媚,悠杨风力微。暖嘘和气至,晴送暮云归。淡若挥纨扇,轻宜逗夹衣。游丝当路袅,香篆隔帘霏。潋滟波文碎,芊眠草色肥。柳摇莺细语,花颤蝶潜飞。吹息含生意,乘时鼓化机。幸从兰室坐,披拂蔼芳菲。

“淡若”二句,拾诸目前,而为唐人诸诗体貌所未到。余亦字字细腻。

晼晚 《楚词·哀时命》:“白日晼晚其将入兮,哀余寿之弗将。”

暮云 见三卷《春服既成》诗。

纨扇 见三卷《误笔成牛》诗。

夹衣 见三卷《既雨晴亦佳》诗。

游丝 庾信《春赋》:“数尺游丝即横路。”

香篆 戴叔伦《宫辞》:“香飘金屋篆烟清。”洪刍《香谱·香之事》:“香篆,镂木以为之,以范香尘,为篆文,然于饮席或佛像前,往往有至二三尺径者。”

潋滟 见二卷《空水共澄鲜》诗。

芊眠 见前《腐草为萤》诗。

兰室坐 《家语六·本》篇:“与善人居,如入芝兰之室,久而不闻其香,即与之化矣。”

风帘入双燕

马宝善

谢朓《和王主簿怨情》诗:“花丛乱数蝶,风帘入双燕。”

下土双飞燕,玲珑一桁帘。时因寻旧垒,相唤掠低檐。曲榭衔花入,雕梁隔户觇。乘风忻得便,排闼更无嫌。对舞红襟好,交萦翠尾纤。巧从珠箔底,偷过玉钩尖。蓼岸频频往,芹泥细细添。还如巢阁凤,雨露一同沾。

起二句理清题绪,三、四句抉“入”字之根,五、六句写将“入”,七句至十句正写“入”字,并不略“双”字。十一、十二句写“入”后一层,即回应三、四句。末以“巢凤”作比,亦关合自然。

下土 见四卷《二月黄鹂飞上林》诗。

一桁帘 杜牧《十九兄郡楼有宴病不赴》诗:“燕子啧垂一桁帘。”

旧垒 计敏夫《唐诗纪事》:“章孝标元和十三年下第,时辈多为诗,以刺主司。独孝标作《归燕》诗留献,侍郎庾承宣得诗,展转吟讽。庾果重典礼曹,孝标来年登第。诗云:‘旧垒危巢泥已落,今年故向社前归。连天大厦无栖处,更往谁家门户飞?’”

低檐 樊晦《燕巢赋》:“舞低檐而并入。”

曲榭 张衡《东京赋》:“謻门曲榭,邪阻城洫。”

衔花 梁简文帝《赋得双燕离》诗:“衔花落北户。”

雕梁 梁昭明太子《锦带书·姑冼三月启》:“燕语雕梁,状对幽闺之语。”

排闼 《汉书·樊郦滕灌傅靳周传》:“高帝尝病,恶见人。卧禁中,诏户者无得入群臣。群臣绛、灌等莫敢入。十余日,哙乃排闼直入,大臣随之。”

红襟 丁仙芝《余杭醉歌赠吴山人》:“晓幕红襟燕。”

翠尾 史达祖《双双燕》词:“飘然快拂花梢,翠尾分开红影。”

珠箔 徐坚《初学记·器物部》:“《汉武故事》:‘武帝起神室,以白珠织为箔,玳瑁押之。’”赵嘏《空梁落燕泥》诗:“飞斜珠箔隔。”

玉钩 陈克《菩萨蛮》词:“蝴蝶上阶飞,风帘自在垂。玉钩双语燕,宝甃杨花转。”

蓼岸 李商隐《越燕诗·第二首》:“将泥红蓼岸。”

芹泥 杜甫《徐步》诗:“芹泥随燕嘴。”

巢阁凤 见一卷《更达四门聪》诗。

沈启震二首

穆如清风

《诗·大雅·崧高》篇:“吉甫作诵,穆如清风。”毛苌《传》:“清微之风,化养万物者也。”郑玄笺:“穆,和也。吉甫作此工歌之诵,其调和人之性,如清风长养万物然。”

作诵含毫远,如风取象精。玄音何沕穆,高韵最轻清。欻欻微能动,泠泠御欲行。宛然凉意好,但觉躁心平。得句宜秋晓,披襟称月明。永怀君子德,深入故人情。词拟中郎赠,诗推谢女评。吹嘘依圣世,雅颂愧歌赓。

写“清风”不难,但若脱却“如”字,直是咏风耳;即“清风”后再找“如”字,亦是敷衍还题。题中四字,句句合写,此为纯用中锋。“永怀”四句,典切绝伦。

含毫 已见前《秋澄万景清》诗。

玄音 见二卷《峄阳孤桐》诗。

沕穆 《汉书·贾谊传》:“沕穆无穷兮,胡可胜言。”注:师古曰:“沕穆,微深也。”

高韵 《宋史·谢灵运传》:“采南皮之高韵。”

轻清 刘勰《文心雕龙·奏启》篇:“必敛散入规,促其音节,辨要轻清,文而不侈。”《宋史·乐志·乐一》:“凡声重浊者为尊,轻清者为卑。”

微能动 《诗序》孔颖达疏:“感而不切,微动若风,言出而过改,犹风行而草偃,故曰‘风’。”

御欲行 见四卷《列子御风》诗。

凉意 见一卷《荷净纳凉时》诗“凉意淡生波”句。

躁心 《周子通书·乐上第十七》:“淡则欲心平,和则躁心释。”

得句 见一卷《菊残犹有傲霜枝》诗。

披襟 见二卷《荷净纳凉时》诗“披襟对薜萝”句。

君子德 苏轼《与王郎昆仲及儿子迈绕城观荷,登岘山亭,晚入飞英寺分题诗·第二首》:“清风定何物?可爱不可名。所至如君子,草木有嘉声。”

故人情 见四卷《高树早凉归》诗。

中郎赠 蔡邕《答对元式》诗:“君子博文,贻我德音。辞之集矣,穆如清风。”

谢女评 《晋书·列女传》:“王凝之妻谢氏,字道韫,安西将军奕之女也。聪识有才辩。叔父安尝问《毛诗》何句最佳?道韫称:‘吉甫作颂,穆如清风。仲山甫永怀,以慰其心。’安谓有雅人深致。”

吹嘘 见二卷《风软游丝重》诗。

歌赓 见一卷《禁林晓闻莺》诗。

三月桃花水

杜甫《春水》诗:“三月桃花水,江流复旧痕。”《汉书·沟洫志》:“春来桃花水盛。”注:师古曰:“《月令》:‘仲春之月,始雨水,桃始华。’盖桃方华时,既有雨水,川谷冰判,众流猥集,故谓之'桃花水'耳。"

水面縠纹生,桃花照眼明。乱红吹不断,新绿涨初平。拍岸浮微浪,绿堤漾落英。一番春雨足,无数晚霞晴。小渡人初唤,仙源路自行。数枝犹笑靥,几处共滩声?风影青旗落,云帆画舸轻。因思禹门上,赤鲤跃相争。

题本鲜华,写来亦殊旖旎。此种题别无谬巧,但须气韵情致佳耳。

縠纹生 见三卷《得意忘言》诗。按:《宋景文笔记》曰:"晏丞相尝问曾明仲曰:'刘禹锡诗有"瀼西春水縠纹生","生"字作何意?'明仲曰:'作"生育"之"生"。'丞相曰:'非也,作"生熟"之"生",语乃健。'"其说好奇而无理,究以作"生灭"之生为是。

照眼 见二卷《雨后山光满郭青》诗。

乱红 欧阳修《蝶恋花词·第六首》:"乱红飞过秋千去。"

新绿 鲍泉《奉和湘东王春日诗》:"新水新绿浮。"

春雨 韦庄《谒金门》词:"春雨足,染就一溪新绿。"

晚霞 见前《风花高下飞》诗。

小渡 蔡珪《霅川道中》:"小渡一声橹。"

仙源 见前《渔舟绕落花》诗。

笑靥 《楚词·大招》:"靥辅奇牙,宜笑嗎只。"王逸注:"嗎,笑貌也。言美女颊有靥辅,口有奇牙。嗎然而笑,尤媚好也。"韦庄《叹落花》诗:"西子去时遗笑靥。"

滩声 梁元帝《巫山高》:"滩声下溅石。"

风影 陆龟蒙《怀宛陵旧游》诗:"酒旗风影落春流。"

青旗 白居易《杭州春望》诗:"青旗沽酒趁梨花。"

云帆 马融《广成颂》:"然后方余皇,连舼舟,张云帆,施蜺帱。"

画舸 见前《鱼戏水知春》诗。

赤鲤 马永卿《懒真子》:“鄱阳湖水连南康军江一带,至冬,深水落,鱼尽入深潭中。土人集船数百艘,以竹竿搅潭中,以金鼓振动之。候鱼惊出,即入大网中,多不能脱。惟大赤鲤鱼,最能跃出,至高丈余,复入他网中,则不能复跃矣,盖不能三跃也。故禹门化龙者,是大赤鲤鱼,他鱼不能也。”

金在镕

徐元基

铸人当似冶,从上恰如金。价合双南重,功逾百炼深。融融光自歕,烁烁气难沉。乍跃洪炉内,常随哲匠心。满籯皆可造,成器自堪钦。模范形惟肖,坚刚力足任。披沙曾在昔,受砺始于今。圣代多彝训,陶钧遍艺林。

亦用先点后做之法。“披沙”二句极警策,两面夹来,确是在镕之金。

铸人 扬子《法言·学行》篇:“或问:‘世言铸金,金可铸与?’曰:‘吾闻觌君子者,问铸人,不问铸金。’或曰:‘人可铸与?’曰:‘孔子铸颜渊矣。’或人踧尔曰:‘旨哉!问铸金,得铸人。’”

从上 范仲淹《金在镕赋》:“君喻冶焉,自得化人之旨;民为金也,克明从上之由。”

双南 见一卷《披沙拣金》诗。

百炼 见三卷《黄目上尊》诗。

歕 陈彭年《广韵·去声》:“歕,普闷切,吐气。”

洪炉 **哲匠** 范仲淹《金在镕赋》:“熠耀腾精,乍跃洪炉之内;纵横成器,常随哲匠之心。”

满籯 见一卷《披沙拣金》诗。

模范 扬子《法言·学行》篇:“务学不如务求师,师者,人之模范也。”

坚刚 白行简《金在镕》诗:“坚刚由我性,鼓铸任君心。”

披沙 见一卷《披沙拣金》诗。

受砺 见三卷《木从绳》诗。

彝训 见四卷《王道荡荡》诗。

陶钧 见四卷《金在镕》诗。

艺林 见三卷《樵夫笑士》诗。

风不鸣条

吴钟侨

淑气回芳甸,柔飓漾翠条。柳长初学舞,松静未生涛。影飐青帘动,香吹紫陌遥。无声飞絮过,稳睡海棠娇。鸟梦时微醒,花铃是偶摇。绿窗原悄悄,红雨自飘飘。蝶每怜骀荡,莺才破寂寥。嗒焉天籁息,何处辨调刁。

多用烘托之笔,枯寂题须如此四面落想。"鸟梦"四句尤警拔。

"涛"字借韵。

淑气 见前《风不鸣条》。

芳甸 谢朓《晚登三山还往京邑》诗:"杂英满芳甸。"

翠条 夏侯湛《苦寒谣》:"松殒叶于翠条。"

柳　舞 方干《柳》诗:"学舞枝翻袖。"

松　涛 见二卷《松柏有本性》诗。

青帘 牟融《送沈侯之京》诗:"水驿青帘拂画楼。"陈彭年《广韵下·平声》:"帘,力监切。"青帘,酒家望子。

紫陌 王粲《羽猎赋》:"倚紫陌而并征。"

飞絮 《晋书·列女传》:"王凝之妻谢氏,尝内集,俄而雪骤下。安曰:'何所似也?'安兄子朗曰:'撒盐空中差可拟。'道韫曰:'未若柳絮因风起。'"

海棠 苏轼《寓居定惠院之东,杂花满山,有海棠一株》诗:"日暖风轻春睡足。”施宿注：“《明皇杂录》：上皇尝登沉香亭，召妃子，时妃酒未醒。高力士从侍儿持掖而至。上皇笑曰：‘岂是妃子醉耶？海棠睡未足耳。’”

鸟梦 司马光《温公诗话》：“陈文惠公能为诗，尝有诗云：‘雨网蛛丝断，风枝鸟梦摇。’”

花铃 已见前《风不鸣条》诗。

绿窗 沈佺期《杂诗·第二首》：“莺向绿窗啼。”

红雨 已见前《渔舟绕落花》诗。

嗒焉 《庄子·内篇·齐物论》：“南郭子綦，隐几而坐，仰天而嘘，荅焉似丧其耦。”陆德明《经典释文》：“‘荅’，本又作‘嗒’，同吐荅反；又，都纳反。解体貌。”

天籁 见二卷《昭文不鼓琴》诗。

调刁 见三卷《风过箫》诗。

仓庚鸣

陈孝泳

《礼·月令》：“仲春之月，仓庚鸣。”郑玄注：“仓庚，鹂黄也。”孔颖达疏：“案：《释鸟》：‘仓庚，商庚。’郭璞云：‘即鸳黄也。’”陆德明《经典释文》：“仓庚，并如字，本或加鸟，非。”

南陌多黄鸟，东风几绿杨？正怜春寂寂，乍听韵琅琅。百啭来芳树，双飞过短墙。斜梢惊蝶梦，软语带花香。深院天寒暖，离亭路短长。有情邀伴侣，无谱自宫商。水际烟初涨，溪头草又芳。催耕偕布谷，还拟咏千仓。

四联、六联俱警策。

南陌 刘禹锡《同留守王仆射各赋春中一物，从一韵至七》诗：“莺，能语，多情。春将半，天欲明。始逢南陌，复集东城。”

黄鸟 孙奕《示儿编·经说》:“黄鸟有二种,名同而实异,小大殊也。如:‘黄鸟于飞,集于灌木,其鸣喈喈。’‘睍睆黄鸟,载好其音。’莺也,诗人取其善鸣者也;如‘交交黄鸟,止于棘、于桑、于楚’者,黄雀也,诗人言其交交而集于楚棘者,众多也;如‘黄鸟黄鸟,无啄我粟、我粱、我黍’,亦黄雀也。”

寂寂 杜甫《涪城县香积寺官阁》诗:“小院回廊春寂寂。”

琅琅 苏舜钦《秀州通越门外八九里,临水多佳木茂树,以便风不得停舟一赏,怆然为诗》:“珍禽无数语琅琅。”

百啭 见一卷《禁林闻晓莺》诗。

芳树 惟审《赋得黄鸟啼》诗:“芳树隐流莺。”

双飞 罗愿《尔雅翼·释鸟三》:“仓庚,黄鸟而黑章。此鸟之性好双飞,故‘鹂’字从‘丽’。”

短墙 郑谷《燕》诗:“又逐流莺过短墙。”

斜梢 见三卷《莺声细雨中》诗。

蝶梦 见四卷《庄周为蝴蝶》诗。

软语 冯延巳《抛球乐词·第二首》:“谷莺语软花边过。”

花香 田锡《晓莺赋》:“关关枝上,带花露之清香。”

离亭 杨炯《送丰城王少府》诗:“离亭隐乔树。”庾信《哀江南赋》:“十里五里,长亭短亭。”

宫商 田锡《晓莺赋》:“歌喉辩舌,斗成乎一片宫商。”

布谷 见四卷《络纬鸣》诗。

千仓 《诗·小雅·甫田》篇:“乃求千斯仓,乃求万斯箱。”

金启南五首

十月陨萚

《诗·豳风·七月》篇:“十月陨萚。”毛苌《传》:“陨,坠;萚,落也。”

十月繁霜重,萧萧木尽零。清飙生涧壑,落叶下园亭。淅沥惊寒切,飕飗搅梦醒。远和铜漏响,静膈纸窗听。入耳何曾歇?堆阶不暂停。空山迷旧路,冷月净荒汀。云共飞秦陇,波随下洞庭。惟余松柏在,长爱色青青。

首四句序"陨萚"之由;"淅沥"二句初陨也,"远和"四句陨之不已也。此俱写近境。"空山"以下则扩而远之,以尽题意。此题景色萧索,难于挽合颂扬,就程试之律,以"松柏后凋"为出路,善于立言。

繁霜 见前《老树饱经霜》诗。

清飙 郦道元《水经注·河水五》:"魏氏起玄武观于芒垂,张景阳《玄武观赋》所谓'高楼特起,竦跱岧峣。直亭亭以孤立,延千里之清飙也'。"

铜漏 见一卷《禁林闻晓莺》诗。

纸窗 白居易《庐山草堂记》:"砌阶用石,幕窗用纸。"

秦陇 柳浑《捣衣诗·第二首》:"亭皋木叶下,陇首秋云飞。"

洞庭 《楚词·九歌·湘夫人》:"袅袅兮秋风,洞庭波兮木叶下。"

蝼蝈鸣

《礼·月令》:"孟夏之月,蝼蝈鸣。"郑玄笺:"蝼蝈,蛙也。"陆德明《经典释文》:"蔡云:蝼,蝼蛄,蝈蛙也。"邱光庭《兼明书》:"《月令》:'立夏之日,蝼蝈鸣。'孔颖达云:'蝼蝈,虾蟆也。'明曰非也。按:虾蟆,一名蟾蜍,不能鸣者,蛙也。故□□□□牝鞠殪蛙,然则蝼蝈,蛙之类也。《尔雅》云:'鼁,犹黾在水者。黾黾,即蛙也。蟾蜍,即虾蟆也。'郭璞曰:'虾蟆,非也。'按:蛙,形小而长,色青而皮光,春夏居水边,相对而鸣者也;虾蟆,形阔而短,色黄而皮如砂,鞭之,汁出如乳,医方用之治甘虫狗毒。是今悉呼'虾蟆'者,相承误也。按:蛙鸣始于二月。验立夏而鸣者,其形最小,其色褐黑,好聚浅水而鸣。其声如自呼为'渴于'者,蝼蝈也。"按:《月令》七十二候,无一候兼言两物,绝不同类者,知蔡氏说必不然。邱氏辨蛙非“虾蟆”，其说良是。然文人相承，用为一物久矣。此诗亦兼而言之。

青草满池生，青蛙处处鸣。隔花惊宿雨，绿岸趁新晴。莫辨官私地，聊当鼓吹声。入河深不没，聒耳乱如争。静夜惊幽梦，空堤唤晓行。绿杨残月外，烟絮一川平。

句句精警，结四句尤有远神。

青草 苏轼《出都来陈所乘船上有题小诗八首，联为和之诗·第一首》：“蛙鸣青草泊。”

官私地 《晋书·惠帝纪》：“帝又尝在华林园，闻虾蟆声，谓左右曰：‘此鸣者为官乎？私乎？’或对曰：‘在官地为官，在私地为私。’”

鼓吹声 《南史·孔珪传》：“珪风韵清疏，好文咏，饮酒七八斗，不乐世务。居宅盛营山水，凭几独酌，傍无杂事。门庭之内，草莱不翦，中有蛙鸣。或问之曰：‘欲为陈蕃乎？’珪笑答曰：‘我以此当两部鼓吹，何必效蕃？’王晏尝鸣鼓吹候之，闻群蛙鸣，曰：‘此殊聒人耳。’珪曰：‘我听鼓吹，殆不及此。’”

入河 杜甫《月》诗：“入河蟾不没。”

聒耳 《抱朴子·外篇·广譬第三十九》：“春蛙长哗，而丑音见患于聒耳。”

蟋蟀居壁

《礼·月令》：“季夏之月，蟋蟀居壁。”孔颖达疏：“此物生在于土中，至季夏羽翼稍成，未能远飞但居其壁。至七月则能远飞在野。”案：《尔雅·释虫》云：“蟋蟀，蛬也。”孙炎曰：“蜻蛚也。梁国谓蛬。”郭景纯云：“今促织。蔡以为蟋蟀，斯螽，非也。”

蟋蟀虽微细，能知节序临。感时先振羽，处穴尚潜阴。短翼飞无力，幽居近可寻。苔痕绿砌密，草色缭垣深。动股声微觉，藏形暑不侵。古墙人悄悄，别院夜沉沉。待促寒闺织，先惊懒妇心。遥思明月下，和露起秋吟。

“感时”句补时令,以莎鸡、蟋蟀为一物,用旧说也。“短翼”二句,抉“居壁”之由。末四句,以题后一层作结,亦清出是夏日蟋蟀。

微细 杜甫《促织》诗:“促织甚微细。”

振羽 《诗·豳风·七月》篇:“六月莎鸡振羽。”毛苌《传》:“莎鸡羽成而振讯之。”邱光庭《兼明书》:“《豳风》云:‘六月莎鸡振羽。’毛苌云:‘莎鸡羽成而振讯之。’孔颖达曰:‘莎鸡似蝗而色斑,翅正赤。六月中飞而振羽,索索作声。’明曰:二说皆非也。诸虫之鸣,出于口喙者多矣。有胁鸣者,有脰鸣者,有股鸣者,有羽鸣者。胁鸣蜩蝉也,脰鸣蝼蝈也,股鸣者斯螽也,羽鸣者莎鸡也。若以飞而有声为羽鸣者,则蝇蚊之类皆是,何独莎鸡也?且《豳风》所言,非偶然也。以莎鸡、斯螽之类,皆阳虫也。阳气出则此虫鸣,阳气入则此虫尽。著其将寒之有渐,劝人早备于寒也。今验莎鸡,状如蚱蜢,头小而身大,色青而有须。其羽昼合不鸣,夜则气从背出,吹其羽振振然。其声有上有下,正似纬车,故今人呼为‘络纬者’是也。如或不信,可取树枝之上,候其鸣者,把火燃看,即知斯言之不谬。孔云:‘飞而振羽,索索有声。’是其不识莎鸡,妄为臆说。”

短翼 李商隐《杜司勋》诗:“短翼差池不及群。”

绿砌 见四卷《苍苔绿上》诗。

缭垣 张衡《西京赋》:“缭亘绵联,四百余里。”薛综注:“缭亘,犹绕了也。绵联,犹连蔓也。”李善注:“今并以亘为垣。”

动股 《诗·豳风·七月》篇:“五月斯螽动股。”孔颖达疏:“言五月之时,斯螽之虫摇动起股。”按:莎鸡、斯螽、蟋蟀,截然三物,蔡氏因诗句相属,误合为一;《孔疏》已驳之。然至今沿用。

懒妇 见四卷《络纬鸣》诗。

秋吟 王褒《圣主得贤臣颂》:“蟋蟀候秋吟。”罗愿《尔雅翼·释虫一》:“蟋蟀似蝗而小,正黑有光泽,一名蛬,一名蜻蛚,一名促织。以夏生,秋始鸣。”

群鸟养羞

食以先时足,经营贵豫谋。人原知蓄旨,鸟亦解藏羞。玉律吹南吕,金飙应仲秋。红垂山果熟,黄剪陇云收。接翅斜阳外,呼群广陌头。不耕偏有获,善备定无忧。何处仓箱积,应多岩壑幽。飘摇风雪里,宁复费寻求。

起四句以议论拍题,借人陪起,极有作意。“玉律”二句,清出时令;“红垂”二句,写“羞”字;“接翅”二句,写“群鸟”;“不耕”二句,“养”字正面;“何处”二句,足“养”字。结仍掉转起二句意,亦极完密。

蓄旨 见二卷《群鸟养羞》诗。

玉律 见前《柳稊》诗。

南吕 《礼·月令》:“仲秋之月,律中南吕。”

金飙 王僧儒《与何炯书》:“素钟肇节,金飙戒序。”

山果 见二卷《群鸟养羞》诗。

陇云 范成大《田舍》诗:“天末稻云黄。”

接翅 杜甫《复愁诗·第二首》:“昏鸦接翅飞。”

不耕 **有获** 《易·上经·无妄卦》:“六二,不耕获,不菑畬,则利有攸往。”

善备 **无忧** 《书·说命中》:“惟事事乃其有备,有备无患。”

仓箱 见前《仓庚鸣》诗。

蛰虫坯户

《礼·月令》:"仲秋之月,蛰虫坯户。"郑玄注:"坯,益也。蛰虫益户,谓稍小之也。"孔颖达疏:"户,谓穴也。以土增益穴之四畔,使通明处稍小。所以然者,以阴气将至。此以坯之稍小,以时气尚温,犹须出入,故十月寒甚,乃闭之也。"

野处寒犹浅,深藏序渐催。已知形欲俯,故解户先坯。暑雨多湮没,秋阴半圮隤。凝香分砌草,补绿就垣苔。窦小疑初凿,封高续旧培。数重和露葺,一隙向阳开。亦觉微风入,时窥淡月来。良图卫身早,不患雪霜摧。

首二句虚引本题,三句先借"蛰虫"咸俯一陪,使本位清楚。五、六句叙户之所以须"坯",以下三联细写"坯户",亦觉二句说已坯后光景。末以寓意作结,亦能小中见大。此种题无景可夸,无颂可献,最难收束。必如此,方结得住。

形欲俯 《礼·月令》:"季秋之月,蛰虫咸俯在内,皆墐其户。"孔颖达疏:"俯,垂头也。墐,涂也。前月但藏而坯户,至此月既寒,故垂头向下,以随阳气。阳气稍沉在下也。而又涂塞其户穴,以避地上阴杀之气也。"

五者来备

王超曾

《书·洪范》:"八,庶征:曰雨,曰旸,曰燠,曰寒,曰风,五者来备,各以其序,庶草蕃庑。"孔安国《传》:"雨以润物,旸以干物,燠以长物,寒以成物,风以动物。言五者备至,各以次序,则众草蕃滋。"

盛世休征备,循环各得宜。候从三统纪,理向九畴推。温肃皆从律,阴晴总及时。八方通协气,五日更轻飔。人事《豳风》叶,天文《月令》知。往来相转运，调济不参差。《舜典》玑衡正，《周原》黍稌滋。欲窥参赞妙，皇极本无私。

一起叙明出处，一结归还本旨。此种题须靠实发挥，不能脱落正意，泛作颂扬者也。

“五者”若不详其目，“来备”者定是何物？详则又苦堆垛不清。看其中间序次，不冗不漏。

休征 见一卷《好雨知时节》诗。

循环 见一卷《日升月恒》诗。

三统 《汉书·律历志》：“三统者，天施、地化、人事之纪。十一月，乾之初九，阳气伏于地下，始著为一。万物萌动，钟于太阴，故黄钟为天统，律长九寸。九者，所以究极中和，为万物元也。《易》云：‘立天之道，曰阴与阳。’六月，坤之初六，阴气受任于太阳，继养化柔，万物生长，楙之于未，令种刚强大，故林钟为地统，律长六寸。六者，所以含阳之施，楙之于六合之内，令刚柔有体也。‘立地之道，曰柔与刚。’‘乾知大始，坤作成物。’正月，乾之九三，万物棣通，族出于寅，人奉而成之，仁以养之，义以行之，令事物各得其理。寅，木也，为仁；其声商也，为义。故太簇为人统，律长八寸。象八卦，宓戏氏之所以顺天地、通神明、类万物之情也。‘立人之道，曰仁与义。’‘在天成象，在地成形。’‘后以裁成天地之道，辅相天地之宜，以左右民。’此三律之谓矣，是谓三统。”

九畴 《书·洪范》：“帝乃震怒，不畀洪范九畴。”孔安国《传》：“畴，类也。”孔颖达疏：“畴是辈类之名，故为类也。言其每事自相类者有九，九者各有一章，故《汉书》谓之九章。此谓九类，是天之常道。”

八方 《左传·隐公五年》：“夫舞所以节八音，而行八风。”陆德明《经典释文》：“八方之风，谓东方谷风，东南清明风，南方凯风，西南凉风，西方阊阖风，西北不周风，北方广莫风，东北融风。”

协气 司马相如《封禅文》：“协气旁流。”

五日　见一卷《好雨知时节》诗。

轻飏　谢偃《高松赋》："纤罗挂而轻飏。"

玑衡　见二卷《朱草合朔》诗。

周原　《诗·大雅·绵》篇："周原朊朊。"毛苌《传》："周原，沮漆之间也。"郑玄笺："广平曰：'原，周之原地，在岐山之南。'"

黍稌　见一卷《秋获》诗。

皇极　《书·洪范》："次五曰建用皇极。"孔安国《传》："皇大极，中也。凡立事，当用大中之道。"

角　黍

赵大经

巧制因重午，嘉名益食单。味原殊粔籹，形不类牢丸。青箬频缠束，黄粱足控抟。开铛菱刺水，解箨玉堆盘。脂液凝偏滑，觚棱腻欲刓。何须夸益智，且复劝加餐。蒲叶觞同醉，榴花影共看。湘累成往事，漫忆楚云端。

题最琐屑，刻镂处巧不伤雅；从始作说至就食，亦极有次序。一结尤得体。

重午　《宋史·刘温叟传》："明年重午，又送角黍、鹾扇。"按：九月九日为重九，三月三日为重三，则五月五日宜称重五。为正相沿作重午，非也。月建午日，未必逢午，何重之有？李济翁《资暇录》曰："端午者，端始也。谓五月初五日也。今人多书'午'字，其意无取。"

食单　王志坚《表异录·人事部七》："何曾有安平公食单。"陶宗仪《说郛·九十五·郑望之膳夫录》："韦仆射巨源，有烧尾宴食单。"陶穀《清异录·饮食门》："韦巨源拜尚书令，上烧尾食，其家故书中尚有食帐。今择奇异者略记。"按：食帐，即食单，皆俗语也。所列凡五十八品，第二十五为赐绯含香粽子。

粔籹　《楚词·招魂》:"粔籹蜜饵,有怅餭些。"王逸注:"粔,音巨。籹,音女。言以蜜和米面,熬煎作粔籹,捣黍作饵,又有美饧,众味甘美也。"贾思勰《齐民要术·饼法第八十二》:"膏环,一名粔籹。用秫稻米屑,水蜜溲之,强泽如汤饼面。手搦圈,可长八寸许。屈令两头相就,膏油煮之。"杨慎《升庵外集》:"山林供曰,《楚词》此句自是三品。'粔籹'乃蜜面之干者,十月间炉饼也。蜜饵乃蜜面少润者,七夕蜜食也。怅餭,乃寒食寒具也。"按:三说不同,未详孰是。

牢丸　束皙《饼赋》:"其可以通冬达夏,终岁常施。四时从用,无所不宜。惟牢丸乎?尔乃重罗之面,麈飞雪白。黏䵒筋䩐,溔液柔泽。肉则羊膀豕胁,脂肤相半。脔如蝇首,珠连砾散。姜枝葱本,萃缕切判。辛桂挫末,椒兰是伴。和盐漉豉,揽和胶乱。于是火盛汤涌,猛气蒸作。攘衣振掌,握搦拊搏。面弥离于指端,手萦回而交错。纷纷驳驳,星纷雹落。笼无遗肉,饼无留面。姝媮别敕,薄而不绽。嶲嶲和和,䐢色外见。柔如春绵,白若秋练。气勃郁以扬布,香飞散而远遍。"按:《历代赋汇》载此赋不完,且多讹字,此从宋祝穆《事文类聚》本。王志坚《表异录》曰:"束皙《饼赋》,有'牢丸'之目,盖食具名也。《酉阳杂俎》'有笼上牢丸,汤中牢丸',即今之汤饼也。东坡诗用为'牢九具',误。"方以智《通雅》曰:"所谓笼上牢丸,乃馒头、扁食之类。汤中牢丸,乃今元宵、汤丸或水饺饵之类。"

青箬　李时珍《本草纲目·隰草部》:"箬生南方平泽,其根与茎皆似小竹,其节箨与叶皆似芦荻,而叶之面青背淡,柔而韧。新旧相代,四时常青。南人取叶作笠,及裹茶盐、包米粽。"

黄粱　《礼·曲礼下》:"粱曰芗萁。"孔颖达疏:"粱,谓白粱、黄粱也。"《楚辞·招魂》:"稻粢穱麦,挐黄粱些。"

控抟　贾谊《鹏鸟赋》:"忽然为人兮,何足控抟?"李善注:"孟康曰:'控,引也。抟,持也。'"

开铛 丁庆《集韵·平声四》:“铛,楚耕切,釜属,通作铃。”

解箨 鲍照《采桑》诗:“晚篁初解箨。”

觚棱 班固《西都赋》:“设璧门之凤阙,上觚棱而栖金爵。”李善注:“《汉书音义》,应劭曰:觚,八觚有隅者也,音孤。《说文》曰:棱,柧也。柧与觚同棱,落登切。”史游《急就篇》,颜师古注:“觚者,学书之牍,或以记事,削木为之,盖简属也。孔子叹觚,即此之谓。觚形或六面或八面,皆可书。觚者,棱也,以有棱角,故谓之觚。”

益智 见四卷《角黍》诗。

加餐 蔡邕《尚书诰状自陈表》:“惟陛下加餐,为百姓自爱。”杜甫《垂老别》:“还闻劝加餐。”

蒲叶 榴花 并见四卷《角黍》诗。

湘累 《前汉书·扬雄传上》:“因江潭而往记兮,钦吊楚之湘累。”注:李奇曰:“诸不以罪死曰‘累’。屈原赴湘死,故曰‘湘累’也。”吴均《续齐谐记》:“屈原五月五日投汨罗水,楚人哀之。至此日,以竹筒子贮米,投水以祭之。汉建武中,长沙区曲忽见一士人,自云‘三闾大夫’,谓曲曰:‘闻君当见祭,甚善!常年为蛟龙所窃。今若有惠,当以楝叶塞其上,以彩丝缠之。此二物,蛟龙所惮。’曲依其言。今五月五日作粽,并带楝叶、五花丝,遗风也。”

楚云端 孟浩然《早寒江上有怀》诗:“我家襄水曲,遥隔楚云端。”

王廷诏二首

绿树藏鹦鹉

上苑春三月,龙池柳万行。宫莺犹半露,陇鸟却深藏。人语声声似,烟丝漠漠长。听来殊仿佛,寻去转微茫。颜色原相近,形骸亦共忘。欲通青雀信,空对碧云凉。踪迹多时隐,虞罗何处张?未须矜皎洁,拟斗雪衣娘。

纯以意胜,不须堆砌。典故自然,确切不移。一结尤寄托深远。

上苑　龙池　并见一卷《禁林闻晓莺》诗。

宫莺　见四卷《二月黄鹂飞上林》诗。

陇鸟　祢衡《鹦鹉赋》:“惟西域之灵鸟兮,挺自然之奇姿。”李善注:“西域谓陇坻出此鸟也。”李端《杂歌》:“陇鸟人言止鹦鹉。”

人语　《礼·曲礼上》:“婴毋能言,不离飞鸟。”陆德明《经典释文》:“婴,本或作‘鹦’,厄耕反;毋,本或作‘鹉’,同音‘武’。”

烟丝　皇甫松《杨柳枝词第二首》:“春入行宫映翠微,玄宗侍女舞烟丝。”

仿佛　宋玉《神女赋》:“目色仿佛,乍若有记。”李善注:“仿佛,见不审也。”

微茫　陈子昂《感遇诗·第二十七首》:“高丘正微茫。”

颜色　汉无名氏《古诗·第一首》:“颜色类相似,手爪不相如。”

形骸　《庄子·内篇·德充符》:“今子与我游于形骸之内,而子索我于形骸之外,不亦过乎?”

青雀　郭宪《洞冥记》:“唯有一女人,爱悦于帝,名曰巨灵。帝傍有青珉唾壶,巨灵乍出入其中,或戏笑帝前。东方朔望见巨灵,乃目之,巨灵因而飞去,望见化成青雀。因其飞去,帝乃起青雀台。时见青雀来,则不见巨灵也。”按:此事端委不明,“唯有”之上,疑有阙误。

碧云　江淹《杂体·拟休上人怨别》诗:“日暮碧云合,佳人殊未来。”白居易《答桐花》诗:“叶重碧云片。”

虞罗　魏彦深《鹰赋》:“何虞者之多端,运横罗以羁束?”陈子昂《感遇诗·第二十三首》:“虞罗忽见寻。”

雪衣娘　郑处诲《明皇杂录》:“开元中,岭南献白鹦鹉,养之宫中。岁久,颇聪慧,洞晓言辞。上及贵妃,皆呼‘雪衣女’。性既驯扰,常纵其饮啄飞鸣,然亦不离屏帏间。上令以近代词句诗篇授之,数遍便可讽诵。上与贵妃及诸王博戏,上稍不胜,左右呼‘雪衣娘’,必飞入局中鼓舞,以乱其行列,或啄嫔御及诸王手,使不能争道。忽一日,飞上贵妃镜台,语曰:‘雪衣娘昨夜梦为鸷鸟所抟,将尽于此乎?’上使贵妃授以《多心经》,记诵颇精熟。日夜不息,若惧祸难有所禳者。上与贵妃出于别殿,贵妃置雪衣娘于步辇竿上,与之同出。既至,上命从官校猎于殿下,鹦鹉方戏于殿上,瞥有鹰抟之而毙。上与贵妃叹息久之,遂令瘗于苑中,为之冢,呼为‘鹦鹉冢’。”

草色入帘青

刘禹锡《陋室铭》:“苔痕上阶绿,草色入帘青。”

幽居开陋室,草色映虚檐。霾靡斜侵径,芊眠半入帘。青袍窥隐隐,碧篆透纤纤。书带风微卷,湘纹浪细添。玲珑生眼缬,绰约斗眉尖。细影真难画,浮光似可拈。春晖三月永,晓露几丛霑。会得濂溪意,当门自不嫌。

首句原题,次句点“草色”,三、四(句)点“入帘”;以下八句,“青”字、“入帘”字,句句对举,刻画细腻。结(句)用周子“窗前草不除”意,即以兰草当门事,关合“帘”字,串两事为一事,点化极工。

虚檐 王融《三月三日曲水诗序》:“虚檐云构。”

霾靡 《楚词·招隐士》:“青莎杂树兮,薠草霾靡。”

芊眠 见前《腐草为萤》诗。

青袍 汉无名氏《古诗·第四首》:“青袍似春草。”

碧篆 见三卷《入帘残月影》诗。

书带 见前《书带草》诗。

湘纹 范静妻沈氏《咏五彩竹火笼》诗:“剖出楚山筠,织成湘水纹。”赵孟頫《即事诗·第一首》:“湘帘疏织浪纹稀。”

眼缬 庾信《夜听捣衣》诗:“花鬟醉眼缬。”

眉尖 蔡襄《钱塘题壁》诗:“侵寻旧事上眉尖。”

细影　陆贽《御园芳草》诗:“细影乱无行。”

浮光　谢朓《和徐都曹出新亭渚》诗:“风光草际浮。”

春晖　见二卷《腐草为腐》诗。

晓露　见二卷《芙蓉出水》诗。

濂溪意　朱子《二程遗书·四谢良佐记忆平日语》:“周茂叔窗前草不除去?问之,云:‘与自家意思一般。’”

当门　见前《书带草》诗。